ADVOCACIA PÚBLICA

SÉRIE
QUESTÕES DE CONCURSOS

ADVOCACIA PÚBLICA

SÃO PAULO
EDITORA ATLAS S.A. – 2011

Capa: Leonardo Hermano
Composição: Set-up Time Artes Gráficas

Dados Internacionais de Catalogação na Publicação (CIP)
(Câmara Brasileira do Livro, SP, Brasil)

Advocacia pública. – São Paulo: Atlas, 2011. (Série Questões de Concursos)

Bibliografia
ISBN 978-85-224-6431-9

1. Advocacia pública – Brasil – Concursos – Exames, questões etc. I. Série.

11-06721 CDU-34(81)(079.1)

Índice para catálogo sistemático:

1. Concursos : Questões comentadas : Advocacia pública :
Direito : Brasil 34(81)(079.1)

Depósito legal na Biblioteca Nacional conforme Decreto nº 1.825, de 20 de dezembro de 1907.

Impresso no Brasil/*Printed in Brazil*

Editora Atlas S.A.
Rua Conselheiro Nébias, 1384 (Campos Elísios)
01203-904 São Paulo (SP)
Tel.: (011) 3357-9144
www.EditoraAtlas.com.br

SUMÁRIO

1

DIREITO ADMINISTRATIVO

1.1 Da Teoria Geral e da Introdução ao Estudo do Direito Administrativo

(PROCURADOR – ASSEMBLEIA LEGISLATIVA SP – FCC – 2010)

1. NÃO se inclui, dentre as expressões da supremacia do interesse público, como princípio constitucional do Direito Administrativo:
   a) A exigibilidade, significando a previsão legal de sanções ou providências indiretas que induzem o administrado a acatá-los.
   b) A constituição de terceiros em obrigações mediante atos unilaterais.
   c) Dentro de certos limites, a revogação dos atos inconvenientes e inoportunos.
   d) O dever de anular ou convalidar os atos inválidos que haja praticado.
   e) A ideia de que a Administração tem que tratar todos os administrados sem distinção.

(PROCURADOR – ASSEMBLEIA LEGISLATIVA SP – FCC – 2010)

2. As limitações administrativas:
   a) implicam limitação perpétua ao direito de propriedade em benefício do interesse coletivo;
   b) impõem ao proprietário a obrigação de suportar a utilização temporária do imóvel pelo Poder Público;
   c) implicam em instituição de direito real de natureza pública, impondo ao proprietário a obrigação de suportar um ônus parcial sobre o imóvel de sua propriedade;
   d) implicam a transferência compulsória, mediante indenização, para satisfazer interesse público;
   e) impõem obrigações de caráter geral a proprietários indeterminados, em benefício do interesse geral.

(ADVOGADO – BADESC/SC – FGV – 2010)

3. Compete ao Senado Federal autorizar operações externas de natureza financeira, de interesse das pessoas federativas. Essa competência diz respeito:
   a) ao controle judicial;
   b) ao controle hierárquico;
   c) ao controle legislativo, de natureza política;
   d) ao controle legislativo, de natureza financeira;
   e) ao controle administrativo.

(ADVOGADO – DETRAN/ES – CESPE – 2010)

4. Em atenção ao princípio da publicidade, os contratos celebrados pela administração devem ser publicados em veículo oficial de divulgação; na esfera federal, a publicação deve ser no Diário Oficial da União; nos estados, no Distrito Federal e nos municípios, no veículo que for definido nas respectivas leis.

   ( ) Certo ( ) Errado

(ADVOGADO – IPAJM/ES – CESPE – 2010)

5. A respeito das diversas formas de controle sobre a administração pública, assinale a opção correta:
   a) É de competência exclusiva da Câmara dos Deputados sustar os atos normativos do Poder Executivo que exorbitem do poder regulamentar ou dos limites de delegação legislativa.
   b) Compete ao Tribunal de Contas da União (TCU) a fiscalização contábil, financeira, orçamentária, operacional e patrimonial da União e das entidades da administração direta e indireta, quanto à legalidade, legitimidade, economicidade, aplicação das subvenções e renúncia de receitas.

c) Uma vez constituídas comissões parlamentares de inquérito, pela Câmara Legislativa ou pelo Senado Federal, em conjunto ou separadamente, para apuração de fato determinado e com prazo certo, esses órgãos terão poderes próprios das autoridades judiciais, tais como o de ordenar busca domiciliar e interceptação telefônica.
d) A Câmara dos Deputados e o Senado Federal, ou qualquer de suas comissões, poderão convocar ministro de Estado ou quaisquer titulares de órgãos diretamente subordinados à presidência da República para prestarem, pessoalmente, informações sobre assunto previamente determinado, importando crime de responsabilidade a ausência sem justificação adequada.
e) No que se refere ao controle da atividade financeira do estado, vem entendendo o STF que o jurista responsável pela emissão de parecer que autorize a realização de ato que importe lesão ao erário também pode ser responsabilizado pelo conteúdo de seu parecer. Assim, ainda que a consulta ao parecerista seja facultativa, a autoridade administrativa vincula-se ao emitir o ato tal como submetido à consultoria, com parecer favorável ou contrário, tornando o parecerista também responsável pelo ato, pois somente poderia praticá-lo de forma diversa da apresentada à consultoria se o submetesse a novo parecer.

(ADVOGADO – IPAJM/ES – CESPE – 2010)

6. Acerca do controle jurisdicional na administração pública brasileira, assinale a opção correta:
a) Nos casos em que a fazenda pública lesionar o direito de particular, a pretensão à tutela desse mesmo direito poderá ficar impossibilitada em virtude da inércia do seu titular por longos períodos. Em regra, é de cinco anos o prazo prescricional para ajuizamento de ações contra a fazenda pública, sendo que, nas relações de trato sucessivo, quando não tiver sido negado o próprio direito reclamado, a prescrição atingirá apenas as prestações vencidas antes do quinquênio anterior à propositura da ação.
b) Conceder-se-á mandado de segurança para proteger direito líquido e certo, não amparado por *habeas corpus* ou *habeas data*, sempre que, ilegalmente ou com abuso de poder, qualquer pessoa física ou jurídica sofrer violação ou houver justo receio de sofrê-la por parte de autoridade, seja de que categoria for e sejam quais forem as funções que exerça. Nesse caso, concedida a segurança, o prazo recursal terá início com a intimação da autoridade coatora.
c) O sistema de súmulas vinculantes, trazido com a Emenda Constitucional nº 45/2004, envolve o controle judiciário sobre atos da administração, na medida em que seus enunciados têm força vinculante em relação aos demais órgãos do Poder Judiciário e à administração pública, direta e indireta, abrangendo todas as esferas administrativas. O Poder Legislativo, entretanto, em nenhuma hipótese sofre essa vinculação, para que se evite o chamado engessamento das leis.
d) Atos políticos, assim entendidos como aqueles produzidos por certos agentes de cúpula do país, no uso de sua competência constitucional, não são propriamente atos administrativos, mas atos de governo. Seu fundamento encontra-se na CF e, por tal motivo, eles não têm parâmetros prévios de controle, permitindo a condução das políticas, diretrizes e estratégias do governo e facultando ao administrador um leque aberto de possibilidades de ação, todas elas legítimas. Por essas razões, não se sujeitam a controle jurisdicional.
e) Um dos instrumentos constitucionalmente previstos para a realização do controle judicial da administração é o mandado de injunção, medida hábil para que o postulante obtenha, em um caso concreto, a disciplina necessária e indispensável ao exercício de qualquer direito seu.

(ADVOGADO – IPAJM/ES – CESPE – 2010)

7. O governo federal publicou, no Diário Oficial da União (DOU) de 22/12/2009, o edital de licitação da primeira parceria público-privada (PPP) federal. Segundo informou o DOU, o objetivo é a contratação de empresa para concessão patrocinada do Serviço de Irrigação no Perímetro Pontal, em Petrolina – PE, precedido de obras de conclusão da infraestrutura. A região conta com aproximadamente 33 mil hectares, dos quais 7,7 mil são irrigáveis. Podem participar pessoas jurídicas brasileiras ou

estrangeiras, entidades de previdência complementar, e fundos de investimento, isoladamente ou em consórcio. O critério de julgamento será o menor valor da contraprestação (peso de 35%) combinado com melhor técnica (peso de 65%), entendida como o maior percentual de ocupação das áreas irrigáveis com pequenos agricultores integrados. O valor teto da contraprestação está fixado em R$ 202,3 milhões e o percentual mínimo de ocupação com pequenos agricultores está fixado em 25%.

A respeito do assunto abordado no texto acima, assinale a opção correta:

a) A lei que trata de PPPs determina que o particular constitua uma sociedade de propósito específico para deter os ativos do projeto e gerir o contrato de PPP, inovando em relação à Lei de Concessões, que não possibilitava ao edital a previsão de tal exigência.
b) O instrumento convocatório para a licitação poderá prever o emprego de mecanismos privados de resolução de disputas, como a arbitragem, para solução de divergências decorrentes ou relacionadas ao contrato, mecanismos estes cabíveis para dirimir quaisquer espécies de conflitos.
c) Em sua modalidade administrativa, PPP é a concessão de serviços públicos ou obras públicas que envolvam, adicionalmente à tarifa cobrada dos usuários, contraprestação pecuniária do poder público ao parceiro privado. Caracteriza-se, assim, pelo fato de o concessionário perceber recursos de duas fontes, uma decorrente do pagamento das respectivas tarifas, e outra, de caráter adicional, oriunda de contraprestação pecuniária devida pelo poder concedente ao particular contratado.
d) O legislador foi claro na concepção da PPP como uma nova forma de contrato, regulando seus aspectos procedimentais, determinando que o seu regime afasta a aplicação do estatuto das licitações e contratos e da Lei de Concessões.
e) A lei das PPPs prevê a possibilidade de se vincular a remuneração do parceiro privado ao cumprimento de obrigações de resultado previamente estipuladas. O particular, além de assumir o compromisso de obtenção do financiamento da atividade, deve incorporar a obrigação do adequado desempenho.

(ANALISTA MUNICIPAL/ ESPECIALIDADE PROCURADOR MUNICIPAL – PGM DE BOA VISTA/RR – CESPE – 2010)

8. Aplica-se a teoria da imprevisão quando, nos contratos administrativos, a administração pode rever as cláusulas financeiras, para permitir sua continuidade, caso seja conveniente para o interesse público.

   ( ) Certo ( ) Errado

(ADVOGADO – CETESB – VUNESP – 2009)

9. Assinale a alternativa que contém dois princípios aplicáveis ao processo administrativo:
   a) Publicidade e Extraoficialidade;
   b) Gratuidade e Atipicidade;
   c) Unicidade de instâncias e Ampla Defesa;
   d) Contraditório e Tipicidade;
   e) Oficialidade e Impositividade.

(DEFENSOR PÚBLICO – DPE/ES – CESPE – 2009)

10. As servidões administrativas, quando decorrentes de lei, de decisão judicial ou de acordo, demandam o respectivo registro de imóveis, sob pena de não se tornarem oponíveis *erga omnes*.

    ( ) Certo ( ) Errado

(DEFENSOR PÚBLICO – DPE/ES – CESPE – 2009)

11. Todo tombamento constitui limitação perpétua e compulsória ao direito de propriedade em benefício do interesse coletivo.

    ( ) Certo ( ) Errado

(DEFENSOR PÚBLICO – DPE/ES – CESPE – 2009)

12. Pela retrocessão, a lei permite que a parte despojada do seu direito de propriedade possa reivindicá-lo, se o imóvel não tiver sido utilizado para o fim declarado na desapropriação.

( ) **Certo** ( ) **Errado**

Acerca do mandado de segurança, julgue os itens subsequentes.

(ADVOGADO – MC – CESPE – 2008)

13. O mandado de segurança, por ter como finalidade o combate a ato ilegal de autoridade pública, substitui com precisão a ação popular.

( ) **Certo** ( ) **Errado**

(ADVOGADO – MC – CESPE – 2008)

14. A competência para processar e julgar o mandado de segurança contra ato do tribunal de contas é do Superior Tribunal de Justiça.

( ) **Certo** ( ) **Errado**

(ADVOGADO – MC – CESPE – 2008)

15. O ato judicial contra o qual cabe recurso ou correição não é questionável por meio de mandado de segurança.

( ) **Certo** ( ) **Errado**

(ADVOGADO – MC – CESPE – 2008)

16. O pedido de reconsideração na via administrativa interrompe o prazo decadencial para o mandado de segurança.

( ) **Certo** ( ) **Errado**

(ADVOGADO – MC – CESPE – 2008)

17. Caso o ministro das Comunicações pratique ato administrativo no exercício de uma competência delegada pelo presidente da República, eventual mandado de segurança contra este ato será cabível em face do presidente, e não do ministro.

( ) **Certo** ( ) **Errado**

1.2 Dos Poderes da Administração

(ADVOGADO – DETRAN/ES – CESPE – 2010)

18. A remuneração e o subsídio dos agentes públicos somente podem ser fixados ou alterados por lei específica.

( ) **Certo** ( ) **Errado**

(ADVOGADO – DETRAN/ES – CESPE – 2010)

19. No exercício do poder regulamentar, o presidente da República pode dispor, mediante decreto, sobre a extinção de funções ou cargos públicos, quando vagos.

( ) **Certo** ( ) **Errado**

(DEFENSOR PÚBLICO – DPE/AL – CESPE – 2009)

20. A relação hierárquica constitui elemento essencial na organização administrativa, razão pela qual deve estar presente em toda a atividade desenvolvida no âmbito da administração pública.

( ) **Certo** ( ) **Errado**

Acerca da intervenção do Estado sobre a propriedade, julgue o item seguinte.

(DEFENSOR PÚBLICO – DPE/AL – CESPE – 2009)

21. A requisição constitui modalidade de intervenção cujo procedimento é unilateral, autoexecutório e independente da aquiescência do particular para sua concretização, ao passo que a desapropriação tem por objeto bem exclusivamente privado e configura procedimento administrativo pelo qual o poder público ou seus delegados impõe(m) ao proprietário a perda de um bem, mediante justa indenização.

    ( ) **Certo** ( ) **Errado**

(DEFENSOR PÚBLICO – DPE/ES – CESPE – 2009)

22. Apesar de a discricionariedade constituir um dos atributos do poder de polícia, em algumas hipóteses, o ato de polícia deve ser vinculado, por não haver margem de escolha à disposição do administrador público, a exemplo do que ocorre na licença.

    ( ) **Certo** ( ) **Errado**

(DEFENSOR PÚBLICO SUBSTITUTO – DPE/MT – FCC – 2009)

23. Considere os dispositivos abaixo, extraídos do art. 84 da Constituição Federal, cujo *caput* é "Compete privativamente ao Presidente da República":

    I – "iniciar o processo legislativo, na forma e nos casos previstos nesta Constituição";
    II – "sancionar, promulgar e fazer publicar as leis, bem como expedir decretos e regulamentos para sua fiel execução";
    III – "vetar projetos de lei, total ou parcialmente".

Há exemplo de poder regulamentar da Administração Pública em:

a) I, II e III;
b) I, apenas;
c) II, apenas;
d) III, apenas;
e) II e III, apenas.

(ADVOGADO – MC – CESPE – 2008)

24. O fundamento do poder de polícia é o princípio da predominância do interesse público sobre o particular.

    ( ) **Certo** ( ) **Errado**

(ADVOGADO – MC – CESPE – 2008)

25. O estado de direito desenvolveu-se com base nos princípios do liberalismo, em que a preocupação reinante era a de garantir a segurança pública ao indivíduo, mediante a forte intervenção do Estado para assegurar a ordem pública.

    ( ) **Certo** ( ) **Errado**

(ADVOGADO – MC – CESPE – 2008)

26. A noção de Estado de polícia se confunde com o poder de polícia, instrumento jurídico que frequentemente se realiza mediante o abuso de direito.

    ( ) **Certo** ( ) **Errado**

(ADVOGADO – MC – CESPE – 2008)

27. A polícia administrativa tanto pode agir preventivamente, a exemplo da atuação orientadora aos comerciantes sobre o risco de expor à venda produtos deteriorados ou impróprios para o

consumo, como pode agir repressivamente, apreendendo os produtos vencidos dos estabelecimentos comerciais, por exemplo.

( ) Certo ( ) Errado

(ADVOGADO – MC – CESPE – 2008)

28. A polícia judiciária é uma expressão do poder de polícia da administração pública, sendo a primeira um gênero da qual o segundo é espécie.

( ) Certo ( ) Errado

(PROCURADOR DO ESTADO DE ALAGOAS – PGE/AL – CESPE – 2009)

29. A doutrina nacional e internacional do direito administrativo critica muito a expressão poder de polícia.

> Trata-se de designativo manifestamente infeliz. Engloba, sob um único nome, coisas radicalmente distintas, submetidas a regimes de inconciliável diversidade: leis e atos administrativos; isto é, disposições superiores e providências subalternas.
>
> Celso Antônio Bandeira de Mello. Curso de direito administrativo. 13ª ed. São Paulo: Malheiros Editores, p. 687 (com adaptações).
>
> Ao incluir as convenções de direitos humanos na constituição da Argentina, os juristas não podem partir do poder do Estado como noção fundamental de um sistema. Devem partir das liberdades públicas e dos direitos individuais. Poderá haver limitações a tais direitos, mas aquele que explica e analisa o sistema jurídico administrativo não pode partir da limitação para, somente depois, entrar nas limitações das limitações.
>
> Augustín Gordillo. Tratado de derecho administrativo. 8ª ed. Buenos Aires: F. D. A., 2006, cap. V, p. 2-3 (com adaptações).

Acerca do poder de polícia, assunto tratado nos textos acima, assinale a opção correta:

a) Nenhum dos aspectos do poder de polícia pode ser exercido por agente público sujeito ao regime eletista.
b) Diz-se originário o poder de polícia conferido às pessoas políticas da Federação que detêm o poder de editar as leis limitativas da liberdade e da propriedade dos cidadãos. Poder de polícia delegado é aquele outorgado a pessoa jurídica de direito privado, desprovida de vinculação oficial com os entes públicos.
c) No exercício da atividade de polícia, a administração só atua por meio de atos concretos previamente definidos em lei. Esses atos devem ser praticados sob o enfoque da proporcionalidade, de forma a evitar a prática de um ato mais intenso e extenso do que o necessário para limitar a liberdade e a propriedade no caso concreto.
d) Os atos de polícia podem constituir-se em consentimentos, ou seja, quando a administração responde afirmativamente a um pedido para o exercício de atividade econômica em via pública, está praticando um ato de polícia. Nesse caso, apesar de consentir, o Estado impõe condicionantes de forma a limitar a liberdade do agente econômico.
e) A coercibilidade é a característica do poder de polícia que possibilita à administração praticar atos, modificando imediatamente a ordem jurídica.

1.3 Da Estrutura

(PROCURADOR – ASSEMBLEIA LEGISLATIVA SP – FCC – 2010)

30. Considerando que a Administração indireta é o conjunto de pessoas administrativas que têm o objetivo de desempenhar as atividades administrativas de forma indireta, é correto afirmar que:

a) as pessoas que a integram têm plena autonomia, não estando vinculadas a nenhuma pessoa política;
b) ela é formada por pessoas jurídicas e pessoas físicas;
c) não a integram os consórcios públicos, mesmo que tenham personalidade jurídica de direito público;
d) as pessoas que a integram são denominadas por parte da doutrina e por legislação específica, de entidades;
e) o objetivo de sua instituição é a redução de gastos com pessoal na administração centralizada, ou direta.

(ADVOGADO – BADESC/SC – FGV – 2010)

31. No direito brasileiro, existem duas diferenças fundamentais entre as sociedades de economia mista e as empresas públicas.

Assinale a alternativa que explicita essas diferenças:

a) composição do capital e forma jurídica;
b) personalidade jurídica e forma de extinção;
c) forma jurídica e controle estatal;
d) forma de criação e personalidade jurídica;
e) controle estatal e composição do capital.

(ADVOGADO – DETRAN/ES – CESPE – 2010)

32. A criação de subsidiárias de empresa pública e de sociedade de economia mista, assim como a participação de qualquer delas em empresa privada, depende de autorização legislativa.

( ) **Certo** ( ) **Errado**

(ADVOGADO – DETRAN/ES – CESPE – 2010)

33. A administração indireta está excluída da disposição constitucional que prevê a obrigatoriedade de as funções de confiança serem exercidas exclusivamente por servidores ocupantes de cargo efetivo.

( ) **Certo** ( ) **Errado**

(ADVOGADO – DETRAN/ES – CESPE – 2010)

34. As entidades que compõem a administração indireta, como a empresa pública, a sociedade de economia mista, a autarquia e a fundação, somente podem ser criadas por lei específica.

( ) **Certo** ( ) **Errado**

(ADVOGADO – IPAJM/ES – CESPE – 2010)

35. Tendo como fundamento as normas e princípios que regem a administração pública indireta, bem como o entendimento do STF sobre a matéria, assinale a opção correta:

a) Segundo o princípio da legalidade, somente por lei específica podem ser criadas autarquias, empresas públicas, sociedades de economia mista e fundações, cabendo à lei complementar definir suas áreas de atuação.
b) Sociedades de economia mista devem, necessariamente, ter a forma de sociedades anônimas, sendo reguladas basicamente pela Lei das Sociedades por Ações.
c) Os empregados das empresas públicas e sociedades de economia mista se submetem ao regime trabalhista comum, cujos princípios e normas se encontram na Consolidação das Leis do Trabalho, sendo de natureza contratual o vínculo que se forma entre os empregados e tais pessoas jurídicas. Por esse motivo, o seu ingresso nessas empresas e sociedades não depende de prévia aprovação em concurso público.

d) Créditos de empresas públicas e sociedades de economia mista são inscritos como dívida ativa e podem ser cobrados pelo processo especial de execução fiscal, tal como ocorre com os créditos da União, estados e municípios.
e) A Empresa Brasileira de Correios e Telégrafos não goza de qualquer imunidade tributária, uma vez que a CF veda que empresas públicas gozem de privilégios não extensivos às do setor privado.

(ANALISTA MUNICIPAL/ ESPECIALIDADE PROCURADOR MUNICIPAL – PGM DE BOA VISTA/RR – CESPE – 2010)

36. O consórcio administrativo se constitui como uma pessoa jurídica formada por dois ou mais partícipes da esfera pública da mesma natureza e do mesmo nível de governo, para a consecução de objetivos comuns.

( ) Certo ( ) Errado

(ANALISTA MUNICIPAL/ ESPECIALIDADE PROCURADOR MUNICIPAL – PGM DE BOA VISTA/RR – CESPE – 2010)

37. São características das autarquias a descentralização, a criação por lei, a especialização dos fins ou atividades, a personalidade jurídica pública, a capacidade de autoadministração e a sujeição a controle ou tutela.

( ) Certo ( ) Errado

(DEFENSOR PÚBLICO – DPE/AL – CESPE – 2009)

38. A autarquia é pessoa jurídica de direito público destituída de capacidade política.

( ) Certo ( ) Errado

(DEFENSOR PÚBLICO – DPE/AL – CESPE – 2009)

39. Na esfera federal, a empresa pública pode ser constituída sob a forma de sociedade unipessoal, que tem por órgão necessário a assembleia geral, por meio da qual se manifesta a vontade do Estado.

( ) Certo ( ) Errado

Em relação à administração indireta estadual, julgue os itens seguintes de acordo com o entendimento do STF.

(PROCURADOR DO ESTADO DE 1ª CATEGORIA – PGE/ES – CESPE – 2008)

40. A única diferença entre sociedade de economia mista e empresa pública é a composição do capital.

( ) Certo ( ) Errado

(PROCURADOR DO ESTADO DE 1ª CATEGORIA – PGE/ES – CESPE – 2008)

41. As sociedades de economia mista integram a administração, estão sujeitas à supervisão de uma secretaria e não podem gozar de benefícios fiscais que não sejam extensivos ao setor privado.

( ) Certo ( ) Errado

(PROCURADOR DO ESTADO SUBSTITUTO – PGE/PI – CESPE – 2008)

42. Assinale a opção correta acerca do direito administrativo:

a) Segundo a doutrina, os órgãos públicos podem ser classificados em coletivos e singulares, sendo a Presidência da República exemplo de órgão público singular.
b) De acordo com a CF, o servidor público estável só perderá o cargo em decorrência de sentença judicial condenatória transitada em julgado ou mediante processo administrativo em que lhe seja assegurada ampla defesa.
c) O procedimento disciplinar denominado verdade sabida tem por objetivo conferir celeridade à punição dos servidores faltosos, estando em total harmonia com a CF.

d) Órgão público pode ser definido como unidade administrativa dotada de personalidade jurídica que congrega atribuições exercidas pelos agentes públicos que o integram com o objetivo de expressar a vontade do Estado.
e) A responsabilidade administrativa do servidor público será afastada sempre que ele for absolvido na esfera criminal.

(PROCURADOR – PMS/SAAE – VUNESP – 2010)

43. Assinale a alternativa que apresenta uma característica das sociedades de economia mista:
   a) Criação e extinção autorizada por decreto do respectivo Chefe do Poder Executivo.
   b) Personalidade jurídica de direito privado.
   c) Insubmissão ao controle estatal.
   d) Estruturação sob qualquer das formas de organização admitidas em direito.
   e) Aproveitamento dos prazos processuais privilegiados aplicáveis à Fazenda Pública.

(ADVOGADO – SENADO FEDERAL – FGV – 2008)

44. Das afirmativas a seguir, apenas uma está correta:

Assinale-a.

   a) O regime especial que incide sobre as autarquias qualificadas como agências reguladoras decorre do fato de que todo o perfil jurídico-organizacional dessas entidades está contemplado na lei instituidora.
   b) Empresa pública, instituída sob forma societária, admite que sociedade de economia mista ou outra empresa pública, entidades dotadas de personalidade jurídica de direito privado, participem de seu capital social.
   c) Sentenças proferidas contra autarquias dispensam o oferecimento de recurso voluntário, em virtude de sua obrigatória sujeição ao duplo grau de jurisdição por meio da remessa *ex officio* do processo ao tribunal de instância superior.
   d) As fundações governamentais de direito público não estão abrangidas pela prerrogativa da imunidade tributária, relativa aos impostos sobre a renda, o patrimônio e os serviços federais, estaduais e municipais, vinculados a suas finalidades essenciais.
   e) Não se considera sociedade de economia mista a sociedade anônima cujas ações com direito a voto pertençam, em sua maioria, a uma outra pessoa, qualificada como sociedade de economia mista, ainda que a instituição daquela tenha sido autorizada por lei.

1.4 Dos Atos Administrativos

(PROCURADOR – ASSEMBLEIA LEGISLATIVA SP – FCC – 2010)

45. A revogação do ato administrativo:
   a) insere-se na esfera do poder discricionário da Administração Pública;
   b) opera efeitos *ex tunc*, isto é, a partir da vigência do ato revogatório;
   c) pode ocorrer mesmo que o ato administrativo já se tenha exaurido;
   d) emanado do Poder Legislativo pode ser feita pelo Poder Judiciário, se houver provocação do interessado;
   e) nunca gera direito à indenização.

(ADVOGADO – DETRAN/ES – CESPE – 2010)

46. Devem ser obrigatoriamente motivados, com indicação dos fatos e dos fundamentos jurídicos, os atos praticados na administração pública federal que, entre outras hipóteses, importem anulação, revogação, suspensão ou convalidação de ato administrativo.

   ( ) **Certo** ( ) **Errado**

(ADVOGADO – DETRAN/ES – CESPE – 2010)

47. Em obediência ao princípio da solenidade das formas, que rege o direito público, os atos administrativos devem ser sempre escritos, registrados e publicados, sob pena de nulidade.

( ) Certo ( ) Errado

(ADVOGADO – DETRAN/ES – CESPE – 2010)

48. Em razão do interesse público e da defesa da ordem jurídica, os atos administrativos com vícios de legalidade podem ser tanto anulados quanto revogados.

( ) Certo ( ) Errado

(ANALISTA MUNICIPAL/ ESPECIALIDADE PROCURADOR MUNICIPAL – PGM DE BOA VISTA/RR – CESPE – 2010)

49. A oportunidade e a conveniência são fundamentos para que a administração revogue um ato administrativo válido; os efeitos já produzidos por esse mesmo ato, todavia, serão preservados.

( ) Certo ( ) Errado

(DEFENSOR PÚBLICO – DPE/AL – CESPE – 2009)

50. O ato administrativo está sujeito a regime jurídico administrativo, razão pela qual o ato de direito privado praticado pelo Estado não é considerado ato administrativo.

( ) Certo ( ) Errado

(DEFENSOR PÚBLICO – DPE/AL – CESPE – 2009)

51. Em decorrência do atributo da presunção de veracidade, não pode o ato administrativo ter sua validade apreciada de ofício pelo Poder Judiciário.

( ) Certo ( ) Errado

(DEFENSOR PÚBLICO – DPE/AL – CESPE – 2009)

52. O ato composto é aquele que resulta de manifestação de dois ou mais órgãos, singulares ou colegiados, cuja vontade se funde para a formação de um único ato.

( ) Certo ( ) Errado

(DEFENSOR PÚBLICO – DPE/ES – CESPE – 2009)

53. A autoexecutoriedade é atributo presente em qualquer ato administrativo.

( ) Certo ( ) Errado

(DEFENSOR PÚBLICO – DPE/ES – CESPE – 2009)

54. Segundo a doutrina, integra o conceito de forma, como elemento do ato administrativo, a motivação do ato, assim considerada a exposição dos fatos e do direito que serviram de fundamento para a respectiva prática do ato.

( ) Certo ( ) Errado

(DEFENSOR PÚBLICO – DPE/ES – CESPE – 2009)

55. De acordo com a doutrina, as resoluções e as portarias editadas no âmbito administrativo são formas de que se revestem os atos gerais ou individuais, emanados do chefe do Poder Executivo.

( ) Certo ( ) Errado

(ADVOGADO – IBRAM – CESPE – 2009)

56. Conforme entendimento do Superior Tribunal de Justiça (STJ), o controle jurisdicional a respeito do ato administrativo que impõe sanção disciplinar restringe-se aos seus aspectos meramente formais.

( ) **Certo** ( ) **Errado**

(ADVOGADO – IBRAM – CESPE – 2009)

57. Conforme a jurisprudência do Supremo Tribunal Federal (STF), não cabe impetração de mandado de segurança quando o ato coator puder ser impugnado por recurso administrativo provido de efeito suspensivo.

( ) **Certo** ( ) **Errado**

(ADVOGADO – BADESC/SC – FGV – 2010)

58. O *atributo* pelo qual atos administrativos se impõem a terceiros, ainda que de forma contrária a sua concordância, é denominado:

a) competência;
b) veracidade;
c) vinculação;
d) imperatividade;
e) autoexecutoriedade.

(ANALISTA MUNICIPAL/ ESPECIALIDADE PROCURADOR MUNICIPAL – PGM DE BOA VISTA/RR – CESPE – 2010)

59. Apesar de a decisão executória da administração pública dispensar a intervenção prévia do Poder Judiciário, não há impedimento para que ocorra o controle judicial após a realização do ato.

( ) **Certo** ( ) **Errado**

(PROCURADOR DO ESTADO DE ALAGOAS – PGE/AL – CESPE – 2009)

60. O presidente da República editou o Decreto nº 9.999/2009 para qualificar determinada autarquia. A edição desse decreto só foi possível porque a referida autarquia tinha celebrado contrato de gestão com seu ministério supervisor, além de ter um plano estratégico de reestruturação e de desenvolvimento institucional em andamento. No plano de reestruturação, estavam definidas várias medidas voltadas para a racionalização de suas estruturas, inclusive em relação aos seus servidores. Com a nova caracterização do citado ente, passou a ser possível a dispensa de licitação nas compras de até R$ 16.000,00.

Diante dessa situação hipotética, assinale a opção correta:

a) O decreto em questão criou, na verdade, uma organização social.
b) O decreto em apreço criou, na verdade, uma organização da sociedade civil de interesse público.
c) O citado decreto criou, na verdade, uma agência executiva, sem, contudo, criar nova pessoa jurídica.
d) Para se chegar à conclusão de que o referido decreto criou uma agência reguladora, bastava a situação hipotética sob exame revelar que o ente passou a ter poder de regulamentar a prestação de determinado serviço público.
e) O presidente da República poderá editar novo decreto para extinguir a autarquia, desde que haja iniciativa do ministério supervisor.

(PROCURADOR DO ESTADO DE ALAGOAS – PGE/AL – CESPE – 2009)

61. Acerca do ato administrativo e de temas correlatos, assinale a opção correta:

a) Afasta-se a exigência da garantia do contraditório e da ampla defesa nos casos em que o TCU, no exercício do controle externo, aprecia a legalidade da concessão de aposentadoria ou pensão, uma vez que, em se tratando de ato complexo, só após a aprovação do TCU se constitui definitivamente o ato administrativo.
b) É dispensado o contraditório quando o TCU anula ato da administração que implementa ascensões funcionais sem a observância da regra constitucional do concurso público, uma vez que esse ato se caracteriza como complexo.
c) A nomeação de ministro do STF é um ato composto, pois se inicia pela escolha do presidente da República e passa pela aprovação do Senado Federal.
d) O poder da administração de anular ou revogar os atos que geram direitos aos administrados deve-se estender indefinidamente quando não houver prazo prescricional definido em lei para o caso.
e) A anulação ou invalidação de atos administrativos opera, em regra, efeitos *ex nunc*.

Em cada um dos itens seguintes, é apresentada uma observação feita por secretário estadual sobre atos administrativos que sua pasta realizara. Julgue-as de acordo com o entendimento predominante no Superior Tribunal de Justiça (STJ) e no STF.

(PROCURADOR DO ESTADO DE 1ª CATEGORIA – PGE/ES – CESPE – 2008)

62. Um servidor deve pedir demissão porque irá tomar posse em outro cargo público.

( ) **Certo** ( ) **Errado**

(PROCURADOR DO ESTADO DE 1ª CATEGORIA – PGE/ES – CESPE – 2008)

63. A circunstância de haver removido um servidor do hospital estadual localizado na capital para longínqua cidade no interior, como punição pelas reiteradas ausências aos plantões, não caracteriza desvio de finalidade porque, como secretário, agi dentro de minha competência de lotar servidores onde for melhor para o interesse público.

( ) **Certo** ( ) **Errado**

(PROCURADOR DO ESTADO DE 1ª CATEGORIA – PGE/ES – CESPE – 2008)

64. Como secretário, expedi ato administrativo enunciativo para disciplinar o funcionamento da administração e a conduta funcional dos servidores da secretaria sob minha responsabilidade.

( ) **Certo** ( ) **Errado**

(PROCURADOR DO ESTADO DE 1ª CATEGORIA – PGE/ES – CESPE – 2008)

65. Como secretário estadual, não posso determinar a demolição de prédio com alvará de construção legalmente expedido, mesmo diante de lei nova que, em tese, proibiria a edificação, porque não se pode retroagir a nova norma para prejudicar o direito adquirido e o ato jurídico perfeito.

( ) **Certo** ( ) **Errado**

(PROCURADOR – PMS/SAAE – VUNESP – 2010)

66. O ato administrativo que é o instrumento de outorga da licença denomina-se:
a) autorização;
b) despacho;
c) alvará;
d) resolução;
e) portaria.

(PROCURADOR – PMS/SAAE – VUNESP – 2010)

67. Um ato administrativo viciado quanto à competência constitui-se em um ato:

a) proibido por lei;
b) imoral;
c) diverso do previsto na lei para o caso sobre o qual incide;
d) praticado com inexistência de motivos;
e) praticado com usurpação de função.

(ADVOGADO – SENADO FEDERAL – FGV – 2008)

68. Em relação aos atos administrativos, considera-se errôneo afirmar que:
    a) o requisito da competência administrativa, por seu caráter vinculado, é insuscetível de convalidação;
    b) a revogação rende ensejo a que o administrador proceda à valoração da conveniência e da oportunidade da retirada do ato;
    c) atos contaminados de vício de legalidade podem não ser anulados, em nome do princípio da segurança jurídica;
    d) podem ostentar caráter normativo, a despeito de estarem em posição subjacente à lei;
    e) licenças, a despeito de serem atos normalmente vinculados, podem ser revogadas em situações específicas.

1.5 Da Intervenção do Estado na Propriedade

(PROCURADOR – ASSEMBLEIA LEGISLATIVA SP – FCC – 2010)

69. A desapropriação que se decreta para promover a justa distribuição da propriedade ocorre:
    a) por interesse social;
    b) para urbanização ou reurbanização;
    c) por utilidade pública;
    d) por necessidade pública;
    e) para observância do plano diretor do município.

(ADVOGADO – BADESC/SC – FGV – 2010)

70. Com relação à *requisição administrativa*, analise as afirmativas a seguir:

    I – Terá sempre caráter de definitividade;
    II – Será aplicada somente em situação de guerra ou de movimentos de origem política;
    III – Será a indenização sempre *a posteriori*, caso seja devida;
    IV – Incidirá apenas sobre bens imóveis.

Assinale:

a) se somente a afirmativa I estiver correta;
b) se somente a afirmativa III estiver correta;
c) se somente as afirmativas II e IV estiverem corretas;
d) se somente as afirmativas I, II e III estiverem corretas;
e) se todas as afirmativas estiverem corretas.

(ANALISTA MUNICIPAL/ ESPECIALIDADE PROCURADOR MUNICIPAL – PGM DE BOA VISTA/RR – CESPE – 2010)

71. Cabe a retrocessão quando o expropriante dá ao imóvel uma destinação pública diferente daquela mencionada no ato expropriatório.

    ( ) Certo ( ) Errado

(DEFENSOR PÚBLICO – DPE/AL – CESPE – 2009)

72. Os estados e os municípios podem desapropriar imóveis rurais, para fins de utilidade pública.

( ) **Certo** ( ) **Errado**

(DEFENSOR PÚBLICO – DPE/AL – CESPE – 2009)

73. A imissão provisória na posse do bem objeto da expropriação é possível desde que ocorra mediante a correspondente indenização, por parte do expropriado, pela utilização do bem até a extinção do domínio.

( ) **Certo** ( ) **Errado**

(PROCURADOR – PMS/SAAE – VUNESP – 2010)

74. Considerando os vários tipos de desapropriação existentes no direito brasileiro, é correto afirmar que:
    a) a desapropriação pode ter caráter sancionatório;
    b) a declaração de utilidade pública de um bem para fins de desapropriação tem o efeito de transferir o bem para o patrimônio público;
    c) no processo judicial de desapropriação, a lei garante ao expropriado o direito de discutir se verificou-se ou não o caso de utilidade pública na desapropriação do seu imóvel;
    d) bens públicos não podem ser desapropriados;
    e) as benfeitorias úteis e necessárias serão indenizadas em títulos da dívida pública.

(ADVOGADO – SENADO FEDERAL – FGV – 2008)

75. No que diz respeito à intervenção do Estado na propriedade, é correto afirmar que:
    a) a validade da desapropriação indireta pressupõe que o Chefe do Poder Executivo do ente federativo tenha expedido previamente o decreto expropriatório;
    b) a competência para declarar a utilidade pública com vistas à desapropriação restringe-se às pessoas políticas integrantes da federação;
    c) na servidão administrativa, a regra geral é que a indenização seja paga *a posteriori*, visto tratar-se de direito pessoal em favor do titular da propriedade;
    d) a desapropriação urbanística pode não caracterizar-se como sancionatória, como é a hipótese em que o Poder Público implementa a revitalização de certas áreas urbanas;
    e) na desapropriação, a transferência da propriedade se concretiza por aquisição derivada, conforme entendimento doutrinário dominante, e isso porque há sempre a titularidade prévia da propriedade.

1.6 Da Responsabilidade do Estado

(PROCURADOR – ASSEMBLEIA LEGISLATIVA SP – FCC – 2010)

76. Considerando-se a responsabilidade civil do Estado é INCORRETO afirmar que:
    a) o Estado responde pelo ato lesivo praticado por seu agente, ainda que este não tenha agido com dolo ou culpa;
    b) o direito de ação regressiva contra o agente causador do dano é imprescritível;
    c) a ação de regresso contra o agente causador do dano, verificados os demais requisitos, pode ser proposta mesmo que o Estado ainda não tenha efetivado o pagamento da indenização a que foi condenado ou que resulte de acordo administrativo;
    d) o direito de obter indenização dos danos causados por agentes de pessoas jurídicas de direito público prescreve em cinco anos;
    e) o Estado somente responde se agiu com culpa nos danos causados por fenômenos da natureza.

(DEFENSOR PÚBLICO – DPE/AL – CESPE – 2009)

77. Essa regra não se aplica às entidades da administração indireta que executem atividade econômica de natureza privada.

( ) Certo ( ) Errado

Considere que as seguintes situações hipotéticas tenham ocorrido em determinada unidade da Federação.

I – Em junho de 2008, durante rebelião em um presídio, Antônio, José e Pedro, presos condenados por homicídio, fugiram por um túnel cavado sob a cama de um deles em um dos pavilhões de detenção. Um mês após a rebelião, um detento de nome Francisco foi assassinado por Otávio, outro preso, por vingança, em decorrência de luta pelo controle do tráfico de entorpecentes no referido prédio. Um ano após a rebelião, José cometeu latrocínio nas proximidades do tribunal de justiça do estado, ocasião em que foi preso e reconduzido ao presídio. A vítima do latrocínio deixou viúva e dois filhos.

II – Em 2008, na madrugada de um dia em que deveria ter retornado para dormir no presídio, um preso submetido ao regime semiaberto cometeu um estupro. Tal fato atraiu a atenção do Poder Judiciário porque, comprovadamente, o preso, frequentemente, deixava de retornar ao final do dia para recolhimento, situação essa que era de conhecimento da direção do presídio.

Com referência aos fatos hipotéticos acima narrados e ao atual entendimento jurisprudencial do Supremo Tribunal Federal (STF), julgue os itens subsequentes.

(DEFENSOR PÚBLICO – DPE/CE – CESPE – 2008)

78. Os elementos que compõem a responsabilidade civil objetiva do Estado são: causalidade material, alteridade do dano, oficialidade da atividade causal e lesiva imputável a agente público e ausência de causa excludente de responsabilidade estatal.

( ) Certo ( ) Errado

(DEFENSOR PÚBLICO – DPE/CE – CESPE – 2008)

79. No homicídio acontecido nas dependências da prisão, mencionado na situação I, em que Otávio matou Francisco, não há responsabilidade objetiva do Estado porque se está diante de omissão do poder público em cuidar da integridade física de um apenado.

( ) Certo ( ) Errado

(DEFENSOR PÚBLICO – DPE/CE – CESPE – 2008)

80. Na situação II, não há responsabilização civil do Estado no estupro praticado pelo preso durante o descumprimento do regime semiaberto, uma vez que não há conexão entre a conduta estatal e o dano eventualmente acontecido.

( ) Certo ( ) Errado

(DEFENSOR PÚBLICO – DPE/CE – CESPE – 2008)

81. Na situação I, a responsabilização civil de José pelo latrocínio cometido exclui a possibilidade de pretensão indenizatória contra o Estado.

( ) Certo ( ) Errado

(DEFENSOR PÚBLICO – DPE/CE – CESPE – 2008)

82. A teoria do risco administrativo está presente no plano constitucional desde a Constituição de 1946 e confere fundamento doutrinário à responsabilização objetiva do Estado.

( ) Certo ( ) Errado

(PROCURADOR DO ESTADO DE ALAGOAS – PGE/AL – CESPE – 2009)

83. Acerca da responsabilidade civil do Estado e dos prestadores de serviços públicos, assinale a opção correta:
    a) É firme e atual o entendimento do STF de que a responsabilidade civil das pessoas jurídicas de direito privado prestadoras de serviço público de transporte é objetiva relativamente aos usuários do serviço, não se estendendo a pessoas outras que não ostentem a condição de usuário.
    b) Não resta caracterizada a responsabilidade civil objetiva do Estado se um policial militar, em seu período de folga e em trajes civis, efetua disparo com arma de fogo pertencente à corporação e atinge pessoa inocente, provocando-lhe danos.
    c) O Estado não é objetivamente responsável por dano causado por funcionário de fato.
    d) A responsabilidade civil pelos atos causados pelos agentes das empresas públicas e sociedades de economia mista prestadoras de atividade econômica é objetiva.
    e) Considere a seguinte situação hipotética. Geraldo foi condenado e submetido a regime prisional aberto. Em sete ocasiões, Geraldo praticou a falta grave de evasão, sem que as autoridades responsáveis pela execução da pena lhe passassem para o regime fechado. Na oitava fuga, Geraldo estuprou Vânia justamente no período em que deveria estar recolhido à prisão. Nessa situação, está configurado o nexo de causalidade entre a omissão do Estado e o evento danoso a ensejar a responsabilidade civil do ente público.

(PROCURADOR DO MINISTÉRIO PÚBLICO ESPECIAL JUNTO AO TRIBUNAL DE CONTAS DO ESTADO DA BAHIA – TCE/BA – CESPE – 2010)

84. Orientado pelos princípios do contraditório e da ampla defesa, o controle jurisdicional dos processos administrativos restringe-se à regularidade do procedimento, sem exame do mérito do ato administrativo.

    ( ) **Certo** ( ) **Errado**

(PROCURADOR DO MINISTÉRIO PÚBLICO ESPECIAL JUNTO AO TRIBUNAL DE CONTAS DO ESTADO DA BAHIA – TCE/BA – CESPE – 2010)

85. Se determinada pessoa, submetida a investigação penal pelo poder público, for vítima da decretação de prisão cautelar, embora não tenha tido qualquer participação ou envolvimento com o fato criminoso, e, em decorrência direta da prisão, perder o seu emprego, tal situação acarretará responsabilidade civil objetiva do Estado.

    ( ) **Certo** ( ) **Errado**

1.7 Da Licitação e Dos Contratos

(PROCURADOR – ASSEMBLEIA LEGISLATIVA SP – FCC – 2010)

86. A dispensa de licitação:
    a) incide nas hipóteses em que houver impossibilidade de competição;
    b) caracteriza-se pela circunstância de que, em tese, poderia ser realizado o procedimento, mas que, dadas as peculiaridades do caso, o legislador decidiu não torná-lo obrigatório;
    c) pode ocorrer fora das hipóteses previstas na lei, desde que a autoridade competente fundamente a sua decisão;
    d) é possível, dentre outras hipóteses, para a aquisição de materiais, equipamentos ou gêneros que só possam ser fornecidos por produtor, empresa ou representante comercial exclusivo;
    e) para a contratação de artista exige que ele seja consagrado pela crítica especializada ou pela opinião pública.

(PROCURADOR – ASSEMBLEIA LEGISLATIVA SP – FCC – 2010)

87. Sobre as peculiaridades do contrato administrativo, é INCORRETO afirmar que:
    a) as cláusulas exorbitantes expressas ou implicitamente previstas no instrumento do contrato são decorrência do princípio da supremacia do interesse público;
    b) a alteração ou rescisão unilateral por parte da Administração não precisam estar expressamente previstas no instrumento do contrato;
    c) a aplicação das penalidades contratuais diretamente pela Administração resulta do princípio da autoexecutoriedade;
    d) é absolutamente vedada a *exceptio non adimpleti contractus*;
    e) a ocupação ou utilização do local, instalações, equipamentos, material e pessoal empregados na execução do contrato, em caso de rescisão unilateral, tem fundamento no princípio da continuidade do serviço público.

(PROCURADOR – ASSEMBLEIA LEGISLATIVA SP – FCC – 2010)

88. Sobre as espécies do contrato administrativo, considere:

    I – Contratos em que o objeto pactuado consiste em construção, reforma, fabricação, recuperação ou ampliação de determinado bem público.

    II – Contratos que visam a atividade destinada a obter determinada utilidade concreta de interesse da Administração.

    III – Contratos em que o contratante comete a outro a condução de um empreendimento, reservando para si a competência decisória final.

Os conceitos acima se referem, respectivamente, aos contratos de

a) permissão, serviços e obras;
b) serviços, fornecimento e gerenciamento;
c) serviços, concessão e permissão;
d) obras, gerenciamento e permissão;
e) obras, serviços e gerenciamento.

(ADVOGADO – BADESC/SC – FGV – 2010)

89. De acordo com a Lei Federal 8.666/93, a modalidade de licitação que comporta menor formalismo, porque se destina a contratações de menor vulto, é denominada:
    a) pregão;
    b) convite;
    c) concurso;
    d) concorrência;
    e) tomada de preços.

(ADVOGADO – BADESC/SC – FGV – 2010)

90. Nos termos do Estatuto das Licitações, assinale a alternativa que apresente um motivo para *rescisão do contrato administrativo*:
    a) A supressão, por parte da Administração, de serviços no percentual de 20% (vinte por cento) do valor atualizado do contrato.
    b) Qualquer paralisação da obra, do serviço ou do fornecimento.
    c) A suspensão de sua execução, por ordem escrita da Administração, por 100 dias.
    d) O atraso superior a 30 dias dos pagamentos devidos pela Administração decorrentes de obras, serviços ou fornecimento.
    e) A não liberação, por parte da Administração, de área para execução de obra, no prazo contratual.

(ADVOGADO – BADESC/SC – FGV – 2010)

91. A licitação, de acordo com a Lei Federal 8.666/93, é inexigível na seguinte hipótese:

a) aquisição de materiais e equipamentos que só possam ser fornecidos por produtor, empresa ou representante comercial exclusivo;
b) alienação, por meio de permuta, de bens imóveis da Administração Pública;
c) celebração de contrato de concessão de direito real de uso;
d) celebração de contratos de prestação de serviços com as organizações sociais, qualificadas no âmbito das respectivas esferas de governo, para atividades contempladas no contrato de gestão;
e) aquisição de bens, nos termos de acordo internacional específico aprovado pelo Congresso Nacional, quando as condições ofertadas forem manifestamente vantajosas para o Poder Público.

(ADVOGADO – DETRAN/ES – CESPE – 2010)

92. Como regra, os prazos de validade dos contratos administrativos não podem ultrapassar os limites de vigência dos respectivos créditos orçamentários.

( ) Certo ( ) Errado

(ADVOGADO – DETRAN/ES – CESPE – 2010)

93. A autoridade competente para aprovar procedimento licitatório somente pode revogar a licitação por razões de interesse público decorrente de fato superveniente devidamente comprovado, pertinente e suficiente para justificar tal conduta.

( ) Certo ( ) Errado

(ANALISTA MUNICIPAL/ ESPECIALIDADE PROCURADOR MUNICIPAL – PGM DE BOA VISTA/RR – CESPE – 2010)

94. O fato de a administração poder optar entre a celebração de contrato ou a revogação de licitação decorrente de razões de interesse público é um exemplo típico de atuação vinculada.

( ) Certo ( ) Errado

Acerca dos crimes previstos na Lei de Licitações e Contratos da Administração Pública (Lei nº 8.666/1993), julgue os itens subsequentes.

(ANALISTA MUNICIPAL/ ESPECIALIDADE PROCURADOR MUNICIPAL – PGM DE BOA VISTA/ RR – CESPE – 2010)

95. Nos casos de sentença condenatória por prática de algum dos crimes previstos na Lei nº 8.666/1993, a pena de multa deverá ser fixada em percentual, cuja base deverá corresponder ao valor da vantagem obtida ou potencialmente auferível pelo agente.

( ) Certo ( ) Errado

(ANALISTA MUNICIPAL/ ESPECIALIDADE PROCURADOR MUNICIPAL – PGM DE BOA VISTA/ RR – CESPE – 2010)

96. A autoridade competente que, fora das hipóteses previstas em lei, determinar dispensa ou inexigibilidade de licitação incorrerá em crime previsto na Lei nº 8.666/1993.

( ) Certo ( ) Errado

(ANALISTA MUNICIPAL/ ESPECIALIDADE PROCURADOR MUNICIPAL – PGM DE BOA VISTA/ RR – CESPE – 2010)

97. O convite é uma modalidade de licitação em que a convocação se faz por carta-convite. Ele dispensa a publicação em edital, mas a lei exige que a unidade administrativa afixe, em lugar adequado, uma cópia do instrumento convocatório.

( ) Certo ( ) Errado

(ADVOGADO – CETESB – VUNESP – 2009)

98. Assinale a alternativa correta sobre licitação:

a) O vencedor da licitação tem direito, por lei, à adjudicação compulsória do objeto licitado e à assinatura imediata do respectivo contrato.
b) Na licitação, não se aplica o princípio da igualdade, mas sim o princípio do interesse público sobre o particular.
c) A concessão de serviços públicos exige sempre a licitação, não sendo possível haver dispensa para tal hipótese.
d) Quando a lei prevê a dispensa de licitação, não pode o administrador exigi-la para a mesma situação.
e) A inexigibilidade de licitação fica a critério da Administração, pois ela é prevista para situações em que há possibilidade de competição entre os interessados, mas em que a lei permite a discricionariedade.

(ADVOGADO – CETESB – VUNESP – 2009)

99. O contrato administrativo:

a) tem natureza de contrato de adesão;
b) não admite a presença de cláusulas exorbitantes implícitas;
c) tem a imutabilidade como uma de suas características;
d) não pode ser celebrado para contratações de empreitada;
e) não exige forma específica.

Julgue os itens que se seguem, referentes a licitação no âmbito da administração pública.

(DEFENSOR PÚBLICO – DPE/AL – CESPE – 2009)

100. Constitui hipótese de inexigibilidade de licitação a contratação de associação de portadores de deficiência física, sem fins lucrativos e de comprovada idoneidade, para a prestação de serviços ou fornecimento de mão de obra, desde que o preço contratado seja compatível com o de mercado.

( ) Certo ( ) Errado

(DEFENSOR PÚBLICO – DPE/AL – CESPE – 2009)

101. O leilão é modalidade de licitação entre interessados devidamente cadastrados para a venda de bens móveis inservíveis para a administração.

( ) Certo ( ) Errado

(DEFENSOR PÚBLICO – DPE/AL – CESPE – 2009)

102. As cláusulas exorbitantes incidem nos contratos administrativos, desde que expressamente previstas.

( ) Certo ( ) Errado

(DEFENSOR PÚBLICO – DPE/AL – CESPE – 2009)

103. A administração pública pode rescindir unilateralmente o contrato por motivo de interesse público, circunstância que lhe impõe o dever de ressarcir o contratado dos prejuízos regularmente comprovados.

( ) Certo ( ) Errado

(DEFENSOR PÚBLICO – DPE/ES – CESPE – 2009)

104. Considerando a relevância de seu objeto, as licitações internacionais devem ser realizadas obrigatória e exclusivamente na modalidade de concorrência.

( ) Certo ( ) Errado

(DEFENSOR PÚBLICO – DPE/ES – CESPE – 2009)

105. A adjudicação produz o efeito de sujeitar o adjudicatário às penalidades previstas no edital e à perda de eventuais garantias oferecidas, caso não assine o contrato no prazo e nas condições estabelecidas.

( ) **Certo** ( ) **Errado**

(DEFENSOR PÚBLICO – DPE/ES – CESPE – 2009)

106. Nos contratos administrativos, é admitida a subcontratação, total ou parcial, de seu objeto, ainda que não prevista no edital de licitação.

( ) **Certo** ( ) **Errado**

(DEFENSOR PÚBLICO – DPE/ES – CESPE – 2009)

107. A ilegalidade comprovada no procedimento licitatório, apurada após a celebração do contrato, macula o contrato administrativo dele decorrente, impondo sua consequente anulação pela administração pública.

( ) **Certo** ( ) **Errado**

(DEFENSOR PÚBLICO SUBSTITUTO – DPE/MT – FCC – 2009)

108. Segundo o regime da Lei nº 8.666/93, a anulação do procedimento licitatório, antes da celebração do consequente contrato:

a) só pode ocorrer por razões de interesse público, evidenciadas por juízo de conveniência e oportunidade da autoridade competente;
b) só pode decorrer de fato superveniente devidamente comprovado;
c) depende da provocação de terceiros, mediante requerimento escrito e devidamente fundamentado;
d) não gera, para a Administração, obrigação de indenizar;
e) não depende de contraditório e a ampla defesa.

(DEFENSOR PÚBLICO SUBSTITUTO – DPE/MT – FCC – 2009)

109. É exemplo de aplicação da teoria da imprevisão o seguinte trecho extraído de dispositivos da Lei nº 8.666/93:

"Os contratos regidos por esta Lei poderão ser alterados, com as devidas justificativas, nos seguintes casos: (...)

a) *unilateralmente pela Administração, quando houver modificação do projeto ou das especificações, para melhor adequação técnica aos seus objetivos";*
b) *unilateralmente pela Administração, quando necessária a modificação do valor contratual em decorrência de acréscimo ou diminuição quantitativa de seu objeto, nos limites permitidos por esta Lei";*
c) *por acordo das partes, quando conveniente a substituição da garantia de execução";*
d) *por acordo das partes, quando necessária a modificação do regime de execução da obra ou serviço, bem como do modo de fornecimento, em face de verificação técnica da inaplicabilidade dos termos contratuais originários";*
e) *por acordo das partes, (...) objetivando a manutenção do equilíbrio econômico-financeiro inicial do contrato, na hipótese de sobrevirem fatos imprevisíveis, ou previsíveis porém de consequências incalculáveis, retardadores ou impeditivos da execução do ajustado".*

(DEFENSOR PÚBLICO – DPE/CE – CESPE – 2008)

110. As obras e serviços que são objetos de licitação não admitem a execução indireta no regime de empreitada por preço global.

( ) **Certo** ( ) **Errado**

(DEFENSOR PÚBLICO – DPE/CE – CESPE – 2008)

111. A instauração de insolvência civil da empresa prestadora de serviços constitui motivo para rescisão do contrato administrativo por ela celebrado.

( ) **Certo** ( ) **Errado**

(DEFENSOR PÚBLICO – DPE/CE – CESPE – 2008)

112. A administração pública é solidariamente responsável pelo inadimplemento dos encargos previdenciários resultantes da execução de contrato administrativo.

( ) **Certo** ( ) **Errado**

(DEFENSOR PÚBLICO – DPE/CE – CESPE – 2008)

113. A administração pode impedir a manutenção do equilíbrio econômico-financeiro do contrato administrativo nas hipóteses de interesse público relativas à segurança nacional.

( ) **Certo** ( ) **Errado**

(ADVOGADO – MC – CESPE – 2008)

114. Considere que determinado ministério pretenda realizar uma pequena obra, orçada em R$ 10.000,00. Nesse caso, a licitação é dispensável, em razão do pequeno valor, mas ainda que não esteja obrigado a licitar, caso queira, o ministério pode vir a realizar a licitação.

( ) **Certo** ( ) **Errado**

(ADVOGADO – MC – CESPE – 2008)

115. Entre as hipóteses de dispensa de licitação estão aquelas ocorridas em razão de situações excepcionais, em razão do objeto e em razão da pessoa.

( ) **Certo** ( ) **Errado**

(ADVOGADO – MC – CESPE – 2008)

116. Configura irregularidade a prática de realizar obras e serviços contratados sem licitação em razão do seu pequeno valor, mas que necessite futuramente de acréscimos, quando o valor somado da contratação inicial com o valor que será gasto com os acréscimos futuros resultar em valor total que exigiria licitação.

( ) **Certo** ( ) **Errado**

(ADVOGADO – MC – CESPE – 2008)

117. No que diz respeito aos valores que legitimam a contratação sem licitação, as sociedades de economia mista e empresas públicas, assim como as fundações ou autarquias qualificadas como agências executivas se submetem ao mesmo limite legal aplicável à administração direta.

( ) **Certo** ( ) **Errado**

(ADVOGADO – MC – CESPE – 2008)

118. As situações de emergência legitimam a dispensa de licitação, mas a falta de planejamento da administração que gera a urgência não é motivo aceitável para a contratação direta. Julgue os itens a seguir quanto ao regime das empresas públicas.

( ) **Certo** ( ) **Errado**

(ADVOGADO – MC – CESPE – 2008)

119. À Empresa Brasileira de Correios e Telégrafos, empresa pública, com personalidade jurídica de direito privado, não é aplicável o privilégio da impenhorabilidade de seus bens, rendas e serviços, por expressa disposição constitucional que submete a empresa pública, a sociedade

de economia mista e outras entidades que explorem atividade econômica ao regime próprio das empresas privadas, inclusive quanto às obrigações trabalhistas e tributárias.

( ) Certo ( ) Errado

(PROCURADOR DO ESTADO DE ALAGOAS – PGE/AL – CESPE – 2009)

120. Nos termos da CF, ressalvados os casos especificados na legislação, as obras, serviços, compras e alienações serão contratados mediante processo de licitação pública que assegure igualdade de condições a todos os concorrentes, com cláusulas que estabeleçam obrigações de pagamento, mantidas as condições efetivas da proposta, nos termos da lei, a qual somente permitirá as exigências de qualificação técnica e econômica indispensáveis à garantia do cumprimento das obrigações.

Acerca de licitação, assunto tratado no texto acima, assinale a opção correta:

a) Os editais de licitação podem prever como condição de habilitação a existência de certificado ISO. Assim, caso a empresa interessada em contratar com a administração não tenha essa certificação, a autoridade responsável poderá vedar a sua participação no procedimento licitatório.
b) É cláusula obrigatória nos editais de licitação o critério de aceitabilidade dos preços unitário e global, conforme o caso. Nos termos da Lei nº 8.666/1993, a administração pode fixar no edital o preço máximo que se dispõe a pagar pelo bem, mas não pode fixar o preço mínimo.
c) É inexigível a licitação quando não acudirem interessados à licitação anterior e esta, justificadamente, não puder ser repetida sem prejuízo para a administração.
d) Não se verifica qualquer irregularidade em procedimento licitatório promovido para a compra de ambulância, no valor de R$ 45.000,00, na modalidade convite, quando a administração encaminha carta-convite apenas para concessionárias representantes da marca Volkswagen.
e) As minutas de editais de licitação devem ser previamente examinadas por assessoria jurídica da administração. A aprovação do procedimento, contudo, é ato exclusivo do administrador.

(PROCURADOR DO ESTADO DE 1ª CATEGORIA – PGE/ES – CESPE – 2008)

121. É abusivo exigir, em edital de licitação, que, na fase de habilitação, as empresas participantes comprovem capital mínimo circulante ou patrimônio líquido de 10% do valor da contratação.

( ) Certo ( ) Errado

Em relação às licitações, aos contratos administrativos e às concessões de serviços públicos, julgue os itens subsequentes.

(PROCURADOR DO ESTADO DE 1ª CATEGORIA – PGE/ES – CESPE – 2008)

122. É lícita constrição judicial sobre patrimônio de concessionária de serviço público por dívida de empresa que anteriormente explorava o serviço e contraída na respectiva exploração.

( ) Certo ( ) Errado

(PROCURADOR DO ESTADO DE 1ª CATEGORIA – PGE/ES – CESPE – 2008)

123. A administração pode rescindir o contrato administrativo em razão de seu descumprimento, mas não pode promover retenção do pagamento que lhe é devido.

( ) Certo ( ) Errado

(PROCURADOR DO ESTADO SUBSTITUTO – PGE/PI – CESPE – 2008)

124. Com relação a licitações e contratos, assinale a opção correta:

a) O princípio do sigilo na apresentação das propostas foi implicitamente revogado com o advento da CF de 1988 e legislação posterior, que determina que o procedimento licitatório será regido pelo princípio da publicidade.

b) Segundo o princípio da adjudicação compulsória, a administração pública está obrigada a atribuir o objeto da licitação ao vencedor, não sendo mais permitida, nessa fase, a revogação.
c) Conforme o princípio do julgamento objetivo, o julgamento das propostas deve ser feito de acordo com os critérios fixados no instrumento convocatório.
d) De acordo com o princípio da moralidade, o vencedor da licitação tem direito subjetivo à adjudicação do objeto licitado.
e) O princípio da vinculação ao instrumento convocatório destina-se exclusivamente a garantir o direito dos licitantes perante a administração pública.

(PROCURADOR DO ESTADO SUBSTITUTO – PGE/PI – CESPE – 2008)

125. Ainda no que se refere a licitações e contratos, assinale a opção correta.

a) Tomada de preços é a modalidade de licitação entre interessados do ramo pertinente ao seu objeto, cadastrados ou não, escolhidos e convidados, em número mínimo de três, pela unidade administrativa, a qual afixará, em local apropriado, cópia do instrumento convocatório e o estenderá aos demais cadastrados na correspondente especialidade que manifestarem seu interesse com antecedência de até 24 horas da apresentação das propostas.
b) Concurso é a modalidade de licitação entre quaisquer interessados para escolha de trabalho técnico, científico ou artístico, mediante a instituição de prêmios ou remuneração aos vencedores, conforme critérios constantes de edital publicado na imprensa oficial com antecedência mínima de 45 dias.
c) De acordo com a Lei nº 8.666/1993, é lícita a criação de outras modalidades de licitação, bem como a combinação das modalidades já existentes.
d) É inexigível a licitação referente a compras ou contratações de serviços para o abastecimento de navios, embarcações, unidades aéreas ou tropas e seus meios de deslocamento quando em estada eventual de curta duração em portos, aeroportos ou localidades diferentes de suas sedes, por motivo de movimentação operacional ou de adestramento.
e) É inexigível a licitação na contratação de fornecimento ou suprimento de energia elétrica e gás natural com concessionário, permissionário ou autorizado, segundo as normas da legislação específica.

(PROCURADOR DO ESTADO SUBSTITUTO – PGE/PI – CESPE – 2008)

126. Contrato administrativo pelo qual a administração pública delega a outrem a execução de um serviço público, para que o execute em seu próprio nome, por sua conta e risco, mediante tarifa paga pelo usuário ou outra forma de remuneração decorrente da exploração do serviço.

> Maria Sylvia Di Pietro. Parcerias na administração pública. São Paulo: Atlas, 1999, p. 72 (com adaptações).

A definição apresentada no texto acima refere-se ao instituto denominado:

a) autorização de serviço público;
b) permissão de serviço público;
c) contrato de empreitada de obra pública;
d) concessão de obra pública;
e) concessão de serviço público.

(PROCURADOR – PMS/SAAE – VUNESP – 2010)

127. Conforme a Lei de Licitações, a contratação de fornecimento ou suprimento de energia elétrica e gás natural com concessionário, permissionário ou autorizado, segundo as normas da legislação específica:

a) deve ser feita na modalidade concorrência;
b) deve ser feita na modalidade tomada de preços;
c) deve ser feita na modalidade pregão;

d) permite a dispensa de licitação;
e) é hipótese de inexigibilidade de licitação.

(PROCURADOR – PMS/SAAE – VUNESP – 2010)

128. Uma peculiariedade dos contratos administrativos é a presença das cláusulas exorbitantes, por meio das quais a Administração, em determinadas hipóteses, pode:

a) celebrar contratos por prazo indeterminado;
b) antecipar pagamento, mesmo sem a correspondente contraprestação do particular;
c) modificar o contrato unilateralmente;
d) aplicar sanções imotivadas;
e) punir o contratado, mesmo sem previsão legal.

(ADVOGADO – SENADO FEDERAL – FGV – 2008)

129. Das afirmativas a seguir, uma está errada. Assinale-a:

a) Constitui cláusula necessária do contrato administrativo a indicação da legislação aplicável à sua execução e aos casos omissos no instrumento contratual.
b) No caso de suspensão da execução do contrato determinada pela Administração por prazo superior a 120 (cento e vinte) dias, ressalvadas algumas exceções, tem o contratado direito a postular a rescisão do contrato por culpa do ente contratante.
c) Configura-se como cláusula exorbitante dos contratos administrativos aquela em que esteja expresso o poder da Administração de fiscalizar a sua execução.
d) Na hipótese de contrato de compras, pode a alteração contratual, como regra, exceder o percentual de 25% (vinte e cinco por cento) do valor inicial atualizado do contrato, desde que haja acordo expresso firmado pelos contratantes.
e) Se a rescisão contratual tiver por fundamento razões de interesse público, tem o contratado o direito à indenização por perdas e danos, inclusive o reembolso relativo ao custo da desmobilização.

(ADVOGADO – SENADO FEDERAL – FGV – 2008)

130. Em relação a concessões é correto afirmar que:

a) no caso de inexecução total ou parcial do contrato de concessão de serviço público pelo concedente, poderá o concessionário obter judicialmente a decretação da caducidade da concessão;
b) as parcerias público-privadas configuram-se como contratos de concessão e, além da impossibilidade de serem celebradas por período inferior a cinco anos, é também ilegítimo que a execução de obra pública seja seu objeto único;
c) as diferenças básicas entre a concessão de serviços públicos e a permissão de serviços públicos situam-se na natureza jurídica do ajuste e na prerrogativa de rescisão unilateral do contrato;
d) a parceria público-privada sob a modalidade de concessão administrativa enseja o pagamento de tarifas por terceiros, ainda que a usuária direta ou indireta da execução da obra seja a Administração Pública;
e) o serviço de abastecimento de água tratada à população, quando executado sob regime de concessão, é, em regra, insuscetível de suspensão no caso de falta de pagamento da tarifa pelo usuário, tendo em vista sua natureza de serviço essencial.

(PROCURADOR DO MINISTÉRIO PÚBLICO ESPECIAL JUNTO AO TRIBUNAL DE CONTAS DO ESTADO DA BAHIA – TCE/BA – CESPE – 2010)

131. Nas infrações praticadas por pessoa jurídica, a ANATEL, no exercício de sua função fiscalizadora, não pode aplicar multa aos respectivos administradores ou controladores, sem prévia autorização judicial, mesmo quando eles tenham agido de má-fé.

( ) Certo **( ) Errado**

(PROCURADOR DO MINISTÉRIO PÚBLICO ESPECIAL JUNTO AO TRIBUNAL DE CONTAS DO ESTADO DA BAHIA – TCE/BA – CESPE – 2010)

132. Para o TCU, ainda que expirado o termo original, mas desde que expressamente autorizado pela autoridade competente, poderá haver a prorrogação dos prazos previstos nos contratos administrativos.

( ) Certo ( ) Errado

(PROCURADOR DO MINISTÉRIO PÚBLICO ESPECIAL JUNTO AO TRIBUNAL DE CONTAS DO ESTADO DA BAHIA – TCE/BA – CESPE – 2010)

133. Para alienar ações de sociedade de economia mista negociadas em bolsas de valores, o Poder Executivo do estado da Bahia deverá obter prévia autorização legislativa, independentemente de importarem tais atos perda ou não do controle acionário, embora nesses casos esteja dispensado do procedimento licitatório.

( ) Certo ( ) Errado

(PROCURADOR DO MINISTÉRIO PÚBLICO ESPECIAL JUNTO AO TRIBUNAL DE CONTAS DO ESTADO DA BAHIA – TCE/BA – CESPE – 2010)

134. Pela Lei de Licitações do Estado da Bahia – Lei nº 9.433/2005 –, a existência de preços registrados por meio do sistema de registro de preços obriga a administração pública, inclusive o TCE/BA, a firmar as contratações que deles poderão advir.

( ) Certo ( ) Errado

(PROCURADOR DO MINISTÉRIO PÚBLICO ESPECIAL JUNTO AO TRIBUNAL DE CONTAS DO ESTADO DA BAHIA – TCE/BA – CESPE – 2010)

135. Pela Lei de Licitações do Estado da Bahia – Lei nº 9.433/2005 –, a existência de preços registrados por meio do sistema de registro de preços obriga a administração pública, inclusive o TCE/BA, a firmar as contratações que deles poderão advir.

( ) Certo ( ) Errado

1.8 Dos Serviços Públicos

(PROCURADOR – ASSEMBLEIA LEGISLATIVA SP – FCC – 2010)

136. Considerando-se a classificação do Serviço Público, é INCORRETO afirmar que serviços:

a) singulares são, preponderantemente, destinados a pessoas individualizadas, sendo mensurável a utilização de cada um dos indivíduos;
b) indelegáveis são aqueles que somente podem ser prestados pelo Estado, ou seja, pelos seus próprios órgãos ou agentes;
c) delegáveis são somente aqueles que por expressa disposição legal podem ser executados pelo Estado ou por particulares;
d) sociais são os que o Estado executa para atender a reclamos sociais básicos e representam serviços assistenciais e protetivos;
e) econômicos são aqueles que representam atividades de caráter industrial ou comercial, que possibilitam lucro.

(ADVOGADO – BADESC/SC – FGV – 2010)

137. Com relação aos *princípios inerentes* aos serviços públicos, analise as afirmativas a seguir:

I – O princípio da continuidade impede que haja suspensão do serviço público, ainda que motivada por razões técnicas.

II – As concessionárias de serviço público devem observar o princípio da eficiência, mantendo adequado o serviço executado.
III – A remuneração dos serviços públicos não pode abranger parâmetros diferenciados de cobrança em razão do princípio da modicidade.

Assinale:

a) se somente a afirmativa I estiver correta;
b) se somente a afirmativa II estiver correta;
c) se somente as afirmativas I e II estiverem corretas;
d) se somente as afirmativas II e III estiverem corretas;
e) se todas as afirmativas estiverem corretas.

(ADVOGADO – IPAJM/ES – CESPE – 2010)

138. Considerando o entendimento do Superior Tribunal de Justiça (STJ) a respeito do serviço público de abastecimento de água, assinale a opção correta:

a) O serviço público de abastecimento de água, dada a sua essencialidade, é considerado serviço próprio do Estado, relacionando-se intimamente com as atribuições do poder público, razão pela qual somente pode ser prestado por órgãos ou entidades públicas, mediante cobrança de taxa.
b) Esse serviço pode ser interrompido pelo prestador, entre outras razões, em virtude do inadimplemento do usuário do serviço, após ter sido formalmente notificado, tanto por débitos atuais, provenientes do próprio mês de consumo, quanto por débitos pretéritos.
c) Caso determinada autarquia responsável pelo abastecimento de água resolva cobrar judicialmente créditos referentes a serviço consumido e não pago pelo usuário, deverá observar o prazo prescricional de cinco anos previsto no decreto que regula a prescrição dos créditos do poder público, não se sujeitando ao regramento do Código Civil sobre a matéria.
d) Tendo em vista o princípio da continuidade da prestação do serviço público, que impede a sua interrupção, não pode ser suspenso o abastecimento de água de órgãos públicos, tais como a sede de prefeitura municipal, ainda que inadimplente a entidade.
e) A prestação de serviços públicos de saneamento básico por entidade que não integre a administração do titular depende da celebração de contrato, sendo vedada a sua disciplina mediante convênios, termos de parceria ou outros instrumentos de natureza precária, salvo se autorizado para usuários organizados em cooperativas ou associações, nos termos da lei e respeitadas determinadas condições.

(DEFENSOR PÚBLICO – DPE/AL – CESPE – 2009)

139. Na concessão de serviço público, não há a incidência das cláusulas exorbitantes, tampouco da característica da mutabilidade.

( ) Certo ( ) Errado

(DEFENSOR PÚBLICO SUBSTITUTO – DPE/MT – FCC – 2009)

140. Em relação ao sentido de serviço público que se pode extrair do regime constitucional hoje vigente no Brasil, pode-se corretamente afirmar que é um sentido:

a) unívoco, na medida em que a Constituição contém um rol expresso e taxativo dos deveres do Estado, dizendo-os "serviços públicos";
b) mais restrito do que certas formulações doutrinárias, face à dicotomia constitucional estabelecida entre serviços públicos e atividades econômicas exploradas pelo Estado;
c) amplo, posto que as atividades estatais em geral, como regra, comportam execução por delegação, mediante concessão ou permissão;
d) restrito, vez que apenas pode ser considerado serviço público aquele prestado diretamente pelo Estado;

e) restrito, vez que apenas pode ser considerado serviço público aquele prestado mediante concessão ou permissão.

(ADVOGADO – IBRAM – CESPE – 2009)

141. O atual entendimento do STJ é no sentido de que o estágio probatório compreende o período entre o início do exercício do cargo e a aquisição de estabilidade no serviço público, que, desde o advento da Emenda Constitucional (EC) nº 19/1998, tem a duração de três anos.

( ) Certo ( ) Errado

(ADVOGADO – IBRAM – CESPE – 2009)

142. As empresas públicas prestadoras de serviço público distinguem-se das que exercem atividade econômica. Em caso de empresa pública prestadora de serviço público de prestação obrigatória e exclusiva do Estado, como é o caso da Empresa Brasileira de Correios e Telégrafos, esta deverá ser beneficiada com a extensão da imunidade tributária recíproca, que alcança impostos.

( ) Certo ( ) Errado

(PROCURADOR – PMS/SAAE – VUNESP – 2010)

143. É um exemplo de serviço público *uti singuli*:

a) fornecimento de energia elétrica;
b) segurança pública;
c) iluminação pública;
d) serviços diplomáticos;
e) saneamento básico.

(ADVOGADO – BADESC/SC – FGV – 2010)

144. A respeito da *concessão de serviço público*, analise as afirmativas a seguir:

I – As cláusulas contratuais relativas aos direitos e deveres dos usuários para utilização do serviço são consideradas essenciais.
II – A Lei 8.987/95 possibilita a revisão das tarifas, a fim de manter o equilíbrio econômico-financeiro do contrato.
III – As concessões podem ser outorgadas por prazo determinado ou indeterminado, desde que seja garantido o ressarcimento do capital investido.
IV – A retomada do serviço pelo poder concedente durante o prazo de concessão, por motivos de interesse público, denomina-se encampação.

Assinale:

a) se somente a afirmativa I estiver correta;
b) se somente as afirmativas II e III estiverem corretas;
c) se somente as afirmativas incisos II e IV estiverem corretas;
d) se somente as afirmativas I, II e IV estiverem corretas;
e) se todas as afirmativas estiverem corretas.

De acordo com a Lei nº 9.469/1997, que trata da intervenção da União nas causas em que os entes da administração indireta figurem como autores ou réus, julgue o item subsequente.

(ANALISTA MUNICIPAL/ ESPECIALIDADE PROCURADOR MUNICIPAL – PGM DE BOA VISTA/ RR – CESPE – 2010)

145. Um procurador necessitará apresentar o instrumento de mandato caso venha a representar judicialmente uma fundação pública na qual ocupe cargo efetivo.

( ) Certo ( ) Errado

(DEFENSOR PÚBLICO – DPE/AL – CESPE – 2009)

146. Os serviços públicos *uti singuli* são aqueles prestados à coletividade, que têm por finalidade a satisfação indireta das necessidades dos cidadãos, tais como os serviços de iluminação pública e de saneamento.

( ) **Certo** ( ) **Errado**

Em relação às PPPs e à intervenção do Estado no domínio econômico, julgue os itens subsequentes.

(PROCURADOR DO MINISTÉRIO PÚBLICO ESPECIAL JUNTO AO TRIBUNAL DE CONTAS DO ESTADO DA BAHIA – TCE/BA – CESPE – 2010)

147. No entendimento do STF, a intervenção do Estado no domínio econômico pode violar os princípios do livre exercício da atividade econômica e da livre iniciativa, gerando a sua responsabilidade civil objetiva no caso de ser fixado preço abaixo do adequado e em desconformidade com a legislação aplicável ao setor.

( ) **Certo** ( ) **Errado**

(PROCURADOR DO MINISTÉRIO PÚBLICO ESPECIAL JUNTO AO TRIBUNAL DE CONTAS DO ESTADO DA BAHIA – TCE/BA – CESPE – 2010)

148. Diante do princípio da moralidade, a administração pública, nos contratos celebrados por meio de PPP, deverá ser a titular da maioria do capital votante das sociedades de propósito específico, constituídas para implantar e gerir o objeto da parceria, sob pena de responsabilidade dos administradores envolvidos.

( ) **Certo** ( ) **Errado**

1.9 Dos Agentes Públicos

(ADVOGADO – BADESC/SC – FGV – 2010)

149. São considerados servidores públicos:

a) os chefes do Executivo e os militares;
b) os servidores estatutários e os agentes políticos;
c) os servidores temporários e os empregados públicos;
d) os agentes putativos e os particulares em colaboração com o Poder Público;
e) os militares e os empregados de uma empresa permissionária de serviço público.

De acordo com a Lei nº 8.112/1990, que trata do regime jurídico dos servidores públicos civis da União, julgue os itens a seguir.

(ANALISTA MUNICIPAL/ ESPECIALIDADE PROCURADOR MUNICIPAL – PGM DE BOA VISTA/ RR – CESPE – 2010)

150. O chefe imediato do servidor tem a faculdade de autorizar ou não a compensação de horário. Não havendo tal compensação, o servidor perderá a parcela da remuneração correspondente ao atraso, sem que, nessa hipótese, se caracterize violação ao princípio da irredutibilidade de vencimentos.

( ) **Certo** ( ) **Errado**

(DEFENSOR PÚBLICO – DPE/AL – CESPE – 2009)

151. Os DPs e os servidores públicos organizados em carreira devem ser, obrigatoriamente, remunerados por subsídios.

( ) **Certo** ( ) **Errado**

(DEFENSOR PÚBLICO – DPE/AL – CESPE – 2009)

152. A CF confere aos entes federativos a competência para adotar, quanto aos agentes públicos, regimes jurídicos diversificados, com a ressalva das carreiras por ela institucionalizadas.

( ) **Certo** ( ) **Errado**

(DEFENSOR PÚBLICO – DPE/ES – CESPE – 2009)

153. A investidura em cargo, emprego ou função pública depende de aprovação prévia em concurso público de provas ou de provas e títulos, de acordo com a natureza e a complexidade das atividades desenvolvidas.

( ) **Certo** ( ) **Errado**

(DEFENSOR PÚBLICO – DPE/ES – CESPE – 2009)

154. O servidor público em exercício de mandato tem o direito de ficar afastado do cargo, emprego ou função, computando-se o tempo para todos os efeitos legais, até mesmo para fins de promoção por antiguidade e merecimento.

( ) **Certo** ( ) **Errado**

(DEFENSOR PÚBLICO – DPE/ES – CESPE – 2009)

155. O princípio da oficialidade, aplicável ao processo administrativo, encontra-se presente no poder da administração de instaurar e instruir o processo, bem como de rever suas decisões.

( ) **Certo** ( ) **Errado**

Para manifestar a sua vontade, o Estado se utiliza de agentes públicos, em sentido amplo. Quanto a esses agentes públicos, julgue os itens a seguir.

(ADVOGADO – IBRAM – CESPE – 2009)

156. Considere que um servidor receba R$ 10.000,00. De remuneração, composta de 50% do valor em vencimento básico e 50% em gratificação específica. Considerando essa composição, uma lei nova que reestruture sua carreira não pode diminuir o percentual da gratificação específica, ainda que mantida, ao final, a mesma remuneração.

( ) **Certo** ( ) **Errado**

(ADVOGADO – IBRAM – CESPE – 2009)

157. Considere que a administração pública, em interpretação equivocada da lei, tenha incorporado à remuneração de um servidor, duas vantagens que não poderiam ser cumuladas, e que após cinco meses dessa incorporação, percebendo o equívoco na concessão, passou a descontar 10% da remuneração mensal do servidor, até a integral restituição.

( ) **Certo** ( ) **Errado**

Nessa situação, segundo o entendimento do STJ, essa restituição foi feita validamente, uma vez que observou o limite legal de desconto na remuneração mensal, previsto no patamar de 30%, nos termos da Lei nº 8.112/1990.

(PROCURADOR DO ESTADO DE ALAGOAS – PGE/AL – CESPE – 2009)

158. Acerca dos direitos dos servidores públicos previstos na CF, assinale a opção correta:

a) A irredutibilidade dos subsídios e vencimentos prevista na CF alcança somente os ocupantes de cargo efetivo. Assim, poderá haver redução dos valores fixados para os cargos em comissão e para os empregos públicos.

b) Depois de convertida em lei a medida provisória que aumentar os salários dos servidores públicos, o chefe do Poder Executivo poderá encaminhar ao Poder Legislativo novo projeto de lei reduzindo os vencimentos. Se a crise financeira justificar a redução, o Poder Legislativo poderá aprovar a lei sem qualquer vício de constitucionalidade.
c) É vedada, em regra, a cumulação remunerada de cargos públicos. Essa proibição, contudo, não se estende aos empregos e funções nas empresas públicas e sociedades de economia mista.
d) A CF assegura a revisão geral anual dos vencimentos dos servidores públicos. Caso o chefe do Poder Executivo não encaminhe o projeto de lei com essa revisão, o Poder Judiciário não poderá socorrer os servidores, uma vez que eventual decisão impondo ao Estado o dever de indenizar significaria a própria concessão de reajuste sem previsão legal.
e) É constitucional a vinculação do reajuste de vencimentos de servidores estaduais ou municipais a índices federais de correção monetária.

(PROCURADOR – PMS/SAAE – VUNESP – 2010)

159. Sobre o provimento de cargo público é correto afirmar que:
a) é o ato administrativo pelo qual o servidor é destituído do cargo;
b) pode ocorrer, em certos casos, independentemente de concurso público;
c) não pode ocorrer de forma vitalícia;
d) pode ser originário, mas não derivado;
e) é ato de competência exclusiva do chefe do Poder Executivo, independentemente do cargo público.

(ADVOGADO – SENADO FEDERAL – FGV – 2008)

160. Em matéria de servidor público, é correto afirmar que:
a) os litígios de que participem servidores temporários contratados pelo regime especial devem ser processados e julgados na Justiça do Trabalho;
b) no regime estatutário federal, a recondução, a remoção e a redistribuição são formas de provimento derivado, em virtude das alterações funcionais decorrentes de tais atos;
c) se afigura juridicamente inviável a existência de mais de um regime próprio de previdência social para os servidores titulares de cargos efetivos, bem como de mais de uma unidade gestora do respectivo regime, ressalvado o regime adotado para os integrantes das Forças Armadas;
d) não há óbice a que o servidor estatutário titular de cargo efetivo perceba remuneração acumulada com o salário pago por sociedade de economia mista de ente diverso, desde que o servidor, em ambas as hipóteses, tenha sido aprovado previamente em concurso público;
e) no regime estatutário federal, constituem causas de demissão, entre outras, a inassiduidade habitual, a oposição injustificada ao andamento de processo e a insubordinação grave em serviço.

1.10 Dos Bens Públicos

(PROCURADOR – ASSEMBLEIA LEGISLATIVA SP – FCC – 2010)

161. Sobre a classificação dos bens públicos, considere:

I – Locais abertos à utilização pública, de uso coletivo, de fruição própria do povo.
II – Bens que se destinam à execução dos serviços públicos.
III – Bens que podem ser utilizados para qualquer fim e que podem ser alienados pela Administração.

Os conceitos I, II e III referem-se, respectivamente, aos bens

a) de uso comum do povo, dominicais ou dominiais e de uso especial;

b) de uso especial, de uso comum do povo e dominicais ou dominiais;
c) dominicais ou dominiais, de uso especial e de uso comum do povo;
d) de uso comum do povo, de uso especial e dominicais ou dominiais;
e) de uso especial, dominicais ou dominiais e de uso comum do povo.

(ADVOGADO – IPAJM/ES – CESPE – 2010)

162. Acerca de bens públicos, assinale a opção correta:

a) São considerados bens públicos os bens pertencentes a sociedades de economia mista e empresas públicas, ainda que submetidos à destinação especial e à administração particular de tais instituições, para consecução de seus fins estatutários.
b) Nem todos os bens públicos são passíveis de uso especial por particulares.
c) Cessão de uso de bens públicos é ato unilateral, discricionário e precário pelo qual a administração consente na prática de determinada atividade individual incidente sobre bem público. Não há forma nem requisitos especiais para sua efetivação, pois visa apenas a atividades transitórias e irrelevantes para o poder público, bastando que se consubstancie em ato escrito, revogável sumariamente a qualquer tempo e sem ônus para a administração.
d) A concessão especial de uso para moradia pode ser conferida a quem, a qualquer tempo, possua como seu, por cinco anos, ininterruptamente e sem oposição, até duzentos e cinquenta metros quadrados de imóvel público situado em área urbana, utilizando-o para sua moradia ou de sua família, desde que não seja proprietário ou concessionário, a qualquer título, de outro imóvel urbano ou rural.
e) A utilização, a título precário, de áreas de domínio da União para a realização de eventos de curta duração, de natureza recreativa, esportiva, cultural, religiosa ou educacional, depende de concessão.

(DEFENSOR PÚBLICO – DPE/ES – CESPE – 2009)

163. Na tradicional classificação dos bens públicos, as terras indígenas são consideradas bens de uso especial.

( ) **Certo** ( ) **Errado**

(DEFENSOR PÚBLICO – DPE/ES – CESPE – 2009)

164. A permissão de uso configura ato administrativo unilateral, discricionário e precário, por meio do qual a administração faculta a utilização privativa de bem público no interesse particular do beneficiário.

( ) **Certo** ( ) **Errado**

(DEFENSOR PÚBLICO – DPE/ES – CESPE – 2009)

165. Os bens públicos são expropriáveis, porém a legislação de regência estabelece regra segundo a qual a União somente pode desapropriar bens de domínio dos estados-membros; estes somente podem expropriar bens de domínio dos municípios, o que evidencia a impossibilidade de expropriação dos bens públicos federais.

( ) **Certo** ( ) **Errado**

(DEFENSOR PÚBLICO – DPE/CE – CESPE – 2008)

166. O bem móvel tombado não poderá sair do país.

( ) **Certo** ( ) **Errado**

(DEFENSOR PÚBLICO – DPE/CE – CESPE – 2008)

167. O tombamento voluntário de bem pertencente a pessoa física impede a alienação da coisa tombada.

( ) **Certo** ( ) **Errado**

(DEFENSOR PÚBLICO – DPE/CE – CESPE – 2008)

168. O proprietário pode dar o bem imóvel tombado em garantia hipotecária de contrato bancário.

( ) Certo ( ) Errado

(PROCURADOR DO ESTADO SUBSTITUTO – PGE/PI – CESPE – 2008)

169. Uma das formas de proteção do patrimônio histórico, artístico e cultural, o tombamento:

a) não pode atingir bens públicos;
b) só pode atingir bens imóveis;
c) pode atingir bens materiais e imateriais;
d) pode atingir obras de origem estrangeira que sejam trazidas para exposições comemorativas, educativas ou comerciais;
e) pode atingir obras de origem estrangeira que pertençam às representações diplomáticas ou consulares acreditadas no país.

1.11 Do Processo Administrativo

(ADVOGADO – IPAJM/ES – CESPE – 2010)

170. Tendo como fundamento a Lei nº 9.784/1999, que rege o processo administrativo brasileiro, bem como o entendimento do STF acerca do que dispõe essa lei, assinale a opção correta:

a) A falta de defesa técnica por advogado no processo administrativo disciplinar ofende a CF.
b) Quando dados, atuações ou documentos solicitados ao interessado forem necessários à apreciação de pedido formulado, o não atendimento no prazo fixado pela administração para a respectiva apresentação importará julgamento desfavorável ao administrado.
c) Nos processos perante o TCU, asseguram-se o contraditório e a ampla defesa quando da decisão puder resultar anulação ou revogação de ato administrativo que beneficie o interessado, como ocorre com a apreciação da legalidade do ato de concessão inicial de aposentadoria, reforma e pensão.
d) Dados obtidos em interceptação de comunicações telefônicas e em escutas ambientais, judicialmente autorizadas para produção de prova em investigação criminal ou em instrução processual penal, podem ser usados em procedimento administrativo disciplinar, contra a mesma ou as mesmas pessoas em relação às quais foram colhidos, ou contra outros servidores cujos supostos ilícitos teriam despontado à colheita dessa prova.
e) É constitucional a exigência de depósito ou arrolamento prévios de dinheiro ou bens para admissibilidade de recurso administrativo.

(ANALISTA MUNICIPAL/ ESPECIALIDADE PROCURADOR MUNICIPAL – PGM DE BOA VISTA/ RR – CESPE – 2010)

171. A comissão de sindicância não é pré-requisito para a instauração do processo administrativo disciplinar.

( ) Certo ( ) Errado

A defensoria pública é instituição essencial à função jurisdicional do Estado e tem previsão expressa na CF e na CEES. Considerando as referidas normas fundamentais, julgue os itens que se seguem.

(DEFENSOR PÚBLICO – DPE/ES – CESPE – 2009)

172. Após três anos de efetivo exercício, é assegurada a estabilidade aos defensores públicos do estado, que somente perderão o cargo em virtude de sentença judicial transitada em julgado, mediante processo administrativo em que lhes seja assegurada ampla defesa, por ato do defensor público geral do estado, ou em virtude da reprovação no procedimento de avaliação

periódica de desempenho, na forma de lei complementar, facultados, igualmente, a ampla defesa e o contraditório.

( ) **Certo** ( ) **Errado**

(**DEFENSOR PÚBLICO SUBSTITUTO –DPE/MT – FCC – 2009**)

173. Considerando-se o regime da Lei nº 9.784/99, é INCORRETO dizer ser um dever do administrado perante a Administração:
    a) requerer o início do processo administrativo em que tenha interesse;
    b) proceder com lealdade, urbanidade e boa-fé;
    c) não agir de modo temerário;
    d) prestar as informações que lhe forem solicitadas e colaborar para o esclarecimento dos fatos;
    e) expor os fatos conforme a verdade.

(ADVOGADO – IBRAM – CESPE – 2009)

174. Consoante disposto na Lei nº 9.784/1999, que regula o processo administrativo, a administração tem o dever de anular os atos administrativos eivados de vício de legalidade, no exercício de sua autotutela, podendo convalidar aqueles que apresentem defeitos sanáveis, desde que não acarretem lesão ao interesse público e nem prejuízo a terceiros.

( ) **Certo** ( ) **Errado**

Acerca da Lei nº 9.784/1999, que regula o processo administrativo no âmbito da administração pública federal, julgue os itens a seguir.

(ADVOGADO – MC – CESPE – 2008)

175. Tanto a Constituição Federal (CF) como a lei em apreço vedam à administração pública a prorrogação indefinida da duração de seus processos, pois é direito do administrado ter seus requerimentos apreciados em tempo razoável.

( ) **Certo** ( ) **Errado**

(ADVOGADO – MC – CESPE – 2008)

176. Antes do advento da lei em questão, a administração pública podia rever, a qualquer tempo, seus próprios atos, quando eivados de nulidade. O prazo decadencial para anulação dos atos administrativos de que decorram efeitos favoráveis para os destinatários e que não tenham sido realizados de má-fé, conforme previsto na referida lei, somente pode ser contado a partir da vigência dessa lei, sob pena de se conceder a ela efeito retroativo.

( ) **Certo** ( ) **Errado**

(ADVOGADO – MC – CESPE – 2008)

177. A aplicação da referida lei no âmbito estadual não é viável, ainda que sob o argumento da subsidiariedade, pois tal lei tem como objeto o processo administrativo no âmbito da administração pública federal.

( ) **Certo** ( ) **Errado**

(ADVOGADO – MC – CESPE – 2008)

178. De acordo com a lei em apreço, concluída a instrução de processo administrativo, a administração pública federal tem o prazo de até trinta dias para decidir, salvo prorrogação por igual período expressamente motivada.

( ) **Certo** ( ) **Errado**

(ADVOGADO – MC – CESPE – 2008)

179. A lei em questão incide sobre processos administrativos específicos, a exemplo do processo administrativo disciplinar. Joana, servidora do Ministério das Comunicações, recebeu, durante todo o ano de 2002, uma vantagem salarial de valor mensal aproximado a R$ 1.000,00. Em 2003, a divisão de pagamento do ministério descobriu que a referida vantagem era indevida e que os depósitos foram realizados tendo em vista um erro de cálculo. A servidora foi notificada a devolver os pagamentos no prazo de 30 dias, sob pena de desconto em seus vencimentos.

( ) **Certo** ( ) **Errado**

Com base nessa situação hipotética, julgue os itens subsequentes.

(ADVOGADO – MC – CESPE – 2008)

180. Agiu adequadamente a administração pública, pois os descontos são necessários para assegurar a proteção do patrimônio público.

( ) **Certo** ( ) **Errado**

(ADVOGADO – MC – CESPE – 2008)

181. A conduta da administração pública ofendeu os princípios do contraditório e da ampla defesa, previstos tanto na CF como na Lei nº 9.784/1999. Joana deveria ter tido a ciência da tramitação do processo administrativo e o direito de ter vista dos autos, de obter cópias e de conhecer as decisões proferidas.

( ) **Certo** ( ) **Errado**

(ADVOGADO – MC – CESPE – 2008)

182. Joana é, para fins legais, considerada legitimada na qualidade de interessada nesse processo administrativo.

( ) **Certo** ( ) **Errado**

Com base na Lei nº 9.784/1999, julgue os itens que se seguem, a respeito de recursos administrativos.

(ADVOGADO – MC – CESPE – 2008)

183. Das decisões administrativas cabe recurso, em face de razões de legalidade, mas as questões de mérito não podem ser discutidas por esse meio, já que essa matéria diz respeito à conveniência e oportunidade do administrador.

( ) **Certo** ( ) **Errado**

(ADVOGADO – MC – CESPE – 2008)

184. O recurso administrativo, que, de regra, possui efeito suspensivo, deve ser interposto por meio de requerimento no qual o recorrente deverá expor os fundamentos do pedido de reexame, podendo juntar os documentos que julgar convenientes.

( ) **Certo** ( ) **Errado**

Paulo, servidor público federal, lotado no Ministério das Comunicações, deixou de comparecer ao trabalho por mais de 15 dias sem qualquer justificativa. Seu superior determinou a instauração de comissão para apuração de falta disciplinar. A comissão processante adotou o rito sumário e realizou os trabalhos sem notificação de Paulo e sem que se realizasse seu interrogatório, tendo em vista a própria sumariedade do procedimento. Ao final, a comissão sugeriu a demissão de Paulo por inassiduidade habitual. O ministro de Estado das Comunicações entendeu incabível a sugestão da comissão e, com base em parecer da Consultoria Jurídica do Ministério, anulou o processo disciplinar.

A respeito da situação hipotética apresentada, julgue os itens a seguir.

(ADVOGADO – MC – CESPE – 2008)
185. É incompatível a adoção do procedimento sumário para apuração da inassiduidade, pois esta pode resultar em demissão de Paulo.

( ) Certo ( ) Errado

(ADVOGADO – MC – CESPE – 2008)
186. A adoção do rito sumário dispensa o contraditório e a ampla defesa.

( ) Certo ( ) Errado

(ADVOGADO – MC – CESPE – 2008)
187. Agiu corretamente o ministro, pois não estava caracterizada a inassiduidade habitual.

( ) Certo ( ) Errado

(ADVOGADO – MC – CESPE – 2008)
188. Ocorreu, no caso, a figura do abandono de cargo, o que autorizaria o ministro a aplicar o princípio da fungibilidade da imputação.

( ) Certo ( ) Errado

(ADVOGADO – MC – CESPE – 2008)
189. O procedimento adotado pela comissão processante após a apresentação do relatório foi incorreto, pois deveria ela mesma ter realizado o julgamento e não ter enviado os autos ao ministro.

( ) Certo ( ) Errado

(ADVOGADO – MC – CESPE – 2008)
190. O prazo para a conclusão do processo administrativo disciplinar submetido ao rito sumário não pode exceder sessenta dias, contados da data de publicação do ato que constituir a comissão.

( ) Certo ( ) Errado

Acerca das regras previstas pela Lei nº 9.784/1999, que regulam o processo administrativo no âmbito da administração pública federal, julgue os itens que se seguem.

(ADVOGADO – MC – CESPE – 2008)
191. Tendo em vista o princípio da oficialidade, o processo administrativo deve iniciar-se sempre de ofício, por iniciativa de servidor público.

( ) Certo ( ) Errado

(ADVOGADO – MC – CESPE – 2008)
192. O requerimento inicial que dará início a um processo administrativo, como regra, deve ser formulado por escrito, sendo possível a interessados particulares atuarem a partir de seu início.

( ) Certo ( ) Errado

(ADVOGADO – MC – CESPE – 2008)
193. É vedada à administração a recusa imotivada de recebimento de documentos oferecidos para integrar processos administrativos, devendo o servidor orientar o interessado quanto ao suprimento de eventuais falhas.

( ) Certo ( ) Errado

(ADVOGADO – MC – CESPE – 2008)

194. Os órgãos e entidades administrativas deverão elaborar modelos ou formulários padronizados para assuntos que importem pretensões equivalentes.

( ) **Certo** ( ) **Errado**

(ADVOGADO – MC – CESPE – 2008)

195. Quando os pedidos de uma pluralidade de interessados tiverem conteúdo e fundamentos idênticos, poderão ser formulados em um único requerimento, salvo preceito legal em contrário.

( ) **Certo** ( ) **Errado**

(ADVOGADO – MC – CESPE – 2008)

196. É impedido de atuar em processo administrativo o servidor ou autoridade que tenha interesse direto ou indireto na matéria, que tenha participado ou venha a participar como perito, testemunha ou representante, ou se tais situações ocorrerem quanto ao cônjuge, companheiro ou parente e afins até o terceiro grau, bem como aquele que esteja litigando judicial ou administrativamente com o interessado ou respectivo cônjuge ou companheiro.

( ) **Certo** ( ) **Errado**

(ADVOGADO – MC – CESPE – 2008)

197. A autoridade ou servidor que incorrer em impedimento deve comunicar o fato à autoridade competente, abstendo-se de atuar, e a omissão do dever de comunicar o impedimento constitui falta grave, para efeitos disciplinares.

( ) **Certo** ( ) **Errado**

(ADVOGADO – MC – CESPE – 2008)

198. A suspeição de autoridade ou servidor que tenha amizade íntima ou inimizade notória com algum dos interessados ou com os respectivos cônjuges, companheiros, parentes e afins até o terceiro grau deve ser declarada pelo próprio servidor ou autoridade suspeita, e, ao contrário do impedimento, não pode ser arguida por aquele que possua a qualidade de interessado no processo.

( ) **Certo** ( ) **Errado**

(ADVOGADO – MC – CESPE – 2008)

199. Os atos do processo devem ser produzidos por escrito, em vernáculo, com a data e o local de sua realização e a assinatura da autoridade responsável, cuja firma deverá ser sempre reconhecida para que não haja dúvida de sua autenticidade.

( ) **Certo** ( ) **Errado**

(PROCURADOR – PMS/SAAE – VUNESP – 2010)

200. O processo administrativo disciplinar desenvolve-se nas seguintes fases e ordem:

a) instrução, relatório, defesa, decisão e recurso;
b) instauração, instrução, defesa, relatório e decisão;
c) instrução, instauração, relatório, defesa e decisão;
d) relatório, portaria, denúncia, defesa e decisão;
e) denúncia, relatório, instrução, defesa e decisão.

(ADVOGADO – SENADO FEDERAL – FGV – 2008)

201. Em relação ao processo administrativo genérico, regulado pela Lei 9.784/99, é certo afirmar que:

a) a Administração não pode cobrar por despesas processuais, sendo, inclusive, inconstitucional a lei que acaso permitisse tal cobrança;
b) as normas dos processos administrativos específicos, no que toca à densidade de incidência normativa, aplicam-se subsidiariamente no processo genérico, quando forem de ordem pública;
c) o órgão competente para decidir o recurso administrativo pode agravar a situação do recorrente, mas, antes da decisão, deve cientificá-lo do fato e permitir que ofereça as alegações de seu interesse;
d) a decadência do direito da Administração de anular seus próprios atos administrativos ocorre irrestritamente em 5 (cinco) anos quando deles se originam efeitos patrimoniais contínuos;
e) o administrador público deve motivar minuciosamente seus atos, indicando os fatos e fundamentos jurídicos, quando, dentre outros casos, se tratar de decisão de recursos administrativos e de intimação por meio de publicação oficial.

Considerando o processo administrativo, julgue o item abaixo.

(PROCURADOR DO MINISTÉRIO PÚBLICO ESPECIAL JUNTO AO TRIBUNAL DE CONTAS DO ESTADO DA BAHIA – TCE/BA – CESPE – 2010)

202. No entendimento do STJ, antes da regulamentação, por lei específica, do processo administrativo no âmbito federal, a administração podia rever seus próprios atos, a qualquer tempo e quando eivados de nulidade.

( ) Certo ( ) Errado

(PROCURADOR DO MINISTÉRIO PÚBLICO ESPECIAL JUNTO AO TRIBUNAL DE CONTAS DO ESTADO DA BAHIA – TCE/BA – CESPE – 2010)

203. De acordo com a jurisprudência do STF, será inconstitucional qualquer norma editada por ente da Federação que exija depósito ou arrolamento prévios de dinheiros ou bens para admissibilidade de recurso administrativo.

( ) Certo ( ) Errado

Considerando as prerrogativas processuais da fazenda pública em juízo e a concessão de florestas públicas, julgue o item a seguir.

(PROCURADOR DO MINISTÉRIO PÚBLICO ESPECIAL JUNTO AO TRIBUNAL DE CONTAS DO ESTADO DA BAHIA – TCE/BA – CESPE – 2010)

204. Nos juizados especiais da fazenda pública no âmbito dos estados, não haverá prazo diferenciado para a prática de qualquer ato processual pelas pessoas jurídicas de direito público, salvo em relação à interposição de recursos, quando devidamente justificada nos autos.

( ) Certo ( ) Errado

1.12 Do Controle da Administração

(DEFENSOR PÚBLICO – DPE/AL – CESPE – 2009)

205. O controle pode ser exercido por meio de recursos administrativos, os quais, quando dotados de efeito suspensivo, têm, por efeitos imediatos, o impedimento da fluência do prazo prescricional e a impossibilidade jurídica de utilização das vias judiciárias para impugnação do ato pendente de decisão administrativa.

( ) Certo ( ) Errado

(DEFENSOR PÚBLICO – DPE/AL – CESPE – 2009)

206. Os atos políticos e os atos *interna corporis* são insuscetíveis de apreciação pelo Poder Judiciário.

( ) Certo ( ) Errado

(PROCURADOR – PMS/SAAE – VUNESP – 2010)

207. No tocante ao controle interno e externo da Administração Pública, é correto afirmar que:

a) a Administração não está sujeita ao controle popular, devendo esse controle ser exercido pelos poderes estatais;
b) o controle sobre os atos da Administração incide sobre o aspecto da legalidade, mas não quanto ao seu mérito;
c) a Administração não tem o poder de autotutela sobre os seus atos;
d) qualquer cidadão tem competência para denunciar irregularidades perante o Tribunal de Contas da União;
e) a revisão administrativa não pode ser requerida por terceiros alheios ao processo administrativo.

1.13 Da Improbidade Administrativa

(PROCURADOR – ASSEMBLEIA LEGISLATIVA SP – FCC – 2010)

208. Pela prática de ato de improbidade administrativa que atente contra os princípios da Administração Pública, conforme previsto na Lei nº 8.429/92, o agente está sujeito, dentre outras penalidades, à suspensão dos direitos políticos e ao pagamento de multa civil, respectivamente, de:

a) dois a oito anos e até dez vezes o valor da remuneração por ele percebida;
b) três a cinco anos e até cem vezes o valor da remuneração por ele percebida;
c) três a dez anos e até o dobro do valor da remuneração por ele percebida;
d) quatro a dez anos e até duzentas vezes o valor da remuneração por ele percebida;
e) cinco a oito anos e até cinquenta vezes o valor da remuneração por ele percebida.

(ADVOGADO – IPAJM/ES – CESPE – 2010)

209. Com base no entendimento do STJ acerca das disposições da Lei de Improbidade – Lei nº 8.429/1992 –, assinale a opção correta.

a) Improbidade, para fins de aplicação das sanções cominadas na lei, é a ilegalidade tipificada e qualificada pelo elemento subjetivo da conduta do agente. Por isso mesmo, a jurisprudência dominante no STJ considera indispensável, para a sua caracterização, que a conduta do agente seja dolosa.
b) Na ação de improbidade, o objeto principal é a aplicação de sanções punitivas de caráter pessoal, como suspensão dos direitos políticos, perda da função pública, perda dos bens ou valores acrescidos ilicitamente ao patrimônio, multa civil e proibição de contratar com o poder público ou receber benefícios ou incentivos fiscais ou creditícios. Ainda assim, uma ação de improbidade que não contenha pedido de aplicação ao infrator de tais sanções político-civis, de caráter punitivo, mas apenas pedido de anulação de atos danosos ao erário e de ressarcimento de danos, também se sujeita ao procedimento especial, a exigir notificação prévia do réu para manifestar-se a respeito da demanda.
c) A Lei de Improbidade prevê a formação de litisconsórcio entre o suposto autor do ato de improbidade e eventuais beneficiários, havendo relação jurídica entre as partes a obrigar o magistrado a decidir de modo uniforme a demanda, o que traduz hipótese de litisconsórcio passivo necessário.

d) Por simetria com o que ocorre em relação aos crimes comuns, há, na ação de improbidade administrativa, com possível aplicação da pena de perda do cargo, ajuizada contra governador do estado, competência implícita do STJ para julgar originariamente a demanda.
e) Em ação civil pública por ato de improbidade, veda-se a condenação do Ministério Público em honorários advocatícios.

Considerando a Lei de Improbidade – Lei nº 8.429/1992 – e os procedimentos administrativos, julgue os itens seguintes.

(ANALISTA MUNICIPAL/ ESPECIALIDADE PROCURADOR MUNICIPAL – PGM DE BOA VISTA/ RR – CESPE – 2010)

210. O procedimento administrativo cabe à administração pública, mas a Lei de Improbidade permite ao Ministério Público designar um representante do órgão para acompanhar esse procedimento.

( ) Certo ( ) Errado

(ANALISTA MUNICIPAL/ ESPECIALIDADE PROCURADOR MUNICIPAL – PGM DE BOA VISTA/ RR – CESPE – 2010)

211. As disposições da Lei nº 8.429/1992 não são aplicáveis àqueles que, não sendo agentes públicos, se beneficiarem, de forma direta ou indireta, com o ato de improbidade cometido por prefeito municipal.

( ) Certo ( ) Errado

(ANALISTA MUNICIPAL/ ESPECIALIDADE PROCURADOR MUNICIPAL – PGM DE BOA VISTA/ RR – CESPE – 2010)

212. A Lei nº 8.429/1992 traz expressa disposição no sentido de admitir o afastamento do cargo do agente público, quando a medida se mostrar necessária à instrução do processo.

( ) Certo ( ) Errado

(ANALISTA MUNICIPAL/ ESPECIALIDADE PROCURADOR MUNICIPAL – PGM DE BOA VISTA/ RR – CESPE – 2010)

213. A prolação da sentença em que sejam aplicadas as sanções de suspensão dos direitos políticos e perda da função pública por ato de improbidade administrativa deve surtir efeito imediatamente.

( ) Certo ( ) Errado

(ANALISTA MUNICIPAL/ ESPECIALIDADE PROCURADOR MUNICIPAL – PGM DE BOA VISTA/ RR – CESPE – 2010)

214. A representação por ato de improbidade contra agente público ou terceiro beneficiário, quando o autor da denúncia o sabe inocente, constitui crime expressamente previsto na Lei nº 8.429/1992.

( ) Certo ( ) Errado

(ANALISTA MUNICIPAL/ ESPECIALIDADE PROCURADOR MUNICIPAL – PGM DE BOA VISTA/ RR – CESPE – 2010)

215. As ações destinadas a levar a efeito as sanções previstas na Lei nº 8.429/1992 prescrevem dez anos após a ocorrência dos atos tidos como lesivos ao erário.

( ) Certo ( ) Errado

No que se refere à improbidade administrativa, julgue os itens subsequentes.

(DEFENSOR PÚBLICO – DPE/AL – CESPE – 2009)

216. A DP pode celebrar acordo nas ações de improbidade administrativa.

( ) Certo ( ) Errado

(DEFENSOR PÚBLICO – DPE/AL – CESPE – 2009)

217. Se o MP não atuar como parte nas ações de improbidade administrativa, deve atuar, obrigatoriamente, como fiscal da lei.

( ) Certo ( ) Errado

(DEFENSOR PÚBLICO – DPE/AL – CESPE – 2009)

218. A posse e o exercício de agente público ficam condicionados à apresentação de declaração dos bens e valores que compõem o seu patrimônio privado. O agente público que se recusar a prestar declaração dos bens, dentro do prazo determinado, ou que a prestar falsa, será punido com a pena de demissão, a bem do serviço público, sem prejuízo de outras sanções cabíveis.

( ) Certo ( ) Errado

(DEFENSOR PÚBLICO – DPE/AL – CESPE – 2009)

219. Negar publicidade aos atos oficiais constitui ato de improbidade administrativa que causa lesão ao erário.

( ) Certo ( ) Errado

(DEFENSOR PÚBLICO SUBSTITUTO – DPE/MT – FCC – 2009)

220. Considere três diferentes atos praticados por agente público:

I – negar publicidade aos atos oficiais;

II – agir negligentemente na arrecadação de tributo ou renda, bem como no que diz respeito à conservação do patrimônio público;

III – perceber vantagem econômica para intermediar a liberação ou aplicação de verba pública de qualquer natureza.

Em tese, por força do disposto na Lei nº 8.429/92, o agente está sujeito às cominações de "perda dos bens ou valores acrescidos ilicitamente ao patrimônio, ressarcimento integral do dano, quando houver, perda da função pública, suspensão dos direitos políticos de oito a dez anos, pagamento de multa civil de até três vezes o valor do acréscimo patrimonial e proibição de contratar com o Poder Público ou receber benefícios ou incentivos fiscais ou creditícios, direta ou indiretamente, ainda que por intermédio de pessoa jurídica da qual seja sócio majoritário, pelo prazo de dez anos",

a) apenas na hipótese I;
b) apenas na hipótese II;
c) apenas na hipótese III;
d) em nenhuma das hipóteses, I, II ou III;
e) em todas as hipóteses, I, II e III.

(DEFENSOR PÚBLICO – DPE/CE – CESPE – 2008)

221. A fluência do prazo prescricional de cinco anos para condenação por ato de improbidade administrativa praticado por governador de estado não é iniciada no ato administrativo em si, mas somente começará a ser contada após o término do exercício do mandato.

( ) Certo ( ) Errado

(DEFENSOR PÚBLICO – DPE/CE – CESPE – 2008)

222. A posse e o exercício de agente público em seu cargo ficam condicionados à apresentação de declaração de bens e valores que compõem seu patrimônio, a fim de ser arquivada no setor de pessoal do órgão.

( ) Certo ( ) Errado

(DEFENSOR PÚBLICO – DPE/CE – CESPE – 2008)

223. Uma vez proposta ação de improbidade administrativa, o juiz, verificada a observância dos requisitos da petição inicial, determinará a citação dos réus para, querendo, oferecer contestação.

( ) Certo ( ) Errado

(ADVOGADO – MC – CESPE – 2008)

224. A criação de subsidiárias distintas da sociedade-matriz, em consonância com a Constituição Federal, exige autorização legislativa, ainda que haja previsão para esse fim na própria lei que instituiu a sociedade de economia mista matriz. Acerca da lei de improbidade administrativa, julgue os próximos itens.

( ) Certo ( ) Errado

(ADVOGADO – MC – CESPE – 2008)

225. Constitui ato de improbidade administrativa que causa lesão ao erário celebrar contrato ou outro instrumento que tenha por objeto a prestação de serviços públicos por meio da gestão associada sem observar as formalidades previstas na lei ou celebrar contrato de rateio de consórcio público sem suficiente e prévia dotação orçamentária.

( ) Certo ( ) Errado

(ADVOGADO – MC – CESPE – 2008)

226. Constitui crime a representação por ato de improbidade contra agente público, quando o autor da denúncia o sabe inocente.

( ) Certo ( ) Errado

(ADVOGADO – MC – CESPE – 2008)

227. As disposições da lei sobre as sanções aplicáveis aos agentes públicos nos casos de enriquecimento ilícito no exercício de mandato, cargo, emprego ou função na administração pública direta, indireta ou fundacional e que é conhecida como lei de improbidade administrativa, são aplicáveis não só a agentes públicos, mas também a particulares.

( ) Certo ( ) Errado

(PROCURADOR DO ESTADO DE ALAGOAS – PGE/AL – CESPE – 2009)

228. Acerca da improbidade administrativa e do princípio da moralidade, assinale a opção correta:

a) Considere a seguinte situação hipotética. O prefeito de determinado município resolveu mudar-se de sua casa de campo para a cidade com o propósito de ficar mais perto dos problemas urbanos. Para isso, utilizou um caminhão da municipalidade para transportar móveis de seu uso particular. Após a instauração de ação de improbidade, o prefeito admitiu os fatos, mas alegou que não teria agido com culpa, pois mudou de domicílio para atender ao interesse público. Além disso, comprovou o ressarcimento aos cofres públicos da importância de nove reais referente ao combustível utilizado.

Nessa situação, ao julgar a demanda apresentada, o juiz pode-se valer do princípio da insignificância para absolver o prefeito, uma vez que a lesão ao bem jurídico protegido pela lei foi mínima.

b) O STJ fixou entendimento no sentido de que a contratação de agentes públicos sem a realização de concurso público enseja violação ao princípio da moralidade. Isso não quer dizer, contudo, que os responsáveis pela contratação devam ser condenados a ressarcir o erário, pois essa condenação depende da demonstração do enriquecimento ilícito e do prejuízo para a administração.

c) Em ação de improbidade administrativa, se verificado que o ato praticado pelo agente público ou beneficiário caracteriza-se como culposo, não pode o juiz da causa condená-los a ressarcir o dano ao erário.

d) Segundo orientação do STF, os agentes políticos respondem por improbidade administrativa com base na Lei nº 8.429/1992 independentemente da sujeição dos mesmos aos crimes de responsabilidade tipificados nas respectivas leis especiais.

e) Nos termos da Lei nº 8.429/1992, as ações de improbidade podem ser propostas em até 5 anos após o conhecimento do fato pela administração pública.

(PROCURADOR DO ESTADO SUBSTITUTO – PGE/PI – CESPE – 2008)

229. Assinale a opção correta relativamente à administração pública:

a) O servidor público processado por ato de improbidade administrativa que importe em violação aos princípios da administração pública está sujeito à perda do cargo público.

b) Segundo reiterada jurisprudência do STJ, a administração pública está impedida de exercer qualquer tipo de controle ou classificação de programas televisivos, sob pena de violar a liberdade de expressão.

c) Segundo o STJ, a administração pública não pode convalidar um ato administrativo viciado se este já tiver sido impugnado judicialmente.

d) Será punido com pena de multa o agente público que se recusar a prestar declaração dos bens e valores que compõem seu patrimônio, a fim de ser arquivada no serviço de pessoal competente.

e) Segundo a Lei nº 8.429/1992 – Lei de Improbidade Administrativa –, para que o servidor público seja punido com as penalidades nela previstas, é imprescindível a efetiva ocorrência de dano ao patrimônio público.

(PROCURADOR DO MINISTÉRIO PÚBLICO ESPECIAL JUNTO AO TRIBUNAL DE CONTAS DO ESTADO DA BAHIA – TCE/BA – CESPE – 2010)

230. A configuração do ato de improbidade que viola princípios administrativos independe da ocorrência de dano ou lesão ao erário público.

( ) **Certo** ( ) **Errado**

1.14 Temas Combinados

(ANALISTA MUNICIPAL/ ESPECIALIDADE PROCURADOR MUNICIPAL – PGM DE BOA VISTA/ RR – CESPE – 2010)

231. No tocante à advocacia pública consultiva, o advogado poderá ser responsabilizado nos casos de culpa grave, erro inescusável, dolo e quando o parecer for vinculante.

( ) **Certo** ( ) **Errado**

(DEFENSOR PÚBLICO SUBSTITUTO –DPE/MT – FCC – 2009)

232. NÃO é característica do regime jurídico estabelecido pela Constituição Federal para o subsídio, como espécie remuneratória:

a) somente poder o subsídio ser fixado ou alterado por lei específica;
b) o subsídio não ter assegurada revisão geral anual;
c) o subsídio ser aplicável a membro de Poder, detentor de mandato eletivo, os Ministros de Estado e os Secretários Estaduais e Municipais;
d) o subsídio ser fixado em parcela única;
e) ao subsídio ser vedado o acréscimo de qualquer gratificação, adicional, abono, prêmio, verba de representação ou outra espécie remuneratória.

(DEFENSOR PÚBLICO SUBSTITUTO –DPE/MT – FCC – 2009)

233. Considerando o regime da Lei nº 11.107/05, tem-se que um consórcio administrativo caracterizado como consórcio público:

a) apenas poderá ter a participação da União se igualmente participar ao menos um Estado e um Município;
b) poderá, nos termos do contrato de consórcio de direito público ou privado, promover desapropriações e instituir servidões nos termos de declaração de utilidade ou necessidade pública, ou interesse social, realizada pelo próprio consórcio;
c) ser contratado pela administração direta ou indireta dos entes da Federação consorciados, desde que mediante licitação;
d) poderá emitir documentos de cobrança e exercer atividades de arrecadação de tarifas e outros preços públicos pela prestação de serviços ou pelo uso ou outorga de uso de bens públicos por ele administrado ou, mediante autorização específica, pelo ente da Federação consorciado;
e) não poderá outorgar concessão, permissão ou autorização de obras ou serviços públicos, haja ou não autorização prevista no contrato de consórcio público.

(DEFENSOR PÚBLICO SUBSTITUTO –DPE/MT – FCC – 2009)

234. Considere as seguintes assertivas, completando a frase inicial:

"É vedada a celebração de contrato de parceria público-privada:

I – cujo valor do contrato seja inferior a R$ 20.000.000,00 (vinte milhões de reais)".

II – cujo período de prestação do serviço seja inferior a 5 (cinco) anos".

III – que tenha como objeto único o fornecimento de mão de obra, o fornecimento e instalação de equipamentos ou a execução de obra pública".

Nos termos da Lei nº 11.079/04, é correto o que se afirma em:

a) I, apenas;
b) I e II, apenas;
c) I e III, apenas;
d) II e III, apenas;
e) I, II e III.

(DEFENSOR PÚBLICO SUBSTITUTO –DPE/MT – FCC – 2009)

235. O seguinte dispositivo do Decreto-Lei nº 3.365/41 teve sua constitucionalidade questionada perante o Supremo Tribunal Federal: "*Art. 15-A. No caso de imissão prévia na posse, na desapropriação por necessidade ou utilidade pública e interesse social, inclusive para fins de reforma agrária, havendo divergência entre o preço ofertado em juízo e o valor do bem, fixado na sentença, expressos em termos reais, incidirão juros compensatórios de até seis por cento ao ano sobre o valor da diferença eventualmente apurada, a contar da imissão na posse, vedado o cálculo de juros compostos*".

Por decisão em medida cautelar em ação direta de inconstitucionalidade, entre outros aspectos, o Supremo Tribunal Federal entendeu que:

a) a diferença sobre a qual deva incidir os juros compensatórios se dá entre 80% do preço ofertado em juízo e o valor do bem fixado na sentença;
b) não incidem juros compensatórios em desapropriação por interesse social;
c) não é mais compatível com a Constituição Federal vigente a imissão prévia na posse;
d) é necessário o cálculo de juros compostos em se tratando da incidência de juros compensatórios;
e) o termo inicial da incidência dos juros compensatórios é o trânsito em julgado da sentença.

(ADVOGADO – MC – CESPE – 2008)

236. Pessoa jurídica não possui legitimidade para propor ação popular.

( ) **Certo** ( ) **Errado**

(ADVOGADO – MC – CESPE – 2008)

237. Tratando-se de ação popular, o Supremo Tribunal Federal admite como regra sua competência originária, quando se irrogue a responsabilidade pelo ato questionado a autoridade como o presidente da República ou membro de órgão colegiado de qualquer dos poderes do Estado cujos atos, na esfera cível – como sucede no mandado de segurança – ou na esfera penal – como ocorre na ação penal originária ou no *habeas corpus* –, estejam sujeitos diretamente à jurisdição do STF.

( ) **Certo** ( ) **Errado**

(ADVOGADO – MC – CESPE – 2008)

238. A ação popular só se torna viável com a presença simultânea da ilegalidade e da lesividade do ato impugnado.

( ) **Certo** ( ) **Errado**

(ADVOGADO – MC – CESPE – 2008)

239. Quando a causa de pedir de uma ação popular enseja provimento mandamental que configura hipótese reservada à ação direta de inconstitucionalidade por omissão de medidas administrativas, a ação popular é descabida por estar fazendo o papel de ação direta de inconstitucionalidade.

( ) **Certo** ( ) **Errado**

(PROCURADOR DO ESTADO DE ALAGOAS – PGE/AL – CESPE – 2009)

240. Julgue os itens subsequentes, relativos à administração direta e indireta.

I – Se o estado de Alagoas, após os trâmites legais, transferir um bem público a uma empresa pública quando de sua criação, esse bem passará a caracterizar-se como bem privado.
II – A criação de uma empresa pública se efetiva com a edição de uma lei específica.
III – As empresas públicas são pessoas jurídicas de direito privado constituídas somente sob a forma de sociedades anônimas para o exercício de atividade econômica ou, eventualmente, a prestação de serviços públicos.
IV – Caso o município de Maceió crie uma empresa pública para explorar atividade econômica, o estado de Alagoas não poderá cobrar o ICMS incidente sobre os produtos comercializados por essa empresa, uma vez que as empresas estatais gozam de regime tributário privilegiado.

Assinale a opção correta:

a) Apenas o item I está certo;

b) Apenas os itens I e IV estão certos;
c) Apenas os itens II e IV estão certos;
d) Apenas os itens I, III e IV estão certos;
e) Todos os itens estão certos.

(ADVOGADO – SENADO FEDERAL – FGV – 2008)

241. Das afirmativas a seguir, uma está errada. Assinale-a:

a) Pode ser dispensada a licitação para a contratação de serviços que se destinem a atender aos contingentes militares das Forças Singulares brasileiras voltadas a operações de paz no exterior.
b) O novo convite que tenha objeto idêntico ao do convite anterior só exige a participação de outro interessado, havendo mais de 3 (três) interessados na praça, no caso de existirem cadastrados não convidados nas últimas licitações.
c) Todas as hipóteses de inexigibilidade de licitação, sem exceção, devem ser devidamente justificadas e comunicadas à autoridade superior competente dentro de 3 (três) dias, para ratificação e publicação na imprensa oficial no prazo de 5 (cinco) dias.
d) Uma vez habilitados os participantes numa tomada de preços, poderá ocorrer a desclassificação de um ou alguns deles quando as propostas estejam dissonantes do ato convocatório da licitação, ou quando nelas constarem preços com valor global acima do limite estabelecido ou com valores manifestamente inexequíveis.
e) Por força do princípio da unicidade do julgamento, a Comissão de Licitação, na respectiva sessão, deve conceder aos candidatos inabilitados, logo após a abertura das propostas dos habilitados, a oportunidade de recorrer contra a inabilitação e apresentar suas razões de recurso.

(ADVOGADO – SENADO FEDERAL – FGV – 2008)

242. Analise as seguintes afirmativas:

I – Se o bem público está sendo utilizado por entidade privada para a execução de serviço público, por delegação, não pode qualificar-se como bem de uso especial.
II – É inconstitucional a lei orgânica que permita a doação de bens dominicais do Município, ainda que fixadas condições para tal fim.
III – Os bens móveis, pertencentes a pessoas jurídicas de direito público, também estão alcançados pela prerrogativa da imprescritibilidade.

Assinale:

a) se todas as afirmativas estiverem corretas;
b) se apenas as afirmativas II e III estiverem corretas;
c) se apenas as afirmativas I e II estiverem corretas;
d) se apenas a afirmativa I estiver correta;
e) se apenas a afirmativa III estiver correta.

(ADVOGADO – SENADO FEDERAL – FGV – 2008)

243. Analise as seguintes afirmativas:

I – No caso de improbidade administrativa em que haja enriquecimento ilícito ou lesão ao patrimônio público, o sucessor do autor da conduta está sujeito às sanções previstas na Lei 8.429/92 até o limite do valor da herança.
II – Na ação de improbidade administrativa devem figurar como réus, em litisconsórcio passivo, o servidor responsável pelo ato, o terceiro que concorreu para o resultado e a pessoa jurídica a que pertence o servidor.

III – A revelação a terceiros de fato sigiloso de que o servidor tenha ciência em virtude de suas atribuições somente pode enquadrar-se como ato de improbidade que atenta contra os princípios da Administração Pública.

Assinale:

a) se apenas a afirmativa I estiver correta;
b) se apenas a afirmativa III estiver correta;
c) se apenas as afirmativas I e II estiverem corretas;
d) se apenas as afirmativas II e III estiverem corretas;
e) se todas as afirmativas estiverem corretas.

2

DIREITO CIVIL

2.1 LINDB

Acerca da interpretação da lei, julgue os itens a seguir.

(DEFENSOR PÚBLICO – DPE/ES – CESPE – 2009)

1. A analogia jurídica fundamenta-se em um conjunto de normas para extrair elementos que possibilitem sua aplicabilidade ao caso concreto não previsto, mas similar.

   ( ) Certo ( ) Errado

(DEFENSOR PÚBLICO – DPE/ES – CESPE – 2009)

2. Consideram-se leis novas as correções de texto de lei já em vigor.

   ( ) Certo ( ) Errado

(DEFENSOR PÚBLICO – DPE/ES – CESPE – 2009)

3. A lei nova que dispõe sobre regras especiais revoga as regras gerais sobre a mesma matéria.

   ( ) Certo ( ) Errado

(DEFENSOR PÚBLICO – DPE/ES – CESPE – 2009)

4. O direito brasileiro não aceita o efeito repristinatório da lei revogada.

   ( ) Certo ( ) Errado

(DEFENSOR PÚBLICO – DPE/ES – CESPE – 2009)

5. Quando o conflito normativo for passível de solução mediante o critério hierárquico, cronológico e da especialidade, o caso será de antinomia aparente.

   ( ) Certo ( ) Errado

(DEFENSOR PÚBLICO SUBSTITUTO –DPE/MT – FCC – 2009)

6. Segundo a Lei de Introdução ao Código Civil brasileiro:
   a) salvo disposição contrária, a lei começa a vigorar em todo o país três meses depois de oficialmente publicada;
   b) nos Estados estrangeiros, a obrigatoriedade da lei federal inicia-se três meses depois de oficialmente promulgada, salvo disposição contrária;
   c) a lei posterior revoga a anterior quando expressamente o declare, quando seja com ela incompatível ou quando regule inteiramente a matéria de que tratava a lei anterior;
   d) quando a lei for omissa, o juiz decidirá o caso de acordo com a analogia, os costumes, a equidade e os princípios gerais de direito;
   e) salvo disposição em contrário, a lei revogada se restaura por ter a lei revogadora perdido a vigência.

Uma nova lei, em regra, irá vigorar até que outra norma a revogue ou modifique. Dificilmente, entretanto, se poderá traçar de imediato a linha divisória entre o império da lei antiga e o da lei nova que a tenha revogado ou derrogado. Assim, compete à Lei de Introdução ao Código Civil (LICC), Decreto-Lei nº 4.657/1942, disciplinar os conflitos espaço-temporais de leis.

R. Limongi França. Instituições de direito civil. São Paulo: Saraiva, 1996, p. 25 (com adaptações).

(ADVOGADO – MC – CESPE – 2008)

7. A lei em vigor terá efeito imediato e geral respeitados o ato jurídico, já consumado segundo a lei vigente ao tempo em que se efetuou, o direito adquirido e a coisa julgada.

( ) **Certo** ( ) **Errado**

(ADVOGADO – MC – CESPE – 2008)

8. Tanto a subsunção quanto a ab-rogação de uma norma configuram-se quando uma nova norma revoga integralmente a norma anterior.

( ) **Certo** ( ) **Errado**

(ADVOGADO – MC – CESPE – 2008)

9. Deixando de existir a norma revogadora, não se terá o convalescimento da norma revogada, pois, salvo disposição em contrário, a regra da legislação brasileira é que a lei revogada não se restaura por ter a lei revogadora perdido a vigência, ou seja, não há efeito represtinatório da lei anteriormente revogada pela lei revogadora.

( ) **Certo** ( ) **Errado**

(ADVOGADO – MC – CESPE – 2008)

10. Para qualificar os bens e regular as relações a eles concernentes, aplicar-se-á a lei brasileira sempre que os bens imóveis estiverem situados no território nacional. Assim, a sucessão por morte de bens situados no Brasil obedece à lei brasileira independentemente do lugar de domicílio do *de cujus*, da nacionalidade de seus herdeiros ou das normas aplicáveis no país em que era domiciliado o defunto.

( ) **Certo** ( ) **Errado**

(ADVOGADO – MC – CESPE – 2008)

11. O prazo de *vacatio legis* é contado excluindo-se a data da publicação oficial e incluindo-se a data em que se vence o prazo, salvo se cair em domingo ou feriado, hipótese em que é prorrogado para o primeiro dia útil subsequente.

( ) **Certo** ( ) **Errado**

(PROCURADOR DO ESTADO DE ALAGOAS – PGE/AL – CESPE – 2009)

12. A respeito da vigência e aplicação da lei, assinale a opção correta:
   a) A lei posterior revoga a anterior se for com ela incompatível, ou se estabelecer disposições gerais a par das já existentes.
   b) Em que pese lei em vigor ter efeito imediato e geral, deverá ser respeitado o direito adquirido, que se traduz naquele que já foi consumado segundo a lei vigente ao tempo em que se efetuou.
   c) Como não pode deixar de decidir, quando a lei for omissa, o juiz deverá atentar para os fins sociais a que ela se dirige e decidir o caso de acordo com a analogia, os costumes e os princípios gerais do direito.
   d) Considerando que ninguém pode se escusar de cumprir a lei, esta começa a vigorar a partir da sua publicação, salvo disposição em contrário, tanto no Brasil como nos Estados estrangeiros.
   e) A derrogação torna sem efeito parte de uma norma, de forma que a norma não perderá sua vigência, pois apenas os dispositivos alcançados é que não terão mais obrigatoriedade.

(PROCURADOR ESPECIAL DE CONTAS – TCE/ES – CESPE – 2009)

13. A respeito da Lei X, publicada no dia 1º de junho de 2009, assinale a opção correta:
   a) Caso falte o texto para algum dispositivo da Lei X, o juiz poderá corrigi-la por processo interpretativo.
   b) Se houver omissão na Lei X, o juiz deverá decidir de acordo com os fins sociais a que ela se dirige.

c) Eventual correção de texto da Lei X será considerada lei nova, se aquela já estiver em vigor.
d) Se a Lei X estabelecer disposições a par das já estabelecidas pela Lei Y, haverá a revogação desta.
e) Caso a Lei X derrogue a Lei Z, esta perderá a sua vigência.

2.2 Parte Geral

2.2.1 *Das pessoas*

(DEFENSOR PÚBLICO – DPE/ES – CESPE – 2009)

14. A União, os estados, o DF e os municípios são, de acordo com o Código Civil, as únicas pessoas jurídicas de direito público interno.

( ) Certo ( ) Errado

(DEFENSOR PÚBLICO – DPE/ES – CESPE – 2009)

15. No que concerne a domicílio, é correto afirmar que, tendo uma pessoa natural vivido sucessivamente em diversas residências, qualquer uma delas será considerada como domicílio seu.

( ) Certo ( ) Errado

(DEFENSOR PÚBLICO SUBSTITUTO – DPE/MT – FCC – 2009)

16. A respeito da capacidade de exercício, é correto afirmar:
a) O menor de dezoito anos é absolutamente incapaz, ao passo que a capacidade de exercício plena ocorre somente aos vinte e um anos.
b) Em relação às pessoas físicas, ocorre a partir do nascimento com vida, colocando-se a salvo os direitos dos nascituros desde a concepção.
c) Em relação às pessoas jurídicas, ocorre a partir do nascimento com vida, mas a lei põe a salvo, desde a concepção, os direitos do nascituro.
d) Para o maior de dezoito anos, pode ser afastada mediante ação de interdição, na qual se prove a total falta de discernimento do interditando, quer por doença, quer por mal congênito.
e) Consiste na aptidão para ter direitos e deveres na esfera civil.

(DEFENSOR PÚBLICO SUBSTITUTO – DPE/MT – FCC – 2009)

17. Assinale a alternativa que se coaduna com o Código Civil brasileiro:
a) Tem domicílio necessário o absolutamente incapaz, o servidor público, o militar e o marítimo, apenas.
b) O domicílio necessário do incapaz é o do seu representante ou assistente; o do servidor público, o lugar em que exercer permanentemente suas funções; o do militar, onde servir, e, sendo da Marinha ou da Aeronáutica, a sede do comando a que se encontrar imediatamente subordinado; o do marítimo, onde o navio estiver matriculado; e o do preso, o lugar em que cumprir a sentença.
c) O domicílio da pessoa natural é o lugar onde ela estabelece a sua residência com ânimo definitivo, não admitindo o direito atualmente vigente a pluralidade de domicílios.
d) Consideram-se bens imóveis para os efeitos legais o direito à sucessão aberta e os direitos reais e as ações que os asseguram.
e) Os bens naturalmente divisíveis podem tornar-se indivisíveis por determinação da lei, mas não por vontade das partes.

(DEFENSOR PÚBLICO SUBSTITUTO – DPE/MT – FCC – 2009)

18. No que toca ao Direito de Registros Públicos, é correto afirmar:
    a) O interessado, no primeiro ano após ter atingido a maioridade civil, poderá, pessoalmente ou por procurador bastante, alterar o nome, desde que não prejudique os apelidos de família, averbando-se a alteração que será publicada pela imprensa.
    b) A substituição do prenome será ainda admitida em razão de fundada coação ou ameaça decorrente da colaboração com a apuração de crime, por determinação, em sentença, de juiz competente, dispensada, em casos excepcionais, a manifestação do Ministério Público.
    c) A cremação de cadáver somente será feita daquele que houver manifestado a vontade de ser incinerado ou no interesse da saúde pública ou no dos familiares do *de cujus* e se o atestado de óbito houver sido firmado por 2 (dois) médicos ou por 1 (um) médico legista e, no caso de morte violenta, depois de autorizada pela autoridade judiciária.
    d) O registro civil das pessoas naturais possui caráter constitutivo ao passo que o das pessoas morais possui caráter meramente declaratório.
    e) Todo nascimento que ocorrer no território nacional deverá ser dado a registro, no lugar em que tiver ocorrido o parto ou no lugar da residência dos pais, dentro do prazo de trinta dias, que será ampliado em até três meses para os lugares distantes mais de quarenta quilômetros da sede do cartório.

(DEFENSOR PÚBLICO – DPE/CE – CESPE – 2008)

19. As pessoas jurídicas de direito privado adquirem sua existência própria com a assinatura de seu ato constitutivo.

    ( ) Certo ( ) Errado

Esse ato constitutivo deverá revestir-se de forma pública, por instrumento público ou por testamento, salvo quando se tratar de fundações de direito público, que são criadas por lei.

(DEFENSOR PÚBLICO – DPE/CE – CESPE – 2008)

20. As sociedades são pessoas jurídicas de direito privado, mesmo que tenham como sócios ou acionistas entes de direito público interno.

    ( ) Certo ( ) Errado

(ADVOGADO – MC – CESPE – 2008)

21. Toda pessoa tem capacidade de fato, podendo, assim, ser sujeito de direitos e obrigações na ordem civil; porém, só poderá exercer pessoalmente os atos da vida civil quando atingir a capacidade civil plena.

    ( ) Certo ( ) Errado

(ADVOGADO – MC – CESPE – 2008)

22. Nos termos da legislação em vigor, os excepcionais, sem desenvolvimento mental completo, são absolutamente incapazes de exercer pessoalmente os atos da vida civil.

    ( ) Certo ( ) Errado

(ADVOGADO – MC – CESPE – 2008)

23. Admite-se a emancipação de um incapaz com dezesseis anos completos, pela concessão dos pais, ou de um deles na falta do outro, mediante instrumento público, independentemente de homologação judicial, sendo que, logo após o ato, deve ser promovida averbação em registro público do instrumento que concedeu a emancipação.

    ( ) Certo ( ) Errado

    Julgue os itens a seguir que versam acerca de domicílio.

(ADVOGADO – MC – CESPE – 2008)

24. O domicílio do marítimo é a sede do comando a que se encontrar imediatamente subordinado.

( ) **Certo** ( ) **Errado**

(ADVOGADO – MC – CESPE – 2008)

25. Supondo-se que um representante comercial exerça sua profissão em Goiânia, Anápolis e Brasília, e que possua residência em Brasília, é correto afirmar que cada uma das cidades é considerada domicílio quanto às relações concernentes à profissão.

( ) **Certo** ( ) **Errado**

(PROCURADOR DO ESTADO DE ALAGOAS – PGE/AL – CESPE – 2009)

26. Por vezes, a autonomia patrimonial da pessoa jurídica pode dar azo à realização de fraudes, o que pode ensejar a sua desconsideração. Com base nessa teoria, assinale a opção correta:
   a) Se o juiz decidir pela desconsideração da pessoa jurídica, a consequência mediata será a invalidade do seu ato constitutivo.
   b) Para que o juiz decida pela desconsideração da pessoa jurídica, é necessário que haja abuso da personalidade jurídica, o que se caracteriza pelo desvio de finalidade ou pela confusão patrimonial.
   c) Diante dos princípios que norteiam as relações contratuais, como a boa-fé objetiva e a lealdade, mostra-se suficiente à desconsideração da pessoa jurídica a insolvência do respectivo ente coletivo que, a toda evidência, traga prejuízo aos credores.
   d) A teoria da desconsideração tem sido alvo de críticas por impedir a preservação da empresa.
   e) Embora tenha sido fruto de construção jurisprudencial, hoje a teoria da desconsideração da personalidade jurídica tem respaldo legal e passou a ser aplicada como regra.

> Ao longo de seu processo de evolução histórica, o direito vem se apresentando como um conjunto de normas que tem como objetivo a disciplina e a organização da vida em sociedade, resolvendo os conflitos de interesses e promovendo a justiça.
>
> Francisco Amaral. Direito civil brasileiro. Rio de Janeiro: Forense, 1991, p. 7 (com adaptações).

Tendo o texto acima como referência inicial, julgue os itens conseguintes considerando o direito civil como um dos ramos do direito que regula as relações entre os indivíduos.

(PROCURADOR DO MINISTÉRIO PÚBLICO ESPECIAL JUNTO AO TRIBUNAL DE CONTAS DO ESTADO DA BAHIA – TCE/BA – CESPE – 2010)

27. Quando define os sujeitos incapazes, o Código Civil estabelece exercício de direitos e prestação de deveres, o que constitui uma norma de natureza substantiva ou de fundo.

( ) **Certo** ( ) **Errado**

> Ao longo de seu processo de evolução histórica, o direito vem se apresentando como um conjunto de normas que tem como objetivo a disciplina e a organização da vida em sociedade, resolvendo os conflitos de interesses e promovendo a justiça.
>
> Francisco Amaral. Direito civil brasileiro. Rio de Janeiro: Forense, 1991, p. 7 (com adaptações).

Tendo o texto acima como referência inicial, julgue os itens conseguintes considerando o direito civil como um dos ramos do direito que regula as relações entre os indivíduos.

(PROCURADOR DO MINISTÉRIO PÚBLICO ESPECIAL JUNTO AO TRIBUNAL DE CONTAS DO ESTADO DA BAHIA – TCE/BA – CESPE – 2010)

28. Em caso de a ausência ter sido declarada em sentença, o registro público do fato deverá ser feito no local de ajuizamento da ação, independentemente do domicílio do ausente.

( ) **Certo** ( ) **Errado**

(PROCURADOR ESPECIAL DE CONTAS – TCE/ES – CESPE – 2009)

29. Considerando que no dia 20 de novembro de 2008 tenha sido instituída uma associação com finalidade esportiva, assinale a opção correta:
    a) Os associados devem ter iguais direitos, não podendo haver categorias com vantagens especiais.
    b) A transferência de quota atribui, de *per se*, a qualidade de associado.
    c) O exercício de atividade que forneça recursos financeiros à associação descaracterizará a sua finalidade.
    d) O *quorum* mínimo de presentes à assembleia geral para destituição de administradores é fixado pela lei.
    e) Somente por justa causa será possível haver a exclusão de um associado.

2.2.2 Bens

(DEFENSOR PÚBLICO – DPE/ES – CESPE – 2009)

30. As pertenças não seguem necessariamente a lei geral de gravitação jurídica, por meio da qual o acessório sempre seguirá a sorte do principal. Por isso, se uma propriedade rural for vendida, desde que não haja cláusula que aponte em sentido contrário, o vendedor não estará obrigado a entregar máquinas, tratores e equipamentos agrícolas nela utilizados.

( ) **Certo** ( ) **Errado**

(DEFENSOR PÚBLICO – DPE/CE – CESPE – 2008)

31. São móveis os bens suscetíveis de movimento próprio, e também os bens que podem ser removidos sem alteração de sua substância econômica. Os materiais destinados a uma construção mantêm a qualidade de móveis enquanto não forem imobilizados com a sua utilização. Assim, não perde a característica de imóvel o telhado provisoriamente separado da casa.

( ) **Certo** ( ) **Errado**

(ADVOGADO – MC – CESPE – 2008)

32. Consideram-se móveis, para os efeitos legais, os direitos reais sobre imóveis e as ações que os asseguram.

( ) **Certo** ( ) **Errado**

(ADVOGADO – MC – CESPE – 2008)

33. Supondo-se que a porta de uma casa foi provisoriamente retirada para realizar um conserto e, logo após, foi recolocada; é correto afirmar que, quando esteve fora da casa, a porta não perdeu o caráter de imóvel.

( ) **Certo** ( ) **Errado**

(ADVOGADO – MC – CESPE – 2008)

34. Embora as pertenças sejam classificadas como bens acessórios, os negócios jurídicos que dizem respeito ao bem principal não abrangem as pertenças, salvo se o contrário resultar da lei, da manifestação de vontade, ou das circunstâncias do caso.

( ) **Certo** ( ) **Errado**

(ADVOGADO – MC – CESPE – 2008)

35. Nas diferentes classes estabelecidas no Código Civil para bens, a herança é uma universalidade de fato, pois corresponde à um conjunto de bens singulares que pertenceu à mesma pessoa, constituindo-se como um complexo de relações jurídicas, de uma ou mais pessoas, dotadas de valor econômico e que se consideram de *per se*, independentemente dos demais.

( ) **Certo** ( ) **Errado**

(PROCURADOR DO ESTADO DE ALAGOAS – PGE/AL – CESPE – 2009)

36. No que tange às disposições legais sobre os bens, assinale a opção correta:
   a) Entre os critérios utilizados pela lei para definir o bem indivisível encontra-se o do valor econômico.
   b) Embora o Código Civil distinga bens móveis de imóveis, tal distinção não comporta importância prática.
   c) Os bens coletivos podem constituir-se em universalidade de fato, mas não em universalidade de direito.
   d) Embora as pertenças não se destinem, de modo duradouro, ao uso, ao serviço, ou ao aformoseamento de um bem, constituem partes integrantes do bem.
   e) Os frutos e produtos somente poderão ser objeto de negócio jurídico após separados do bem principal, sob pena de nulidade.

(ANALISTA MUNICIPAL/ ESPECIALIDADE PROCURADOR MUNICIPAL – PGM DE BOA VISTA/ RR – CESPE – 2010)

37. Os direitos da personalidade caracterizam-se pela extrapatrimonialidade e a eles atribuem-se, entre outras características, a oponibilidade *erga omnes*, a vitaliciedade e a relativa disponibilidade. Diz-se, portanto, que a personalidade goza de relativa disponibilidade porque alguns dos direitos da personalidade não admitem qualquer limitação, apesar de, em alguns casos, não haver óbice legal à limitação voluntária.

( ) **Certo** ( ) **Errado**

> Ao longo de seu processo de evolução histórica, o direito vem se apresentando como um conjunto de normas que tem como objetivo a disciplina e a organização da vida em sociedade, resolvendo os conflitos de interesses e promovendo a justiça.
>
> Francisco Amaral. Direito civil brasileiro. Rio de Janeiro: Forense, 1991, p. 7 (com adaptações).

Tendo o texto acima como referência inicial, julgue os itens conseguintes considerando o direito civil como um dos ramos do direito que regula as relações entre os indivíduos.

(PROCURADOR DO MINISTÉRIO PÚBLICO ESPECIAL JUNTO AO TRIBUNAL DE CONTAS DO ESTADO DA BAHIA – TCE/BA – CESPE – 2010)

38. Para a retirada de órgãos *post mortem*, é suficiente a autorização do doador, em vida, pois o Código Civil dispõe que é permitido a qualquer pessoa dispor de seus tecidos, órgãos ou partes do corpo.

( ) **Certo** ( ) **Errado**

(PROCURADOR ESPECIAL DE CONTAS – TCE/ES – CESPE – 2009)

39. Com relação ao domínio público, assinale a opção correta:
   a) De acordo com a classificação prevista no Código Civil, os bens públicos podem ser de uso comum do povo, de uso especial e dominiais, sendo esses bens indisponíveis e inalienáveis.

b) A doutrina entende que a desafetação de um bem público pode ocorrer por meio de ato administrativo, de lei ou mesmo de fato jurídico, como um incêndio que torne um veículo inservível.
c) Todas as terras devolutas pertencem à União.
d) O patrimônio cultural brasileiro constitui-se apenas de bens de natureza material.
e) As terras tradicionalmente ocupadas pelos índios, assim entendidas aquelas habitadas em caráter permanente, as utilizadas para suas atividades produtivas, as imprescindíveis à preservação dos recursos ambientais necessários ao seu bem-estar e as necessárias à sua reprodução física e cultural, segundo seus usos, costumes e tradições, são de sua propriedade, cabendo à União apenas demarcá-las.

2.2.3 *Negócio jurídico*

(DEFENSOR PÚBLICO – DPE/ES – CESPE – 2009)

40. Com relação à validade do negócio jurídico, considera-se que, não dispondo a lei em contrário, a escritura pública apenas é essencial à validade dos negócios jurídicos que visem à constituição, transferência, modificação ou renúncia de direitos reais sobre imóveis de valor superior a sessenta vezes o maior salário-mínimo vigente no país.

( ) Certo ( ) Errado

(DEFENSOR PÚBLICO – DPE/ES – CESPE – 2009)

41. Será nulo o negócio jurídico se o motivo determinante de uma das partes for ilícito.

( ) Certo ( ) Errado

(DEFENSOR PÚBLICO SUBSTITUTO – DPE/MT – FCC – 2009)

42. São causas de anulabilidade do negócio jurídico:
a) a simulação e a lesão;
b) a fraude à execução e o estado de perigo;
c) a fraude à execução e o dolo, quando este for a sua causa;
d) o não revestimento de forma prescrita em lei;
e) a coação e fraude contra credores.

(ADVOGADO – IBRAM – CESPE – 2009)

43. Ao dirigir na contramão de direção e sem carteira de habilitação, o motorista comete um ilícito civil, mesmo que não venha a atropelar nenhuma pessoa, nem colidir com outro veículo.

( ) Certo ( ) Errado

(ADVOGADO – IBRAM – CESPE – 2009)

44. Suponha que um negócio jurídico tenha sido celebrado sob manifesto vício da lesão. Nessa situação, o lesado apenas pode solicitar sua anulação.

( ) Certo ( ) Errado

Suponha que, em circunstância de perigo iminente, Pedro destruiu coisa alheia. Sabe-se que as circunstâncias tornaram absolutamente necessária a destruição da coisa, e que Pedro não excedeu os limites do indispensável para a remoção do perigo. A partir dessa situação, julgue os itens a seguir.

(ADVOGADO – MC – CESPE – 2008)

45. A situação apresentada não constitui ato ilícito.

( ) Certo ( ) Errado

(PROCURADOR DO ESTADO DE 1ª CATEGORIA – PGE/ES – CESPE – 2008)

46. Condição é a cláusula, voluntariamente aposta a um negócio jurídico, que subordina o nascimento ou a extinção de um direito à ocorrência de evento futuro e certo. Quando se tratar de condição resolutiva, enquanto não se verificar essa condição, o negócio não produzirá qualquer efeito.

( ) **Certo** ( ) **Errado**

(PROCURADOR DO ESTADO DE 1ª CATEGORIA – PGE/ES – CESPE – 2008)

47. Um negócio jurídico anulável não pode ser confirmado pelas partes, e a declaração judicial de ineficácia do ato negocial retroage à data de sua celebração.

( ) **Certo** ( ) **Errado**

(PROCURADOR DO ESTADO SUBSTITUTO – PGE/PI – CESPE – 2008)

48. Quanto aos atos ilícitos e ao abuso de direito, assinale a opção correta:
    a) Para se configurar a responsabilidade por ato ilícito, ainda que não tenha causado efetivo prejuízo, é necessária, no momento da conduta, a verificação de dolo ou culpa por parte do agente, bem como a verificação da gradação da culpa em grave, leve ou levíssima.
    b) Quando inúmeras causas sucessivas contribuem para a produção do efeito danoso, qualquer dessas causas pode ser considerada suficiente para demonstrar o nexo de causalidade e imputar ao seu autor o dever de indenizar.
    c) Os atos ilícitos praticados em legítima defesa ou no exercício regular de um direito, que provoquem deterioração ou destruição da coisa alheia ou lesão a pessoa, não geram o dever de indenizar.
    d) O abuso de direito, que é uma das fontes de obrigações, caracteriza-se não pela incidência da violação formal a direito, mas pela extrapolação dos limites impostos pelo ordenamento jurídico para o seu exercício.
    e) O abuso de direito configura-se como ato ilícito e a responsabilidade dele decorrente depende de dolo ou culpa, tendo, portanto, natureza subjetiva. Assim, para o reconhecimento desse ato ilícito, é imprescindível que o agente tenha a intenção de prejudicar um terceiro, que, por sua vez, ao exercer determinado direito, tenha excedido manifestamente os limites impostos pela finalidade econômica ou social, pela boa-fé ou pelos bons costumes.

(PROCURADOR DO ESTADO SUBSTITUTO – PGE/PI – CESPE – 2008)

49. Acerca do negócio jurídico, assinale a opção correta:
    a) Condição é elemento acidental do ato ou negócio jurídico que faz o mesmo depender de evento futuro e incerto. A condição resolutiva é requisito e pressuposto de validade de negócio, suspendendo-o, no plano da sua eficácia, até a ocorrência da condição estabelecida.
    b) Se, no ato negocial, ambos os contratantes procederem dolosamente, o negócio celebrado será eivado de nulidade por representar declaração enganosa da vontade dos contratantes. Essa nulidade pode ser requerida por qualquer uma das partes.
    c) A lesão inclui-se entre os vícios de consentimento e acarreta a anulabilidade do negócio, permitindo-se, porém, para evitá-la, a oferta de suplemento suficiente, ou, se o favorecido concordar, a redução da vantagem, aproveitando-se, assim, o negócio.
    d) A fraude contra credores consiste na alienação de bens pelo devedor com o intuito de escusar-se do pagamento de sua dívida ao credor. Tal ato de alienação é válido, porém ineficaz em face do credor prejudicado.
    e) A falta de capacidade de uma das partes do negócio jurídico não pode ser a causa alegada pela outra parte para justificar a nulidade do negócio. Entretanto, a parte incapaz poderá alegar tal condição para invalidar o negócio, ainda que dela tivesse consciência, uma vez que o instituto da incapacidade protege os seus direitos.

(ANALISTA MUNICIPAL/ ESPECIALIDADE PROCURADOR MUNICIPAL – PGM DE BOA VISTA/ RR – CESPE – 2010)

50. A destruição de coisa alheia a fim de remover perigo iminente não constitui ato ilícito civil, sobretudo se as circunstâncias a tornarem absolutamente necessária, e o agente não exceder os limites do indispensável para a remoção do perigo.

( ) Certo ( ) Errado

(ADVOGADO – SENADO FEDERAL – FGV – 2008)

51. Solange de Paula move ação anulatória em face do Hospital das Clínicas. Ocorre que, necessitando internar seu marido, não encontrou vaga no SUS, logrando êxito em conseguir a internação em hospital da rede privada, não integrante da rede SUS. O hospital exigiu o depósito de R$ 3,5 mil para a internação e mais R$ 360,00 para exames. Entregues os cheques, após o atendimento, Carmem ingressou em juízo para anular o negócio jurídico. Assinale o melhor fundamento para sua pretensão:

a) onerosidade excessiva;
b) lesão;
c) estado de perigo;
d) enriquecimento sem causa;
e) *venire contra factum proprium*.

(ADVOGADO – SENADO FEDERAL – FGV – 2008)

52. Em relação à fraude, avalie as afirmativas a seguir, atribuindo V para verdadeiro e F para falso.

( ) A fraude contra credores representa a frustração do direito potestativo do credor em receber o que lhe é devido.
( ) O *animus* de prejudicar não é elemento constitutivo da fraude contra credores.
( ) Para que a fraude à execução possa ser reconhecida é indispensável haver uma lide proposta.
( ) Para o reconhecimento da fraude contra credores é necessário propor a ação pauliana.
( ) A fraude à execução tem como consequência a anulabilidade do ato fraudulento.

Assinale a sequência correta de cima para baixo.

a) V – F – V – F – V;
b) F – F – V – V – F;
c) F – V – V – F – F;
d) F – V – F – V – F;
e) V – V – F – V – F.

(ADVOGADO – SENADO FEDERAL – FGV – 2008)

53. Na sistemática do Novo Código Civil, se o erro é escusável, o negócio:

a) prevalecerá;
b) será declarado nulo;
c) poderá ser anulado;
d) será tido por inexistente;
e) fica sujeito à ratificação.

Ao longo de seu processo de evolução histórica, o direito vem se apresentando como um conjunto de normas que tem como objetivo a disciplina e a organização da vida em sociedade, resolvendo os conflitos de interesses e promovendo a justiça.

Francisco Amaral. Direito civil brasileiro. Rio de Janeiro: Forense, 1991, p. 7 (com adaptações).

Tendo o texto acima como referência inicial, julgue os itens conseguintes considerando o direito civil como um dos ramos do direito que regula as relações entre os indivíduos.

(PROCURADOR DO MINISTÉRIO PÚBLICO ESPECIAL JUNTO AO TRIBUNAL DE CONTAS DO ESTADO DA BAHIA – TCE/BA – CESPE – 2010)

54. Na interpretação da lei, prevalece, no direito brasileiro, a aplicação da teoria objetiva; contudo, em relação aos atos negociais, tornam-se relevantes a intenção exteriorizada dos declarantes, a exegese dos negócios jurídicos, a boa-fé e os usos do lugar da celebração do ato.

( ) Certo ( ) Errado

As relações jurídicas são relações sociais em que os direitos subjetivos e os deveres jurídicos são identificados e, por envolverem interesses particulares, exigem do Estado regulamentação. Julgue os itens subsequentes, que tratam das relações jurídicas estabelecidas entre particulares.

(PROCURADOR DO MINISTÉRIO PÚBLICO ESPECIAL JUNTO AO TRIBUNAL DE CONTAS DO ESTADO DA BAHIA – TCE/BA – CESPE – 2010)

55. Encargo e condição são institutos que não se confundem, pois o primeiro não suspende a aquisição ou o exercício do direito, ao contrário do segundo.

( ) Certo ( ) Errado

As relações jurídicas são relações sociais em que os direitos subjetivos e os deveres jurídicos são identificados e, por envolverem interesses particulares, exigem do Estado regulamentação. Julgue os itens subsequentes, que tratam das relações jurídicas estabelecidas entre particulares.

(PROCURADOR DO MINISTÉRIO PÚBLICO ESPECIAL JUNTO AO TRIBUNAL DE CONTAS DO ESTADO DA BAHIA – TCE/BA – CESPE – 2010)

56. A dispensa trabalhista constitui modalidade de ato negocial não receptícia, produzindo efeito independentemente do conhecimento do destinatário.

( ) Certo ( ) Errado

(PROCURADOR DO MINISTÉRIO PÚBLICO ESPECIAL JUNTO AO TRIBUNAL DE CONTAS DO ESTADO DA BAHIA – TCE/BA – CESPE – 2010)

57. Para criar uma fundação, o particular não precisa da aprovação do MP, pois pode fazê-lo por ato *inter vivos* ou em testamento, no exercício de autonomia da sua vontade.

( ) Certo ( ) Errado

No que se refere à validade, invalidade e prova dos negócios jurídicos, julgue os itens seguintes, considerando que, para que produza efeitos, o ato jurídico deve estar em conformidade com os preceitos legais, que incluem o exercício da vontade.

(PROCURADOR DO MINISTÉRIO PÚBLICO ESPECIAL JUNTO AO TRIBUNAL DE CONTAS DO ESTADO DA BAHIA – TCE/BA – CESPE – 2010)

58. Os livros e as fichas dos empresários e sociedades não constituem prova suficiente contra as pessoas a que pertencem.

( ) Certo ( ) Errado

(PROCURADOR DO MINISTÉRIO PÚBLICO ESPECIAL JUNTO AO TRIBUNAL DE CONTAS DO ESTADO DA BAHIA – TCE/BA – CESPE – 2010)

59. A nulidade é insuprível pelo juízo, seja de ofício, seja a requerimento de qualquer interessado.

( ) Certo ( ) Errado

(PROCURADOR DO MINISTÉRIO PÚBLICO ESPECIAL JUNTO AO TRIBUNAL DE CONTAS DO ESTADO DA BAHIA – TCE/BA – CESPE – 2010)

60. Na verificação da ocorrência de lesão em negócio celebrado entre duas partes, é suficiente, para caracterizar o vício, a demonstração da situação de desproporção entre a prestação e a contraprestação.

( ) **Certo** ( ) **Errado**

2.2.4 Prescrição e decadência

(ADVOGADO – BADESC/SC – FGV – 2010)

61. Empédocles, administrador de empresas, outorga mandato a Rupestre da Silva, corretor de imóveis, com o fito de alienação de bem imóvel de propriedade do mandante. O instrumento é lavrado em Cartório de Notas, com a outorga dos poderes gerais e especiais de alienar, hipotecar, transigir e firmar compromisso. Após as diligências necessárias, o mandatário obtém de Mévio, as condições necessárias para a aquisição do referido bem, sendo designada data para a realização da escritura pública de compra e venda.

Antes do ato, Rupestre é comunicado do falecimento do mandante e, incontinenti, comunica a circunstância ao comprador que, prontamente, aquiesce com o adiamento do negócio, para regularização dos sucessores. Diante desses fatos e à luz da legislação civil em vigor, analise as afirmativas a seguir.

I – Sendo a situação de urgência o negócio poderia ser ultimado, o que inocorreu no caso em tela.
II – Com os poderes especificados no mandato, poderia ocorrer o negócio em foco.
III – O mandato para alienação de bem imóvel poderia ser conferido por instrumento particular.

Assinale:

a) se somente a afirmativa I for verdadeira;
b) se somente as afirmativas I e II forem verdadeira;
c) se somente as afirmativas I e III forem verdadeiras;
d) se somente as afirmativas II e III forem verdadeiras;
e) se todas as afirmativas forem verdadeiras.

No que diz respeito à disciplina da prescrição, julgue o item que se segue.

(DEFENSOR PÚBLICO – DPE/AL – CESPE – 2009)

62. A renúncia da prescrição, que pode ser realizada de forma expressa ou tácita, somente pode ser feita validamente após ter-se consumado a prescrição, ou seja, a renúncia prévia não é aceita pelo Código Civil.

( ) **Certo** ( ) **Errado**

(DEFENSOR PÚBLICO – DPE/ES – CESPE – 2009)

63. A interrupção da prescrição, quando efetuada contra o devedor solidário, envolverá os demais, incluindo os seus herdeiros.

( ) **Certo** ( ) **Errado**

Acerca da prescrição, julgue os itens que se seguem.

(DEFENSOR PÚBLICO – DPE/CE – CESPE – 2008)

64. Considere a seguinte situação hipotética.

> Lucas, funcionário público estadual que foi designado para prestar serviços no Distrito Federal, é credor de João, por uma dívida vencida e não paga.
>
> Nessa situação, o prazo prescricional para propositura da execução contra o devedor inadimplente será suspenso a partir da data que Lucas foi designado para prestar serviços públicos em local diverso de sua lotação.

( ) **Certo** ( ) **Errado**

(DEFENSOR PÚBLICO – DPE/CE – CESPE – 2008)

65. Caso o devedor pague uma dívida e posteriormente tome conhecimento de que aquela obrigação estava prescrita, ele poderá propor ação para reaver o que indevidamente pagou.

> Essa prescrição pode ser alegada em qualquer grau de jurisdição, inclusive em recurso especial ou extraordinário, desde que tenha ocorrido prequestionamento.
>
> Prescrição é a extinção de uma ação ajuizável, em virtude da inércia de seu titular, durante certo lapso de tempo, na ausência de causas preclusivas de seu curso. Com relação a esse assunto, julgue os itens que se seguem.

(ADVOGADO – MC – CESPE – 2008)

66. O juiz não pode conhecer, de ofício, a prescrição, salvo se favorecer a pessoa absolutamente incapaz.

( ) **Certo** ( ) **Errado**

(ADVOGADO – MC – CESPE – 2008)

67. A interrupção da prescrição dar-se-á em favor dos servidores públicos ausentes do País em serviço público da União, dos estados ou dos municípios.

( ) **Certo** ( ) **Errado**

(ADVOGADO – MC – CESPE – 2008)

68. Nos termos preconizados no Código Civil, a interrupção da prescrição por um credor não aproveita aos outros; semelhantemente, a interrupção operada contra o codevedor, ou seu herdeiro, não prejudica os demais coobrigados, mas a interrupção produzida contra o principal devedor prejudica o fiador.

( ) **Certo** ( ) **Errado**

(ADVOGADO – MC – CESPE – 2008)

69. Deve o juiz, de ofício, conhecer da decadência convencional, mas se isso não ocorrer, a parte a quem aproveita pode alegá-la em qualquer grau de jurisdição.

( ) **Certo** ( ) **Errado**

(ADVOGADO – MC – CESPE – 2008)

70. Quando a ação se originar de fato que deva ser apurado no juízo criminal, não correrá a prescrição antes da respectiva sentença definitiva.

( ) **Certo** ( ) **Errado**

(PROCURADOR – PMS/SAAE – VUNESP – 2010)

71. Quanto à prescrição, assinale a alternativa que apresenta a afirmativa correta:

a) Os prazos de prescrição podem ser alterados por acordo das partes.
b) O juiz não pode suprir, de ofício, a alegação de prescrição.
c) A prescrição iniciada contra uma pessoa não continua com seu sucessor.
d) Não corre prescrição contra os relativamente incapazes.
e) A exceção prescreve no mesmo prazo em que a pretensão.

As relações jurídicas são relações sociais em que os direitos subjetivos e os deveres jurídicos são identificados e, por envolverem interesses particulares, exigem do Estado regulamentação. Julgue os itens subsequentes, que tratam das relações jurídicas estabelecidas entre particulares.

(PROCURADOR DO MINISTÉRIO PÚBLICO ESPECIAL JUNTO AO TRIBUNAL DE CONTAS DO ESTADO DA BAHIA – TCE/BA – CESPE – 2010)

72. No caso de obrigações dirigidas a credores solidários, a suspensão da prescrição que beneficiar um deles automaticamente aproveitará aos demais.

( ) Certo ( ) Errado

(PROCURADOR ESPECIAL DE CONTAS – TCE/ES – CESPE – 2009)

73. Acerca da prescrição, assinale a opção correta:
a) Se uma pessoa deixa decorrer o prazo prescricional, não ajuizando a ação cabível para ver satisfeita uma pretensão sua, somente poderá utilizar o direito que a amparava para opor exceção.
b) Se, no curso de um processo, nenhuma das partes arguir a prescrição, não será possível a sua arguição em sede de recurso especial, ainda que o seu reconhecimento seja matéria de ordem pública.
c) Ainda que atue como *custos legis*, é dever do representante do MP arguir a prescrição, em matéria patrimonial.
d) Uma causa que tem o condão de impedir a prescrição não poderá servir de fundamento para suspender o curso do prazo prescricional.
e) Os efeitos da prescrição são pessoais. No entanto, a interrupção da prescrição por um credor aproveitará os demais, ainda que não haja solidariedade.

2.3 Direito das Obrigações

2.3.1 *Modalidade das obrigações*

(PROCURADOR DO ESTADO DE 1ª CATEGORIA – PGE/ES – CESPE – 2008)

74. No caso de obrigação de restituir coisa certa, vindo esta a se perder, sem culpa do devedor, antes da tradição, a obrigação resolve-se automaticamente, sem qualquer direito ao credor de receber indenização ou de exigir a restituição da coisa.

( ) Certo ( ) Errado

2.3.2 *Classificação das obrigações*

A obrigação é um vínculo jurídico entre credores e devedores por uma prestação. A prestação pode ser de dar, fazer ou não fazer. Julgue os próximos itens com relação ao direito das obrigações.

(ADVOGADO – MC – CESPE – 2008)

75. Suponha que em uma obrigação alternativa, por culpa do devedor, tornou-se impossível cumprir com qualquer das prestações e, conforme estabelecido entre as partes, o direito de escolha

é do devedor. Nesse caso, o devedor ficará obrigado a pagar o valor do bem que por último se impossibilitou, mais as perdas e danos que o caso determinar.

( ) **Certo** ( ) **Errado**

(PROCURADOR DO ESTADO DE 1ª CATEGORIA – PGE/ES – CESPE – 2008)

76. Na obrigação alternativa, ocorre a estipulação de várias prestações. Essa multiplicidade de prestações, no entanto, manifesta-se de maneira disjuntiva, pois o devedor se libera da obrigação satisfazendo apenas uma delas.

( ) **Certo** ( ) **Errado**

(PROCURADOR – PMS/SAAE – VUNESP – 2010)

77. O Condomínio do Edifício Jardim Santana ingressou com ação de cobrança das quotas condominiais em face de Maria José, coproprietária da unidade autônoma e a única residente do local e de mais cinco coproprietários, não residentes. Citada Maria José, o Condomínio autor desistiu da ação em relação aos demais coproprietários. Em razão desse fato, assinale a alternativa correta:

a) Não será aceita a desistência, pois, tratando-se de obrigação *propter rem*, todos os proprietários respondem por seu pagamento.
b) Não será aceita a desistência, pois, tratando-se de obrigação divisível, todos os proprietários respondem por seu pagamento.
c) Não será aceita a desistência, pois, tratando-se de obrigação indivisível, todos os proprietários respondem por seu pagamento.
d) Será aceita a desistência, pois, tratando-se de obrigação indivisível, pode ser exigida de apenas um dos coproprietários.
e) Será aceita a desistência, pois, tratando-se de obrigação divisível, pode ser exigida de apenas um dos coproprietários.

2.3.3 Transmissão das obrigações

(ADVOGADO – DETRAN/ES – CESPE – 2010)

78. O terceiro não interessado, que paga a dívida em seu próprio nome, tem direito a reembolsar-se do que pagar, mas não se sub-roga nos direitos do credor, sendo certo que, se pagar antes de vencida a dívida, terá direito ao reembolso de forma imediata, ou seja, antes do vencimento.

( ) **Certo** ( ) **Errado**

(DEFENSOR PÚBLICO – DPE/AL – CESPE – 2009)

79. A assunção de dívida transfere a terceira pessoa os encargos obrigacionais da exata forma como estabelecidos entre o credor e o devedor original, de modo que o silêncio daquele que prestou garantia pessoal ao pagamento do débito importará a manutenção dessa garantia.

( ) **Certo** ( ) **Errado**

(DEFENSOR PÚBLICO – DPE/ES – CESPE – 2009)

80. Se um dos credores solidários falecer deixando herdeiros, cada um destes só terá direito a exigir a quota do crédito correspondente ao seu quinhão hereditário, exceto quando a obrigação for indivisível.

( ) **Certo** ( ) **Errado**

(DEFENSOR PÚBLICO – DPE/ES – CESPE – 2009)

81. O credor pode ceder o seu crédito, se a isso não se opuser a natureza da obrigação, a lei, ou a convenção com o devedor.

( ) **Certo** ( ) **Errado**

(DEFENSOR PÚBLICO SUBSTITUTO –DPE/MT – FCC – 2009)

82. No Direito das Obrigações:

a) pode o cessionário exercer os atos conservatórios do direito cedido, independentemente do conhecimento da cessão pelo devedor;
b) na cessão de um crédito sempre se abrangem todos os seus acessórios;
c) o cessionário de crédito hipotecário tem o direito de fazer averbar a cessão no registro do imóvel, desde que haja autorização do devedor;
d) o credor pode ceder o seu crédito, ainda que a isso se oponha a natureza da obrigação, não se admitindo cláusula proibitiva da cessão por se tratar de condição potestativa;
e) a cessão do crédito tem eficácia em relação ao devedor, independentemente de notificação.

(PROCURADOR DO ESTADO SUBSTITUTO – PGE/PI – CESPE – 2008)

83. Acerca do direito das obrigações, assinale a opção correta:

a) Nas arras penitenciais, se a parte que as recebeu não cumprir o contrato, a outra parte poderá considerá-lo resolvido e exigir a devolução do sinal, somado ao equivalente, com atualização monetária, juros e indenização por perdas e danos.
b) Na cessão do crédito onerosa, voluntária ou convencional, o cedente ficará responsável pela existência do crédito transferido no momento da cessão, embora não responda pela solvabilidade do devedor.
c) O credor, para exigir o pagamento da cláusula penal convencional, deverá provar a culpa do devedor pelo inadimplemento e o prejuízo efetivamente sofrido. Se tal prejuízo exceder o previsto na cláusula penal, o credor poderá exigir indenização suplementar.
d) A assunção de dívida é um negócio bilateral, não condicionado à anuência do credor, pelo qual o devedor transfere a um terceiro os seus encargos obrigacionais. Nesse negócio, ocorre a substituição do sujeito passivo da relação de crédito, sendo extinta a obrigação primitiva e surgindo a solidariedade obrigacional entre os devedores.
e) O inadimplemento absoluto de uma obrigação se dá quando essa não for cumprida no tempo, no lugar e na forma devidos. Nesse caso, o credor deverá exigir do inadimplente o recebimento do valor devido ou a prestação a que o devedor se obrigou, acrescida da multa contratual.

2.3.4 Extinção, inadimplemento e adimplemento das obrigações

(PROCURADOR – ASSEMBLEIA LEGISLATIVA SP – FCC – 2010)

84. Praticado pelo devedor o ato, a cuja abstenção se obrigara, o credor pode exigir dele que o desfaça, sob pena de se desfazer à sua custa, ressarcindo o culpado perdas e danos. Em caso de urgência, poderá o credor desfazer ou mandar desfazer:

a) somente mediante autorização judicial, com o ressarcimento devido limitado a 70% do valor despendido pelo credor;
b) somente mediante autorização judicial, com prejuízo do ressarcimento em razão da impossibilidade de opção pelo desfazimento ao devedor;
c) somente mediante autorização judicial, sem prejuízo do ressarcimento devido;
d) independentemente de autorização judicial, sem prejuízo do ressarcimento devido;

e) independentemente de autorização judicial, com o ressarcimento devido, porém limitado a 70% do valor despendido pelo credor.

(ADVOGADO – CETESB – VUNESP – 2009)

85. Sobre o inadimplemento das obrigações, é correto afirmar:

a) considera-se em mora o devedor que não efetuar o pagamento e o credor que não quiser recebê-lo no tempo, lugar e forma que a lei ou convenção estabelecer;
b) contam-se os juros de mora desde a propositura da ação;
c) o valor da cominação imposta na cláusula penal pode exceder o da obrigação principal;
d) para exigir a pena convencional, é necessário que o credor alegue o prejuízo;
e) nas obrigações negativas, o devedor é havido por inadimplente desde o dia em que não executou o ato de que se devia abster.

(DEFENSOR PÚBLICO – DPE/AL – CESPE – 2009)

86. O inadimplemento absoluto decorre da completa impossibilidade do cumprimento da obrigação, de modo que o objeto devido tenha se tornado inútil ao credor. Disso decorre que não há inadimplemento absoluto em obrigações pecuniárias, como no caso do pagamento de aluguéis, pois o dinheiro não perece e qualquer indenização é sempre prestada em moeda.

( ) Certo ( ) Errado

(DEFENSOR PÚBLICO – DPE/AL – CESPE – 2009)

87. Carlos celebrou contrato com Paula, em 10/8/2008, para que ela cuidasse do jardim da casa dele, mediante o pagamento de R$ 80,00 por semana, reajustáveis em 2% a cada seis meses. O contrato incluía a utilização de adubos, terra e inseticidas. Nessa situação, se a inflação vier a atingir índices superiores aos praticados no momento em que foi concluído o contrato, acarretando aumento no preço dos produtos utilizados, Paula poderá pedir a resolução da avença, invocando como fundamento a teoria da imprevisão, o que exigirá a demonstração, não só da onerosidade excessiva que suportará, como também da extrema vantagem que obterá Carlos.

( ) Certo ( ) Errado

(ADVOGADO – IBRAM – CESPE – 2009)

88. Se ocorrer o inadimplemento imputável e culposo de um negócio jurídico, o credor pode optar entre demandar pela reparação do dano ou, então, pedir diretamente a importância prefixada na cláusula penal, que corresponde às perdas e aos danos estipulados.

( ) Certo ( ) Errado

(ADVOGADO – IBRAM – CESPE – 2009)

89. É considerado em mora o devedor que não efetuar o pagamento e o credor que não o quiser receber no tempo, no lugar e na forma que a lei ou a convenção estabelece.

( ) Certo ( ) Errado

Suponha que, em circunstância de perigo iminente, Pedro destruiu coisa alheia. Sabe-se que as circunstâncias tornaram absolutamente necessária a destruição da coisa, e que Pedro não excedeu os limites do indispensável para a remoção do perigo. A partir dessa situação, julgue os itens a seguir.

(ADVOGADO – MC – CESPE – 2008)

90. Se o dono da coisa, na situação acima, não for culpado do perigo, assistir-lhe-á direito à indenização pelo prejuízo que sofreu.

( ) Certo ( ) Errado

(ADVOGADO – MC – CESPE – 2008)

91. Se o dono da coisa, na situação acima, não for culpado do perigo, assistir-lhe-á direito à indenização pelo prejuízo que sofreu.

( ) Certo ( ) Errado

A obrigação é um vínculo jurídico entre credores e devedores por uma prestação. A prestação pode ser de dar, fazer ou não fazer. Julgue os próximos itens com relação ao direito das obrigações.

(ADVOGADO – MC – CESPE – 2008)

92. As arras penitenciais não admitem arrependimento; assim, se a parte que deu as arras não executar o contrato, poderá a outra tê-lo por desfeito, retendo-as; se a inexecução for de quem recebeu as arras, poderá quem as deu ter o contrato por desfeito, e exigir sua devolução mais o equivalente, com atualização monetária, segundo índices oficiais regularmente estabelecidos, juros e honorários de advogado e a parte inocente pode pedir, também, indenização suplementar, se provar maior prejuízo, valendo as arras como taxa mínima.

( ) Certo ( ) Errado

A obrigação é um vínculo jurídico entre credores e devedores por uma prestação. A prestação pode ser de dar, fazer ou não fazer. Julgue os próximos itens com relação ao direito das obrigações.

(ADVOGADO – MC – CESPE – 2008)

93. Não há mora *solvendi* se não houver fato ou omissão imputável ao devedor, mas o devedor em mora responde pela impossibilidade da prestação, embora essa impossibilidade resulte de caso fortuito, ou de força maior, se estes ocorrerem durante o atraso. Isso só não ocorre se for provada isenção de culpa, ou que o dano sobrevenha ainda quando a obrigação for oportunamente desempenhada.

( ) Certo ( ) Errado

(PROCURADOR DO ESTADO DE 1ª CATEGORIA – PGE/ES – CESPE – 2008)

94. Quando o devedor contrai com o credor nova obrigação, visando extinguir e substituir obrigação nula ou extinta, verifica-se a novação. Da mesma forma, verifica-se novação se surgir novo devedor, sucessor do anterior, hipótese em que este fica desobrigado, transmitindo ao novo devedor a obrigação pela qual, até então, era o responsável.

( ) Certo ( ) Errado

(ANALISTA MUNICIPAL/ ESPECIALIDADE PROCURADOR MUNICIPAL – PGM DE BOA VISTA/ RR – CESPE – 2010)

95. Romero comprometeu-se a restituir coisa certa a Mateus, em data previamente definida, mas, antes de efetivada a tradição, a coisa se perdeu, sem culpa do Romero. Nessa situação, Romero deve assumir integralmente o ônus da perda, devendo restituir a Mateus um objeto com as mesmas características ou pagar-lhe, a título de perdas e danos, valor equivalente.

( ) Certo ( ) Errado

(ANALISTA MUNICIPAL/ ESPECIALIDADE PROCURADOR MUNICIPAL – PGM DE BOA VISTA/ RR – CESPE – 2010)

96. Aroldo, pessoa afortunada, resolveu assumir uma dívida que seu cunhado, Batista, possuía junto a Carlos, sem que este tivesse anuído à assunção da dívida. Nessa situação, Batista será exonerado da obrigação e Carlos somente poderá exigir de Aroldo o cumprimento da obrigação.

( ) Certo ( ) Errado

(ADVOGADO – SENADO FEDERAL – FGV – 2008)

97. Francisco (68) e Adair Souza (67), pais de Roberto Souza, ingressam em juízo em face do filho, pleiteando alimentos de R$ 2 mil. Em sua resposta, o filho alega que só poderia arcar com alimentos de R$ 1 mil e requer que seja chamada à lide sua irmã, Clarice. A obrigação dos filhos de Francisco e Adair, com relação a prestar alimentos aos pais, é:

a) conjunta;
b) solidária;
c) subsidiária;
d) concomitante;
e) subsequente.

(PROCURADOR DO MINISTÉRIO PÚBLICO ESPECIAL JUNTO AO TRIBUNAL DE CONTAS DO ESTADO DA BAHIA – TCE/BA – CESPE – 2010)

98. Considere que João deva certa quantia para José, que deve igual quantia para Pedro. Considere, ainda, que, devido a acordo firmado entre os três, João deverá pagar a referida quantia diretamente para Pedro, retirando-se José da relação jurídica. Nessa situação, tem-se um exemplo de novação.

( ) Certo ( ) Errado

2.3.5 Temas combinados de obrigações

Em relação aos fatos jurídicos, à teoria da imprevisão e aos contratos, julgue os itens a seguir.

(ADVOGADO – DETRAN/ES – CESPE – 2010)

99. Conforme pacífica jurisprudência do STJ, mostra-se razoável o entendimento de que a inflação possa ser tomada, no Brasil, como álea extraordinária, de modo a possibilitar algum desequilíbrio na equação econômica do contrato, com fundamento na teoria da imprevisão.

( ) Certo ( ) Errado

(ADVOGADO – DETRAN/ES – CESPE – 2010)

100. Não se aplica a teoria da imprevisão aos contratos de compra e venda de safra futura a preço certo.

( ) Certo ( ) Errado

(ADVOGADO – IPAJM/ES – CESPE – 2010)

101. Júlio adquiriu, em um supermercado, um botijão de gás, que explodiu enquanto sua esposa cozinhava, causando ferimentos graves em ambos e no filho do casal.

Com base nessa situação hipotética, assinale a opção correta:

a) Nesse caso, para apurar a responsabilidade, o Código Civil será utilizado de forma subsidiária.
b) O fato gerador da responsabilidade do fabricante é a relação jurídica contratual.
c) Não se exigirá das vítimas, para fins de indenização, prova definitiva de nexo causal.
d) O supermercado responderá solidariamente com o fabricante do botijão de gás.
e) Provada a culpa exclusiva do supermercado, exclui-se a responsabilidade do fabricante.

(PROCURADOR DO ESTADO DE 1ª CATEGORIA – PGE/ES – CESPE – 2008)

102. Se o devedor tornar-se inadimplente com relação ao crédito da hipoteca de primeiro grau, o resgate da hipoteca pelo credor da segunda hipoteca acarreta a extinção do ônus real, ou seja, libera o imóvel onerado mediante o pagamento da quantia devida.

( ) Certo ( ) Errado

(PROCURADOR DO ESTADO DE 1ª CATEGORIA – PGE/ES – CESPE – 2008)

103. O direito de retenção, seja por acessões ou por benfeitorias, exige, para o seu reconhecimento, a demonstração da coexistência da posse de determinado bem imóvel e a prova da propriedade dos bens a serem indenizados.

( ) Certo ( ) Errado

(PROCURADOR – PMS/SAAE – VUNESP – 2010)

104. André, com 17 anos de idade, em uma brincadeira inconsequente, quebrou os vidros das janelas de seu vizinho, causando prejuízo de considerada monta, relativo à compra de novos e o preço da instalação. Diante desse fato, assinale a alternativa correta:

a) O fato de André ser inimputável, sua conduta não é considerada ilícita, razão pela qual, não responde pelos danos causados.
b) André será responsável pela indenização, de forma equitativa e se não o privar de seu próprio sustento, se seus pais não dispuserem de meios para fazê-lo.
c) Os pais de André serão responsáveis pelo pagamento da indenização, de forma subsidiária a este, desde que demonstrem que não tinham sua guarda no momento do dano.
d) André e seus pais respondem solidariamente pelos danos ocasionados, por ser ele relativamente incapaz e o causador direto do dano.
e) A responsabilidade dos pais de André, pelos danos ocasionados ao vizinho, é subjetiva, em razão da incapacidade relativa do filho.

2.4 Dos Contratos

2.4.1 Teoria geral dos contratos

Marcelo tomou por empréstimo R$ 5 mil em uma instituição financeira para pagar em vinte e quatro meses. A partir do décimo segundo mês, Marcelo interrompeu o pagamento das prestações ante as dificuldades financeiras por que estava passando. Comparecendo ao banco, foi informado de que no contrato havia cláusula permitindo a cobrança de comissão de permanência.

A respeito dessa situação hipotética, julgue os itens a seguir.

(DEFENSOR PÚBLICO – DPE/AL – CESPE – 2009)

105. Hoje prevalece o entendimento jurisprudencial de que a cláusula contratual que prevê a comissão de permanência, calculada pela taxa média de mercado, não é potestativa.

( ) Certo ( ) Errado

(DEFENSOR PÚBLICO – DPE/ES – CESPE – 2009)

106. Na locação de um prédio urbano, o valor do aluguel não pode ser estipulado em moeda estrangeira.

( ) Certo ( ) Errado

(DEFENSOR PÚBLICO SUBSTITUTO –DPE/MT – FCC – 2009)

107. A respeito da disciplina dos contratos, é lícito afirmar que:

a) o contrato real é o que se aperfeiçoa com a transferência do direito de propriedade de um bem ao credor;
b) o contrato faz lei entre as partes e, uma vez celebrado, vigora, em qualquer hipótese, o princípio segundo o qual *pacta sunt servanda*;

c) as obrigações decorrentes de todo e qualquer contrato serão válidas na medida em que atendam aos princípios da boa-fé objetiva e de sua função social, bem como sejam reduzidas a instrumento escrito em letras com fonte não inferior ao corpo 12, de modo a facilitar sua compreensão;
d) o contrato real aperfeiçoa-se e valida-se com a entrega de um bem, sendo irrelevante a existência de consenso;
e) o distrato somente será admitido se feito pela mesma forma exigida para o contrato.

(DEFENSOR PÚBLICO – DPE/CE – CESPE – 2008)

108. Os contratos de consumo comportam execução específica. Neles, o juiz pode determinar a execução de toda e qualquer medida que possa alcançar o efeito concreto pretendido pelas partes, salvo quando constar expressamente do contrato cláusula que disponha de maneira diversa, em caso de não cumprimento da obrigação pelo fornecedor.

( ) Certo ( ) Errado

(DEFENSOR PÚBLICO – DPE/CE – CESPE – 2008)

109. Se alguém, ao contratar, promete fato de terceiro, esse contrato não tem a eficácia de obrigar quem dele não participou, vinculando à obrigação aquele que assumiu o cumprimento da prestação, como devedor primário. Assim, se o terceiro não executar a promessa feita no contrato, a responsabilidade patrimonial por perdas e danos incide sobre o promitente.

( ) Certo ( ) Errado

(ADVOGADO – IPAJM/ES – CESPE – 2010)

110. Marcos, maior e capaz, necessitando mudar de cidade em razão de novo emprego, celebrou contrato de compra e venda do seu apartamento com José, maior e capaz. O contrato foi celebrado com a cláusula de que o preço do imóvel seria fixado por arbítrio exclusivo de José.

( ) Certo ( ) Errado

Nessa situação hipotética, o contrato é:

a) nulo por disposição legal expressa;
b) anulável ante a ocorrência da lesão;
c) anulável ante a verificação do estado de perigo;
d) nulo por dolo de José;
e) anulável ante erro de Marcos.

(PROCURADOR DO ESTADO DE ALAGOAS – PGE/AL – CESPE – 2009)

111. O supermercado Sua Casa celebrou contrato com a empresa Suco Mais por prazo indeterminado, cujo objeto consiste no fornecimento de cem caixas de um litro de suco de uva natural por semana, ao custo de R$ 1,00 cada caixa. Ficou acertado que o pagamento ocorrerá a cada dois meses.

Com base na situação hipotética acima, assinale a opção correta:

a) Caso a empresa verifique que não tem mais condições de dar cumprimento ao contrato, poderá promover a resilição unilateral, por meio de denúncia feita ao supermercado.
b) Se a empresa tiver feito investimentos consideráveis para a execução do contrato, o supermercado somente poderá denunciar unilateralmente o contrato após um ano.
c) Caso a empresa deixe de entregar o suco por mais de quatro semanas, o supermercado poderá pedir a resolução do contrato ou, se preferir, exigir-lhe o cumprimento, caso em que não caberá indenização por perdas e danos.
d) Se a empresa efetuar a denúncia unilateral do contrato, a resilição operará efeitos *ex tunc*.

e) Qualquer das partes poderá promover a resolução do contrato com base na teoria da imprevisão, desde que estejam configurados os requisitos autorizadores da sua aplicação ao caso concreto, que consistem em um acontecimento extraordinário, imprevisível e excessivamente oneroso para uma das partes.

(PROCURADOR DO ESTADO DE 1ª CATEGORIA – PGE/ES – CESPE – 2008)

112. No contrato de depósito voluntário de bens fungíveis, o bem depositado pode ser utilizado pelo depositário, que assume a obrigação de reembolsar o depositante e restituí-lo a qualquer tempo.

( ) **Certo** ( ) **Errado**

(PROCURADOR DO ESTADO DE 1ª CATEGORIA – PGE/ES – CESPE – 2008)

113. Caracterizada a evicção parcial, não sendo esta considerável, o evicto não pode valer-se da opção entre a rescisão contratual e o abatimento no preço, assistindo-lhe apenas o direito à indenização.

( ) **Certo** ( ) **Errado**

(PROCURADOR DO ESTADO DE 1ª CATEGORIA – PGE/ES – CESPE – 2008)

114. Se no contrato forem estipuladas arras penitenciais, a inexecução deste facultará à parte inocente pedir indenização suplementar, se provar que o seu prejuízo foi maior que o valor das arras. A parte inocente também poderá exigir a execução do contrato, acrescido de perdas e danos.

( ) **Certo** ( ) **Errado**

(PROCURADOR DO ESTADO DE 1ª CATEGORIA – PGE/ES – CESPE – 2008)

115. Nos contratos em que as obrigações assumidas pelas partes são recíprocas e simultâneas, o inadimplemento de uma permite à outra parte opor a exceção do contrato não cumprido, deixando de efetuar a sua prestação enquanto a outra parte não efetuar a respectiva contraprestação.

( ) **Certo** ( ) **Errado**

(PROCURADOR DO ESTADO SUBSTITUTO – PGE/PI – CESPE – 2008)

116. Quanto aos contratos, segundo as disposições do Código Civil, assinale a opção correta:

a) No contrato comutativo, as prestações de uma das partes, bem como a extensão da contraprestação, são incertas porque dependem de fato futuro. Por ser de execução diferida ou de trato sucessivo, a prestação pode ser desproporcional ao valor da contraprestação.

b) A responsabilidade pela evicção depende de cláusula expressa no contrato, em que um dos contratantes se obriga a indenizar ou não aquele que se tornar evicto. Assim, verificada a evicção da coisa adquirida, havendo cláusula expressa de exclusão da garantia, o evicto não poderá recobrar o preço que pagou por ela, pois assumiu o risco ao excluir a garantia.

c) Os vícios redibitórios são defeitos ocultos em coisa alienada que impedem ou dificultam o uso a que a coisa se destina, autorizando o comprador a devolvê-la, e obrigando o alienante a ressarcir o valor recebido, acrescido de perdas e danos, ainda que não conheça o defeito.

d) O contrato preliminar é o compromisso para uma futura declaração de vontade, ou seja, um contrato que gera a obrigação de contratar. Trata-se de documento preparatório para um negócio definitivo, devendo ser observada, sob pena de nulidade, a forma do contrato a ser celebrado.

e) O inadimplemento de uma obrigação pelo devedor é causa de resolução do contrato, podendo a parte prejudicada pleitear, além da resolução do contrato, a indenização pelos prejuízos, que abrangem o dano emergente e o lucro cessante.

(PROCURADOR DO ESTADO SUBSTITUTO – PGE/PI – CESPE – 2008)

117. Ainda acerca dos contratos, assinale a opção correta:

a) O pacto de retrovenda é uma cláusula acessória aposta no contrato de compra e venda de imóvel, que consiste no direito que se reserva o vendedor de resolver o contrato, recuperando a coisa, desde que pague ao comprador o preço original, monetariamente corrigido, as despesas por ele suportadas e o valor equivalente às benfeitorias necessárias, bem como as benfeitorias úteis e voluptuárias expressamente consentidas, na forma escrita.

b) Na fiança, o garantidor se responsabiliza por assegurar o cumprimento da prestação prometida pelo devedor. Por isso, o garantidor não pode, para se eximir da obrigação, alegar que o devedor tem bens suficientes para saldar a dívida por ele garantida.

c) Pelo contrato de depósito voluntário, o depositário recebe um objeto móvel ou imóvel para guardá-lo ou conservá-lo, até que o depositante o reclame; enquanto não for pedida a restituição da coisa, essa se incorpora ao patrimônio do depositário. Em caso de inadimplemento da obrigação por parte do depositário, o contrato resolve-se em perdas e danos.

d) No contrato de empreitada de mão de obra, por se tratar de obrigação de meio, o empreiteiro tem o direito de exigir do proprietário que, uma vez concluída a obra nos termos contratuais, ele a aceite, pois, nesse tipo de empreitada, todos os riscos correm por conta do dono.

e) O direito do promissário comprador à adjudicação compulsória não se condiciona ao registro do compromisso de compra e venda no cartório de imóveis; mas, se o contrato particular for devidamente registrado, confere ao promitente comprador direito real de propriedade.

(PROCURADOR ESPECIAL DE CONTAS – TCE/ES – CESPE – 2009)

118. Um famoso escritório de advocacia pediu a Heitor, artista plástico conhecido, que fizesse uma escultura a ser colocada no hall de entrada do prédio onde está instalado.

Com referência a essa situação hipotética, assinale a opção correta:

a) Ainda que não tenha sido formalizado contrato por escrito, é possível presumir o consentimento implícito de Heitor.

b) Considerando a natureza do serviço a ser prestado, se não tiver sido estipulada remuneração, presume-se a gratuidade.

c) Se a escultura entregue não corresponder à pretensão esperada, o recebedor poderá obstar o pagamento do serviço, ainda que a simples prestação enseje o pagamento.

d) Constando do contrato que a remuneração será paga na entrega da obra, mas não tendo sido estipulado o valor, presume-se aceito o preço a ser cobrado pelo artista.

e) Caso Heitor não saiba ler nem escrever, o contrato firmado será válido se tiver sido assinado por representante ou procurador.

2.4.2 Contratos em espécie

(ADVOGADO – BADESC/SC – FGV – 2010)

119. Leônidas, brasileiro, solteiro, efetua o empréstimo de imóvel da sua titularidade situado na rua Henrique Valgas 205, Florianópolis/SC a Créscio, brasileiro, empresário, pelo prazo de dois anos, mediante ajuste verbal. No curso desse período, Leônidas é acometido de doença neurológica incapacitante, vindo a ser representado pelo seu curador Esculápio que, logo ao assumir o encargo, comunica o fato ao comodatário, verbalmente, e solicita a devolução do bem, tendo em vista que, apesar de ter requerido a continuação da avença, não obteve decisão favorável do Juiz titular da Vara Orfanológica local, inclusive com parecer nesse sentido, do membro do Ministério Público estadual.

Diante do exposto, analise as afirmativas a seguir:

I – Os bens sujeitos a curatela somente podem ser cedidos em comodato, mediante autorização especial.
II – Por ser contrato típico, o comodato somente pode ser realizado mediante contrato escrito, lavrado em Cartório de Notas.
III – A formalização do comodato é da sua essência, decorrendo dessa circunstância, a sua concretização pelo modo escrito.

Assinale:

a) se somente a afirmativa I for verdadeira;
b) se somente a afirmativa II for verdadeira;
c) se somente a afirmativa III for verdadeira;
d) se somente as afirmativas I e II forem verdadeiras;
e) se somente as afirmativas II e III forem verdadeiras.

(ADVOGADO – BADESC/SC – FGV – 2010)

120. Semprônio realiza contrato de mútuo com Terêncio, emprestando a quantia de R$ 20.000,00 para pagamento em dez prestações, incidentes juros legais, sem correção monetária.

Para garantir a avença, intercede Esculápio, na condição de fiador, pelo período do contrato, renunciando ao benefício de ordem.

No curso da avença, o devedor, por motivos de doença da família, deixa de quitar algumas prestações. Após o período de dificuldades, credor e devedor ajustam a prorrogação do contrato, não informando tal situação ao fiador.

Diante do exposto, analise as afirmativas a seguir:

I – O contrato de fiança somente estabelece a responsabilidade do fiador no período avençado no contrato.
II – Mediante aquiescência do credor, do devedor e do fiador, a fiança pode se prorrogada.
III – Não concordando o devedor com a fiança, credor e fiador estão proibidos de estabelecer a referida garantia no contrato.

Assinale:

a) se somente a afirmativa I for verdadeira;
b) se somente a afirmativa II for verdadeira;
c) se somente as afirmativas I e II forem verdadeiras;
d) se somente as afirmativas I e III forem verdadeiras;
e) se todas as afirmativas forem verdadeiras.

(DEFENSOR PÚBLICO – DPE/AL – CESPE – 2009)

121. Distanciando-se do sistema francês, a lei brasileira exige que a transmissão de um bem imóvel por ato oneroso *inter vivos* seja materializada por meio de escritura pública de compra e venda, de modo que somente após a lavratura desse ato é que o bem passará a integrar o patrimônio do comprador, sendo sua a propriedade.

( ) Certo **( ) Errado**

Marcelo tomou por empréstimo R$ 5 mil em uma instituição financeira para pagar em vinte e quatro meses. A partir do décimo segundo mês, Marcelo interrompeu o pagamento das prestações ante as dificuldades financeiras por que estava passando. Comparecendo ao banco, foi informado de que no contrato havia cláusula permitindo a cobrança de comissão de permanência.

A respeito dessa situação hipotética, julgue os itens a seguir.

(DEFENSOR PÚBLICO – DPE/AL – CESPE – 2009)

122. A hipótese descrita aponta um contrato de mútuo, que, além de ser contrato real, tem a fungibilidade do objeto como uma de suas características.

( ) Certo ( ) Errado

(DEFENSOR PÚBLICO – DPE/AL – CESPE – 2009)

123. Na hipótese descrita, que constitui um exemplo de mútuo, a comissão de permanência poderá ser cumulada com a correção monetária, mas não com os juros remuneratórios.

( ) Certo ( ) Errado

(DEFENSOR PÚBLICO – DPE/ES – CESPE – 2009)

124. No contrato de compra e venda, é lícito às partes fixar o preço em função de índices ou parâmetros, desde que passíveis de objetiva determinação.

( ) Certo ( ) Errado

(DEFENSOR PÚBLICO – DPE/ES – CESPE – 2009)

125. A doação de um imóvel a duas pessoas, dando a uma delas o direito de usá-lo durante dez anos, e à outra, o direito de usá-lo uma vez decorrido esse período, é tida como doação sob forma de subvenção periódica.

( ) Certo ( ) Errado

(PROCURADOR – PMS/SAAE – VUNESP – 2010)

126. Quanto ao contrato de compra e venda, assinale a alternativa correta:

a) A compra e venda não pode ter por objeto coisa futura, mas apenas coisa atual e certa.
b) A fixação do preço não pode ser deixada ao arbítrio de terceiro.
c) Por esse contrato, um dos contratantes se obriga a transferir o domínio de certa coisa, e o outro, a pagar-lhe preço em dinheiro.
d) Firmado o contrato, o vendedor é obrigado a entregar a coisa, ainda que não tenha recebido o preço.
e) A fixação de preço não poderá ser estabelecida de acordo com a taxa de mercado ou de bolsa.

2.4.3 Dos atos unilaterais

(PROCURADOR DO ESTADO SUBSTITUTO – PGE/PI – CESPE – 2008)

127. Assinale a opção correta a respeito dos atos unilaterais:

a) A gestão de negócio é a administração autorizada de negócios alheios, feita independentemente de obrigação legal ou convencional. O gestor responde pelos prejuízos resultantes de qualquer culpa na gestão, bem como pelo caso fortuito, quando fizer operação que cause risco ao negócio.
b) Aquele que quitou dívida prescrita ou natural poderá exigir a restituição daquilo que pagou, ainda que não o tenha feito por erro ou involuntariamente. Nessa situação, o pagamento é indevido e gera, para aquele que o recebeu indevidamente, a obrigação de restituí-lo.
c) A promessa de recompensa adquire sua eficácia vinculante no momento em que a vontade do promitente é tornada pública, independentemente de aceitação, caracterizando-se, assim, como uma obrigação pela manifestação unilateral do promitente.

d) Se o ato contemplado na promessa de recompensa foi praticado por mais de uma pessoa, ainda que não tenha sido simultânea a execução, a recompensa será dividida em partes iguais entre aqueles que executaram a ação recompensável.
e) Na gestão de negócio alheio, se o dono da coisa desaprovar a gestão por considerá-la contrária aos seus interesses, ele deverá resilir a avença e indenizar o gestor pelas despesas que efetuou, acrescidas de juros e correção monetária.

2.5 Da Responsabilidade Civil

2.5.1 Obrigação de indenizar

(ADVOGADO – CETESB – VUNESP – 2009)

128. Sobre a responsabilidade civil, é correto afirmar:

a) aquele que ressarcir o dano causado por outrem pode reaver o que houver pago daquele por quem pagou, ainda se o causador do dano for descendente seu, absoluta ou relativamente incapaz;
b) haverá obrigação de reparar o dano, comprovada a culpa, quando a atividade desenvolvida pelo autor do dano implicar, por sua natureza, risco para os direitos de outrem;
c) o direito de exigir reparação e a obrigação de prestá-la não se transmite com a herança;
d) se da ofensa resultar defeito pelo qual o ofendido não possa exercer o seu ofício ou profissão, ou se lhe diminua a capacidade de trabalho, o ofensor indenizará o ofendido apenas com as despesas do tratamento e dos lucros cessantes até o fim da convalescença;
e) se a vítima tiver concorrido culposamente para o evento danoso, a sua indenização será fixada tendo-se em conta a gravidade de sua culpa em confronto com a do autor do dano.

(ADVOGADO – DETRAN/ES – CESPE – 2010)

129. O incapaz não responde pelos prejuízos que causar, ainda que as pessoas por ele responsáveis não tenham obrigação de fazê-lo ou não disponham de meios suficientes.

( ) Certo ( ) Errado

(ADVOGADO – DETRAN/ES – CESPE – 2010)

130. Suponha que Abel tenha oferecido carona, gratuitamente, a Braz no trajeto até a faculdade onde ambos são estudantes. No caminho, Abel, por culpa grave, deu causa a acidente, que lesionou a face de Braz, provocando-lhe sérios danos estéticos. Nessa situação, por se tratar de transporte de simples cortesia, Abel não deve ser responsabilizado civilmente pelos danos causados a Braz.

( ) Certo ( ) Errado

(DEFENSOR PÚBLICO – DPE/AL – CESPE – 2009)

131. Ainda que provada a culpa de Lucas, seus pais não terão a obrigação de indenizar o dano provocado, porquanto, nesse caso, não se pode falar em culpa *in vigilando*.

( ) Certo ( ) Errado

(DEFENSOR PÚBLICO – DPE/AL – CESPE – 2009)

132. Em razão de a emancipação cessar a menoridade, predomina o entendimento de que, caso os pais tivessem emancipado Lucas, ficaria afastada a responsabilidade deles pelos danos causados a Eduardo.

( ) Certo ( ) Errado

(ADVOGADO – IBRAM – CESPE – 2009)

133. A legislação brasileira adotou a sistemática da responsabilidade civil subjetiva do poluidor, de sorte que é imprescindível a discussão acerca do elemento subjetivo da conduta do agente (culpa ou dolo) para atribuição do dever de indenizar.

( ) **Certo** ( ) **Errado**

(ADVOGADO – IPAJM/ES – CESPE – 2010)

134. A respeito da responsabilidade civil de bancos e instituições financeiras, assinale a opção correta:

a) Conforme entendimento do STJ, o Código de Defesa do Consumidor não se aplica às instituições financeiras.
b) Falha no sistema informatizado, ainda que comprovada, não desobriga o banco de indenizar o correntista pela indevida devolução de cheque.
c) Em regra, o correntista é responsável pelo pagamento de cheque falso.
d) A responsabilidade pelos bens guardados nos cofres dessas instituições somente será afastada por caso fortuito ou força maior.
e) O banco não é responsável por morte de cliente vítima de tiros desferidos em assalto à agência financeira.

(PROCURADOR DO ESTADO SUBSTITUTO – PGE/PI – CESPE – 2008)

135. Assinale a opção correta a respeito da responsabilidade civil:

a) Para o reconhecimento da responsabilidade civil exige-se a plena capacidade de discernimento da pessoa a quem se imputa a prática do ato danoso. Assim, o incapaz não pode ser responsabilizado civilmente, respondendo por ele, objetivamente, o seu representante legal.
b) O empregador responde objetivamente por danos decorrentes de acidente de trabalho, independentemente do benefício previdenciário, ainda que incorra em culpa, em razão de ter assumido os riscos da atividade econômica ou de risco.
c) A responsabilidade civil pela atividade profissional dos médicos, hospitais ou clínicas médicas é subjetiva, independentemente da natureza da obrigação assumida por esses profissionais.
d) No contrato de transporte de pessoas, o transportador assume uma obrigação de resultado e responde objetivamente pelos danos causados aos passageiros e às suas bagagens, salvo motivo de força maior.
e) O dano proveniente de coisas que caírem ou forem lançadas de um prédio é de natureza objetiva, devendo responder por ele o proprietário do prédio. Assim, ainda que o imóvel esteja alugado a terceiro, a ação deve ser proposta contra o proprietário e não contra o inquilino, pois a locação não transfere para o locatário a responsabilidade pelos acidentes ocorridos no imóvel.

(PROCURADOR – PMS/SAAE – VUNESP – 2010)

136. É responsável pela reparação civil, objetivamente, por atos de terceiro:

a) o dono de hotel, pelos atos praticados por seu hóspede, albergado mediante pagamento em seu estabelecimento;
b) aquele que, por ato ilícito, causar dano a outrem, havendo condenação criminal anterior;
c) aquele que, obrigado a reparar, ressarcir o dano causado, se não for culpado do perigo;
d) o incapaz, pelos danos que causar, se as pessoas por ele responsáveis não tiverem a obrigação de fazê-lo;
e) o dono de animal que causou danos a terceiro, mesmo que exista motivo de força maior.

2.5.2 Indenização

A respeito da responsabilidade civil, julgue os itens a seguir.

(DEFENSOR PÚBLICO – DPE/CE – CESPE – 2008)

137. A responsabilidade das empresas prestadoras de serviço público por dano causado, por ação ou omissão, a terceiro ou aos usuários do serviço é objetiva, pelo risco integral, não se eximindo dessa responsabilidade, ainda quando o dano ocorrer por culpa exclusiva da vítima ou de terceiro, por caso fortuito ou força maior.

( ) Certo ( ) Errado

(DEFENSOR PÚBLICO – DPE/CE – CESPE – 2008)

138. O fornecedor não será responsabilizado pela introdução do produto defeituoso no mercado por preposto ou mesmo representante autônomo, se provar que a colocação do produto defeituoso se deu contra a sua vontade, em decorrência de culpa exclusiva de terceiro, ou que o produto ainda se encontrava em fase de teste, tratando-se, portanto, de amostra grátis do produto.

( ) Certo ( ) Errado

(ANALISTA MUNICIPAL/ ESPECIALIDADE PROCURADOR MUNICIPAL – PGM DE BOA VISTA/ RR – CESPE – 2010)

139. Segundo a jurisprudência sumulada do Supremo Tribunal Federal (STF), a empresa locadora de veículo não responde, nem civil nem solidariamente com o locatário, pelos danos por este causados a terceiro, no uso do carro locado.

( ) Certo ( ) Errado

2.6 Do Direito das Coisas

2.6.1 Da posse

(PROCURADOR – ASSEMBLEIA LEGISLATIVA SP – FCC – 2010)

140. Com relação à posse, é correto afirmar:

a) O possuidor de boa-fé responde pela perda ou deterioração da coisa, a que não der causa.
b) A posse pode ser adquirida por terceiro sem mandato, dependendo de ratificação.
c) Obsta à manutenção ou reintegração na posse a alegação de propriedade, ou de outro direito sobre a coisa.
d) Ao possuidor de má-fé serão ressarcidas somente as benfeitorias necessárias, assistindo-lhe o direito de retenção pela importância destas.
e) O possuidor de boa-fé tem direito à indenização das benfeitorias necessárias e úteis, mas somente poderá exercer o direito de retenção pelo valor das benfeitorias necessárias.

(DEFENSOR PÚBLICO – DPE/AL – CESPE – 2009)

141. Os estados e os municípios podem desapropriar imóveis rurais, para fins de utilidade pública.

( ) Certo ( ) Errado

(DEFENSOR PÚBLICO – DPE/AL – CESPE – 2009)

142. A imissão provisória na posse do bem objeto da expropriação é possível desde que ocorra mediante a correspondente indenização, por parte do expropriado, pela utilização do bem até a extinção do domínio.

( ) Certo ( ) Errado

Tadeu, apesar de ser o legítimo possuidor de uma chácara em bairro afastado da cidade de Maceió, disputa judicialmente a posse do imóvel com Alberto, que, além de se dizer possuidor, sabidamente não adquiriu a posse que defende de modo vicioso.

(DEFENSOR PÚBLICO – DPE/AL – CESPE – 2009)

143. Na situação descrita, é cabível o juiz manter provisoriamente na posse aquele que exibir título de posse, já que, em ação possessória, não se discute domínio.

( ) Certo ( ) Errado

(DEFENSOR PÚBLICO – DPE/AL – CESPE – 2009)

144. No caso em apreço, por exceção, admite-se que o proprietário ajuíze ação possessória sem que tenha exercido qualquer ato possessório sobre o bem, caso esteja presente a cláusula de constituto possessório no negócio jurídico celebrado.

( ) Certo ( ) Errado

(DEFENSOR PÚBLICO – DPE/ES – CESPE – 2009)

145. A posse precária adquirida pelo *de cujus* não perde esse caráter quando transmitida *mortis causa* aos seus sucessores, ainda que estes estejam de boa-fé.

( ) Certo ( ) Errado

(DEFENSOR PÚBLICO – DPE/ES – CESPE – 2009)

146. Ao possuidor de má-fé cabe o direito ao ressarcimento das benfeitorias necessárias, com direito de retenção pela importância delas.

( ) Certo ( ) Errado

(PROCURADOR DO ESTADO DE ALAGOAS – PGE/AL – CESPE – 2009)

147. A respeito da posse, assinale a opção correta:

a) Diz-se de boa-fé a posse que não se reveste de clandestinidade, violência ou precariedade.
b) O locatário poderá defender a posse do imóvel locado, em caso de ameaça da posse, ou de efetiva turbação ou esbulho, mas não poderá adquirir a propriedade pela usucapião, haja vista que a sua posse é *ad interdicta*.
c) A boa-fé mostra-se essencial para o uso das ações possessórias.
d) Considerando que a posse é situação de fato protegida pelo direito, não é possível a sua aquisição por intermédio de representante.
e) Caso mais de uma pessoa se diga possuidora, será mantida provisoriamente no imóvel a que comprovar a posse de boa-fé.

As relações jurídicas são relações sociais em que os direitos subjetivos e os deveres jurídicos são identificados e, por envolverem interesses particulares, exigem do Estado regulamentação. Julgue os itens subsequentes, que tratam das relações jurídicas estabelecidas entre particulares.

(PROCURADOR DO MINISTÉRIO PÚBLICO ESPECIAL JUNTO AO TRIBUNAL DE CONTAS DO ESTADO DA BAHIA – TCE/BA – CESPE – 2010)

148. O adquirente que perder o domínio em razão de evicção deverá ser indenizado por benfeitorias necessárias e úteis. Em caso de retrovenda, o direito restringir-se-á ao ressarcimento das benfeitorias úteis. Nas duas situações, apenas se o possuidor for de boa-fé.

( ) Certo ( ) Errado

2.6.2 *Dos direitos reais*

(DEFENSOR PÚBLICO – DPE/ES – CESPE – 2009)

149. Os direitos reais sobre imóveis e as ações que os asseguram, bem como o direito à sucessão aberta, são considerados bens imóveis para os efeitos legais, de acordo com o Código Civil.

( ) Certo ( ) Errado

(ADVOGADO – IPAJM/ES – CESPE – 2010)

150. Quanto aos efeitos dos direitos reais de garantia, assinale a opção correta:

a) No direito brasileiro, vigora a regra de que o crédito real prefere ao pessoal, salvo se este gozar de privilégio.
b) O credor de uma segunda hipoteca efetuada sobre determinado imóvel perderá a garantia do bem hipotecado.
c) Ainda que não convencionado, o pagamento parcial de uma dívida importará a liberação de garantia na proporção do pagamento efetuado.
d) Os herdeiros do devedor pignoratício poderão remir parcialmente o penhor, na proporção de seus quinhões.
e) O credor tem o direito de penhorar o imóvel afetado ao pagamento da dívida de quem quer que o detenha.

(PROCURADOR DO ESTADO DE 1ª CATEGORIA – PGE/ES – CESPE – 2008)

151. Se o proprietário de bem dado em garantia real alienar o bem afetado ao débito antes do termo de pagamento, a alienação será válida, porém ineficaz perante o credor.

( ) Certo ( ) Errado

(PROCURADOR DO ESTADO SUBSTITUTO – PGE/PI – CESPE – 2008)

152. A respeito dos direitos reais, assinale a opção correta:

a) A servidão predial aparente pode ser constituída em prédio próprio, exigindo-se que os prédios serviente e dominante sejam contíguos, de forma a possibilitar a utilização mais cômoda do prédio dominante.
b) O direito ao usufruto é inalienável e intransmissível, não podendo o usufrutuário, portanto, ceder a exploração da coisa a terceiro. Quando constituído em favor de duas pessoas, com cláusula expressa de direito de acrescer, em caso de falecimento de uma delas, ocorre a desoneração da propriedade a ela correspondente que, automaticamente, retorna ao nu-proprietário.
c) Nas dívidas garantidas por penhor, é válido que os contratantes firmem convenção acessória autorizando o credor a ficar com a coisa dada em garantia, caso a prestação não seja cumprida no vencimento.
d) A hipoteca não pode ser constituída como meio de garantir a dívida futura ou condicionada, ainda que determinado o valor máximo do crédito a ser garantido, pois essa visa assegurar ao credor o pagamento da dívida líquida e certa.
e) A anticrese é o direito real sobre imóvel alheio, em virtude do qual o credor obtém a posse da coisa a fim de perceber-lhe os frutos, juros e capital, e imputá-los no pagamento da dívida, sendo, porém, permitido estipular que os frutos do imóvel sejam, na sua totalidade, percebidos pelo credor à conta de juros.

2.6.3 Da propriedade

(ADVOGADO – CETESB – VUNESP – 2009)

153. De acordo com o direito de vizinhança, é correto afirmar:

a) o proprietário de solo onde caem águas pluviais, satisfeitas as necessidades de consumo, pode impedir ou desviar o curso natural das águas remanescentes pelos prédios inferiores;
b) o proprietário tem direito a cercar, murar, valar ou tapar de qualquer modo o seu prédio, urbano ou rural, e pode constranger o seu confinante a proceder com ele à demarcação entre os dois prédios, a aviventar rumos apagados e a renovar marcos destruídos ou arruinados;
c) em se tratando de vãos, ou aberturas para luz, seja qual for a quantidade, altura e disposição, o vizinho não poderá levantar a sua edificação que lhes vede a claridade;

d) na zona rural, será permitido levantar edificações a menos de três metros do terreno vizinho;
e) é permitido fazer escavações ou quaisquer obras que tirem ao poço ou à nascente de outrem a água indispensável às suas necessidades normais.

(DEFENSOR PÚBLICO – DPE/AL – CESPE – 2009)

154. Compõem o direito de propriedade as faculdades de usar, gozar, dispor e reivindicar a coisa de quem injustamente a possua, de modo que, tendo-se como certo o conceito de posse injusta como aquela violenta, clandestina ou precária, não será possível obter a posse por meio de reivindicatória se a pessoa que detém a coisa não o faz mediante qualquer dos mencionados vícios.

( ) **Certo** ( ) **Errado**

(DEFENSOR PÚBLICO – DPE/CE – CESPE – 2008)

155. Segundo o princípio da unitariedade, é impossível a matrícula conter mais do que um imóvel em sua descrição. Permite-se, no entanto, a fusão de matrículas de dois imóveis fisicamente contíguos, mesmo quando em um deles a titularidade seja representada por compromisso de compra e venda.

( ) **Certo** ( ) **Errado**

(DEFENSOR PÚBLICO – DPE/CE – CESPE – 2008)

156. Prenotado, o título goza de prioridade sobre quaisquer outros títulos que versem acerca de direitos reais relativos ao mesmo bem imóvel. A prenotação assegura precedência do direito real ao qual o título se refere. Assim, a escritura pública levada a cartório antes de outra e prenotada sob número de ordem mais baixo é que deve ser registrada com preferência sobre qualquer outra.

( ) **Certo** ( ) **Errado**

(DEFENSOR PÚBLICO – DPE/CE – CESPE – 2008)

157. O procedimento de dúvida será instaurado a requerimento da pessoa que se sentir prejudicada por exigências desnecessárias do oficial do cartório, quando for negada a prenotação ou registro de uma escritura pública de compra e venda de imóvel. Instaurado o contraditório, o juiz dará vista, sucessivamente, ao oficial e ao promotor de justiça para se manifestar, no prazo de cinco dias.

( ) **Certo** ( ) **Errado**

(PROCURADOR DO ESTADO DE ALAGOAS – PGE/AL – CESPE – 2009)

158. Assinale a opção correta a respeito das regras sobre o parcelamento do solo urbano:

a) Os compromissos de compra e venda, as cessões ou promessas de cessão de lotes poderão ser feitos tanto por escritura pública quanto por instrumento particular.
b) Se o loteamento não estiver regularmente inscrito, poderá ser validamente aposta no contrato cláusula de rescisão por inadimplemento do adquirente.
c) Registrado, o loteamento somente poderá ser cancelado por decisão judicial.
d) São irretratáveis os compromissos de compra e venda de lotes, mas não os de promessa de cessão.
e) Será condicional a promessa de venda de parcela de loteamento não registrado.

(PROCURADOR DO ESTADO DE 1ª CATEGORIA – PGE/ES – CESPE – 2008)

159. A fusão de matrículas de dois imóveis fisicamente contíguos pertencentes ao mesmo proprietário pode ser efetuada abrindo-se apenas uma matrícula e nela reunindo os diversos imóveis em nome deste proprietário.

( ) **Certo** ( ) **Errado**

(PROCURADOR DO ESTADO DE 1ª CATEGORIA – PGE/ES – CESPE – 2008)

160. Na hipótese de uma escritura pública com garantia hipotecária em segundo grau ser apresentada para registro, e, na matrícula do imóvel, não existir nada que o onere, o oficial deve prenotá-la. Depois de transcorrido o prazo legal sem que seja apresentado o título com a garantia hipotecária anterior, o título acima referido deve ser registrado e obter preferência sobre este.

( ) **Certo** ( ) **Errado**

(PROCURADOR – PMS/SAAE – VUNESP – 2010)

161. Leia as assertivas a seguir:

I – O condômino comum tem legitimidade para usucapir em nome próprio, desde que exerça a posse por si mesmo, ou seja, desde que comprovados os requisitos legais atinentes à usucapião, bem como tenha sido exercida posse exclusiva com efetivo *animus domini* pelo prazo determinado em lei, sem qualquer oposição dos demais proprietários.

II – O direito de uso de linha telefônica não pode ser adquirido por usucapião.

III – A usucapião, forma de aquisição originária da propriedade, caracterizada, dentre outros requisitos, pelo exercício inconteste e ininterrupto da posse, tem o condão, caso configurada, de prevalecer sobre a propriedade registrada, não obstante seus atributos de perpetuidade e obrigatoriedade, em razão da inércia prolongada do proprietário de exercer seus direitos dominiais.

IV – Consumada a prescrição aquisitiva, a titularidade do imóvel é concedida ao possuidor desde o início de sua posse, presentes os efeitos *ex tunc* da sentença declaratória, não havendo de prevalecer contra ele eventuais ônus constituídos, a partir de então, pelo anterior proprietário, como hipoteca.

V – Induz a posse, passível de se adquirir imóvel por usucapião, qualquer ato de permissão ou tolerância, desde que presentes os requisitos legais necessários para sua caracterização.

Está correto apenas o que se afirma em:

a) I e II;
b) II e IV;
c) I, III e IV;
d) I, III e V;
e) II, III e V.

(PROCURADOR – PMS/SAAE – VUNESP – 2010)

162. Quanto à servidão, assinale a alternativa correta:

a) O exercício incontestado e contínuo de uma servidão aparente autoriza sua aquisição por usucapião.
b) O exercício de uma servidão não aparente, por determinado lapso de tempo autoriza sua aquisição por usucapião.
c) O dono do prédio serviente poderá embaraçar o exercício legítimo da servidão, quando for o caso.
d) Constituída para determinado fim, a servidão pode ser ampliada a outro, desde que não crie mais ônus.
e) As servidões registradas somente podem ser extintas em caso de desapropriação, em relação a terceiros.

(PROCURADOR DO MINISTÉRIO PÚBLICO ESPECIAL JUNTO AO TRIBUNAL DE CONTAS DO ESTADO DA BAHIA – TCE/BA – CESPE – 2010)

163. Adjunção é uma causa que exemplifica o perecimento do objeto do direito.

( ) **Certo** ( ) **Errado**

2.6.4 *Do usufruto e do uso*

(DEFENSOR PÚBLICO – DPE/ES – CESPE – 2009)

164. O registro do usufruto de imóvel que não resulte de usucapião tem natureza constitutiva.

( ) **Certo** ( ) **Errado**

(PROCURADOR DO ESTADO DE 1ª CATEGORIA – PGE/ES – CESPE – 2008)

165. No usufruto, o direito de dispor da coisa remanesce em favor do proprietário, enquanto o seu proveito econômico é revertido em benefício do usufrutuário.

( ) **Certo** ( ) **Errado**

(PROCURADOR – PMS/SAAE – VUNESP – 2010)

166. Quanto ao usufruto, assinale a alternativa que apresenta a afirmação correta:

a) Somente pode recair sobre um imóvel do usufrutuário.
b) Constitui-se por negócio entre vivos, ou por causa morte.
c) Pode ser transferido por alienação, a título gratuito ou oneroso.
d) O nu-proprietário terá direito à percepção dos frutos.
e) O usufruto somente se extingue com a morte do nu-proprietário.

2.6.5 *Do penhor, da hipoteca e da anticrese*

(DEFENSOR PÚBLICO – DPE/CE – CESPE – 2008)

167. A preferência das hipotecas entre os vários credores hipotecários se dará pela ordem do registro dos respectivos títulos junto ao cartório de registro de imóveis. Assim, mesmo que se vença a segunda hipoteca, não poderá o credor executá-la antes de vencida a anterior.

( ) **Certo** ( ) **Errado**

(PROCURADOR DO ESTADO DE ALAGOAS – PGE/AL – CESPE – 2009)

168. Assinale a opção correta com relação à hipoteca:

a) Caso o credor hipotecário tenha receio de não receber seu débito, ante o comportamento do devedor, há previsão legal no sentido de que seja inserida cláusula contratual proibindo ao proprietário alienar o imóvel hipotecado.
b) Se X hipotecar imóvel seu como garantia de dívida contraída com Y, e o imóvel hipotecado vier a perder valor em virtude de negligência de X na sua conservação, poderá ocorrer o vencimento antecipado da dívida.
c) Será anulável a cláusula que permita ao credor hipotecário ficar com o imóvel dado em garantia, caso a dívida não seja paga no vencimento.
d) Se um devedor der em garantia ao pagamento de dívida com alguém seu apartamento de dois quartos, em bairro nobre de Maceió – AL, e, em seguida, falecer, cada sucessor poderá remir parcialmente a hipoteca na proporção do seu quinhão.
e) Ainda que não conste do título, caso o devedor pague parte da dívida, haverá correspondente exoneração da garantia hipotecária.

2.7 Do Direito de Família

2.7.1 Do casamento e da união estável

(DEFENSOR PÚBLICO – DPE/AL – CESPE – 2009)

169. É possível que homem e mulher que resolvam manter união estável estabeleçam entre si regime de bens por meio de um contrato de convivência, negócio jurídico que poderá, inclusive,

ser formalizado por meio de instrumento particular e cuja falta acarretará a aplicação das regras atinentes ao regime da comunhão parcial.

( ) **Certo** ( ) **Errado**

(DEFENSOR PÚBLICO – DPE/AL – CESPE – 2009)

170. A união estável é uma realidade fática, de modo que, ao contrário do casamento, essencialmente formal, os conviventes poderão dispor livremente acerca dos reflexos patrimoniais de sua união e estabelecerem entre si limitação ao eventual direito de um deles receber pensão alimentícia do outro ou mesmo acerca do direito de herdar bens um do outro.

( ) **Certo** ( ) **Errado**

(DEFENSOR PÚBLICO – DPE/ES – CESPE – 2009)

171. É possível que seja decretado o divórcio de casal sem que haja prévia partilha de bens.

( ) **Certo** ( ) **Errado**

(DEFENSOR PÚBLICO – DPE/ES – CESPE – 2009)

172. A união estável, entidade familiar prevista na Carta Magna, poderá converter-se em casamento, mediante averbação de pacto antenupcial no registro civil.

( ) **Certo** ( ) **Errado**

2.7.2 Do direito patrimonial

(ADVOGADO – DETRAN/ES – CESPE – 2010)

173. Conforme jurisprudência do STJ, o termo final da pensão devida ao filho menor em decorrência da morte do pai corresponde aos vinte e cinco anos de idade do beneficiário, quando se presume que tenha concluído sua formação, incluindo-se a universidade.

( ) **Certo** ( ) **Errado**

(DEFENSOR PÚBLICO – DPE/AL – CESPE – 2009)

174. O regime de bens passa a gerar efeitos a partir do casamento e cessa com o falecimento de um dos cônjuges, com a separação judicial ou com o divórcio, não sendo possível que a mera separação de fato seja considerada como razão relevante para alterar qualquer dos efeitos decorrentes do regime adotado, já que, por si só, a separação de fato não dissolve o casamento, independentemente de sentença.

( ) **Certo** ( ) **Errado**

2.7.3 Da tutela e curatela

(DEFENSOR PÚBLICO SUBSTITUTO –DPE/MT – FCC – 2009)

175. A respeito da paternidade, é correto afirmar:

a) Cabe ao marido o direito de contestar a paternidade dos filhos nascidos de sua mulher, decaindo, porém, desse direito se não o exercitar em até 4 anos após o término da relação conjugal.
b) O reconhecimento dos filhos havidos fora do casamento é irrevogável, exceto quando feito em testamento.
c) São nulas a condição e o termo apostos ao ato de reconhecimento do filho.
d) O filho reconhecido, enquanto menor, ficará sob a guarda do genitor que o reconheceu, e, se ambos o reconheceram e não houver acordo, sob a da genitora conforme pacífico entendimento do Superior Tribunal de Justiça.

e) A filiação materna ou paterna pode resultar de casamento declarado nulo, ainda mesmo sem as condições do putativo.

(DEFENSOR PÚBLICO – DPE/CE – CESPE – 2008)

176. Em se tratando de filho nascido de pais não casados entre si, o reconhecimento voluntário da filiação pode ser feito no assento de nascimento, por escritura pública, escrito particular, por testamento ou, ainda, por manifestação perante o juiz, tomada por termo, qualquer que seja o procedimento.

( ) **Certo** ( ) **Errado**

(DEFENSOR PÚBLICO – DPE/CE – CESPE – 2008)

177. As relações de parentesco subdividem-se em parentesco por consanguinidade e por afinidade, ou seja, são parentes as pessoas que descendem umas das outras, bem como aquelas ligadas por afinidade. Assim, sogra e nora são parentes afins em primeiro grau em linha reta, e os irmãos são parentes entre si em primeiro grau na linha colateral.

( ) **Certo** ( ) **Errado**

(DEFENSOR PÚBLICO – DPE/CE – CESPE – 2008)

178. O vínculo da adoção constitui-se por sentença judicial e autoriza o registro mediante mandado judicial no assento civil com o nome dos adotantes como pais, bem como o nome de seus ascendentes, sem qualquer observação sobre a origem do ato. Se o adotando for menor de idade, poderá o juiz determinar a modificação do prenome do adotado.

( ) **Certo** ( ) **Errado**

2.8 Da Sucessão

2.8.1 Sucessão em geral

(DEFENSOR PÚBLICO – DPE/AL – CESPE – 2009)

179. A sucessão hereditária assenta-se, entre outras, em razão de ordem ética, na medida em que se presume a afeição do morto ao herdeiro, motivo pelo qual o neto que foi autor da denúncia que redundou na condenação do avô pelo crime de apropriação indébita não faz jus à herança deste.

( ) **Certo** ( ) **Errado**

(DEFENSOR PÚBLICO – DPE/AL – CESPE – 2009)

180. Considere que, com o falecimento de João, tenha restado a seus dois únicos herdeiros, como herança, dois apartamentos de dois quartos localizados no mesmo andar de um prédio residencial. Nessa situação, mesmo considerando a possibilidade de divisão cômoda do acervo, é ineficaz a cessão onerosa do direito à sucessão de um desses imóveis a terceiro, se realizada por qualquer dos co-herdeiros antes da partilha.

( ) **Certo** ( ) **Errado**

2.8.2 Sucessão legítima

(DEFENSOR PÚBLICO – DPE/AL – CESPE – 2009)

181. Antônio, residente e domiciliado na cidade de Madri, na Espanha, faleceu, deixando como herança o apartamento onde residia para Joana, sua única filha, residente e domiciliada no

Brasil. Nessa situação, a sucessão obedecerá à lei do país em que era domiciliado Antônio; no entanto, será a lei brasileira que regulará a capacidade de Joana para suceder.

( ) **Certo** ( ) **Errado**

(DEFENSOR PÚBLICO SUBSTITUTO – DPE/MT – FCC – 2009)

182. À luz do Código Civil brasileiro:

a) o direito de propriedade será exercido de forma plena, absoluta e exclusiva por todo aquele que detiver o título, sendo inconstitucional qualquer restrição, excetuando-se as impostas pela lei;

b) segundo Savigny, a posse, por se tratar da exteriorização do direito de propriedade, gera presunção *juris et de jure* de domínio;

c) a propriedade de bem imóvel é adquirida no momento da averbação em Cartório de Registro de Imóveis do título aquisitivo, tratando-se de ato *inter vivos*, e, no caso de sucessão *mortis causa*, a transmissão da propriedade ocorre no momento de sua abertura;

d) a propriedade de bem imóvel transmite-se ao herdeiro do *de cujus*, pelo registro do formal de partilha no Cartório de Registro de Imóveis, sendo certo que, até esse momento, existe para o sucessor mera expectativa de direito;

e) a propriedade de veículo automotor, por se tratar de bem legalmente equiparado a imóvel, somente se transmite com a transferência do título de propriedade por meio do registro do Detran.

> Ao longo de seu processo de evolução histórica, o direito vem se apresentando como um conjunto de normas que tem como objetivo a disciplina e a organização da vida em sociedade, resolvendo os conflitos de interesses e promovendo a justiça.
>
> Francisco Amaral. Direito civil brasileiro. Rio de Janeiro: Forense, 1991, p. 7 (com adaptações).

Tendo o texto acima como referência inicial, julgue os itens conseguintes considerando o direito civil como um dos ramos do direito que regula as relações entre os indivíduos.

(PROCURADOR DO MINISTÉRIO PÚBLICO ESPECIAL JUNTO AO TRIBUNAL DE CONTAS DO ESTADO DA BAHIA – TCE/BA – CESPE – 2010)

183. A disposição do Código Civil vigente a respeito da ordem que deve ser obedecida para a sucessão legítima exemplifica, no ordenamento brasileiro, a aplicação da equidade.

( ) **Certo** ( ) **Errado**

2.9 Temas Combinados e Outros

(PROCURADOR – PMS/SAAE – VUNESP – 2010)

184. Fotógrafo contratado pela SAAE realiza diversas fotografias por encomenda, para essa autarquia, serviço que lhe foi devidamente remunerado. Diante desse fato, assinale a alternativa correta, quanto à violação do direito autoral do fotógrafo:

a) Não há violação, se a autarquia cede as fotos para publicação em periódico da cidade, sem autorização, pois elas captaram uma notícia.

b) Não há violação, se a autarquia utiliza as fotos para publicação em comunicado interno, pois se destinavam a uso próprio.

c) Não há violação, uma vez que fotografia não está incluída no conceito de obra intelectual, por captarem um momento.

d) A autarquia poderá utilizar as fotos, como bem lhe aprouver, pois, como houve pagamento, o fotógrafo transferiu seu direito imaterial.
e) A fotografia produzida em relação de trabalho não é considerada como direito autoral, por não ter caráter artístico.

(ADVOGADO – SENADO FEDERAL – FGV – 2008)

185. Com relação às obrigações, assinale a afirmativa correta:
a) As sociedades de fato podem demandar ou serem demandadas em questões obrigacionais, salvo quando a lide versar sobre a própria existência da sociedade.
b) A obrigação subsiste em favor de pessoas e entidades presentes, não podendo ser engendrada em relação a pessoas ou entidades futuras.
c) O credor deve ser sempre individuado em uma relação obrigacional, consistindo vício que afeta a essência da obrigação a falta de identificação clara do credor.
d) As obrigações ambulatórias são aquelas em que o devedor pode ser ulteriormente determinado.
e) O objeto da obrigação, que representa o objeto do contrato, deve ser sempre lícito e possível.

3

DIREITO CONSTITUCIONAL

3.1 Teoria da Constituição

(ADVOGADO – BADESC/SC – FGV – 2010)

1. Considerando os critérios de classificação das constituições quanto à sua *origem*, estabilidade e extensão, é correto afirmar que a Constituição Federal de 1988 é:
   a) promulgada, rígida e sintética;
   b) outorgada, semirrígida e analítica;
   c) promulgada, rígida e analítica;
   d) outorgada, semirrígida e sintética;
   e) promulgada, flexível e analítica.

(ADVOGADO – BADESC/SC – FGV – 2010)

2. As alternativas a seguir apresentam características do *sistema federativo brasileiro*, à exceção de uma. Assinale-a:
   a) Repartição constitucional de competências entre a União, Estados-membros, Distrito Federal e Municípios.
   b) Atribuição de autonomia constitucional aos Estados membros, Distrito Federal e Municípios, podendo tais entes federativos organizar seus poderes executivo, legislativo e judiciário, na forma de suas constituições regionais.
   c) Participação dos Estados-membros na elaboração das leis federais, através da eleição de representantes para o Poder Legislativo Federal.
   d) Possibilidade constitucional excepcional e taxativa de intervenção federal nos Estados-membros e no Distrito Federal, para manutenção do equilíbrio federativo.
   e) Indissolubilidade da federação, sendo vedada a aprovação de emenda constitucional tendente a abolir a forma federativa de Estado.

(DEFENSOR PÚBLICO SUBSTITUTO – DPE/MT – FCC – 2009)

3. Conforme o texto da Constituição Federal, dentre as competências privativas da União encontra-se a de legislar sobre:
   a) registros públicos;
   b) orçamento;
   c) previdência social;
   d) defesa do solo e dos recursos minerais;
   e) responsabilidade por dano ao meio ambiente.

(DEFENSOR PÚBLICO SUBSTITUTO – DPE/MT – FCC – 2009)

4. A Constituição Federal veda a edição de medida provisória para regulamentar:
   a) a prestação de serviço postal;
   b) o regime dos portos, navegação lacustre, fluvial, marítima, aérea e aeroespacial;
   c) a exploração dos serviços de gás canalizado;
   d) as atividades nucleares de qualquer natureza;
   e) o exercício do direito à propriedade.

(ADVOGADO – IPAJM/ES – CESPE – 2010)

5. Assinale a opção correta acerca de controle de constitucionalidade, direito comparado e sistema brasileiro, poder constituinte e conceito e classificação de constituição:
   a) No Brasil, os sistemas de controle de constitucionalidade adotados são o jurisdicional, o político e o misto. Isso porque podem declarar a inconstitucionalidade das leis o Poder Judiciário, o Poder Legislativo e o Poder Executivo.

b) A teoria do poder constituinte foi esboçada por Emmanuel Sieyès e aperfeiçoada por constitucionalistas franceses. O ponto fundamental dessa teoria é o de que ela só pode ser aplicada nos Estados em que se adotam constituições não escritas e semirrígidas.
c) Mesmo que a CF fosse classificada como flexível, seria legítimo o controle de constitucionalidade de seu sistema jurídico.
d) Segundo a doutrina, apesar de o poder constituinte ser originário, a história revela experiências no sentido da indispensabilidade de observância de certos princípios, como, por exemplo, o princípio da dignidade da pessoa humana, o da justiça, o da liberdade e o da igualdade, quando da criação de uma nova constituição.
e) Uma norma pode ter a sua constitucionalidade aferida pelo modelo de controle difuso ou pelo modelo concentrado. O primeiro teve sua origem na Áustria, sob a influência de Hans Kelsen, e o segundo, nos Estados Unidos da América, a partir do caso Marbury *versus* Madison, em 1803.

(PROCURADOR DO ESTADO DE ALAGOAS – PGE/AL – CESPE – 2009)

6. Analise o seguinte dispositivo, reproduzido da CF.

> Art. 242. O princípio do art. 206, IV (gratuidade do ensino público em estabelecimentos oficiais), não se aplica às instituições educacionais oficiais criadas por lei estadual ou municipal e existentes na data da promulgação desta Constituição, que não sejam total ou preponderantemente mantidas com recursos públicos.
>
> § 1º – O ensino da História do Brasil levará em conta as contribuições das diferentes culturas e etnias para a formação do povo brasileiro.
>
> § 2º – O Colégio Pedro II, localizado na cidade do Rio de Janeiro, será mantido na órbita federal.

Diante do dispositivo constitucional acima e acerca do conceito e das concepções de constituição, bem como da classificação das constituições, assinale a opção correta:

a) As normas contidas no dispositivo acima transcrito podem ser caracterizadas como materialmente constitucionais, porquanto traduzem a forma como o direito social à educação será implementado no Brasil.
b) Os dispositivos constitucionais relativos à composição e ao funcionamento da ordem política exprimem o aspecto formal da Constituição.
c) A distinção entre o que é constitucional só na esfera formal e aquilo que o é em sentido substancial só se produz nas constituições escritas.
d) O parágrafo 2º do art. 242 da CF, por trazer comando típico de legislação infraconstitucional, poderá ser alterado por meio do mesmo procedimento legislativo utilizado para a alteração das leis ordinárias, uma vez que a CF é classificada, quanto à estabilidade, como semirrígida.
e) O dispositivo constitucional em destaque demonstra que a CF pode ser classificada, quanto à extensão, como prolixa. Diante disso, é correto concluir que, no Brasil, há uma maior estabilidade do arcabouço constitucional que em países como os Estados Unidos da América.

(PROCURADOR DO ESTADO DE ALAGOAS – PGE/AL – CESPE – 2009)

7. Acerca do federalismo, assinale a opção correta:

a) A descentralização política, apesar de ocorrer em alguns países que adotam a forma federativa de Estado, não é uma característica marcante do federalismo.
b) Quando da constituição de um Estado na forma federativa, os entes que passam a compor o Estado Federal (estados-membros) perdem sua soberania e autonomia. Esses elementos passam a ser característicos apenas do todo, ou seja, do Estado Federal.

c) Alguns dos elementos que asseguram a soberania dos estados-membros no federalismo são a possibilidade de auto-organização por meio da elaboração de constituições estaduais e a existência de câmara representativa dos estados-membros.
d) Doutrinariamente, entende-se que a formação da Federação brasileira se deu por meio de movimento centrípeto (por agregação), ou seja, os estados soberanos cederam parcela de sua soberania para a formação de um poder central. Isso explica o grande plexo de competências conferidas aos estados-membros brasileiros pela CF se comparados à pequena parcela de competências da União.
e) As constituições dos estados organizados sob a forma federativa possuem, em regra, instrumentos para coibir movimentos separatistas. No Brasil, a CF prevê a possibilidade de se autorizar a intervenção da União nos estados para manter a integridade nacional e considera a forma federativa de Estado uma cláusula pétrea.

(PROCURADOR DO ESTADO DE ALAGOAS – PGE/AL – CESPE – 2009)

8. Quando, na mesma pessoa, ou no mesmo corpo de magistrados, o Poder Legislativo se junta ao Executivo, desaparece a liberdade; pode-se temer que o monarca ou o senado promulguem leis tirânicas, para aplicá-las tiranicamente. Não há liberdade se o Poder Judiciário não está separado do Legislativo e do Executivo. Se houvesse tal união com o Legislativo, o poder sobre a vida e a liberdade dos cidadãos seria arbitrário, já que o juiz seria ao mesmo tempo legislador. Se o Judiciário se unisse com o Executivo, o juiz poderia ter a força de um opressor. E tudo estaria perdido se a mesma pessoa, ou o mesmo corpo de nobres, de notáveis, ou de populares, exercesse os três poderes: o de fazer as leis, o de ordenar a execução das resoluções públicas e o de julgar os crimes e conflitos dos cidadãos.

Montesquieu. In: Norberto Bobbio. A teoria das formas de governo. 10ª ed. Brasília: EDUnB, p. 137 (com adaptações).

Tendo como referência inicial o texto acima, assinale a opção correta:

a) Para a moderna doutrina constitucional, cada um dos poderes constituídos exerce uma função típica e exclusiva, afastando o exercício por um poder de função típica de outro.
b) A CF, atenta às discussões doutrinárias contemporâneas, não consigna que a divisão de atribuições estatais se faz em três poderes: Legislativo, Executivo e Judiciário.
c) O poder soberano é uno e indivisível e emana do povo. A separação dos poderes determina apenas a divisão de tarefas estatais, de atividades entre distintos órgãos autônomos. Essa divisão, contudo, não é estanque, pois há órgãos de determinado poder que executam atividades típicas de outro. Um exemplo disso, na CF, é a possibilidade de as comissões parlamentares de inquérito obterem acesso a decisão judicial protegida sob o manto do segredo de justiça.
d) A edição de súmula vinculante vedando a nomeação de parentes da autoridade nomeante ou de servidor da mesma pessoa jurídica investido em cargo de direção, chefia ou assessoramento, para o exercício de cargo em comissão ou de confiança em qualquer dos poderes da União, dos estados, do DF e dos municípios viola o princípio da separação dos poderes.
e) A cada um dos poderes foi conferida uma parcela da autoridade soberana do Estado. Para a convivência harmônica entre esses poderes existe o mecanismo de controles recíprocos (*checks and balances*). Esse mecanismo, contudo, não chega ao ponto de autorizar a instauração de processo administrativo disciplinar por órgão representante de um poder para apurar a responsabilidade de ato praticado por agente público de outro poder.

(PROCURADOR DO ESTADO SUBSTITUTO – PGE/PI – CESPE – 2008)

9. A superação histórica do jusnaturalismo e o fracasso político do positivismo abriram caminho para um conjunto amplo e ainda inacabado de reflexões acerca do direito, sua função social e sua interpretação. Pós-positivismo é a designação provisória e genérica de um ideário difuso, no qual

se incluem a definição das relações entre valores, princípios e regras, aspectos da chamada nova hermenêutica constitucional, e a teoria dos direitos fundamentais, edificada sobre o fundamento da dignidade humana. A valorização dos princípios, sua incorporação, explícita ou implícita, pelos textos constitucionais, e o reconhecimento, pela ordem jurídica, de sua normatividade fazem parte desse ambiente de reaproximação entre direito e ética.

Luís Roberto Barroso. Temas de direito constitucional. Tomo III, Rio de Janeiro: Renovar, 2005, p. 12-3 (com adaptações).

Tendo o texto acima como referência inicial, assinale a opção correta quanto à teoria da interpretação e aplicação dos princípios e regras constitucionais:

a) Princípios, normalmente, relatos objetivos, descritivos de determinadas condutas, são aplicáveis a um conjunto delimitado de situações. Assim, na hipótese de o relato previsto em um princípio ocorrer, esse princípio deve incidir pelo mecanismo tradicional da subsunção, ou seja, enquadram-se os fatos na previsão abstrata e produz-se uma conclusão.
b) A aplicação de um princípio, salvo raras exceções, se opera na modalidade do tudo ou nada, o que significa que ele regula a matéria em sua inteireza ou é descumprido.
c) Na hipótese de conflito entre dois princípios, só um deles será válido e irá prevalecer.
d) Os princípios, frequentemente, entram em tensão dialética, apontando direções diversas. Por essa razão, sua aplicação se dá mediante ponderação. Diante do caso concreto, o intérprete irá aferir o peso de cada princípio.
e) As regras são normas que ordenam que algo seja realizado, na maior medida possível, dentro das possibilidades jurídicas e reais existentes e, por isso, são consideradas mandados de otimização, caracterizando-se pela possibilidade de serem cumpridas em diferentes graus.

(PROCURADOR DO ESTADO SUBSTITUTO – PGE/PI – CESPE – 2008)

10. Considerando a evolução constitucional no Brasil, assinale a opção correta:

a) A Constituição de 1937 trouxe diversos avanços no campo do controle de constitucionalidade das normas, conferindo ao STF amplos poderes para exercer o controle abstrato e concreto de constitucionalidade.
b) A Constituição de 1988 ampliou o rol de direitos e garantias individuais, prevendo, pela primeira vez, nas constituições brasileiras, o mandado de segurança e a ação popular.
c) Uma das inovações trazidas pela Constituição brasileira de 1891 foi a divisão do território brasileiro em estados e a ampla liberdade de culto, com o fim do catolicismo como religião oficial do Estado.
d) A Constituição de 1934 ficou marcada pela sua longa duração e pelo seu cunho autoritário, que permitiu a concentração de poderes nas mãos do chefe do Poder Executivo.
e) Entre as principais características da Constituição de 1967, pode-se citar o aprimoramento da Federação brasileira, com a descentralização de competências e o fortalecimento do princípio da separação dos poderes.

(PROCURADOR DO ESTADO SUBSTITUTO – PGE/PI – CESPE – 2008)

11. De acordo com Alexandre de Moraes (Direito Constitucional, São Paulo: Atlas, 2001, p. 511), o ato que consiste no acolhimento que uma nova constituição posta em vigor dá às leis e aos atos normativos editados sob a égide da Carta anterior, desde que compatíveis consigo, é denominado:

a) repristinação;
b) recepção;
c) desconstitucionalização;
d) revogação tácita;
e) adequação.

(PROCURADOR ESPECIAL DE CONTAS – TCE/ES – CESPE – 2009)

12. No tocante à interpretação, à integração, à eficácia e à aplicabilidade das normas constitucionais, assinale a opção correta:
    a) Segundo entendimento do STF, não afronta a força normativa da Constituição nem o princípio da máxima efetividade da norma constitucional a manutenção de decisões divergentes da interpretação adotada pelo STF, proferidas no âmbito das instâncias ordinárias.
    b) As normas constitucionais que alteram a competência de tribunais possuem, de acordo com o entendimento do STF, eficácia imediata, devendo ser aplicado, de pronto, o dispositivo que promova a alteração.
    c) De acordo com o princípio do efeito integrador, os bens jurídicos constitucionalizados devem coexistir harmonicamente na hipótese de eventual conflito ou concorrência entre eles, evitando-se, desse modo, o sacrifício total de um princípio em relação a outro em contraposição, considerando a ausência de hierarquia entre os princípios.
    d) Consoante entendimento do STF, a norma constitucional segundo a qual não há prisão civil por dívida, salvo a do responsável pelo inadimplemento voluntário e inescusável de obrigação alimentícia e a do depositário infiel, não é de eficácia restringível.
    e) As normas constitucionais de eficácia limitada têm por fundamento o fato de que sua abrangência pode ser reduzida por norma infraconstitucional, restringindo sua eficácia e aplicabilidade.

(PROCURADOR ESPECIAL DE CONTAS – TCE/ES – CESPE – 2009)

13. No que se refere aos elementos e à classificação das constituições, assinale a opção correta:
    a) Quanto ao modo de elaboração, a constituição dogmática decorre do lento processo de absorção de ideias, da contínua síntese da história e das tradições de determinado povo.
    b) Sob o ponto de vista da extensão, a constituição analítica consubstancia apenas normas gerais de organização do Estado e disposições pertinentes aos direitos fundamentais.
    c) O preâmbulo, o dispositivo que estabelece cláusulas de promulgação e as disposições transitórias são exemplos de elementos de estabilização constitucional.
    d) Os direitos individuais e suas garantias, os direitos de nacionalidade e os direitos políticos são considerados elementos limitativos das constituições.
    e) Os denominados elementos formais de aplicabilidade das constituições são consagrados nas normas destinadas a garantir a solução de conflitos constitucionais, a defesa da Constituição, do Estado e das instituições democráticas.

(PROCURADOR ESPECIAL DE CONTAS – TCE/ES – CESPE – 2009)

14. Acerca da formação da constituição, da recepção, da reforma e da revisão de normas constitucionais, na sistemática constitucional brasileira, assinale a opção correta:
    a) No tocante ao poder constituinte originário, o Brasil adotou a corrente positivista, de modo que o referido poder se revela ilimitado, apresentando natureza pré-jurídica.
    b) O STF admite a teoria da inconstitucionalidade superveniente de ato normativo produzido antes da nova constituição e perante o novo dispositivo paradigma, nela inserido.
    c) No fenômeno da recepção, são analisadas as compatibilidades formais e materiais da lei em face da nova constituição.
    d) As normas produzidas pelo poder constituinte originário são passíveis de controle concentrado e difuso de constitucionalidade.
    e) A CF pode ser alterada, a qualquer momento, por intermédio do chamado poder constituinte derivado reformador e também pelo derivado revisor.

3.2 Hermenêutica Constitucional e Eficácia das Normas Constitucionais

Acerca da aplicabilidade das normas constitucionais, julgue os itens que se seguem.

(DEFENSOR PÚBLICO – DPE/AL – CESPE – 2009)

15. De acordo com o entendimento do STF, constitui norma de eficácia restringível o preceito constitucional que veda a prisão civil por dívida, salvo a do responsável por inadimplemento voluntário e inescusável de obrigação alimentícia e a do depositário infiel.

( ) Certo ( ) Errado

(DEFENSOR PÚBLICO – DPE/AL – CESPE – 2009)

16. O dispositivo constitucional que assegura aos idosos a gratuidade dos transportes coletivos urbanos constitui norma de eficácia contida.

( ) Certo ( ) Errado

A respeito da interpretação das normas constitucionais, julgue os itens seguintes.

(DEFENSOR PÚBLICO – DPE/AL – CESPE – 2009)

17. A técnica da interpretação conforme somente pode ser utilizada diante de normas polissêmicas.

( ) Certo ( ) Errado

(DEFENSOR PÚBLICO – DPE/AL – CESPE – 2009)

18. É possível utilizar-se da declaração de inconstitucionalidade parcial sem redução de texto como instrumento decisório para atingir uma interpretação conforme a CF, técnica que assegura a constitucionalidade da lei ou ato normativo, sem, todavia, alterar seu texto.

( ) Certo ( ) Errado

Acerca da interpretação e da aplicação das normas constitucionais, julgue os itens seguintes.

(DEFENSOR PÚBLICO – DPE/ES – CESPE – 2009)

19. A interpretação conforme a Constituição determina que, quando o aplicador de determinado texto legal se encontrar frente a normas de caráter polissêmico ou, até mesmo, plurissignificativo, deve priorizar a interpretação que possua um sentido em conformidade com a Constituição. Por conseguinte, uma lei não pode ser declarada inconstitucional, quando puder ser interpretada em consonância com o texto constitucional.

( ) Certo ( ) Errado

(DEFENSOR PÚBLICO – DPE/ES – CESPE – 2009)

20. Normas constitucionais supereficazes ou com eficácia absoluta são aquelas que contêm todos os elementos imprescindíveis para a produção imediata dos efeitos previstos; elas não requerem normatização subconstitucional subsequente, embora sejam suscetíveis a emendas.

Constituição Federal de 1988. (CF), bem como as que a antecederam, é precedida de preâmbulo, que tem um conteúdo etimológico revelado como "o que está na entrada", "pórtico", "algo que vem antes", em razão da união do prefixo pre e do verbo ***ambulare***, da língua latina. Por outro lado, tem-se, ao final do texto constitucional, o Ato das Disposições Constitucionais Transitórias (ADCT), que, como o próprio nome já mostra, representa algo efêmero, momentâneo, temporário, possibilitando passagem de uma ordem constitucional a outra. Julgue os seguintes itens, que versam acerca do preâmbulo constitucional e do ADCT, considerando a jurisprudência do STF.

(ADVOGADO – IBRAM – CESPE – 2009)

21. O preâmbulo, por estar na parte introdutória do texto constitucional e, portanto, possuir relevância jurídica, pode ser paradigma comparativo para a declaração de inconstitucionalidade de determinada norma infraconstitucional.

    ( ) Certo ( ) Errado

(ADVOGADO – IBRAM – CESPE – 2009)

22. O ADCT tem natureza jurídica de norma constitucional, semelhante às normas inseridas no bojo da CF, não havendo desníveis ou desigualdades entre as normas do ADCT e os preceitos constitucionais quanto à intensidade de sua eficácia ou a prevalência de sua autoridade.

    ( ) Certo ( ) Errado

(ADVOGADO – IPAJM/ES – CESPE – 2010)

23. No que concerne à classificação das normas constitucionais, à hermenêutica constitucional, às disposições constitucionais transitórias e ao preâmbulo da CF, assinale a opção correta:
    a) Segundo o art. 88 da CF, a lei disporá sobre a criação e extinção de ministérios e órgãos da administração pública. É correto afirmar que esse artigo é uma norma de aplicabilidade indireta, mediata e reduzida.
    b) O método tópico-problemático, no âmbito da hermenêutica do direito constitucional, parte, entre outras premissas, do caráter fechado e determinado da lei constitucional; por isso, é correto afirmar que parte da norma para o problema.
    c) O art. 5º, inciso XIII, da CF, que dispõe ser livre o exercício de qualquer trabalho, ofício ou profissão, atendidas as qualificações profissionais que a lei estabelecer, classifica-se, quanto ao grau de eficácia e aplicabilidade, como de eficácia limitada, pois o legislador constituinte regulou os interesses relativos à matéria, mas deixou margem à atuação limitadora do legislador infraconstitucional.
    d) Para o STF, o preâmbulo da CF não se situa na esfera do direito, mas na da política – refletindo a posição ideológica do constituinte. Não possui, portanto, relevância jurídica, e não constitui norma central da CF, apesar de ser de reprodução obrigatória pelas constituições estaduais.
    e) Embora de natureza transitória, os dispositivos dos Atos das Disposições Constitucionais Transitórias são materialmente constitucionais, ou seja, são hierarquicamente iguais às demais normas inseridas na CF.

3.3 Dos Princípios Fundamentais

(DEFENSOR PÚBLICO SUBSTITUTO – DPE/MT – FCC – 2009)

24. Segundo a disciplina constitucional do direito à propriedade:
    a) devem ser confiscadas as glebas onde forem localizadas culturas ilegais de plantas psicotrópicas;
    b) é vedado o confisco de bens de valor econômico apreendidos em decorrência do tráfico ilícito de entorpecentes;
    c) é vedada a desapropriação fundada em interesse social, estando revogada a legislação ordinária pertinente ao tema;
    d) é vedado ao poder público municipal impor sanções ao proprietário do solo urbano não edificado, não utilizado ou subutilizado;

e) o imóvel urbano que atenda à sua função social, nos termos do plano diretor da cidade, não pode ser objeto de desapropriação.

Os princípios da supremacia e da rigidez constitucionais impõem que as normas infraconstitucionais e constitucionais derivadas estejam adequadas, formal e materialmente, ao texto da CF, sob pena de declaração de inconstitucionalidade. Quando assim se encontram no ordenamento jurídico, ou seja, em confronto com determinada norma constitucional, devem ser expungidas do sistema pela sua nulidade. Acerca do controle de constitucionalidade e do Sistema Tributário Nacional, julgue os itens que se seguem.

(ADVOGADO – IBRAM – CESPE – 2009)

25. Em face do princípio da segurança jurídica, as relações estabelecidas de boa-fé com base em norma posteriormente declarada inconstitucional pelo STF, podem ser preservadas pelo que se denomina de modulação dos efeitos da declaração de inconstitucionalidade, ou seja, instrumento jurídico que permite conferir a nulidade da norma com efeitos para o futuro: a partir do trânsito em julgado ou de outro momento que venha a ser fixado.

( ) **Certo** ( ) **Errado**

(PROCURADOR DO ESTADO DE ALAGOAS – PGE/AL – CESPE – 2009)

26. O deputado Eduardo Moura disse, em 7/10/2008, no STF, que os Poderes Legislativo e Judiciário precisam trabalhar juntos para que 57 municípios pendentes de regularização não sejam retirados do mapa brasileiro – entre eles, estão Mesquita, no Rio de Janeiro, e Luís Eduardo Magalhães, na Bahia. Ele foi recebido pelo presidente do STF na noite desta terça-feira, e pediu uma solução para que as cidades criadas a partir de 1996 sejam consideradas legítimas. "Venho pedir mais prazo para que esses municípios se adaptem à lei", disse. Nenhuma cidade criada no Brasil nos últimos doze anos é regularizada.

A partir da notícia acima e acerca da organização dos municípios, assinale a opção correta:

a) O Congresso Nacional ainda não tomou qualquer medida para convalidar a situação dos municípios criados após a EC nº 15/1996.
b) Segundo orientação do STF, a lei complementar federal a ser editada sobre a criação, a incorporação, a fusão e o desmembramento de municípios não deve ter caráter retroativo nem a preocupação de regularizar a situação consolidada dos municípios já criados.
c) O dispositivo constitucional que define que a criação, a incorporação, a fusão e o desmembramento de municípios depende de regulamentação por meio de lei complementar federal é de constitucionalidade duvidosa, uma vez que viola, frontalmente, o princípio federativo.
d) A alteração da forma de se criar municípios promovida pela EC nº 15/1996 teve por escopo incentivar a proliferação de municípios.
e) Não obstante a inexistência de lei complementar federal regulamentando a criação de novos municípios, o STF deixou de pronunciar a nulidade de leis estaduais de criação de diversos municípios em razão da consolidada situação de fato e em respeito ao princípio da segurança jurídica.

(PROCURADOR DO ESTADO SUBSTITUTO – PGE/PI – CESPE – 2008)

27. Os princípios de regência da administração pública que estão expressamente previstos na Constituição do Estado do Piauí são apenas os princípios da:
a) legalidade, da moralidade, da publicidade e da eficiência;
b) legalidade, da impessoalidade, da moralidade e da economicidade;
c) legalidade, da impessoalidade, da moralidade e da publicidade;
d) legalidade, da impessoalidade e da eficiência;
e) moralidade, da eficiência e da publicidade.

(ADVOGADO – SENADO FEDERAL – FGV – 2008)

28. A administração pública direta e indireta de qualquer dos Poderes da União, dos Estados, do Distrito Federal e dos Municípios obedecerá aos princípios listados nas alternativas a seguir, à exceção de uma. Assinale-a:
    a) legalidade;
    b) impessoalidade;
    c) publicidade;
    d) irrevogabilidade;
    e) eficiência.

3.4 Dos Direitos e Garantias Fundamentais

(ADVOGADO – BADESC/SC – FGV – 2010)

29. Considerando o direito fundamental de privacidade assegurado no art. 5º da Constituição Federal de 1988, assinale a alternativa correta:
    a) A quebra de sigilo de movimentações financeiras do indivíduo pode ser decretada por ordem judicial, por deliberação das comissões parlamentares de inquérito e pelo ministério público, nas investigações de sua competência.
    b) A interceptação das comunicações telefônicas pode ser decretada por ordem judicial em processo de natureza penal, civil ou administrativa, na forma da lei.
    c) A casa é asilo inviolável do indivíduo, ninguém nela podendo penetrar sem consentimento do morador. É vedado o ingresso durante a noite, salvo no cumprimento de mandado judicial de busca e apreensão, na forma da lei.
    d) A Constituição só permite a interceptação das comunicações telefônicas nos casos de investigação de crimes de terrorismo, tráfico de drogas, lavagem de dinheiro e crimes contra a administração pública, por ordem judicial, na forma de lei complementar.
    e) A casa é asilo inviolável do indivíduo, ninguém nela podendo penetrar sem consentimento do morador, salvo em caso de flagrante delito ou desastre, ou para prestar socorro, ou, durante o dia, por determinação judicial.

(PROCURADOR – ASSEMBLEIA LEGISLATIVA SP – FCC – 2010)

30. É legitimado, em substituição processual, para a propositura do Mandado de Segurança Coletivo:
    a) a associação legalmente constituída, com no mínimo três meses de funcionamento e autorização prévia e específica de seus associados para ajuizamento, independentemente do estatuto, exigindo-se que o direito seja próprio da classe;
    b) a associação constituída de fato, com no mínimo seis meses de funcionamento, e autorização prévia e específica de seus associados para ajuizamento, independentemente do estatuto, exigindo-se que o direito seja próprio da classe;
    c) o partido político com representação no Congresso Nacional, exigindo-se somente a existência de, no mínimo, um parlamentar filiado, em qualquer das Casas Legislativas;
    d) a organização sindical legalmente constituída, com no mínimo cinco meses de funcionamento, e autorização prévia e específica dos sindicalizados para ajuizamento, independentemente do estatuto, exigindo-se que o direito seja próprio da classe;
    e) o partido político com representação no Congresso Nacional de no mínimo de três Assembleias Legislativas das unidades da Federação, exigindo-se a existência de, no mínimo, um senador e um deputado federal e de um deputado estadual em cada Assembleia Legislativa.

(PROCURADOR – ASSEMBLEIA LEGISLATIVA SP – FCC – 2010)

31. Os requisitos necessários para o ajuizamento da ação popular são classificados de:
    a) imutável e rígido;

b) explícito e implícito;
c) restritivo e contido;
d) absoluto e ilimitado;
e) subjetivo e objetivo.

(PROCURADOR – ASSEMBLEIA LEGISLATIVA SP – FCC – 2010)

32. Ao se afirmar que o devido processo legal configura dupla proteção ao indivíduo, sendo que protege o direito de liberdade e assegura a paridade total de condições com o Estado-persecutor e plenitude de defesa, conclui-se que atua, respectivamente, nos âmbitos:
    a) material e formal;
    b) preventivo e liberatório;
    c) preventivo e repressivo;
    d) repressivo e liberatório;
    e) ativo e passivo.

(PROCURADOR – ASSEMBLEIA LEGISLATIVA SP – FCC – 2010)

33. Conceder-se-á mandado de injunção:
    a) para a retificação de dados, quando não se prefira fazê-lo por processo sigiloso, judicial ou administrativo;
    b) para assegurar o conhecimento de informações relativas à pessoa do impetrante, constantes de registros ou bancos de dados de entidades governamentais ou de caráter público;
    c) sempre que a falta de norma regulamentadora torne inviável o exercício dos direitos e liberdades constitucionais e das perrogativas inerentes à nacionalidade, à soberania e à cidadania;
    d) para anular ato lesivo ao patrimônio público de entidade de que o Estado participe, à moralidade administrativa, ao meio ambiente e ao patrimônio histórico e cultural;
    e) sempre que alguém sofrer ou se achar ameaçado de sofrer violência ou coação em sua liberdade de locomoção, por ilegalidade ou abuso de poder.

(ADVOGADO – DETRAN/ES – CESPE – 2010)

34. Mesmo por emenda constitucional é vedada a instituição da pena de morte no Brasil em tempos de paz.

    ( ) **Certo** ( ) **Errado**

(ADVOGADO – DETRAN/ES – CESPE – 2010)

35. A proibição genérica de acesso a determinadas carreiras públicas, tão somente em razão da idade do candidato, é inconstitucional, pois viola o princípio fundamental da igualdade.

    ( ) **Certo** ( ) **Errado**

Julgue os itens seguintes, referentes a direitos de nacionalidade, direitos políticos e direitos sociais.

(ADVOGADO – DETRAN/ES – CESPE – 2010)

36. O indivíduo cuja naturalização for cancelada por sentença transitada em julgado volta à condição de estrangeiro, não podendo mais alistar-se como eleitor nem eleger-se em razão da perda da nacionalidade brasileira.

    ( ) **Certo** ( ) **Errado**

(ADVOGADO – DETRAN/ES – CESPE – 2010)

37. Os direitos de associação profissional ou sindical previstos na Constituição Federal (CF) são aplicáveis às federações e aos sindicatos das categorias profissionais urbanas, mas não aos sindicatos rurais e às colônias de pescadores, que dispõem de regras próprias estabelecidas em lei ordinária.

    ( ) **Certo** ( ) **Errado**

(ADVOGADO – DETRAN/ES – CESPE – 2010)

38. São brasileiros natos os nascidos no estrangeiro, filhos de pai brasileiro ou de mãe brasileira, estando ou não qualquer um deles a serviço do Brasil, desde que venham a residir no país e optem, em qualquer tempo, pela nacionalidade brasileira.

    ( ) **Certo** ( ) **Errado**

(DEFENSOR PÚBLICO – DPE/AL – CESPE – 2009)

39. Segundo entendimento do STF, é vedada a utilização de algemas, sob pena de ofensa ao princípio da dignidade da pessoa humana e do direito fundamental do cidadão de não ser submetido a tratamento desumano ou degradante.

    ( ) **Certo** ( ) **Errado**

(DEFENSOR PÚBLICO – DPE/AL – CESPE – 2009)

40. As associações somente podem ser compulsoriamente dissolvidas por meio de decisão judicial transitada em julgado, considerando a vedação constitucional de interferência do Estado em seu funcionamento.

    ( ) **Certo** ( ) **Errado**

(DEFENSOR PÚBLICO – DPE/AL – CESPE – 2009)

41. Os partidos políticos devem registrar seus estatutos no Tribunal Superior Eleitoral, que decidirá acerca do pedido de registro partidário em decisão judicial devidamente fundamentada.

    ( ) **Certo** ( ) **Errado**

(DEFENSOR PÚBLICO – DPE/AL – CESPE – 2009)

42. A condenação criminal transitada em julgado constitui hipótese de suspensão dos direitos políticos enquanto durarem seus efeitos.

    ( ) **Certo** ( ) **Errado**

(DEFENSOR PÚBLICO – DPE/ES – CESPE – 2009)

43. Considere que o estrangeiro Paul, estando de passagem pelo Brasil, tenha sido preso e pretenda ingressar com *habeas corpus*, visando questionar a legalidade da sua prisão. Nesse caso, conforme precedente do STF, mesmo sendo estrangeiro não residente no Brasil, Paul poderá valer-se dessa garantia constitucional.

    ( ) **Certo** ( ) **Errado**

(DEFENSOR PÚBLICO – DPE/ES – CESPE – 2009)

44. Os direitos de primeira geração ou dimensão (direitos civis e políticos) – que compreendem as liberdades clássicas, negativas ou formais – realçam o princípio da igualdade; os direitos de segunda geração (direitos econômicos, sociais e culturais) – que se identificam com as liberdades positivas, reais ou concretas – acentuam o princípio da liberdade; os direitos de terceira geração – que materializam poderes de titularidade coletiva atribuídos genericamente a todas as formações sociais – consagram o princípio da solidariedade.

    ( ) **Certo** ( ) **Errado**

(DEFENSOR PÚBLICO – DPE/ES – CESPE – 2009)

45. Caso o prefeito de um município e seu filho, deputado estadual, sejam candidatos à reeleição para os mesmos cargos, não haverá inelegibilidade.

    ( ) **Certo** ( ) **Errado**

(DEFENSOR PÚBLICO SUBSTITUTO – DPE/MT – FCC – 2009)

46. Independentemente da situação financeira do interessado, a Constituição Federal determina a gratuidade:
   a) do registro civil de nascimento;
   b) da certidão de óbito;
   c) da celebração do casamento civil;
   d) do mandado de segurança;
   e) da ação popular, ainda que o autor tenha agido de má-fé.

(DEFENSOR PÚBLICO SUBSTITUTO – DPE/MT – FCC – 2009)

47. Os direitos e garantias fundamentais:
   a) previstos em tratados internacionais incorporados ao ordenamento jurídico brasileiro são, em qualquer hipótese, equivalentes às emendas constitucionais;
   b) previstos na Constituição Federal podem ser ampliados pelas Constituições dos Estados--membros;
   c) são previstos pela Constituição Federal em rol taxativo;
   d) previstos na Constituição Federal não podem ser objeto de emenda à constituição;
   e) previstos na Constituição Federal têm aplicabilidade imediata, não podendo ser regulamentados por lei ordinária.

(DEFENSOR PÚBLICO – DPE/CE – CESPE – 2008)

48. A anterioridade tributária não é cláusula pétrea da Constituição Federal de 1988.

( ) Certo ( ) Errado

(DEFENSOR PÚBLICO – DPE/CE – CESPE – 2008)

49. É essencial para verificação da legitimação que o autor de ação popular demonstre a condição de cidadão brasileiro no exercício dos direitos políticos.

( ) Certo ( ) Errado

(DEFENSOR PÚBLICO – DPE/CE – CESPE – 2008)

50. O mandado de segurança está vocacionado para fins cíveis, não constituindo instrumento idôneo para o processo penal, que dispõe do *habeas corpus* para sanar eventuais ilegalidades.

( ) Certo ( ) Errado

Os remédios constitucionais são garantias, meios assecuratórios, definidos no art. 5º da CF com o objetivo de proteger os valores e princípios fundamentais e o cidadão contra a violação de um direito ou de uma liberdade. Acerca dos direitos e das garantias fundamentais, julgue os itens que se seguem.

(ADVOGADO – IBRAM – CESPE – 2009)

51. O STF adota a posição de que o mandado de injunção não tem função concretista, porque não cabe ao Poder Judiciário conferir disciplina legal ao caso concreto sob pena de violação ao princípio da separação dos poderes.

( ) Certo ( ) Errado

(ADVOGADO – IBRAM – CESPE – 2009)

52. A ação popular ajuizada, originariamente, no STF contra ato da mesa da Câmara dos Deputados deve ter a negativa de seguimento reconhecida, pois não existe foro por prerrogativa de função em relação ao referido remédio constitucional.

( ) Certo ( ) Errado

(PROCURADOR DO ESTADO DE ALAGOAS – PGE/AL – CESPE – 2009)

53. Acerca da inviolabilidade do domicílio e de assuntos relacionados, assinale a opção correta:

a) A análise da colisão entre a inviolabilidade da intimidade e do domicílio dos cidadãos e o poder-dever de punir do Estado prescinde da verificação da proporcionalidade e da aplicação do princípio da concordância prática, uma vez que o primeiro sempre prepondera sobre o segundo.

b) O conceito normativo de casa é abrangente; assim, qualquer compartimento privado onde alguém exerce profissão ou atividade está protegido pela inviolabilidade do domicílio. Apesar disso, há a possibilidade de se instalar escuta ambiental em escritório de advocacia que seja utilizado como reduto para a prática de crimes.

c) Nos casos de flagrante delito, desastre, ou mesmo para prestar socorro, não é permitido o ingresso no domicílio durante a noite sem o consentimento do morador.

d) É impossível a violação de domicílio com fundamento em decisão administrativa. Contudo, é possível o ingresso de fiscal tributário em domicílio, durante o dia, sem o consentimento do morador e sem autorização judicial.

e) O oficial de justiça pode, mediante ordem judicial, ingressar em domicílio no período noturno, sem a autorização do morador, para lavrar auto de penhora.

(PROCURADOR – PMS/SAAE – VUNESP – 2010)

54. Assinale a alternativa que está, expressamente, de acordo com o Texto Constitucional:

a) A lei estabelecerá o procedimento para desapropriação por necessidade ou utilidade pública, ou por interesse social, mediante indenização em títulos da dívida pública, ressalvados os casos previstos nesta Constituição.

b) No caso de iminente perigo público, a autoridade competente poderá usar de propriedade particular, assegurada ao proprietário indenização ulterior, se houver dano.

c) A média propriedade rural, desde que trabalhada pela família, não será objeto de penhora para pagamento de débitos decorrentes de sua atividade produtiva, dispondo a lei sobre os meios de financiar o seu desenvolvimento.

d) Ninguém será privado da liberdade ou de seus bens sem o devido processo administrativo.

e) A propriedade atenderá a sua função individual.

(ADVOGADO – SENADO FEDERAL – FGV – 2008)

55. A respeito do catálogo de direitos fundamentais da Constituição Federal de 1988, analise as afirmativas a seguir:

I – A todos é assegurado o direito de reunião, para fins pacíficos, em locais abertos ao público, independentemente de autorização e de aviso prévio à autoridade competente.

II – A casa é asilo inviolável do indivíduo, ninguém nela podendo penetrar sem consentimento do morador, salvo em caso de flagrante delito ou desastre, ou para prestar socorro, ou, durante o dia, por determinação de autoridade judicial ou de Presidente de Comissão Parlamentar de Inquérito.

III – Todos têm direito a receber dos órgãos públicos informações de seu interesse particular, ou de interesse coletivo ou geral, que serão prestadas no prazo da lei, sob pena de responsabilidade, ressalvadas aquelas cujo sigilo seja imprescindível à segurança da sociedade e do Estado.

IV – A apreciação pelo Poder Judiciário de lesão ou ameaça a direito será assegurada na forma e observados os limites previstos em lei complementar.

Assinale:

a) se apenas as afirmativas I e III estiverem corretas;

b) se apenas as afirmativas I e II estiverem corretas;

c) se apenas a afirmativa I estiver correta;

d) se apenas a afirmativa III estiver correta;
e) se todas as afirmativas estiverem corretas.

(ADVOGADO – SENADO FEDERAL – FGV – 2008)

56. A respeito dos direitos políticos regidos na Constituição Federal de 1988, assinale a afirmativa correta:
   a) Lei complementar poderá estabelecer outros casos de inelegibilidade além dos previstos na Constituição.
   b) Apenas os brasileiros natos são elegíveis, não podendo se candidatar a cargos eletivos os estrangeiros residentes no Brasil e os brasileiros naturalizados.
   c) Os analfabetos podem se alistar como eleitores e se candidatar apenas a cargos eletivos no âmbito do Poder Legislativo.
   d) A soberania popular será exercida pelo sufrágio universal e pelo voto direto e secreto, com valor igual para todos, e, nos termos da lei, apenas mediante plebiscito e referendo popular.
   e) Serão admitidas candidaturas de brasileiros que não sejam filiados a partidos políticos, excepcionalmente, na forma de lei complementar.

(PROCURADOR DO MINISTÉRIO PÚBLICO ESPECIAL JUNTO AO TRIBUNAL DE CONTAS DO ESTADO DA BAHIA – TCE/BA – CESPE – 2010)

57. A CF prevê que o estrangeiro não pode ser extraditado por crime político ou de opinião.

   ( ) **Certo** ( ) **Errado**

(PROCURADOR DO MINISTÉRIO PÚBLICO ESPECIAL JUNTO AO TRIBUNAL DE CONTAS DO ESTADO DA BAHIA – TCE/BA – CESPE 2010)

58. Somente o brasileiro naturalizado pode perder sua nacionalidade em virtude de atividade nociva ao interesse nacional.

   ( ) **Certo** ( ) **Errado**

(PROCURADOR ESPECIAL DE CONTAS – TCE/ES – CESPE – 2009)

59. Quanto aos direitos e garantias fundamentais, assinale a opção correta:
   a) A indenização por danos morais tem seu âmbito de proteção adstrito às pessoas físicas, já que as pessoas jurídicas não podem ser consideradas titulares dos direitos e das garantias fundamentais.
   b) Apesar da ausência de autorização expressa na CF, a interceptação das correspondências e comunicações telegráficas e de dados é possível, em caráter excepcional.
   c) O TCU, no exercício de sua missão constitucional de auxiliar o Congresso Nacional no controle externo, tem competência para determinar a quebra de sigilo bancário dos responsáveis por dinheiros e bens públicos.
   d) De acordo com a doutrina e jurisprudência, a tutela jurídica do direito de reunião eventualmente atingido se efetiva por intermédio do *habeas corpus*.
   e) O cidadão não pode ser privado definitivamente de seus direitos políticos.

(PROCURADOR ESPECIAL DE CONTAS – TCE/ES – CESPE – 2009)

60. No que se refere aos direitos fundamentais assegurados na CF e aos poderes do Estado, assinale a opção correta:
   a) De acordo com o STF, a comissão parlamentar de inquérito pode proceder à quebra de sigilo bancário da pessoa investigada, ainda que baseada em fundamentos genéricos, sem a indicação de fatos concretos e precisos.
   b) Conforme entendimento do STF, a atual CF recepcionou o dispositivo da Lei de Imprensa que estabelece limitação quanto à indenização devida pela empresa jornalística, a título de dano moral, na hipótese de publicação de notícia inverídica, ofensiva à boa fama da vítima.

c) O STF considera lícita a prisão civil de depositário infiel, qualquer que seja a modalidade do depósito.
d) Compete ao TC do estado, por força do princípio da simetria, reexaminar as decisões lavradas pela fazenda pública estadual, no âmbito de processos administrativos que tenham por objeto matéria de natureza tributária.
e) O direito de resposta proporcional ao agravo constitui instrumento democrático de ampla abrangência, já que é aplicável em relação a todas as ofensas, independentemente de elas configurarem ou não infrações penais.

(PROCURADOR ESPECIAL DE CONTAS – TCE/ES – CESPE – 2009)

61. Acerca da nacionalidade e dos direitos políticos, assinale a opção correta:
a) Lei complementar é a única espécie normativa autorizada pela CF para disciplinar a criação de outros casos de inelegibilidade relativa, além dos já previstos na própria CF.
b) A condenação criminal com trânsito em julgado configura hipótese de perda dos direitos políticos.
c) Será declarada a perda da nacionalidade do brasileiro que tiver cancelada a sua naturalização, por decisão administrativa, em virtude de atividade nociva ao interesse nacional, desde que devidamente comprovada no respectivo processo administrativo.
d) A capacidade eleitoral ativa é suficiente para a aquisição da capacidade eleitoral passiva.
e) São relativamente inelegíveis os inalistáveis e os analfabetos.

3.5 Da Organização do Estado

Julgue os itens a seguir, a respeito da organização do Estado.

(DEFENSOR PÚBLICO – DPE/AL – CESPE – 2009)

62. Segundo entendimento do STF, é constitucional lei estadual que estabelece o dever dos municípios de transportar, da zona rural para a sede do município, alunos carentes matriculados no ensino fundamental, tendo em vista a competência municipal para atuar prioritariamente no ensino fundamental.

( ) Certo ( ) Errado

(DEFENSOR PÚBLICO – DPE/AL – CESPE – 2009)

63. Os territórios, quando criados, podem ser divididos em municípios, aos quais não serão aplicadas as regras de regência dos demais municípios, já que estarão inseridos em território federal, considerado como descentralização administrativa da União.

( ) Certo ( ) Errado

(DEFENSOR PÚBLICO – DPE/AL – CESPE – 2009)

64. É cabível a interposição de recurso extraordinário em face de acórdão do tribunal de justiça do estado que defira o pedido de intervenção estadual em município.

( ) Certo ( ) Errado

(DEFENSOR PÚBLICO – DPE/ES – CESPE – 2009)

65. Conforme prevê a CF, é de competência material comum entre União, estados, municípios e DF planejar e promover a defesa permanente contra as calamidades públicas, especialmente em caso de secas e inundações.

( ) Certo ( ) Errado

(DEFENSOR PÚBLICO – DPE/ES – CESPE – 2009)

66. Suponha que um estado-membro da Federação tenha legislado, de forma exaustiva, acerca de assistência jurídica e defensoria pública, dada a inexistência de legislação federal sobre o tema. Nesse caso, ao ser promulgada legislação federal a esse respeito, as normas estaduais incompatíveis com ela serão automaticamente revogadas.

( ) Certo ( ) Errado

(DEFENSOR PÚBLICO SUBSTITUTO – DPE/MT – FCC – 2009)

67. Dentre as regras contidas na Constituição Federal que devem ser obrigatoriamente observadas pelas leis orgânicas municipais NÃO se encontra aquela segundo a qual:
   a) os vereadores são invioláveis por suas opiniões, palavras e votos no exercício do mandato e na circunscrição do Município;
   b) cabe a iniciativa popular de projetos de lei de interesse específico do Município, da cidade ou de bairros, através de manifestação de, pelos menos, cinco por cento do eleitorado;
   c) compete aos Municípios a criação, organização e supressão de distritos, observada a legislação estadual;
   d) a Câmara Municipal não gastará mais de setenta por cento de sua receita com folha de pagamento, incluído o gasto com subsídio de seus Vereadores;
   e) as contas prestadas pelo Prefeito não estão sujeitas a controle externo diverso daquele que pode ser exercido pelo Poder Judiciário.

Os estados são agrupamentos humanos fixados em determinado território e sob um poder soberano, podendo ser divididos, segundo a doutrina clássica, em unitários e compostos. Os primeiros constituem-se apenas de um ente com capacidade política no território, embora admita a descentralização administrativa; os compostos comportam mais de um ente político. Acerca da organização do estado e dos poderes, julgue os itens subsequentes.

(ADVOGADO – IBRAM – CESPE – 2009)

68. Caso uma parte de um estado pretendesse desmembrar-se e anexar seu território a um estado vizinho, essa mudança dependeria de plebiscito da população diretamente interessada e de leis complementares a serem elaboradas pelas respectivas assembleias legislativas dos estados membros.

( ) Certo ( ) Errado

(ADVOGADO – IBRAM – CESPE – 2009)

69. No caso do DF, a iniciativa de projeto de lei em matéria tributária é exclusiva do governador, enquanto nos territórios a competência privativa é do presidente da República.

( ) Certo ( ) Errado

(ADVOGADO – IBRAM – CESPE – 2009)

70. Considere que a Câmara Legislativa do DF tenha apresentado projeto de lei para criação de cargo público em autarquia local e que, após discutir e deliberar pela aprovação da lei, o governador do DF a tenha sancionado, aquiescendo com seus termos. Nessa situação, entretanto, essa lei permanece eivada de inconstitucionalidade pelo vício de iniciativa.

( ) Certo ( ) Errado

(ADVOGADO – IPAJM/ES – CESPE – 2010)

71. Assinale a opção correta a respeito da competência da União, do Distrito Federal (DF) e dos estados-membros:
   a) Ao legislar sobre normas gerais, a União, no que diz respeito à sua competência, não deixa margem de atuação legislativa para os estados-membros, caso o assunto tenha sido esgotado.

b) A União, por ser soberana, poderá editar normas específicas aplicáveis aos estados-membros e ao DF que não serão passíveis de controle de constitucionalidade.
c) Os estados-membros têm competência comum, não legislativa, e residual ou reservada. Neste último caso, aos estados-membros estarão reservadas todas as competências que não sejam vedadas a eles, ou seja, as que não forem de competência expressa dos outros entes. Uma das competências expressamente reservadas aos estados-membros pela CF é a de explorar os serviços locais de gás canalizado, mediante concessão, na forma da lei, vedada a regulamentação da referida matéria por medida provisória.
d) É competência exclusiva da União legislar sobre direito civil, comercial, penal, processual, eleitoral, agrário, marítimo, aeronáutico, espacial e do trabalho.
e) Os estados, autônomos que são, têm competência legislativa própria, e a CF, assim como fez com os outros entes federados, dedicou artigo para enumerar, taxativamente, as matérias de sua competência.

(PROCURADOR DO ESTADO SUBSTITUTO – PGE/PI – CESPE – 2008)

72. No que concerne à repartição de competência entre as entidades federativas, assinale a opção correta:
a) Lei complementar federal poderá autorizar os estados a legislar sobre questões específicas das matérias de competência privativa da União.
b) Aos estados caberá legislar sobre matérias de interesse geral, de acordo com o princípio da predominância do interesse.
c) Compete à União legislar privativamente sobre a proteção do patrimônio histórico.
d) Compete à União, aos estados e aos municípios legislar concorrentemente sobre navegação lacustre.
e) A União poderá delegar aos estados a competência para legislar sobre direito urbanístico.

(PROCURADOR DO ESTADO SUBSTITUTO – PGE/PI – CESPE – 2008)

73. A respeito de Federação, assinale a opção correta:
a) Quanto à sua origem, a Federação brasileira foi formada por agregação.
b) No Brasil, hoje, existe um federalismo de segundo grau.
c) São entes federativos a União, os estados, o DF, os municípios e os territórios.
d) Os estados podem incorporar-se entre si, subdividir-se ou desmembrar-se para se anexarem a outros, ou formarem novos estados ou territórios federais, obedecidos os requisitos legais.
e) A criação dos territórios e a sua transformação em estado são reguladas por meio de emenda constitucional.

(PROCURADOR DO ESTADO SUBSTITUTO – PGE/PI – CESPE – 2008)

74. Assinale a opção correta acerca das unidades da Federação, de seu poder constituinte e da relação que mantêm entre si:
a) Princípios constitucionais sensíveis são os previstos no art. 5º da CF que dispõem sobre direitos e garantias individuais.
b) Poder constituinte decorrente é o poder que os estados-membros da Federação têm de elaborar sua própria constituição, respeitados os princípios da CF.
c) O Poder Legislativo estadual é exercido, de forma bicameral, pelas assembleias legislativas e pela câmara de vereadores.
d) A União poderá intervir nos estados e municípios nos casos excepcionais previstos no art. 34 da CF, que incluem a necessidade de garantir o livre exercício de qualquer dos poderes nas unidades da Federação.
e) Os estados e o DF poderão ser divididos em municípios na forma de lei complementar de competência do Congresso Nacional.

(PROCURADOR DO ESTADO SUBSTITUTO – PGE/PI – CESPE – 2008)

75. Quanto à administração pública, assinale a opção correta conforme a CF:
    a) Somente por emenda constitucional poderá ser criada autarquia e autorizada a instituição de empresa pública, de sociedade de economia mista e de fundação, cabendo à lei complementar, neste último caso, definir as áreas de sua atuação.
    b) A administração fazendária e seus servidores fiscais terão, dentro de suas áreas de competência e jurisdição, precedência sobre os demais setores administrativos, na forma da lei.
    c) É vedada a percepção de mais de uma aposentadoria à conta do regime de previdência dos servidores públicos, ainda que os cargos sejam acumuláveis na atividade.
    d) Ao servidor ocupante, exclusivamente, de emprego público ou de cargo temporário, bem como de cargo em comissão declarado em lei de livre nomeação e exoneração, aplica-se o regime de previdência social dos servidores públicos efetivos, observados o tempo de contribuição e a idade do servidor.
    e) Extinto o cargo ou declarada a sua desnecessidade, o servidor estável ficará em disponibilidade, com remuneração integral do cargo, até seu adequado aproveitamento em outro cargo.

(PROCURADOR – PMS/SAAE – VUNESP – 2010)

76. De acordo com o que dispõe a Constituição Federal, "instituir diretrizes para o desenvolvimento urbano, inclusive habitação, saneamento básico e transportes urbanos" é uma competência:
    a) legislativa concorrente da União, dos Estados e do Distrito Federal;
    b) legislativa privativa do Município;
    c) da União;
    d) do Estado;
    e) do Município.

(PROCURADOR – PMS/SAAE – VUNESP – 2010)

77. Conforme a Constituição Federal, a Câmara Municipal não gastará mais de:
    a) setenta por cento de sua receita com folha de pagamento, incluído o gasto com o subsídio de seus Vereadores;
    b) sessenta por cento de sua receita com folha de pagamento, incluído o gasto com o subsídio de seus Vereadores;
    c) cinquenta por cento de sua receita com folha de pagamento, incluído o gasto com o subsídio de seus Vereadores;
    d) setenta por cento de sua receita com folha de pagamento, excluído o gasto com o subsídio de seus Vereadores;
    e) sessenta por cento de sua receita com folha de pagamento, excluído o gasto com o subsídio de seus Vereadores.

(PROCURADOR – PMS/SAAE – VUNESP – 2010)

78. O Estado não intervirá em seus Municípios, exceto quando:
    a) não tiver sido aplicado o mínimo exigido da receita municipal na manutenção e desenvolvimento do ensino e nas ações e serviços de segurança pública;
    b) deixar de ser paga, sem motivo de força maior, por dois anos consecutivos, a dívida fundada;
    c) o Supremo Tribunal Federal der provimento à representação para assegurar a observância de princípios indicados na Constituição Estadual, ou para prover a execução de lei, de ordem ou de decisão judicial;
    d) deixar o Município de entregar ao Estado as receitas tributárias fixadas na Constituição Federal;
    e) para pôr termo a grave comprometimento da ordem pública.

(PROCURADOR – PMS/SAAE – VUNESP – 2010)

79. Assinale a alternativa que está de acordo com a Constituição Federal:
   a) As funções de confiança, exercidas exclusivamente por servidores ocupantes de cargo efetivo, e os cargos em comissão, a serem preenchidos por servidores de carreira nos casos, condições e percentuais mínimos previstos em lei, destinam-se apenas às atribuições técnicas, de direção e assessoramento.
   b) Os vencimentos dos cargos do Poder Executivo e do Poder Judiciário não poderão ser superiores aos pagos pelo Poder Legislativo.
   c) Os atos de improbidade administrativa importarão a suspensão ou cassação dos direitos políticos, a perda da função pública, a indisponibilidade dos bens e o ressarcimento ao erário, na forma e gradação previstas em lei, sem prejuízo da ação penal cabível.
   d) O servidor público investido no mandato de Vereador, havendo compatibilidade de horários, perceberá as vantagens de seu cargo, emprego ou função, sem prejuízo da remuneração do cargo eletivo.
   e) Para o servidor público no exercício de mandato eletivo, em qualquer caso que exija o afastamento para o exercício de mandato eletivo, seu tempo de serviço será contado para todos os efeitos legais, inclusive para promoção por merecimento.

(PROCURADOR ESPECIAL DE CONTAS – TCE/ES – CESPE – 2009)

80. No tocante à organização do Estado brasileiro e à distribuição de competências entre os entes da Federação, assinale a opção correta:
   a) Conforme entendimento do STF, uma lei estadual que obrigasse médicos públicos e particulares a notificarem a secretaria estadual de saúde os casos de câncer de pele seria inconstitucional por invadir a competência privativa da União.
   b) Segundo entendimento do STF, a lei estadual que disponha sobre a contratação de controladores de velocidade de veículos para fins de fiscalização nas rodovias estaduais é inconstitucional por invadir a competência privativa da União para legislar sobre trânsito e transporte.
   c) O acórdão do tribunal de justiça que defere pedido de intervenção estadual em município desafia a interposição de recurso extraordinário ao STF.
   d) De acordo com o STF, é constitucional lei estadual que confere ao TC do estado a competência para, diretamente ou por intermédio do MP especial, executar as próprias decisões, quando imponham sanções de natureza patrimonial aos responsáveis por irregularidades no uso de bens públicos.
   e) Foram convalidados, no âmbito da CF, os atos de criação, fusão, incorporação e desmembramento de municípios, cuja lei tenha sido publicada até 31/12/2006, de acordo com os requisitos estabelecidos na legislação do respectivo estado à época da criação.

(PROCURADOR ESPECIAL DE CONTAS – TCE/ES – CESPE – 2009)

81. No que se refere à organização político-administrativa dos entes da Federação, assinale a opção correta:
   a) De acordo com a CF, lei estadual pode criar a justiça militar estadual, mediante iniciativa parlamentar.
   b) Os estados-membros podem criar regiões de desenvolvimento, desde que mediante lei complementar.
   c) Nas infrações penais comuns e nas ações populares, os prefeitos municipais serão julgados pelo respectivo tribunal de justiça.
   d) Não cabe ao estado-membro disciplinar, ainda que no âmbito da constituição estadual, a ordem de vocação das autoridades municipais, quando configuradas situações de vacância ou impedimento na chefia do Poder Executivo municipal.

e) O DF não dispõe da capacidade de auto-organização, já que não possui competência para legislar sobre organização judiciária, organização do MP e da Defensoria Pública do DF e dos Territórios.

3.6 Do Poder Legislativo

(PROCURADOR – ASSEMBLEIA LEGISLATIVA SP – FCC – 2010)

82. No tocante ao Processo Legislativo, a Constituição Federal poderá ser emendada mediante proposta:

a) dos Presidentes da Câmara dos Deputados e do Senado Federal e de, no mínimo, três Presidentes das Assembleias Legislativas das unidades da Federação;
b) de, no mínimo, cinco Presidentes das Assembleias Legislativas das unidades da Federação;
c) de um terço, no mínimo, das Assembleias Legislativas das unidades da Federação, manifestando-se, cada uma delas, pela maioria relativa de seus membros;
d) de um terço, no mínimo, dos membros da Câmara dos Deputados ou do Senado Federal;
e) de, no mínimo, três Assembleias Legislativas das unidades da Federação, manifestando-se, cada uma delas, pela maioria absoluta de seus membros.

(DEFENSOR PÚBLICO – DPE/ES – CESPE – 2009)

83. Compete ao TCU examinar, previamente, a validade de contratos administrativos celebrados pelo poder público.

( ) **Certo** ( ) **Errado**

No que diz respeito à organização e às funções essenciais do Poder Judiciário, julgue os itens seguintes.

(DEFENSOR PÚBLICO – DPE/ES – CESPE – 2009)

84. A atividade jurisdicional deve ser ininterrupta, sendo vedadas férias coletivas nos juízos e tribunais, devendo ainda haver juízes em plantão permanente nos dias em que não houver expediente forense normal.

( ) **Certo** ( ) **Errado**

(DEFENSOR PÚBLICO – DPE/ES – CESPE – 2009)

85. Compete ao Ministério Público estadual instaurar inquérito civil público para apurar irregularidades em contratos firmados por sociedade de economia mista de capital majoritário da União, desde que não se trate de hipótese de defesa do patrimônio nacional ou dos direitos dos cidadãos.

( ) **Certo** ( ) **Errado**

(DEFENSOR PÚBLICO – DPE/ES – CESPE – 2009)

86. A defensoria pública, conforme previsto na lei de regência, tem legitimidade para propor ação civil pública na defesa do meio ambiente.

( ) **Certo** ( ) **Errado**

(DEFENSOR PÚBLICO SUBSTITUTO – DPE/MT – FCC – 2009)

87. Dentre as competências dos Deputados Federais e Senadores está a propositura de projetos de lei que versem sobre:

a) bens públicos;

b) servidores públicos da União e Territórios, seu regime jurídico, provimento de cargos, estabilidade e aposentadoria;
c) normas gerais para a organização do Ministério Público e da Defensoria Pública dos Estados, do Distrito Federal e dos Territórios;
d) criação de cargos, funções ou empregos públicos na administração direta;
e) criação de órgãos da administração pública.

Em relação ao Poder Legislativo, julgue os próximos itens de acordo com o entendimento do STF.

(DEFENSOR PÚBLICO – DPE/CE – CESPE – 2008)

88. Lei ordinária pode revogar lei complementar.

( ) **Certo** ( ) **Errado**

(DEFENSOR PÚBLICO – DPE/CE – CESPE – 2008)

89. A sanção do governador a projeto de lei de iniciativa de deputado estadual que disponha sobre reajuste de defensores públicos estaduais sana a inconstitucionalidade formal.

( ) **Certo** ( ) **Errado**

(DEFENSOR PÚBLICO – DPE/CE – CESPE – 2008)

90. É constitucional lei estadual que proíba a comercialização de produto alimentício no estado por considerá-lo nocivo à saúde.

( ) **Certo** ( ) **Errado**

(DEFENSOR PÚBLICO – DPE/CE – CESPE – 2008)

91. Desde que prevista competência na Constituição estadual, pode o governador editar medida provisória.

( ) **Certo** ( ) **Errado**

(ADVOGADO – IPAJM/ES – CESPE – 2010)

92. A respeito do processo legislativo, assinale a opção correta:
a) A discussão e a votação dos projetos de lei de iniciativa do chefe do Poder Executivo, do STF, dos tribunais superiores e de senadores terão início na Câmara dos Deputados.
b) O presidente da República tem competência privativa para propor projetos de lei que extingam funções ou cargos públicos; todavia, para isso, segundo a Emenda Constitucional nº 32/2001, é necessário que eles estejam vagos.
c) Segundo a CF, os temas a respeito do regime jurídico de servidores públicos, civis e militares são de iniciativa de lei reservada ao presidente da República, assim como as disposições normativas referentes à organização e ao funcionamento da administração federal que não impliquem aumento de despesa nem criação ou extinção de órgãos públicos.
d) O veto presidencial poderá ser rejeitado pelo Congresso Nacional, em sessão conjunta, com o *quorum* de maioria simples de deputados, e pelo Senado Federal, com o mesmo *quorum*.
e) Se o veto presidencial for mantido, poderá ser objeto de novo projeto, na mesma sessão legislativa, desde que mediante proposta dos membros de qualquer das Casas do Congresso Nacional.

Um deputado estadual apresentou à assembleia legislativa de seu estado projeto de lei com os seguintes artigos:

> Art. 1º Ficam os cemitérios localizados no estado obrigados a dispensar o pagamento de taxas e tarifas para a realização de velório e sepultamento de doadores de órgãos ou tecidos.

§ 1º Fará jus à dispensa de que trata o *caput* a pessoa que tiver doado, por ato próprio ou por meio de seus familiares ou responsáveis, seus órgãos ou tecidos corporais para fins de transplante médico.

§ 2º Compõem as despesas com funeral, entre outras, taxas e emolumentos fixados pela administração pública, tarifas cobradas pelos serviços executados, incluindo urna funerária de padrão igual ao adotado pela assistência social, remoção e transporte do corpo, taxas de velório e sepultamento, bem como sepultura e campa individualizada.

§ 3º Se os familiares ou responsáveis pelo de *cujus* optarem por urna funerária de padrão superior à oferecida pelo estado, será cobrado o valor da diferença entre os preços das urnas funerárias.

§ 4º A doação de que trata esta lei deverá atender à clientela do Sistema Único de Saúde do estado.

Art. 2º Os herdeiros do doador de órgão receberão R$ 250,00 por órgão doado que for aproveitado em transplante.

Art. 3º Revogam-se as disposições em contrário.

Art. 4º Esta lei entra em vigor 30 dias após a publicação.

Mesmo sem previsão orçamentária para fazer frente às despesas decorrentes da lei, inadvertidamente o governador a sancionou, ocorrendo a sua publicação no Diário Oficial do estado. Somente em seguida é que foi lembrada pelo secretário de fazenda municipal a escassez de recursos para custear os benefícios criados pela lei.

Tendo como referência essa situação hipotética, julgue os itens seguintes.

(PROCURADOR DO ESTADO DE 1ª CATEGORIA – PGE/ES – CESPE – 2008)

93. A iniciativa privativa do chefe do Poder Executivo para a propositura de leis sobre determinados assuntos descritos na Constituição Estadual é tema que não pode ser alterado por emenda por ser uma decorrência do princípio da separação dos poderes.

( ) **Certo** ( ) **Errado**

Quanto às comissões parlamentares de inquérito (CPIs), julgue os seguintes itens.

(PROCURADOR DO ESTADO DE 1ª CATEGORIA – PGE/ES – CESPE – 2008)

94. Deputados e senadores não são obrigados a testemunhar em CPI acerca de informações recebidas ou prestadas em razão do exercício do mandato.

( ) **Certo** ( ) **Errado**

(PROCURADOR DO ESTADO DE 1ª CATEGORIA – PGE/ES – CESPE – 2008)

95. A CPI instaurada no Poder Legislativo estadual não pode promover a quebra de sigilo bancário de pessoa submetida a investigação.

( ) **Certo** ( ) **Errado**

(PROCURADOR DO ESTADO DE 1ª CATEGORIA – PGE/ES – CESPE – 2008)

96. Deve ser julgada prejudicada a ação de mandado de segurança impetrada contra ato de CPI que vier a se extinguir em decorrência da conclusão de seus trabalhos investigatórios.

( ) **Certo** ( ) **Errado**

(PROCURADOR DO ESTADO DE 1ª CATEGORIA – PGE/ES – CESPE – 2008)

97. O fato objeto de apuração poderá ser determinado ao longo do período de funcionamento da CPI.

( ) **Certo** ( ) **Errado**

Em relação ao processo legislativo estadual, julgue os itens a seguir.

(PROCURADOR DO ESTADO DE 1ª CATEGORIA – PGE/ES – CESPE – 2008)

98. A forma de emenda à constituição estadual apresentada por parlamentares, com observância do *quorum* de iniciativa e de votação, é apta à veiculação de norma que crie cargos na secretaria de fazenda do estado.

( ) Certo ( ) Errado

(PROCURADOR DO ESTADO DE 1ª CATEGORIA – PGE/ES – CESPE – 2008)

99. O governador tem iniciativa privativa para projeto de lei que cuide de incentivo fiscal.

( ) Certo ( ) Errado

(PROCURADOR DO ESTADO DE 1ª CATEGORIA – PGE/ES – CESPE – 2008)

100. Estará correto o parecer de procurador do estado que, em resposta a consulta do governador, responda ser constitucional projeto de lei proposto pelo tribunal de justiça instituindo a justiça militar estadual, com a criação do tribunal de justiça militar, considerando que a polícia militar daquela unidade federativa tenha mais de vinte mil integrantes.

( ) Certo ( ) Errado

(PROCURADOR DO ESTADO DE 1ª CATEGORIA – PGE/ES – CESPE – 2008)

101. É constitucional norma estadual determinadora de redução de vencimento de servidor público processado criminalmente.

( ) Certo ( ) Errado

Acerca das diversas formas de controle sobre a administração pública, julgue os itens a seguir.

(ANALISTA MUNICIPAL/ ESPECIALIDADE PROCURADOR MUNICIPAL – PGM DE BOA VISTA/ RR – CESPE – 2010)

102. As comissões parlamentares de inquérito constituídas por qualquer uma das casas do Congresso Nacional têm poderes próprios das autoridades judiciais, podendo ordenar, entre outros procedimentos, busca domiciliar e interceptação telefônica.

( ) Certo ( ) Errado

(ANALISTA MUNICIPAL/ ESPECIALIDADE PROCURADOR MUNICIPAL – PGM DE BOA VISTA/ RR – CESPE – 2010)

103. Compete exclusivamente à Câmara dos Deputados sustar os atos normativos do Poder Executivo que exorbitarem do poder regulamentar ou dos limites de delegação legislativa.

( ) Certo ( ) Errado

(ANALISTA MUNICIPAL/ ESPECIALIDADE PROCURADOR MUNICIPAL – PGM DE BOA VISTA/ RR – CESPE – 2010)

104. A Câmara dos Deputados e o Senado Federal, ou qualquer de suas comissões, podem convocar ministro de Estado ou quaisquer titulares de órgãos diretamente subordinados à Presidência da República para prestarem, pessoalmente, informações relativas a assunto previamente determinado, sendo que a ausência injustificada do convocado importará na prática de crime de responsabilidade.

( ) Certo ( ) Errado

(PROCURADOR – PMS/SAAE – VUNESP – 2010)

105. A competência constitucional para processar e julgar os Ministros do Supremo Tribunal Federal nos crimes de responsabilidade é do:

a) Congresso Nacional.
b) Câmara dos Deputados.
c) Conselho Nacional de Justiça.
d) Conselho Nacional do Ministério Público.
e) Senado Federal.

(PROCURADOR – PMS/SAAE – VUNESP – 2010)

106. Na hipótese de um Deputado Federal ser preso em flagrante por crime inafiançável, a Constituição Federal determina que os autos sejam remetidos:

a) dentro de vinte e quatro horas à Câmara dos Deputados, para que, pelo voto da maioria de seus membros, resolva sobre a prisão;
b) ao Congresso Nacional, em no máximo setenta e duas horas, para que seja obtida a devida licença para processá-lo;
c) ao Supremo Tribunal Federal, em quarenta e oito horas, a fim de que aprecie a legalidade da prisão;
d) ao Superior Tribunal de Justiça, em quarenta e oito horas, para que decida se o Parlamentar deve continuar preso ou se a prisão deve ser revogada;
e) ao Supremo Tribunal Federal, em vinte e quatro horas, para obtenção da licença para iniciar o respectivo processo criminal.

(ADVOGADO – SENADO FEDERAL – FGV – 2008)

107. Sobre a repartição constitucional de competências dos entes federativos, assinale a afirmativa incorreta:

a) Compete à União explorar, diretamente ou mediante autorização, concessão ou permissão, os serviços de telecomunicações, nos termos da lei.
b) Compete privativamente à União legislar sobre águas, energia, informática, telecomunicações e radiodifusão.
c) Compete concorrentemente à União, aos Estados e ao Distrito Federal legislar sobre direito tributário, eleitoral, financeiro, penitenciário, econômico e urbanístico.
d) Compete concorrentemente à União, aos Estados e ao Distrito Federal legislar sobre educação, cultura, ensino e desporto.
e) É competência comum da União, dos Estados, do Distrito Federal e dos Municípios promover programas de construção de moradias e a melhoria das condições habitacionais e de saneamento básico.

(ADVOGADO – SENADO FEDERAL – FGV – 2008)

108. Assinale, dentre as matérias abaixo relacionadas, incluídas na competência legislativa do Congresso Nacional, aquelas em que não se exige a sanção do Presidente da República:

a) organização administrativa, judiciária, do Ministério Público e da Defensoria Pública da União e dos Territórios;
b) tratados, acordos ou atos internacionais que acarretem encargos ou compromissos gravosos ao patrimônio nacional;
c) matéria financeira, cambial e monetária, instituições financeiras e suas operações;
d) criação, transformação e extinção de cargos, empregos e funções públicas;
e) concessão de anistia.

(ADVOGADO – SENADO FEDERAL – FGV – 2008)

109. A respeito do processo legislativo, analise as afirmativas a seguir:

I – Podem apresentar proposta de emenda à Constituição Federal: o Presidente da República; um terço, no mínimo, dos membros da Câmara dos Deputados ou do Senado Federal; e mais da metade das Assembleias Legislativas das unidades de federação, manifestando-se, cada

uma delas, pela maioria relativa de seus membros. A proposta de emenda à Constituição será submetida à discussão e votação em cada casa legislativa, em dois turnos, considerando-se aprovada se obtiver três quintos de votos favoráveis dos membros de cada casa.
II – Em caso de relevância e urgência, o Presidente da República poderá adotar medidas provisórias, com força de lei, devendo submetê-las de imediato ao Congresso Nacional. As medidas provisórias perderão eficácia, desde a edição, se não forem convertidas em lei no prazo de trinta dias. O Presidente da República poderá reeditar medida provisória que não tenha sido apreciada pelo Congresso Nacional, desde que ainda estejam presentes os requisitos da relevância e urgência, Após a quinta reedição, a medida provisória não apreciada será havida como rejeitada, cabendo ao Presidente da República, por decreto, regular as relações jurídicas dela decorrentes.
III – Os projetos de lei de iniciativa do Presidente da República com pedido de urgência na tramitação devem ser apreciados, inicialmente pela Câmara dos Deputados, e depois pelo Senado Federal, no prazo sucessivo de quarenta e cinco dias. Ultrapassado tal prazo, ficam sobrestadas as demais deliberações legislativas da respectiva casa, com exceção das que tenham prazo constitucional determinado, até que se ultime a votação. Os prazos de quarenta e cinco dias não correm nos períodos de recesso do Congresso nacional.
IV – O projeto de lei que tenha sido aprovado nas duas casas legislativas será encaminhado ao Presidente da República para sanção. Se o chefe do Poder Executivo considerar o projeto inconstitucional ou contrário ao interesse público, vetá-lo-á, no prazo de quinze dias úteis, contados da data do recebimento. A Constituição proíbe o veto parcial do projeto, em razão do risco de desvirtuamento decorrente da supressão de apenas alguns artigos da lei aprovada. O veto poderá ser derrubado em sessão conjunta das casas legislativas, pelo voto secreto da maioria absoluta dos Deputados e Senadores.

Assinale:

a) se apenas as afirmativas I, II e III estiverem corretas;
b) se apenas as afirmativas I, II e IV estiverem corretas;
c) se apenas as afirmativas II, III e IV estiverem corretas;
d) se apenas as afirmativas I e III estiverem corretas;
e) se apenas a afirmativa I estiver correta.

(ADVOGADO – SENADO FEDERAL – FGV – 2008)

110. A respeito das comissões parlamentares de inquérito, assinale a afirmativa correta:

a) As comissões parlamentares de inquérito dispõem de competência constitucional para ordenar a quebra do sigilo bancário, fiscal e telefônico das pessoas sob investigação do Poder Legislativo, mas devem fundamentar adequadamente a decisão de quebra.
b) As comissões parlamentares de inquérito podem decretar monitoramento telefônico, desde que presentes os requisitos da lei 9296/96. A decisão será fundamentada, sob pena de nulidade, indicando também a forma de execução da diligência, que não poderá exceder o prazo de quinze dias, renovável por igual tempo, uma vez comprovada a indispensabilidade do meio de prova.
c) As comissões parlamentares de inquérito podem decretar a indisponibilidade de ativos financeiros das pessoas investigadas, por voto da maioria absoluta de seus membros.
d) O direito de não se autoincriminar não se aplica às comissões parlamentares de inquérito. Todas as pessoas convocadas devem prestar compromisso de dizer a verdade aos membros da comissão, antes do início do depoimento.
e) As decisões tomadas por maioria absoluta dos membros das comissões parlamentares de inquérito estão sujeitas a controle judicial, em razão do princípio constitucional da independência dos poderes.

(ADVOGADO – SENADO FEDERAL – FGV – 2008)

111. A imunidade parlamentar material prevista no art. 53, *caput*, da Constituição Federal assegura:

a) que os Deputados e Senadores não sejam processados civil e criminalmente por opiniões, palavras e votos proferidos exclusivamente dentro do parlamento, desde que haja conexão entre a ofensa irrogada e o exercício do mandato;

b) que os Deputados e Senadores não sejam processados civil e criminalmente por opiniões, palavras e votos proferidos dentro ou fora do parlamento, desde que haja conexão entre a ofensa irrogada e o exercício do mandato;

c) que os Deputados e Senadores não sejam processados criminalmente por opiniões, palavras e votos proferidos dentro ou fora do parlamento, desde que haja conexão entre a ofensa irrogada e o exercício do mandato. A prerrogativa não impede que os parlamentares sejam civilmente processados pela vítima da ofensa;

d) que os Deputados e Senadores sejam processados criminalmente apenas pelos crimes de injúria e difamação. A prerrogativa não impede processo criminal por calúnia, mesmo que a ofensa tenha sido irrogada dentro do parlamento e esteja relacionada com o exercício do mandato;

e) que processos cíveis e criminais decorrentes de opiniões, palavras e votos proferidos pelos Deputados e Senadores dentro do parlamento fiquem automaticamente suspensos enquanto durar o mandato legislativo, ficando também suspenso o curso do prazo prescricional.

(ADVOGADO – SENADO FEDERAL – FGV – 2008)

112. A respeito da composição e competência legislativa do Senado Federal, analise as afirmativas a seguir:

I – Compete privativamente ao Senado Federal processar e julgar o Presidente e o Vice-Presidente da República nos crimes de responsabilidade, bem como os Ministros de Estado e os Comandantes da Marinha, do Exército e da Aeronáutica nos crimes da mesma natureza conexos com aqueles. Presidirá a sessão de julgamento o Presidente do Supremo Tribunal Federal e a condenação à perda do cargo com inabilitação, por oito anos, para o exercício de função pública, somente será proferida por dois terços dos votos dessa casa legislativa.

II – O Senado Federal compõe-se de representantes dos Estados e do Distrito Federal, eleitos segundo o princípio majoritário. Cada Estado e Distrito Federal elegerão três Senadores, com mandato de oito anos. A representação de cada Estado e do Distrito Federal será renovada de quatro em quatro anos, alternadamente, por um e dois terços.

III – Compete privativamente ao Senado Federal aprovar previamente, por voto secreto, após arguição pública, a escolha de Magistrados, nos casos estabelecidos na Constituição, Ministros do Tribunal de Contas da União indicados pelo Presidente da República, Governador de Território, Presidente e diretores do Banco Central, Procurador Geral da República e titulares de outros cargos que a lei determinar.

IV – Compete privativamente ao Senado Federal autorizar operações externas de natureza financeira, de interesse da União, dos Estados, do Distrito Federal, dos Territórios e dos Municípios.

Assinale:

a) se somente a afirmativa I estiver correta;

b) se somente as afirmativas I e II estiverem corretas;

c) se somente as afirmativas I e III estiverem corretas;

d) se somente as afirmativas II e III estiverem corretas;

e) se todas as afirmativas estiverem corretas.

(PROCURADOR DO MINISTÉRIO PÚBLICO ESPECIAL JUNTO AO TRIBUNAL DE CONTAS DO ESTADO DA BAHIA – TCE/BA – CESPE – 2010)

113. O presidente da República só pode solicitar urgência para apreciação de projetos de sua iniciativa, seja privativa, seja concorrente.

( ) **Certo** ( ) **Errado**

(PROCURADOR DO MINISTÉRIO PÚBLICO ESPECIAL JUNTO AO TRIBUNAL DE CONTAS DO ESTADO DA BAHIA – TCE/BA – CESPE – 2010)

114. Se um projeto de lei for rejeitado em uma das casas do Congresso Nacional, a matéria dele constante somente poderá ser objeto de novo projeto, no mesmo ano legislativo, mediante proposta de dois terços dos membros de qualquer das casas legislativas.

( ) **Certo** ( ) **Errado**

3.7 Do Poder Executivo

(PROCURADOR – ASSEMBLEIA LEGISLATIVA SP – FCC – 2010)

115. Com relação ao Poder Executivo, é competência privativa do Presidente da República, além de outras:

a) manter relações com Estados estrangeiros mediante prévia análise dos seus representantes diplomáticos, competindo-lhe, em regra, investigar previamente suas origens e intenções com o fim de garantir a segurança nacional;
b) remeter mensagem e plano de governo ao Congresso Nacional por ocasião da abertura da sessão legislativa, expondo a situação do País e solicitando as providências que julgar necessárias;
c) celebrar tratados, convenções e atos internacionais, independentemente do referendo do Congresso Nacional;
d) exercer o comando supremo das Forças Armadas e, após aprovação pelo Senado Federal, promover e nomear os Comandantes da Marinha, do Exército e da Aeronáutica e os oficiais-generais para os cargos que lhes são privativos;
e) nomear, após aprovação pela Câmara dos Deputados, os Ministros do Supremo Tribunal Federal e dos Tribunais Superiores, o Procurador-Geral da República, o presidente e os diretores do Banco Central e outros servidores, quando determinado em lei.

(PROCURADOR – ASSEMBLEIA LEGISLATIVA SP – FCC – 2010)

116. A Advocacia-Geral da União:

I – é a instituição que, diretamente ou por meio de órgão vinculado, representa a União, judicial e extrajudicialmente.
II – tem por competência, nos termos da lei complementar que dispuser sobre sua organização e funcionamento, as atividades de consultoria e assessoramento jurídico do Poder Executivo.
III – tem por chefe o Advogado-Geral da União, de livre nomeação pelo Congresso Nacional dentre os funcionários de carreira maiores de trinta e cinco anos, de reputação ilibada.
IV – tem por competência a execução da dívida ativa de natureza tributária da União.

Está correto o que se afirma APENAS em:

a) I e II;
b) I e III;
c) I e IV;
d) II e III;
e) III e IV.

(DEFENSOR PÚBLICO SUBSTITUTO – DPE/MT – FCC – 2009)

117. Segundo a disciplina constitucional da chamada "súmula vinculante":
   a) cabe ao Supremo Tribunal Federal editá-la, ainda que este Tribunal tenha decidido apenas um processo relativo ao tema que por ela será abordado;
   b) a súmula não se aplica à administração pública municipal, a não ser quando editada pelo Tribunal de Justiça do Estado;
   c) sua edição está condicionada, dentre outros requisitos, à existência de risco de grave lesão à ordem pública;
   d) cabe apenas a interposição de recurso extraordinário contra a decisão judicial que contrariar o texto da súmula;
   e) sua aprovação pode ser provocada pelo Presidente da República.

(PROCURADOR DO ESTADO SUBSTITUTO – PGE/PI – CESPE – 2008)

118. A respeito das prerrogativas do presidente da República, dos governadores e dos parlamentares, conforme previsto na CF, assinale a opção correta:
   a) Desde a expedição do diploma, os membros do Congresso Nacional não poderão ser presos – salvo em flagrante de crime inafiançável – nem processados criminalmente, sem prévia licença de sua Casa.
   b) A inviolabilidade parlamentar prevista na CF refere-se apenas ao campo penal, não abrangendo a inviolabilidade civil.
   c) Para que o presidente da República e os governadores sejam processados criminalmente, não é necessária licença prévia da respectiva casa legislativa.
   d) A imunidade processual impede que os parlamentares sejam investigados sem prévia licença da respectiva casa legislativa.
   e) Como não é um direito pessoal, mas uma garantia funcional e institucional, a inviolabilidade penal do parlamentar é irrenunciável.

(PROCURADOR DO MINISTÉRIO PÚBLICO ESPECIAL JUNTO AO TRIBUNAL DE CONTAS DO ESTADO DA BAHIA – TCE/BA – CESPE – 2010)

119. O presidente da República pode dispor, mediante decreto, sobre a organização da administração federal, quando a disposição não implicar aumento de despesa nem criação ou extinção de órgãos públicos.

   ( ) **Certo** ( ) **Errado**

(PROCURADOR DO MINISTÉRIO PÚBLICO ESPECIAL JUNTO AO TRIBUNAL DE CONTAS DO ESTADO DA BAHIA – TCE/BA – CESPE – 2010)

120. Havendo vacância dos cargos de presidente e de vice-presidente da República nos dois primeiros anos do mandato, deverá ser realizada eleição noventa dias depois de aberta a última vaga, mas, se a vacância ocorrer nos últimos dois anos do mandato, a eleição para ambos os cargos será feita de forma indireta, pelo Congresso Nacional, trinta dias depois de aberta a última vaga.

   ( ) **Certo** ( ) **Errado**

3.8 Do Poder Judiciário e funções essenciais à Justiça

3.8.1 *Disposições gerais*

(PROCURADOR DO ESTADO DE ALAGOAS – PGE/AL – CESPE – 2009)

121. Acerca da organização e estrutura do Poder Judiciário, assinale a opção correta:

a) Ainda há muitas discussões nos tribunais pátrios acerca da cláusula constitucional de reserva de plenário. Ainda prevalece o entendimento de que não há violação a essa cláusula quando a decisão de órgão fracionário de tribunal afasta a incidência de lei ou ato normativo do poder público, no todo ou em parte, sem declarar expressamente a sua inconstitucionalidade.
b) Compete ao CNJ o controle da atuação administrativa e financeira do Poder Judiciário e do cumprimento dos deveres funcionais dos juízes, além de zelar pelo cumprimento do Estatuto da Magistratura e pela observância da legalidade dos atos administrativos praticados por membros ou órgãos do Poder Judiciário. Para isso, pode o CNJ expedir atos regulamentares, desconstituir atos administrativos, receber e conhecer de reclamações contra membros do Poder Judiciário e rever os processos disciplinares de juízes e membros de tribunais.
c) Junto ao STF funciona o Conselho da Justiça Federal, cuja função é exercer, na forma da lei, a supervisão administrativa e orçamentária da justiça federal de primeiro e segundo graus, como órgão central do sistema e com poderes correicionais, cujas decisões terão caráter vinculante.
d) A justiça estadual é competente para julgar denunciados pela suposta prática do crime de roubo qualificado ocorrido no interior de aeronave que se encontre em solo.
e) Compete ao STJ julgar, em recurso especial, as causas decididas, em única ou última instância, pelos tribunais regionais federais ou pelos tribunais dos estados, do DF e territórios, quando a decisão recorrida julgar válida lei local contestada em face de lei federal.

(DEFENSOR PÚBLICO – DPE/AL – CESPE – 2009)

122. Compete privativamente ao MP promover o inquérito civil e a ação civil pública, para a proteção do patrimônio público e social, do meio ambiente e de interesses difusos e coletivos.

( ) **Certo** ( ) **Errado**

Julgue os itens a seguir, relativos à disciplina da assistência judiciária aos necessitados.

(DEFENSOR PÚBLICO – DPE/AL – CESPE – 2009)

123. Considere que Pablo, chileno residente no Brasil, tenha procurado a DP para ajuizar ação visando ser ressarcido de danos morais que lhe foram causados por Rodrigo. Nesse caso, é defeso à DP promover a ação pretendida por Pablo, já que, por disposição legal expressa, os benefícios da assistência judiciária têm como destinatários os brasileiros.

( ) **Certo** ( ) **Errado**

(DEFENSOR PÚBLICO SUBSTITUTO – DPE/MT – FCC – 2009)

124. Dentre as competências constitucionais do Conselho Nacional de Justiça:

a) encontra-se a de expedir atos regulamentares, mas não recomendações, com o objetivo de zelar pela autonomia do Poder Judiciário e pelo cumprimento do Estatuto da Magistratura;
b) encontra-se a de apreciar, apenas mediante provocação, a legalidade dos atos administrativos praticados por membros ou órgãos do Poder Judiciário, podendo desconstituí-los, revê-los ou fixar prazo para que adotem as providências necessárias ao cumprimento da lei;
c) encontra-se a de rever, de ofício ou mediante provocação, os processos disciplinares de juízes e membros de tribunais julgados há menos de um ano;
d) não se encontra a de avocar processos disciplinares em curso e determinar a remoção, a disponibilidade ou a aposentadoria com subsídios ou proventos proporcionais ao tempo de serviço contra membros do Poder Judiciário;
e) não se encontra o controle da atuação financeira do Poder Judiciário, que deve ser exercida pelo Tribunal de Contas.

(PROCURADOR – PMS/SAAE – VUNESP – 2010)

125. Assinale a alternativa correta a respeito do Poder Judiciário:

a) As decisões administrativas dos tribunais serão motivadas e em sessão secreta, sendo as disciplinares tomadas pelo voto da maioria absoluta de seus membros, devendo os interessados ser intimados da sessão de julgamento com pelo menos uma semana de antecedência.
b) Nos tribunais com número superior a vinte julgadores, poderá ser constituído órgão especial, com o mínimo de onze e o máximo de vinte e cinco membros, para o exercício das atribuições administrativas e jurisdicionais delegadas da competência do tribunal pleno, provendo-se metade das vagas por antiguidade e a outra metade por eleição pelo tribunal pleno.
c) Todos os julgamentos dos órgãos do Poder Judiciário serão públicos, e fundamentadas todas as decisões, sob pena de nulidade, podendo a lei limitar a presença, em determinados atos, às próprias partes e a seus advogados, ou somente a estes, em casos nos quais a preservação do direito à intimidade do interessado no sigilo não prejudique o interesse público à informação.
d) A atividade jurisdicional será ininterrupta, sendo obrigatória a concessão de férias coletivas nos juízos e tribunais de segundo grau, funcionando, nos dias em que não houver expediente forense normal, juízes em plantão permanente.
e) Um quinto dos lugares dos Tribunais dos Estados, e do Distrito Federal e Territórios será composto de membros, do Ministério Público, com mais de dez anos de carreira, e de advogados de notório saber jurídico e de reputação ilibada, com mais de dez anos de efetiva atividade profissional, indicados em lista tríplice pelos órgãos de representação das respectivas classes.

(ADVOGADO – SENADO FEDERAL – FGV – 2008)

126. Determinado aspirante a vereador, com condenação criminal transitada em julgado, porém com pedido de revisão criminal em curso, é:

a) elegível, ante a pendência da decisão na revisão criminal que visa à nulidade do julgamento;
b) inelegível, pois há sentença condenatória que transitou em julgado;
c) inalistável, visto que teve seus direitos políticos cassados com a condenação criminal;
d) alistável e elegível, até que a revisão criminal transite em julgado;
e) inalistável, porém elegível em função da propositura da revisão criminal.

3.8.2 Controle de constitucionalidade

Quanto ao controle de constitucionalidade de leis ou atos normativos estaduais ou municipais, julgue os próximos itens.

(DEFENSOR PÚBLICO – DPE/AL – CESPE – 2009)

127. Segundo entendimento do STF, quando tramitam simultaneamente duas ações diretas de inconstitucionalidade, uma perante o tribunal de justiça do estado e outra perante o STF, tendo por objeto a mesma lei estadual, impugnada sob o fundamento de afronta a princípios inseridos na Constituição estadual que reproduzam princípios da CF, a ação direta em trâmite perante o tribunal do estado deve ser suspensa até o julgamento final da ação ajuizada perante o STF.

( ) Certo **( ) Errado**

(DEFENSOR PÚBLICO – DPE/AL – CESPE – 2009)

128. De acordo com o STF, compete ao tribunal de justiça do estado-membro julgar a ação direta de inconstitucionalidade cujo objeto consista em lei ou ato normativo municipal que contrarie

previsão inserida na Constituição estadual, ainda que de repetição obrigatória e redação idêntica a dispositivo constante da CF.

( ) **Certo** ( ) **Errado**

(DEFENSOR PÚBLICO – DPE/ES – CESPE – 2009)

129. Conforme entendimento do STF, cabe reclamação da decisão que conceder ou negar a liminar proferida em ação direta de inconstitucionalidade.

( ) **Certo** ( ) **Errado**

(DEFENSOR PÚBLICO – DPE/ES – CESPE – 2009)

130. Caso um cidadão esteja litigando contra o estado do Espírito Santo e o juiz de direito não tenha aplicado, no julgamento dessa causa, o entendimento manifestado pelo plenário do STF em recurso extraordinário interposto em outro processo, não caberá reclamação ao STF contra a decisão do juiz de direito.

( ) **Certo** ( ) **Errado**

(DEFENSOR PÚBLICO SUBSTITUTO – DPE/MT – FCC – 2009)

131. De acordo com as normas da Constituição Federal sobre intervenção federal:

a) não cabe intervenção da União em Municípios;
b) a medida não pode ser decretada sem a requisição do Tribunal competente;
c) a medida não pode determinar o afastamento de autoridades estaduais de suas funções;
d) a medida pode ser decretada por prazo indeterminado;
e) nas hipóteses constitucionais em que a medida se limitar a suspender a execução de ato normativo, fica dispensada sua apreciação pelo Congresso Nacional.

(DEFENSOR PÚBLICO SUBSTITUTO – DPE/MT – FCC – 2009)

132. Analise as assertivas que seguem a propósito da ação direta de inconstitucionalidade:

I – A pertinência temática entre o vício de inconstitucionalidade e a atividade exercida pelo autor legitimado à propositura da ação é, em qualquer hipótese, necessária para que a ação seja conhecida pelo Tribunal.
II – A petição inicial deve ser sempre assinada por advogado.
III – A decisão final de mérito proferida pelo Tribunal é irrecorrível, salvo a oposição de embargos de declaração, não podendo ser objeto de ação rescisória.
IV – A concessão de medida cautelar torna aplicável a legislação anterior acaso existente, salvo expressa manifestação em sentido contrário.
V – Ao declarar a inconstitucionalidade do ato, pode o Tribunal determinar que a decisão somente tenha eficácia a partir de seu trânsito em julgado ou de outro momento que venha a ser fixado.

Está correto o que se afirma SOMENTE em:

a) I, II e III;
b) II, III e IV;
c) II, IV e V;
d) III, IV e V;
e) III e V.

(DEFENSOR PÚBLICO SUBSTITUTO – DPE/MT – FCC – 2009)

133. Considerando-se a disciplina constitucional e legal da arguição de descumprimento de preceito fundamental, é correto afirmar que:

a) a medida não é admitida quando houver qualquer outro meio eficaz de sanar a lesividade apontada pelo autor da demanda;
b) a medida é cabível somente no caso de lesão a preceito fundamental, resultante de ato do Poder Público;
c) a medida tem finalidade apenas repressiva e não preventiva;
d) seu procedimento não permite a concessão de medida liminar;
e) não cabe reclamação contra o descumprimento da decisão proferida pelo Tribunal ao final do processo.

(DEFENSOR PÚBLICO – DPE/CE – CESPE – 2008)

134. O autor da ação direta de inconstitucionalidade pode desistir do feito até a notificação das autoridades que participaram da elaboração da norma impugnada.

( ) Certo ( ) Errado

(DEFENSOR PÚBLICO – DPE/CE – CESPE – 2008)

135. O prazo para ajuizar rescisória contra acórdão do tribunal de justiça proferido em ação direta de inconstitucionalidade é de dois anos contados do trânsito em julgado.

( ) Certo ( ) Errado

(DEFENSOR PÚBLICO – DPE/CE – CESPE – 2008)

136. O STF pode decidir ação direta de constitucionalidade por outros fundamentos ainda que não alegados na petição inicial em razão da causa de pedir aberta.

( ) Certo ( ) Errado

(DEFENSOR PÚBLICO – DPE/CE – CESPE – 2008)

137. O controle difuso de constitucionalidade tem sua origem histórica no direito norte-americano, no caso Marbury *versus* Madison.

( ) Certo ( ) Errado

(DEFENSOR PÚBLICO – DPE/CE – CESPE – 2008)

138. A decisão cautelar na ação declaratória de constitucionalidade, por criação do constituinte derivado, somente adquire eficácia vinculante quando o STF expressamente a atribui.

( ) Certo ( ) Errado

(ADVOGADO – IPAJM/ES – CESPE – 2010)

139. A respeito do controle de constitucionalidade, assinale a opção correta:

a) No Brasil, o controle preventivo de constitucionalidade ocorre apenas de duas maneiras: por intermédio das comissões de constituição e justiça do Poder Legislativo e pelo veto do presidente da República.
b) A suspensão de lei considerada inconstitucional em controle difuso, de regra, acarreta efeitos *ex tunc*. Tais efeitos atingem somente as partes do processo. Todavia, se o Senado Federal, por resolução, usar a prerrogativa constante do art. 52, X, da CF, qual seja, a de suspender, no todo ou em parte, a execução da lei tida por inconstitucional, desde que a decisão tenha sido definitiva e deliberada pela maioria absoluta do pleno do tribunal, os efeitos serão *erga omnes*, porém valerão a partir do momento em que a resolução do Senado Federal for publicada na imprensa oficial.
c) Caso determinada lei seja suspensa por inconstitucionalidade em controle concentrado, os efeitos dos atos praticados sob a vigência dessa lei serão *ex tunc* e *erga omnes*. Ressalte-se que até mesmo os atos cometidos antes da declaração de inconstitucionalidade serão

atingidos pela decisão, o que leva o STF, obrigatoriamente, a alterar a eficácia temporal da decisão.

d) A expressão "no todo ou em parte" – nos termos do art. 52, X, da CF – deve ser interpretada como sendo possível o Senado Federal ampliar, interpretar ou restringir a extensão da decisão do STF, de forma que, caso tenha toda a lei sido declarada inconstitucional pelo STF, em controle difuso, de modo incidental, é possível que o Senado Federal, por entender conveniente a suspensão da lei, faça-o apenas em parte, como manda a CF.

e) De acordo com o STF, podem ser objeto de controle de constitucionalidade perante o STF leis e atos normativos federais ou estaduais – como resoluções administrativas dos tribunais – e atos estatais de conteúdo meramente derrogatório – como as resoluções administrativas –, desde que incidam sobre atos de caráter normativo, entre outros. Além desses, a Corte admite o controle de constitucionalidade das súmulas de jurisprudência e das súmulas vinculantes.

(ADVOGADO – IPAJM/ES – CESPE – 2010)

140. Assinale a opção correta a respeito da intervenção federal:

a) No caso de coação contra o Poder Judiciário de um estado-membro, o pedido de intervenção deverá ser feito pelo Poder Judiciário local ao presidente da República, mediante solicitação.

b) No Brasil, os sujeitos ativos da intervenção são a União e os estados-membros. Todavia, em hipótese alguma, a União intervirá em município localizado em território federal.

c) No caso de intervenção mediante requisição, o chefe do Poder Executivo, para garantir o livre exercício de qualquer dos poderes nas unidades da Federação, não ficará obrigado a decretá-la, podendo atuar discricionariamente.

d) Se qualquer estado da Federação estiver repassando a municípios de seu território as receitas tributárias obrigatórias determinadas pela CF em valor inferior ao devido, e com atraso, violando a autonomia municipal, o presidente da República, por iniciativa própria ou por requisição, poderá decretar intervenção federal nesse estado.

e) Para garantir o livre exercício de qualquer dos poderes nas unidades da Federação, a União poderá intervir nos estados e no DF. Todavia, a decretação da intervenção dependerá de solicitação do Poder Legislativo ou do Poder Executivo coacto ou impedido; no caso de a coação ser contra o Poder Judiciário, exige-se a requisição do STF.

(PROCURADOR DO ESTADO DE ALAGOAS – PGE/AL – CESPE – 2009)

141. Acerca da ADI por omissão e de temas correlatos, assinale a opção correta:

a) A omissão do poder público que justifica o ajuizamento da ADI por omissão é aquela relativa às normas constitucionais de eficácia contida de caráter impositivo, em que a CF investe o legislador na obrigação de expedir comandos normativos.

b) Desde a promulgação da CF, o STF entende que é cabível a concessão de medida liminar em sede de ADI por omissão.

c) É incabível a modulação dos efeitos da declaração da inconstitucionalidade em sede de ADI por omissão.

d) Nos últimos dois anos, a jurisprudência do STF evoluiu quanto aos efeitos das decisões que reconhecem a omissão do legislador, seja em sede de ADI por omissão, seja em sede de mandado de injunção. De um caráter meramente declaratório e mandamental, passou a fixar prazo razoável para que o Congresso Nacional supra a omissão, chegando até a proferir sentenças de perfil aditivo.

e) Em se tratando de reconhecimento de omissão inconstitucional perpetrada por órgão administrativo, o STF, em sede de ADI por omissão, está livre para fixar o prazo para que o órgão adote as providências necessárias para sanar o vício, uma vez que a CF não prevê prazo específico.

Um deputado estadual apresentou à assembleia legislativa de seu estado projeto de lei com os seguintes artigos.

Art. 1º Ficam os cemitérios localizados no estado obrigados a dispensar o pagamento de taxas e tarifas para a realização de velório e sepultamento de doadores de órgãos ou tecidos.

§ 1º Fará jus à dispensa de que trata o *caput* a pessoa que tiver doado, por ato próprio ou por meio de seus familiares ou responsáveis, seus órgãos ou tecidos corporais para fins de transplante médico.

§ 2º Compõem as despesas com funeral, entre outras, taxas e emolumentos fixados pela administração pública, tarifas cobradas pelos serviços executados, incluindo urna funerária de padrão igual ao adotado pela assistência social, remoção e transporte do corpo, taxas de velório e sepultamento, bem como sepultura e campa individualizada.

§ 3º Se os familiares ou responsáveis pelo *de cujus* optarem por urna funerária de padrão superior à oferecida pelo estado, será cobrado o valor da diferença entre os preços das urnas funerárias.

§ 4º A doação de que trata esta lei deverá atender à clientela do Sistema Único de Saúde do estado.

Art. 2º Os herdeiros do doador de órgão receberão R$ 250,00 por órgão doado que for aproveitado em transplante.

Art. 3º Revogam-se as disposições em contrário.

Art. 4º Esta lei entra em vigor 30 dias após a publicação.

Mesmo sem previsão orçamentária para fazer frente às despesas decorrentes da lei, inadvertidamente o governador a sancionou, ocorrendo a sua publicação no Diário Oficial do estado. Somente em seguida é que foi lembrada pelo secretário de fazenda municipal a escassez de recursos para custear os benefícios criados pela lei.

Tendo como referência essa situação hipotética, julgue os itens seguintes.

(PROCURADOR DO ESTADO DE 1ª CATEGORIA – PGE/ES – CESPE – 2008)

142. O governador poderá ajuizar ação direta de inconstitucionalidade (ADI) perante o Supremo Tribunal Federal (STF) contra a lei em comento, por vício de iniciativa, em razão de ela criar despesas sem indicação da fonte de custeio.

( ) **Certo** ( ) **Errado**

(PROCURADOR DO ESTADO DE 1ª CATEGORIA – PGE/ES – CESPE – 2008)

143. O fato de o governador haver sancionado a lei lhe retira a pertinência temática para ajuizamento de ação direta de inconstitucionalidade.

( ) **Certo** ( ) **Errado**

Julgue os itens subsequentes de acordo com o entendimento do STF quanto ao controle de constitucionalidade das leis.

(PROCURADOR DO ESTADO DE 1ª CATEGORIA – PGE/ES – CESPE – 2008)

144. Não se admite o controle concentrado de normas de efeito concreto.

( ) **Certo** ( ) **Errado**

(PROCURADOR DO ESTADO DE 1ª CATEGORIA – PGE/ES – CESPE – 2008)

145. É condição de admissibilidade de ação declaratória de constitucionalidade a demonstração da controvérsia jurisprudencial sobre a compatibilidade entre a norma questionada e o dispositivo da Constituição Federal.

( ) **Certo** ( ) **Errado**

(PROCURADOR DO ESTADO DE 1ª CATEGORIA – PGE/ES – CESPE – 2008)

146. Está sedimentada a adoção da transcendência dos fundamentos determinantes para fins de exame de admissibilidade de reclamação.

( ) **Certo** ( ) **Errado**

(PROCURADOR DO ESTADO DE 1ª CATEGORIA – PGE/ES – CESPE – 2008)

147. Norma que cuide de tempo de espera de atendimento em estabelecimento bancário, limitando-o a vinte minutos, pode ser objeto de ADI no STF.

( ) **Certo** ( ) **Errado**

(PROCURADOR DO ESTADO SUBSTITUTO – PGE/PI – CESPE – 2008)

148. Considere que uma lei de determinado estado da Federação exija que os veículos oficiais a serem adquiridos pela administração pública utilizem combustíveis renováveis ou, no caso de utilizarem combustíveis derivados do petróleo, que tais veículos sejam produzidos no próprio estado. Acerca dessa situação, assinale a opção correta de acordo com a CF e com a jurisprudência sobre o tema:

a) A lei descrita é constitucional, visto que tem por escopo a preservação do meio ambiente ou o incentivo à atividade econômica, valores esses protegidos pela CF.
b) A restrição imposta por essa lei, em relação ao universo de concorrentes em eventual licitação, está em consonância com o princípio da razoabilidade, sendo, portanto, constitucional, visto que a aquisição de veículos produzidos no estado gerará mais empregos e aumentará a arrecadação de tributos, os quais serão revertidos em benefício da própria coletividade.
c) A lei em questão é inconstitucional apenas na parte que exige que os veículos adquiridos utilizem combustíveis renováveis, pois, nesse aspecto, fere o princípio da razoabilidade e limita o universo de competidores.
d) Caso existam no estado, no mínimo, três competidores em condições de fornecer os veículos nos moldes previstos na lei, a competição entre os licitantes estará assegurada e a restrição será, portanto, constitucional.
e) A lei é inconstitucional apenas na parte que exige que os veículos oficiais sejam produzidos no próprio estado, visto que viola norma constitucional segundo a qual é vedado à União, aos estados, ao DF e aos municípios criar distinções entre brasileiros ou preferências entre si.

(PROCURADOR – PMS/SAAE – VUNESP – 2010)

149. Sobre o controle de constitucionalidade das leis e atos normativos, é correto afirmar que:

a) as decisões definitivas de mérito, proferidas pelo Supremo Tribunal Federal, nas ações diretas de inconstitucionalidade produzirão eficácia contra todos e efeito vinculante, relativamente aos demais órgãos dos Poderes Executivo, Legislativo e Judiciário;
b) podem propor a ação direta de inconstitucionalidade, entre outros, as Mesas da Assembleia Legislativa, da Câmara Legislativa do Distrito Federal e da Câmara Municipal;
c) o Procurador-Geral da República deverá ser previamente citado nas ações de inconstitucionalidade e em todos os processos de competência do Supremo Tribunal Federal;
d) declarada a inconstitucionalidade por omissão de medida para tornar efetiva norma constitucional, será dada ciência ao Poder competente para a adoção das providências necessárias e, em se tratando de órgão legislativo, para fazê-lo em trinta dias;
e) quando o Supremo Tribunal Federal apreciar a inconstitucionalidade, em tese, de norma legal ou ato normativo, citará, previamente, o Advogado-Geral da União, que defenderá o ato ou texto impugnado.

(ADVOGADO – SENADO FEDERAL – FGV – 2008)

150. A respeito do novo requisito de admissibilidade do recurso extraordinário pertinente à necessidade de demonstração da repercussão geral das questões constitucionais discutidas (art. 102, § 3º da Constituição Federal), assinale a afirmativa incorreta:

a) Para efeito da repercussão geral, será considerada a existência, ou não, de questões relevantes do ponto de vista econômico, político, social ou jurídico, que ultrapassem os interesses subjetivos da causa.

b) O relator poderá admitir, na análise da repercussão geral, a manifestação de terceiros, subscrita por procurador habilitado, nos termos do regimento interno do Supremo Tribunal Federal.

c) O *quorum* para inadmissão do recurso extraordinário por falta do requisito da repercussão geral é de dois terços dos membros do Supremo Tribunal Federal.

d) Quando houver multiplicidade de recursos extraordinários com fundamento em idêntica controvérsia, o tribunal de origem selecionará um ou mais recursos e os remeterá ao Supremo Tribunal Federal, sobrestando os demais até o pronunciamento definitivo da Corte. Negada a existência da repercussão geral os recursos extraordinários sobrestados serão considerados não admitidos.

e) Reconhecida pelo STF a repercussão geral e julgado o mérito do recurso considerado como *leading case*, os demais tribunais estão obrigados a dar idêntica solução aos recursos extraordinários fundados em idêntica controvérsia. Em nenhuma hipótese, recursos extraordinários que versem sobre matéria já decidida pelo STF poderão ser encaminhados para aquela Corte. A recusa dos desembargadores de instâncias inferiores em aplicar a decisão do STF a casos idênticos pode configurar falta disciplinar, a ser apurada no âmbito do Conselho Nacional de Justiça, por provocação do Presidente do Supremo Tribunal Federal.

(PROCURADOR DO MINISTÉRIO PÚBLICO ESPECIAL JUNTO AO TRIBUNAL DE CONTAS DO ESTADO DA BAHIA – TCE/BA – CESPE – 2010)

151. No controle concentrado, os efeitos da declaração de inconstitucionalidade são *erga omnes* e *ex tunc*, mas, tendo em vista razões de segurança jurídica ou de excepcional interesse social, o STF pode, por maioria qualificada de dois terços de seus membros, restringir os efeitos da declaração ou decidir que ela só tenha eficácia a partir de seu trânsito em julgado ou de outro momento que venha a ser fixado.

( ) **Certo** ( ) **Errado**

(PROCURADOR ESPECIAL DE CONTAS – TCE/ES – CESPE – 2009)

152. No que se refere ao controle de constitucionalidade na sistemática constitucional brasileira, assinale a opção correta:

a) O STF admite o controle preventivo de constitucionalidade sobre projeto de emenda constitucional em trâmite perante o Poder Legislativo federal, mediante o ajuizamento de ADI ao STF.

b) No controle posterior ou repressivo de constitucionalidade, os TCs têm competência para declarar a inconstitucionalidade das leis ou dos atos normativos em abstrato.

c) De acordo com a legislação de regência, a súmula vinculante pode ser objeto de ADI perante o STF, considerando sua extensão e seus efeitos junto aos demais órgãos do Poder Judiciário e da administração pública direta e indireta, nas esferas federal, estadual e municipal.

d) O STF admite, na hipótese de procedência da ADI, em caráter excepcional, a declaração de inconstitucionalidade sem a pronúncia de nulidade da lei ou do ato normativo impugnado.

e) De acordo com o entendimento do STF, a arguição de descumprimento de preceito fundamental não pode ser conhecida como ADI, em face de sua especificidade, ainda que o objeto do pedido principal da arguição seja a declaração de inconstitucionalidade de preceito autônomo por ofensa a dispositivos constitucionais, e que estejam presentes os demais requisitos da ADI.

(PROCURADOR ESPECIAL DE CONTAS – TCE/ES – CESPE – 2009)

153. Acerca do controle de constitucionalidade, assinale a opção correta:

a) Consoante jurisprudência firmada no âmbito do STF, a declaração final de inconstitucionalidade, quando proferida em sede de fiscalização normativa abstrata, importa restauração das normas anteriormente revogadas pelo diploma normativo objeto do juízo de inconstitucionalidade, considerado o efeito repristinatório que lhe é inerente.

b) Segundo entendimento do STF, no controle abstrato de constitucionalidade de lei ou ato normativo, a eficácia vinculante da ação declaratória de constitucionalidade se distingue, em sua essência, dos efeitos das decisões de mérito proferidas nas ADIs.

c) Compete originariamente ao STF julgar a ADI ajuizada em face de lei ou ato normativo do DF, praticado no exercício de sua competência estadual ou municipal.

d) Não se exige, para fins de ajuizamento e conhecimento da ADI, a prova da pertinência temática por parte das Mesas do Senado Federal, da Câmara dos Deputados, das assembleias legislativas dos estados ou da Câmara Legislativa do DF.

e) O ajuizamento da ADI sujeita-se à observância do prazo decadencial de dez anos.

3.8.3 Dos tribunais

(PROCURADOR DO ESTADO DE ALAGOAS – PGE/AL – CESPE – 2009)

154. O Pacto de San José da Costa Rica estabelece de início, em seu preâmbulo, uma proteção aos direitos humanos fundamentais. Explicita que os direitos essenciais da pessoa humana devem ser observados unicamente com fundamento na própria atribuição de ser humano. Repudia qualquer discriminação em que pese a nacionalidade da pessoa, para que se confiram os direitos essenciais a ela inerentes. O pacto promove a todos o mesmo tratamento de proteção internacional que é estabelecido por parte dos Estados americanos. Reitera que o escopo pela busca da liberdade pessoal e da justiça social está esculpido na Carta da Organização dos Estados Americanos, na Declaração Americana dos Direitos e Deveres do Homem e na Declaração Universal dos Direitos do Homem.

Em sua primeira parte, em que são tratados os deveres dos Estados e direitos dos protegidos, os vinte e cinco artigos retratam o panorama equivalente aos quatorze primeiros artigos da nossa Carta Maior.

A discussão maior, após a recepção desse tratado, está no conflito entre o art. 5º da CF, cujo inciso LXVII prevê que não haverá prisão civil por dívida, salvo o devedor de pensão alimentícia e o depositário infiel, e o art. 7º, § 7º, do pacto, o qual estabelece que "ninguém deve ser detido por dívidas".

A partir do texto acima e com relação aos direitos e garantias fundamentais e à disciplina constitucional dos tratados internacionais de direitos humanos, assinale a opção correta:

a) Sabendo que o § 2º do art. 5º da CF dispõe que os direitos e garantias nela expressos não excluem outros decorrentes do regime e dos princípios por ela adotados, ou dos tratados internacionais em que a República Federativa do Brasil seja parte, então, é correto afirmar que, na análise desse dispositivo constitucional, tanto a doutrina quanto o STF sempre foram unânimes ao afirmar que os tratados internacionais ratificados pelo Brasil referentes aos direitos fundamentais possuem *status* de norma constitucional.

b) A EC nº 45/2004 inseriu na CF um dispositivo definindo que os tratados e convenções internacionais sobre direitos humanos que forem aprovados no Congresso Nacional com quorum e procedimento idênticos aos de aprovação de lei complementar serão equivalentes às emendas constitucionais.
c) Ao analisar a constitucionalidade da legislação brasileira acerca da prisão do depositário que não adimpliu obrigação contratual, o STF, recentemente, concluiu no sentido da derrogação das normas estritamente legais definidoras da custódia do depositário infiel, prevalecendo, dessa forma, a tese do *status* de supralegalidade do Pacto de San José da Costa Rica.
d) O STF ainda entende como possível a prisão do depositário judicial quando descumprida a obrigação civil.
e) Caso o Brasil celebre um tratado internacional limitando substancialmente o direito à propriedade, após serem cumpridas todas as formalidades para sua ratificação e integração ao ordenamento pátrio, o Congresso Nacional poderá adotar o procedimento especial para fazer com que esse tratado seja recebido com *status* de emenda constitucional.

(DEFENSOR PÚBLICO – DPE/CE – CESPE – 2008)

155. O Superior Tribunal de Justiça (STJ) detém competência para homologação de sentença estrangeira.

( ) **Certo** ( ) **Errado**

(DEFENSOR PÚBLICO – DPE/CE – CESPE – 2008)

156. Conflito de competência entre o Tribunal Regional do Trabalho no Ceará e o respectivo tribunal regional federal será apreciado pelo STF.

( ) **Certo** ( ) **Errado**

(DEFENSOR PÚBLICO – DPE/CE – CESPE – 2008)

157. O julgamento das causas em que forem partes organismo internacional, de um lado, e de outro, um município será realizado pela justiça federal, devendo eventual recurso ordinário interposto contra a sentença ser julgado pelo STJ.

( ) **Certo** ( ) **Errado**

(ADVOGADO – SENADO FEDERAL – FGV – 2008)

158. Havendo conexão entre crime comum e outro eleitoral, a competência é do(a):

a) Justiça Comum.
b) Justiça Federal.
c) Justiça Militar.
d) Justiça Eleitoral.
e) Superior Tribunal de Justiça.

(ADVOGADO – BADESC/SC – FGV – 2010)

159. Considerando a competência constitucional do Supremo Tribunal Federal, analise as afirmativas a seguir:

I – Compete ao Supremo Tribunal Federal processar e julgar originariamente a ação em que todos os membros da magistratura sejam direta ou indiretamente interessados, e aquela em que mais da metade dos membros do tribunal de origem estejam impedidos ou sejam direta ou indiretamente interessados.

II – Qualquer cidadão pode propor ação direta de inconstitucionalidade perante o Supremo Tribunal Federal, desde que demonstre interesse jurídico na solução da questão constitucional subjacente, podendo ser condenado no décuplo das custas o autor da ação considerada temerária.

III – No recurso extraordinário o recorrente deverá demonstrar a repercussão geral das questões constitucionais discutidas no caso, nos termos da lei, a fim de que o Tribunal examine a admissão do recurso, somente podendo recusá-lo pela manifestação de dois terços de seus membros.

Assinale:

a) se somente a afirmativa I estiver correta;
b) se somente a afirmativa III estiver correta;
c) se somente as afirmativas I e II estiverem corretas;
d) se somente as afirmativas I e III estiverem corretas;
e) se todas as afirmativas estiverem corretas.

(DEFENSOR PÚBLICO – DPE/AL – CESPE – 2009)

160. De acordo com o entendimento do STF, é inconstitucional lei editada pelo estado-membro que prevê a vinculação da DPE a determinada secretaria de estado.

( ) **Certo** ( ) **Errado**

3.9 Da Tributação e do Orçamento

Os princípios da supremacia e da rigidez constitucionais impõem que as normas infraconstitucionais e constitucionais derivadas estejam adequadas, formal e materialmente, ao texto da CF, sob pena de declaração de inconstitucionalidade. Quando assim se encontram no ordenamento jurídico, ou seja, em confronto com determinada norma constitucional, devem ser expungidas do sistema pela sua nulidade.

Acerca do controle de constitucionalidade e do Sistema Tributário Nacional, julgue os itens que se seguem.

(ADVOGADO – IBRAM – CESPE – 2009)

161. Considere que a Lei Ordinária X do DF, que dispõe acerca do Imposto sobre a Propriedade Territorial Urbana (IPTU), tenha estabelecido a progressividade do IPTU a patamares que violam o princípio do não confisco. Essa medida possibilitaria, portanto, o ajuizamento da Ação Direta de Inconstitucionalidade (ADI) no STF.

( ) **Certo** ( ) **Errado**

(PROCURADOR ESPECIAL DE CONTAS – TCE/ES – CESPE – 2009)

162. No tocante a tributação, orçamento e repartição de receitas tributárias, assinale a opção correta:

a) Segundo a CF, é facultado ao Poder Executivo, atendidas as condições e os limites estabelecidos em lei, alterar as alíquotas do imposto sobre a propriedade territorial rural.
b) O empréstimo compulsório pode ser instituído por intermédio de medida provisória, quando destinado a atender a despesas extraordinárias, decorrentes de calamidade pública, de guerra externa ou sua iminência.
c) A CF não prevê reserva específica de lei complementar para que a União exerça sua competência residual tributária.
d) Tanto a União quanto os estados-membros poderão condicionar a entrega de recursos ao pagamento de seus créditos, inclusive de suas autarquias.
e) Constitui afronta ao direito adquirido a revogação de isenção tributária, considerando-se a natureza vinculada do ato de concessão.

(ADVOGADO – IPAJM/ES – CESPE – 2010)

163. Com relação às limitações constitucionais do poder de tributar, assinale a opção correta:

a) Compete à União instituir imposto sobre renda e proventos de qualquer natureza, o qual será informado pelos critérios da generalidade, da universalidade e da progressividade, nos termos de lei complementar. Todavia, é facultado ao Poder Executivo, atendidas as condições e os limites estabelecidos na lei, alterar suas alíquotas.

b) Nenhum tributo proveniente de fato gerador ocorrido durante o ano de 2010 poderá ser cobrado no mesmo exercício financeiro em que haja sido publicada a lei que o instituiu, salvo se a cobrança for feita depois de decorridos noventa dias da data que os instituiu.

c) O constituinte, contrário à ideia de confisco, proibiu a cobrança de tributos com esse efeito. Trata-se de princípio corolário do direito de propriedade, que continua reinando absoluto, assim como ocorreu nas constituições anteriores.

d) É da competência da União instituir impostos sobre grandes fortunas, o que só poderá ser feito nos termos de lei federal.

e) Segundo a CF, é vedado à União, aos estados, ao DF e aos municípios cobrar tributos em relação a fatos geradores ocorridos antes do início da vigência da lei que os houver instituído ou aumentado. Todavia, existe a possibilidade de a lei atribuir a sujeito passivo de obrigação tributária condição de responsável pelo pagamento de imposto ou contribuição, cujo fato gerador deva ocorrer posteriormente ao pagamento, assegurada a imediata e preferencial restituição de quantia paga, caso não se realize o fato gerador presumido.

(ADVOGADO – SENADO FEDERAL – FGV – 2008)

164. Não é limitação constitucional do poder de tributar a proibição de:

a) conferir tratamento desigual a contribuintes que estejam em situação equivalente;

b) instituir ou majorar tributo por medida provisória;

c) cobrar tributo em relação a fatos geradores ocorridos anteriormente à lei que o instituiu ou majorou;

d) cobrar tributo com efeito de confisco;

e) instituir impostos sobre templos de qualquer culto.

(PROCURADOR ESPECIAL DE CONTAS – TCE/ES – CESPE – 2009)

165. Quanto à tributação, finanças públicas e orçamento, assinale a opção correta:

a) Pelo princípio da anterioridade tributária, os tributos não podem ser cobrados em relação a fatos geradores ocorridos antes do início da vigência da lei que os instituiu ou os majorou.

b) De acordo com o entendimento do STF, a imunidade tributária recíproca entre os entes da Federação, prevista na CF, é aplicável tanto aos impostos quanto às taxas.

c) Quanto ao orçamento, a CF veda, em caráter absoluto, a transposição, o remanejamento ou a transferência de recursos de uma categoria da programação para outra.

d) De acordo com o posicionamento do STF, as disponibilidades de caixa dos estados e do DF podem ser depositadas em instituições financeiras não oficiais, desde que mediante autorização prevista em lei estadual.

e) A isenção tributária pode ter por objeto qualquer espécie tributária.

3.10 Da Ordem Econômica e Financeira

(DEFENSOR PÚBLICO SUBSTITUTO – DPE/MT – FCC – 2009)

166. Excetuados os casos de pagamentos de precatórios mediante parcelamento, de acordo com a Constituição Federal cabe ao Presidente do Tribunal decretar o sequestro da quantia necessária ao pagamento de precatório apenas na hipótese de:

a) prévio provimento à representação interventiva contra o ente federativo inadimplente;
b) a Fazenda Pública não efetuar seu pagamento no prazo constitucional, desde que a dívida tenha natureza alimentícia;
c) a Fazenda Pública efetuar seu pagamento em valor a menor do que o devido;
d) seu valor não ser incluído no orçamento da entidade devedora para pagamento no exercício seguinte;
e) violação ao direito de precedência do titular do crédito, segundo a ordem cronológica de apresentação dos precatórios.

(PROCURADOR DO ESTADO DE 1ª CATEGORIA – PGE/ES – CESPE – 2008)

167. A concessão de isenção de tributo é matéria de iniciativa privativa do governador, motivo pelo qual a exclusão do crédito tributário das taxas é inconstitucional.

( ) Certo ( ) Errado

Em relação à ordem econômica e financeira disciplinada na Constituição Federal de 1988, julgue os itens a seguir.

(PROCURADOR DO ESTADO DE 1ª CATEGORIA – PGE/ES – CESPE – 2008)

168. A Constituição Federal optou por um sistema capitalista, no qual desempenha papel primordial a livre iniciativa.

( ) Certo ( ) Errado

(PROCURADOR DO ESTADO DE 1ª CATEGORIA – PGE/ES – CESPE – 2008)

169. A concessão de desconto de 50% para ingressos de cinema e teatro aos doadores de sangue constitui norma de intervenção estatal por indução no mercado.

( ) Certo ( ) Errado

(PROCURADOR DO ESTADO DE 1ª CATEGORIA – PGE/ES – CESPE – 2008)

170. O Estado, no seu papel de agente normativo e regulador do mercado econômico, exerce funções determinantes de planejamento para o setor privado.

( ) Certo ( ) Errado

(PROCURADOR DO ESTADO DE 1ª CATEGORIA – PGE/ES – CESPE – 2008)

171. Os títulos sobre ordem econômica e social, educação e cultura revelam a tendência das constituições em favor de um Estado social. Essa clara opção constitucional faz desse ordenamento econômico e cultural um dos mais importantes títulos das novas constituições, assinalando o advento de um novo modelo de Estado, tendo como valor-fim a justiça social e a cultura, em uma democracia pluralista exigida pela sociedade de massas do século XX.

( ) Certo ( ) Errado

(PROCURADOR DO ESTADO SUBSTITUTO – PGE/PI – CESPE – 2008)

172. Assinale a opção correta a respeito da ordem econômica e financeira de acordo com a CF:
a) É assegurado a todos o livre exercício de qualquer atividade econômica, sendo imprescindível, contudo, em qualquer caso, a autorização do órgão público competente.
b) Como agente normativo e regulador da atividade econômica, o Estado exercerá, na forma da lei, as funções de fiscalização, incentivo e planejamento, sendo determinante para os setores público e privado.
c) A exploração direta da atividade econômica pelo Estado, via de regra, é permitida, desde que não viole direito individual nem afete a livre concorrência.

d) A lei disporá sobre a ordenação dos transportes aéreo, aquático e terrestre, devendo, quanto à ordenação do transporte internacional, observar os acordos firmados pela União, atendido o princípio da reciprocidade.
e) A política de desenvolvimento urbano, executada pelo poder público estadual, conforme diretrizes gerais fixadas em lei, tem por objetivo ordenar o pleno desenvolvimento econômico das cidades.

(PROCURADOR ESPECIAL DE CONTAS – TCE/ES – CESPE – 2009)

173. Assinale a opção correta acerca das ordens econômica, financeira e social:
a) Ao dispor sobre a ordem social, a CF estabelece que as receitas dos estados, do DF e dos municípios, destinadas à seguridade social, constem do respectivo orçamento, não integrando o orçamento da União.
b) As empresas públicas e as sociedades de economia mista podem gozar de privilégios fiscais não extensíveis às empresas do setor privado.
c) A CF estabelece como princípio da ordem econômica o tratamento favorecido para as empresas de pequeno e médio porte constituídas sob as leis brasileiras e que tenham sua sede e administração no país.
d) Constituem monopólio da União a pesquisa, a lavra, o enriquecimento, o processamento, a industrialização e o comércio de minérios e minerais nucleares e seus derivados, incluindo os radioisótopos para pesquisa.
e) O pescador artesanal que exerça suas atividades em regime de economia familiar, sem empregados permanentes, não contribuirá para a seguridade social.

3.11 Da Ordem Social

(DEFENSOR PÚBLICO SUBSTITUTO – DPE/MT – FCC – 2009)

174. Considerando-se as normas constitucionais a respeito da seguridade social, é correto afirmar que:
a) a assistência social deve ser prestada a quem dela necessitar, mediante contribuição à seguridade social, paga nos termos da lei;
b) a pessoa portadora de deficiência que comprove não possuir meios de prover à própria manutenção ou de tê-la provida por sua família, nos termos da lei, tem direito ao recebimento de um salário-mínimo de benefício mensal;
c) o acesso ao sistema único de saúde depende de contribuição à seguridade social, nos termos da lei;
d) é inconstitucional norma estadual que vincule cinco décimos por cento de sua receita tributária líquida a programa de apoio à inclusão e promoção social;
e) asseguram o direito público subjetivo à educação fundamental.

(PROCURADOR DO ESTADO SUBSTITUTO – PGE/PI – CESPE – 2008)

175. No que concerne à ordem social, assinale a opção correta de acordo com o disposto na CF:
a) Compete ao poder público, nos termos da lei, organizar a seguridade social, com base no caráter democrático e descentralizado da administração, mediante gestão bipartite e com a participação dos trabalhadores e dos empregadores.
b) Para efeito de aposentadoria, é assegurada a contagem, de forma autônoma, do tempo de contribuição na administração pública ou na atividade privada, rural e urbana, não sendo lícita a compensação financeira entre os dois sistemas.

c) É vedado o aporte de recursos a entidade de previdência privada pela União, pelos estados, pelo DF e pelos municípios, suas autarquias, fundações, empresas públicas, sociedades de economia mista e outras entidades públicas, ainda que na qualidade de patrocinador.
d) A lei disporá sobre as condições e os requisitos que facilitem a remoção de órgãos, tecidos e substâncias humanas para fins de transplante, pesquisa e tratamento, bem como a coleta, o processamento e a transfusão de sangue e seus derivados, sendo vedado todo tipo de comercialização.
e) A assistência social será prestada a quem dela necessitar, desde que o interessado seja contribuinte da seguridade social.

(ANALISTA MUNICIPAL/ ESPECIALIDADE PROCURADOR MUNICIPAL – PGM DE BOA VISTA/ RR – CESPE – 2010)

176. A previsão constitucional de regras diferenciadas de aposentadoria para quem exerça atividades sob condições especiais que prejudiquem a sua saúde ou a sua integridade física carece de regulamentação infraconstitucional. Por essa razão, caso a regulamentação não seja produzida, os servidores que exerçam atividades nocivas podem solicitar a aplicação, por analogia, das regras do regime geral de previdência.

( ) Certo ( ) Errado

(ANALISTA MUNICIPAL/ ESPECIALIDADE PROCURADOR MUNICIPAL – PGM DE BOA VISTA/ RR – CESPE – 2010)

177. Nas empresas com mais de duzentos empregados, é assegurada a eleição de um representante dos empregados com a finalidade exclusiva de promover o entendimento direto entre eles e os empregadores.

( ) Certo ( ) Errado

(ANALISTA MUNICIPAL/ ESPECIALIDADE PROCURADOR MUNICIPAL – PGM DE BOA VISTA/ RR – CESPE – 2010)

178. Tanto o trabalhador urbano quanto o trabalhador rural têm direito a assistência gratuita para seus filhos e dependentes, em creches e pré-escolas até determinada idade.

( ) Certo ( ) Errado

3.12 Outros

(ADVOGADO – BADESC/SC – FGV – 2010)

179. Considerando o estatuto constitucional do Ministério Público, analise as afirmativas a seguir:

I – Os membros do Ministério Público gozam da garantia da vitaliciedade, após dois anos de exercício, não podendo perder o cargo, salvo por sentença transitada em julgado, ou por decisão do Conselho Nacional do Ministério Público em processo administrativo, garantido o contraditório e a ampla defesa.

II – Algumas das vedações previstas na Constituição aos membros do Ministério Público são: *o exercício de atividade político partidária*; *o exercício, ainda que em disponibilidade, de qualquer outra função pública, salvo uma de magistério*; *e a participação em sociedade comercial, na forma da lei*.

III – São funções institucionais do Ministério Público, dentre outras, o exercício do controle externo da atividade policial, na forma da lei complementar respectiva, e a requisição à polícia judiciária de diligências investigatórias e de instauração de inquérito policial, indicados os fundamentos jurídicos de suas manifestações processuais.

Assinale:

a) se somente a afirmativa I estiver correta;
b) se somente as afirmativas I e II estiverem corretas;
c) se somente as afirmativas I e III estiverem corretas;
d) se somente as afirmativas II e III estiverem corretas;
e) se todas as afirmativas estiverem corretas.

(PROCURADOR – ASSEMBLEIA LEGISLATIVA SP – FCC – 2010)

180. É INCORRETO afirmar que cabe ao Conselho Nacional do Ministério Público:

a) rever, de ofício ou mediante provocação, os processos disciplinares de membros do Ministério Público da União ou dos Estados julgados há menos de um ano;
b) receber e conhecer das reclamações contra membros ou órgãos do Ministério Público da União ou dos Estados, exceto contra seus serviços auxiliares, sem prejuízo da competência disciplinar e correcional da instituição;
c) elaborar relatório anual, propondo as providências que julgar necessárias sobre a situação do Ministério Público no País e as atividades do Conselho;
d) zelar pela autonomia funcional e administrativa do Ministério Público, podendo expedir atos regulamentares, no âmbito de sua competência, ou recomendar providências;
e) apreciar, de ofício ou mediante provocação, a legalidade dos atos administrativos praticados por membros ou órgãos do Ministério Público da União e dos Estados, podendo desconstituí-los, revê-los ou fixar prazo para que se adotem as providências necessárias ao exato cumprimento da lei, sem prejuízo da competência dos Tribunais de Contas.

A defensoria pública é instituição essencial à função jurisdicional do Estado e tem previsão expressa na CF e na CEES. Considerando as referidas normas fundamentais, julgue os itens que se seguem.

(DEFENSOR PÚBLICO – DPE/ES – CESPE – 2009)

181. A Emenda Constitucional nº 45 assegurou ao defensor público geral da União o foro por prerrogativa de função perante o STF para conhecer, processar e julgar os crimes comuns e, perante o Senado Federal, nos delitos de responsabilidade, nos mesmos moldes estabelecidos para o procurador-geral da República e o advogado-geral da União.

( ) **Certo** ( ) **Errado**

(DEFENSOR PÚBLICO – DPE/ES – CESPE – 2009)

182. Ao tratar da defesa do consumidor, a CEES, na implantação da política pública, assegura ao consumidor o direito de assistência judiciária, quando solicitada, de forma ampla, integral e gratuita, independentemente de sua situação financeira.

( ) **Certo** ( ) **Errado**

(DEFENSOR PÚBLICO – DPE/ES – CESPE – 2009)

183. A CEES, da mesma forma que o previsto expressamente pela CF com relação ao assunto, assegura a necessidade de designação de membro permanente da defensoria pública para prestar assistência integral e gratuita aos índios do estado, a suas comunidades e organizações.

( ) **Certo** ( ) **Errado**

A defensoria pública, prevista na CF e na CEES, vem regulamentada, respectivamente, pela Lei Complementar Federal nº 80/1994 e pela Lei Complementar Estadual nº 55/1994. Com base nos referidos diplomas infraconstitucionais, julgue os itens subsequentes.

(DEFENSOR PÚBLICO – DPE/ES – CESPE – 2009)

184. A lei complementar estadual mencionada criou hipótese de imunidade aos defensores públicos, por seus atos e manifestações, nos limites das leis, por serem eles os intermediários na relação do estado com os cidadãos jurisdicionados.

( ) **Certo** ( ) **Errado**

(DEFENSOR PÚBLICO – DPE/ES – CESPE – 2009)

185. As legislações complementares asseguram aos defensores públicos o direito ao porte de arma. Em relação aos defensores públicos federais, após sua aprovação no estágio probatório, a concessão do porte de arma é de âmbito nacional, mediante ato do defensor público geral. O porte de arma dos defensores públicos estaduais fica restrito à circunscrição do estado-membro, e é conferido no ato da posse, com a expedição da carteira funcional, por decisão do defensor público geral.

( ) **Certo** ( ) **Errado**

(DEFENSOR PÚBLICO – DPE/ES – CESPE – 2009)

186. A lei complementar federal citada assegura assistência jurídica integral e gratuita aos necessitados. A acepção atual da expressão necessitados abrange tanto os necessitados econômicos como os necessitados jurídicos – pessoas que, de qualquer modo, em razão da hipossuficiência, estão em situação jurídica de vulnerabilidade em relação à parte contrária. A norma estadual contempla ambas as possibilidades.

( ) **Certo** ( ) **Errado**

(DEFENSOR PÚBLICO – DPE/ES – CESPE – 2009)

187. A atuação perante os tribunais superiores é prerrogativa assegurada, de forma expressa, na referida lei complementar federal, aos membros da Defensoria Pública da União de categoria especial. O defensor público geral da União atua junto ao STF.

( ) **Certo** ( ) **Errado**

(DEFENSOR PÚBLICO – DPE/ES – CESPE – 2009)

188. A previsão normativa da independência funcional no desempenho de suas atribuições assegura ao defensor público liberdade de bem escolher a tese a ser sustentada no feito sob a sua responsabilidade. É vedada a avocação pelo defensor geral, salvo em caso de representação do assistido e de constatar-se a ocorrência de desídia, negligência ou falta funcional, indicando-se, de pronto, outro membro para patrocínio da causa. A autonomia ou independência funcional não desobriga o defensor público de se submeter a regras e procedimentos estabelecidos pela administração superior da instituição.

( ) **Certo** ( ) **Errado**

(DEFENSOR PÚBLICO – DPE/ES – CESPE – 2009)

189. O critério objetivo de definição da hipossuficiência nas legislações complementares federal e estadual, para fins de assistência jurídica pela defensoria pública, é divergente. Justifica-se a utilização de parâmetros distintos porque os hipossuficientes, no âmbito federal, têm perfil socioeconômico diferente dos necessitados na circunscrição do estado. No âmbito estadual, considera-se como insuficiente de recursos aquele que tenha renda pessoal mensal inferior a três salários-mínimos, ou pertença a entidade familiar cuja média de renda per capita ou mensal não ultrapasse a metade do valor referido.

( ) **Certo** ( ) **Errado**

(DEFENSOR PÚBLICO SUBSTITUTO – DPE/MT – FCC – 2009)

190. Considere as seguintes assertivas:

I – O exercício lícito da liberdade de reunião em locais abertos ao público pressupõe a existência de autorização prévia por parte da autoridade competente.

II – A lei pode exigir autorização prévia para a criação de associações, sendo vedada, no entanto, a interferência estatal em seu funcionamento.

III – As entidades associativas, ainda que não expressamente autorizadas por seus filiados, têm legitimidade para representá-los em quaisquer procedimentos judiciais.

IV – No caso de iminente perigo público, a autoridade competente poderá usar de propriedade particular, assegurada ao proprietário indenização ulterior, se houver dano.

V – A pequena propriedade rural, assim definida em lei, desde que trabalhada pela família, não será objeto de penhora para pagamento de débitos decorrentes de sua atividade produtiva.

Está correto o que se afirma SOMENTE em:

a) I e II;
b) II e III;
c) III e IV;
d) IV e V;
e) III, IV e V.

(PROCURADOR DO ESTADO DE ALAGOAS – PGE/AL – CESPE – 2009)

191. O valor cobrado pela prestação de um serviço público feito por uma concessionária ou permissionária corresponde:

a) a um tributo;
b) a uma taxa;
c) a um tributo, na modalidade de taxa;
d) apenas a um imposto;
e) tão somente a um preço público.

(PROCURADOR DO ESTADO DE ALAGOAS – PGE/AL – CESPE – 2009)

192. A cobrança de emolumentos pelo Poder Judiciário enquadra-se na definição jurídica de:

a) taxa pela prestação de serviço público;
b) taxa pelo poder de polícia;
c) preço público;
d) imposto;
e) tarifa pública.

(PROCURADOR DO ESTADO SUBSTITUTO – PGE/PI – CESPE – 2008)

193. Segundo a CF, o dever do Estado com a educação será efetivado mediante a garantia de:

a) educação infantil, em creche e pré-escola, às crianças de até cinco anos de idade;
b) ensino fundamental e médio, obrigatório e gratuito, inclusive para os que a ele não tiveram acesso na idade própria;
c) atendimento educacional especializado aos portadores de deficiência, preferencialmente em escolas exclusivas para portadores de necessidades especiais;
d) ensino religioso, de matrícula obrigatória nas escolas públicas de ensino fundamental;
e) atuação prioritária dos municípios no ensino fundamental e médio.

(PROCURADOR – PMS/SAAE – VUNESP – 2010)

194. A Constituição Federal estipula que todos têm direito ao meio ambiente ecologicamente equilibrado e, para assegurar a efetividade desse direito, incumbe ao Poder Público:

a) preservar e administrar os recantos ecológicos brasileiros e prover o manejo econômico das espécies e ecossistemas;
b) explorar a diversidade e potencial do patrimônio genético do País e organizar as entidades dedicadas à pesquisa, comercialização e manipulação de material genético;
c) explorar os espaços territoriais e seus componentes especialmente protegidos, sendo totalmente vedadas a sua alteração e a supressão por entidades da iniciativa privada;
d) controlar a produção, a comercialização e o emprego de técnicas, métodos e substâncias que comportem risco para a vida, a qualidade de vida e o meio ambiente;
e) proteger a fauna e a flora, regulamentando as práticas que coloquem em risco sua função ecológica, provoquem a extinção de espécies ou submetam os animais à crueldade.

(ADVOGADO – SENADO FEDERAL – FGV – 2008)

195. A respeito do regime constitucional de organização dos partidos políticos, analise as afirmativas a seguir:

I – A norma constitucional que assegura autonomia aos partidos políticos para definir sua estrutura interna, organização e funcionamento e para adotar os critérios de escolha e o regime de suas coligações eleitorais, sem obrigatoriedade de vinculação entre as candidaturas em âmbito nacional, estadual, distrital ou municipal, por ter sido instituída por emenda constitucional, só passou a ser aplicada decorrido um ano da data de sua vigência.
II – É assegurado aos partidos políticos o recebimento de financiamento por parte de entidades estrangeiras, desde que tais recursos sejam declarados anualmente perante o Tribunal Superior Eleitoral.
III – Os partidos políticos que não obtiverem em cada eleição para a Câmara dos Deputados no mínimo cinco por cento de votos apurados, distribuídos em pelo menos um terço dos Estados, não terão direito a receber recursos do fundo partidário.

Assinale:

a) se somente a afirmativa I estiver correta;
b) se somente a afirmativa II estiver correta;
c) se somente a afirmativa III estiver correta;
d) se somente as afirmativas I e III estiverem corretas;
e) se todas as afirmativas estiverem corretas.

(ADVOGADO – SENADO FEDERAL – FGV – 2008)

196. A respeito do regime constitucional de intervenção da União nos Estados e no Distrito Federal, analise as afirmativas a seguir:

I – Decreto de intervenção, que especificará a amplitude, o prazo e as condições de execução e que, se couber, nomeará interventor, será submetido à apreciação do Senado Federal, no prazo de vinte e quatro horas.
II – Se a intervenção tiver sido decretada para prover a execução de lei federal, ordem ou decisão judicial, fica dispensada a apreciação do decreto de intervenção pelo Poder Legislativo.
III – Se a intervenção tiver sido decretada para repelir invasão estrangeira, poderá o Presidente da República deixar de submeter o decreto de intervenção ao Poder Legislativo, desde que invoque a ocorrência de grave risco iminente à preservação da integridade territorial e à soberania do Estado Brasileiro.
IV – A União poderá intervir nos Estados e no Distrito Federal para assegurar a observância da aplicação do mínimo exigido da receita resultante de impostos estaduais, compreendida a proveniente de transferências, na manutenção e desenvolvimento do ensino e nas ações e serviços públicos de saúde.

Assinale:

a) se apenas a afirmativa I estiver correta;
b) se apenas as afirmativas I, II e IV estiverem corretas;
c) se apenas as afirmativas II e IV estiverem corretas;
d) se apenas as afirmativas I, II e III estiverem corretas;
e) se apenas as afirmativas III e IV estiverem corretas.

(ADVOGADO – SENADO FEDERAL – FGV – 2008)

197. A respeito do regime constitucional de livre nomeação de servidores não concursados para cargos em comissão, no âmbito da administração pública, assinale a afirmativa correta:

a) A vedação da nomeação, pela autoridade competente, de seus próprios parentes para exercício de cargo em comissão, se aplica exclusivamente ao Poder Judiciário, por força da existência de regra constitucional proibitiva específica.
b) A Constituição, em se tratando de cargos públicos de livre nomeação, não estabelece qualquer limitação relacionada ao grau de parentesco porventura existente entre a pessoa nomeada e algum agente público.
c) A proibição de nomeação de parentes de parlamentares para cargos em comissão ou de confiança no âmbito do Poder Legislativo depende da aprovação de lei específica ou ainda de previsão nos regimentos internos da Câmara dos Deputados e do Senado Federal.
d) No regime da Constituição Federal de 1988, as funções de confiança e os cargos em comissão devem ser exercidos obrigatoriamente por servidores de carreira, ou seja, servidores que ocupem cargos efetivos após aprovação em concurso público, no âmbito do respectivo órgão.
e) A proibição de nomeação de cônjuges, companheiros ou parentes em linha reta, colateral ou por afinidade, até terceiro grau, inclusive, da autoridade nomeante ou de servidor da mesma pessoa jurídica, investido em cargo de direção, chefia ou assessoramento, para o exercício de cargo em comissão ou de confiança, decorre dos princípios da moralidade e impessoalidade da administração pública, consagrados na Constituição Federal.

(ADVOGADO – SENADO FEDERAL – FGV – 2008)

198. Sargento Silva, com mais de 10 anos de atividade na carreira, requereu afastamento a fim de candidatar-se ao cargo de deputado estadual. A licença lhe foi concedida com prejuízo do soldo, sendo-lhe subtraída a verba descrita como gratificação de tropa, que sempre lhe foi paga e que corresponde a 80% do valor percebido. Essa decisão:

a) fere direito líquido e certo do sargento em receber o soldo integral;
b) encontra respaldo no texto constitucional, visto que se trata de militar;
c) é legal, visto que o militar agregado é considerado como licenciado para fins particulares;
d) é ilegal, visto que o militar agregado tem os mesmos direitos que os civis, quando concorre em processo eleitoral;
e) é válida, visto que a gratificação de tropa só deve ser paga para os militares na ativa.

(ADVOGADO – SENADO FEDERAL – FGV – 2008)

199. Determinado postulante a uma função eletiva desfiliou-se de antigo partido e ingressou em outro partido. A comunicação foi feita exclusivamente ao partido político. O registro de sua candidatura é:

a) possível, bastando que regularize sua situação e, concomitantemente, faça a comunicação de sua anterior desfiliação ao Juízo Eleitoral;
b) sujeito à condição suspensiva, pois pende a questão da desfiliação na Justiça Eleitoral;
c) inviável, ante a duplicidade de filiação partidária, pela ausência de comunicação à Justiça Eleitoral;

d) sujeito à condição resolutiva, por ter o candidato comunicado ao novo partido sua anterior filiação;
e) inviável, ante o prazo peremptório de 10 dias para fazer a comunicação da desfiliação à Justiça Eleitoral.

(PROCURADOR ESPECIAL DE CONTAS – TCE/ES – CESPE – 2009)

200. Determinada unidade da Federação atribuiu ao MP estadual, mediante lei, as funções do MP especial junto ao TC, e tornou obrigatório o exame prévio, pela Corte de Contas Estadual, da validade de contratos firmados pela administração pública.

( ) **Certo** ( ) **Errado**

Com base nessa situação hipotética e de acordo com a jurisprudência do STF, assinale a opção correta:

a) Diante da ausência de norma na CF que atribua competência ao TCU para o exame prévio da validade de contratos firmados pela União, a hipótese seria de inconstitucionalidade parcial, uma vez que o exame prévio dos contratos seria inconstitucional, apesar de o desempenho de atribuições do MP especial junto ao TC pelo MP estadual ser legítimo.
b) A norma seria constitucional, diante da existência, na esfera federal, de norma jurídica de idêntico teor.
c) A norma seria inconstitucional, pois o MP especial junto ao TC não se confunde com o MP comum, razão pela qual suas atribuições não poderiam ser exercidas por procuradores do Estado, em estrita observância ao princípio da simetria, o qual serve de parâmetro, também, para a inconstitucionalidade da norma no que se refere à obrigatoriedade do exame prévio, pelo TC do estado, dos contratos firmados pelo poder público, uma vez ausente norma de correspondência na esfera federal.
d) A norma seria parcialmente inconstitucional, pois o controle prévio da validade dos contratos firmados pelo poder público está em consonância com as competências atribuídas, pela CF, ao TCU, razão pela qual seria constitucional norma estadual correspondente, não obstante a inviabilidade do exercício de atribuições do MP especial junto ao TC pelo MP estadual.
e) A norma seria constitucional por se tratar de organização e competência do TC estadual, matéria inserida no âmbito da competência legislativa plena dos estados-membros, afastando-se a necessidade de observância do princípio da simetria.

(PROCURADOR ESPECIAL DE CONTAS – TCE/ES – CESPE – 2009)

201. Considere que determinada lei estadual tenha reconhecido ao MP especial junto ao TC autonomia administrativa e financeira, bem como a iniciativa quanto a projetos de lei relativos à sua organização. Diante dessa situação, e consoante jurisprudência firmada quanto ao tema, assinale a opção correta:

a) A norma estadual é constitucional, pois o MP especial junto ao TC tem as mesmas prerrogativas conferidas pela CF ao MP comum dos estados-membros.
b) A norma estadual é parcialmente inconstitucional, já que a CF conferiu ao MP especial junto ao TC apenas a autonomia administrativa e financeira, negando-lhe, porém, a iniciativa quanto a projetos de lei relativos à sua organização.
c) A norma é inconstitucional, considerando que o MP especial junto ao TC estadual não dispõe das garantias institucionais pertinentes ao MP comum dos estados-membros, notadamente daquelas prerrogativas inerentes à autonomia administrativa e financeira e ao poder de iniciativa dos projetos de lei relativos à sua organização.
d) A norma é constitucional, pois a CF submete os integrantes do MP especial junto aos TCs ao mesmo estatuto jurídico que rege os membros do MP comum, em tema de direitos, vedações e forma de investidura no cargo.
e) A norma estadual é constitucional apenas no que se refere ao poder de iniciativa dos projetos relativos à organização do MP especial junto ao TC.

4

DIREITO DO TRABALHO

4.1 Do Direito Individual do Trabalho

4.1.1 *Das disposições gerais*

A relação de emprego, espécie do gênero relação de trabalho, reúne elementos que a diferenciam de outras modalidades de prestação de trabalho na sociedade. Julgue os itens a seguir, acerca dos elementos configuradores da relação de emprego.

(PROCURADOR DO ESTADO DE 1ª CATEGORIA – PGE/ES – CESPE – 2008)

1. A subordinação, que é um dos elementos configuradores da relação de emprego, resulta do poder do empregador de dirigir o modo como o trabalhador realiza sua atividade no que se refere às técnicas a serem aplicadas; caso o empregado domine essas técnicas e determine sua aplicação, afastada estará a hipótese de relação de emprego.

   ( ) Certo ( ) Errado

(PROCURADOR DO ESTADO DE 1ª CATEGORIA – PGE/ES – CESPE – 2008)

2. O conceito de não eventualidade, para a caracterização da relação de emprego, coincide com o de continuidade, de modo que se o trabalhador presta serviços duas ou três vezes na semana em estabelecimento empresarial, ele não reúne as condições para ser considerado empregado.

   ( ) Certo ( ) Errado

(PROCURADOR DO ESTADO DE ALAGOAS – PGE/AL – CESPE – 2009)

3. Considerando que um trabalhador tenha sua contratação efetivada por determinada pessoa jurídica e desenvolva suas atividades laborais na própria residência, assinale a opção correta:
   a) O desenvolvimento das atividades laborais na própria residência não configura relação de emprego.
   b) Há distinção entre o trabalho realizado no estabelecimento do contratante e o executado no domicílio do empregado, segundo prescrição consolidada.
   c) Por efetivar seu labor em residência, o trabalhador em questão é considerado doméstico.
   d) Dito trabalhador não poderá receber menos que o salário-mínimo, mas estará fora do regime celetista.
   e) No caso em apreço, estando presente a subordinação e a pessoalidade, caracteriza-se relação de emprego.

(PROCURADOR DO ESTADO SUBSTITUTO – PGE/PI – CESPE – 2008)

4. A CF, no art. 37, inciso XI, estabeleceu o teto para a remuneração e para o subsídio dos ocupantes de cargos, funções e empregos públicos da administração direta, autárquica e fundacional. No que diz respeito à aplicação do referido dispositivo constitucional às sociedades de economia mista e empresas públicas, assinale a opção correta:
   a) As sociedades de economia mista e empresas públicas estão sujeitas ao teto remuneratório em questão.
   b) Apenas as sociedades de economia mista estão sujeitas ao mencionado teto remuneratório.
   c) Apenas as empresas públicas estão sujeitas ao teto remuneratório em apreço.
   d) As sociedades de economia mista e empresas públicas, por serem pessoas jurídicas de direito privado, não se sujeitam ao referido teto remuneratório.
   e) Ainda não há um posicionamento da jurisprudência a respeito da aplicação do teto remuneratório às sociedades de economia mista e empresas públicas.

(PROCURADOR – PMS/SAAE – VUNESP – 2010)

5. Sobre os sujeitos da relação de emprego, é correto afirmar que:

a) considera-se empregado toda pessoa física que prestar serviços de natureza eventual a empregador, sob a dependência deste e mediante salário;
b) as instituições sem fins lucrativos que admitirem trabalhadores como empregados não se equiparam ao empregador, para os efeitos exclusivos da relação de emprego;
c) trabalho temporário é aquele prestado por pessoa física a uma empresa, para atender à necessidade transitória de substituição de seu pessoal regular e permanente ou a acréscimo extraordinário de serviços;
d) avulso é o trabalhador que, com a intermediação do próprio sindicato ou de um órgão específico, presta serviços eventuais para terceiros, com vínculo empregatício;
e) autônomo é a pessoa física que presta pessoalmente serviços com subordinação.

(PROCURADOR DO ESTADO DE ALAGOAS – PGE/AL – CESPE – 2009)

6. Determinada empresa internacional instalou-se no Brasil com quadro de dezoito trabalhadores, dos quais onze eram brasileiros, e o restante, estrangeiros.

À luz do prescrito na CLT, assinale a opção correta a respeito da situação hipotética acima descrita:

a) A proporcionalidade adotada está correta.
b) Se, entre os estrangeiros, houver um residente no Brasil há mais de dez anos e com cônjuge brasileiro, a proporção estará incorreta.
c) Há prescrição na CLT determinando distinção entre o trabalhador nacional ou não quanto à função.
d) No caso em apreço, mediante ato do Poder Executivo e após apuração do Departamento Nacional do Trabalho, poderá ser admitida proporcionalidade aquém da legalmente prescrita.
e) Por ato do Poder Executivo e após apuração da secretaria regional do trabalho e emprego, poderá ser admitida proporcionalidade aquém da legalmente prescrita.

4.1.1.1 Do autônomo

(PROCURADOR – PMS/SAAE – VUNESP – 2010)

7. A pessoa jurídica ou física, sem relação de emprego, que desempenha, em caráter não eventual por conta de uma ou mais pessoas, a mediação para realização de negócios mercantis, agenciando propostas ou pedidos, para transmiti-las, praticando ou não atos relacionados com a execução dos negócios, exerce:

a) locação de serviços;
b) empreitada;
c) mandato;
d) parceria;
e) representação comercial autônoma.

4.1.1.2 Da mulher

(ADVOGADO – SENADO FEDERAL – FGV – 2008)

8. Considere as seguintes assertivas sobre o Trabalho da Mulher e a Proteção à Maternidade:

I – O trabalho noturno da mulher é permitido, sendo devido o adicional noturno de 25% (vinte e cinco por cento) no mínimo.

II – Ao empregador é vedado utilizar a empregada em atividades que impliquem o emprego de força muscular igual ou superior a 20 (vinte) quilos para o trabalho contínuo.

III – Para amamentar o próprio filho até que complete 6 (seis) meses, a mãe terá direito a três intervalos especiais, de meia hora cada um.
IV – A mãe adotiva tem direito à licença-maternidade pelo período de 120 (cento e vinte) dias e ao salário maternidade.
V – Em consonância com a Constituição Federal/88, é necessária a existência de creches para assistência gratuita aos filhos e dependentes do trabalhador do sexo feminino ou masculino desde o nascimento até 6 (seis) anos de idade.

Assinale:

a) se somente uma assertiva for falsa;
b) se somente duas assertivas forem falsas;
c) se somente três assertivas forem falsas;
d) se somente quatro assertivas forem falsas;
e) se todas as assertivas forem falsas.

4.1.1.3 Da alteração do contrato de trabalho

Empregados de uma empresa sofrem redução no percentual de diversos adicionais a que fazem jus: o adicional de horas extras passou a ser remunerado na base de 30%; o de periculosidade, na base de 20%; e o noturno, na base de 10%.

Considerando essa situação hipotética, julgue os itens que se seguem.

(PROCURADOR DO ESTADO DE 1ª CATEGORIA – PGE/ES – CESPE – 2008)

9. A redução, por meio de acordo individual escrito, dos percentuais previstos em lei para os referidos adicionais é admitida com ressalvas pela legislação trabalhista, pois exige em troca a concessão de outras vantagens para os empregados que se encontrem nessa situação.

( ) Certo ( ) Errado

(PROCURADOR DO ESTADO DE ALAGOAS – PGE/AL – CESPE – 2009)

10. Umberto, trabalhador de determinada empresa, tinha como remuneração parte fixa mais percentual sobre serviços realizados, comissões por hora trabalhada. Após cerca de dois anos de trabalho, a empresa alterou a forma de remuneração para parte fixa mais percentual por comissões em vendas. Com respeito a essa situação hipotética, assinale a opção correta:
a) Nenhuma alteração poderia ser efetivada, mesmo que dela resultasse melhor remuneração para Umberto.
b) A alteração em apreço só será legal se houver assistência do sindicato obreiro mediante acordo coletivo.
c) Umberto será credor de comissões mesmo que estas resultem de transação ultimada após a extinção do contrato de trabalho.
d) O autor será credor de comissões somente quando a transação a que se refiram for ultimada antes da extinção do contrato de trabalho.
e) Umberto não será credor de comissões após extinção do contrato de trabalho, caso tenha havido alteração na composição societária da empresa.

(PROCURADOR – PMS/SAAE – VUNESP – 2010)

11. Sobre a sucessão de empresas, é correto afirmar que:
a) a contagem de tempo de serviço é interrompida;
b) as obrigações trabalhistas vencidas à época do titular alienante, mas ainda não cumpridas, não são exigíveis;

c) as sentenças judiciais não podem ser executadas pelo sucessor, se não o tiverem sido na época do primeiro titular;
d) a mudança na propriedade ou na estrutura jurídica da empresa não afetará os contratos de trabalho dos respectivos empregados;
e) os empregados cujos contratos de trabalho por ocasião da sucessão estiverem suspensos ou interrompidos não têm direito de reassumir os cargos.

4.1.1.4 Da suspensão e interrupção do contrato de trabalho

(ADVOGADO – SENADO FEDERAL – FGV – 2008)

12. A respeito do tema Suspensão e Interrupção do Contrato de Trabalho, assinale a afirmativa correta:
   a) A participação de empregado em movimento grevista implica suspensão do contrato de trabalho, ficando o empregador, portanto, autorizado a não efetuar o pagamento dos salários nos dias de paralisação, observada a Lei 7.783/89.
   b) Durante a suspensão do contrato o empregador não pode despedir os empregados que aderiram ao movimento grevista, podendo, no entanto, contratar, em qualquer caso, trabalhadores substitutos.
   c) O afastamento da mulher vítima de violência por até 6 meses é caso de interrupção do contrato de trabalho, estando garantido o pagamento dos salários do período.
   d) Quando dirigente sindical tiver que se ausentar por motivo de viagem internacional representando o sindicato, o tempo de ausência caracteriza-se como licença não-remunerada, hipótese de suspensão do contrato.
   e) A partir do 15º dia do acidente de trabalho, o contrato é suspenso, mas o empregador continua obrigado ao depósito do FGTS e o tempo de serviço é computado para todos os efeitos.

(ADVOGADO – BADESC/SC – FGV – 2010)

13. No Direito do Trabalho, o período de sustação das cláusulas do contrato de trabalho, sem que haja pagamento total ou parcial dos salários, é chamado de:
   a) suspensão;
   b) interrupção;
   c) paralisação;
   d) descontinuidade;
   e) inatividade.

4.1.1.5 Da extinção do contrato de trabalho

Considere que, por tempo indeterminado, foi realizado contrato de trabalho entre uma pessoa jurídica de direito público e um indivíduo, admitido sem aprovação em concurso público, para prestar serviços de segunda a sexta, em jornada de onze horas. Com base nessa situação, julgue os itens a seguir, quanto aos efeitos atribuídos pelo Tribunal Superior do Trabalho (TST) à nulidade desse contrato de trabalho.

(PROCURADOR DO ESTADO DE 1ª CATEGORIA – PGE/ES – CESPE – 2008)

14. O empregado mencionado terá direito ao pagamento de todas as horas trabalhadas, inclusive das que excedem a jornada normal prevista na legislação, mas sem o adicional de 50%, a título de horas extras, respeitado o valor do salário-mínimo.

   ( ) **Certo** ( ) **Errado**

(PROCURADOR DO ESTADO DE 1ª CATEGORIA – PGE/ES – CESPE – 2008)

15. No caso de ser dispensado sem justa causa, o empregado em pauta faz jus à concessão ou indenização do aviso-prévio.

( ) Certo ( ) Errado

Um empregado contratado como motorista é responsável pela entrega de equipamentos para a empresa para a qual trabalha. Além de realizar as entregas dos equipamentos, o empregado também efetua a instalação dos mesmos. Descontente com essa cumulação de funções, o empregado pleiteou e recebeu a promessa de seu empregador de que receberia, juntamente com o salário mensal, o pagamento de uma quantia suplementar por instalação realizada. Contudo, tal promessa, feita oralmente, não foi cumprida pelo empregador, o qual jamais procedeu ao pagamento da quantia suplementar prometida em decorrência das instalações realizadas pelo empregado.

A partir da situação hipotética acima, julgue os itens a seguir à luz da CLT.

(DEFENSOR PÚBLICO – DPE/CE – CESPE – 2008)

16. O empregado poderá considerar rescindido o contrato de trabalho, por culpa do empregador, pleiteando a indenização devida sob o argumento de que o empregador descumpriu as obrigações decorrentes do contrato ao deixar de pagar os valores prometidos pela instalação dos equipamentos entregues pelo mesmo.

( ) Certo ( ) Errado

(PROCURADOR DO ESTADO DE ALAGOAS – PGE/AL – CESPE – 2009)

17. Determinado trabalhador manteve relação de emprego com certa empresa por mais de dez anos, sem o devido registro em sua CTPS. Com referência a essa situação, assinale a opção correta:
    a) Poderá o trabalhador ingressar em juízo para pleitear os recolhimentos previdenciários, diretamente, sem a declaração de vínculo.
    b) Não tendo havido recolhimento fundiário, o crédito deste, se discutido em eventual demanda, estará limitado aos últimos cinco anos, contados do ajuizamento da ação.
    c) Havendo demanda pleiteando o vínculo e o respectivo registro na CTPS obreira, mas ajuizada após dois anos do término contratual, estará a pretensão atacada pela prescrição, que impedirá o intento.
    d) Caso o trabalhador tenha laborado em determinado período como menor, somente essa parte do contrato de trabalho será imprescrita.
    e) Na aplicação dos efeitos da prescrição, nos termos consolidados, somente quanto ao reconhecimento de vínculo, não haverá distinção entre trabalhador menor ou maior de 18 anos de idade, para ambos os sexos.

(PROCURADOR DO ESTADO DE ALAGOAS – PGE/AL – CESPE – 2009)

18. Acerca da situação de um trabalhador que seja imotivadamente demitido por seu empregador sem o respectivo pagamento das parcelas resilitórias de estilo, assinale a opção correta, levando em conta os precisos termos da lei, os enunciados e as orientações jurisprudenciais do TST:
    a) A parte incontroversa dos salários somente poderá ser paga em audiência.
    b) Se for postulada judicialmente apenas a paga dos salários vencidos, a parte incontroversa, caso não haja a quitação, merecerá condenação em dobro quando da sentença.
    c) Mesmo sendo da iniciativa obreira o término contratual, é cabível o acréscimo previsto no art. 467 da CLT.
    d) Será devida a multa prevista no art. 477 da CLT se não houver pagamento das verbas incontroversas na primeira audiência.
    e) A multa prevista no art. 467 será devida por pagamento intempestivo da rescisão.

(PROCURADOR DO ESTADO SUBSTITUTO – PGE/PI – CESPE – 2008)

19. A empresa Lua de Prata Ltda. demitiu Francisco por justa causa, em 28 de março de 2008. No dia 1º de abril do mesmo ano, foi marcada a homologação do termo de rescisão do contato de trabalho no sindicato da categoria profissional de Francisco, bem como o pagamento das verbas devidas. Nesse dia, contudo, Francisco recusou-se a receber o pagamento, razão pela qual a empresa optou por aguardar a ação judicial para efetuá-lo.

Considerando essa situação hipotética, assinale a opção correta:

a) Não deve ser aplicada a multa prevista no art. 477, § 8º, da CLT, decorrente do atraso no pagamento da rescisão contratual, já que foi o empregado quem se recusou a receber as verbas rescisórias.
b) Não deve ser aplicada a multa prevista no art. 477, § 8º, da CLT, já que houve homologação do termo de rescisão do contrato de trabalho no sindicato da categoria profissional de Francisco.
c) A CLT apenas disciplina a aplicação da multa por atraso no pagamento quando ocorrer inadimplência por parte do empregador, não fazendo qualquer tipo de previsão quanto à inadimplência decorrente de atitude do empregado.
d) Deve ser aplicada a multa prevista no art. 477, § 8º, da CLT, uma vez que a empresa deveria ter efetuado ou o depósito da quantia referente às verbas rescisórias na conta-corrente do empregado, ou o depósito em consignação.
e) A multa prevista no art. 477, § 8º, da CLT apenas pode ser aplicada nos casos de demissão sem justa causa.

(ADVOGADO – BADESC/SC – FGV – 2010)

20. O atraso no pagamento dos salários dará direito ao empregado:
a) de exigir recibo expresso do não-pagamento dos valores;
b) de receber multa de 30% sobre os valores devidos;
c) de cobrar o salário em dobro após três meses de mora;
d) de reduzir a carga horária de trabalho;
e) de aplicar justa causa ao empregador.

(PROCURADOR – ASSEMBLEIA LEGISLATIVA SP – FCC – 2010)

21. Em regra, o Contrato Individual de Trabalho por prazo determinado:
a) pode ser prorrogado quantas vezes for necessário, desde que respeite o limite máximo de um ano;
b) não pode ser fixado por mais de dois anos, vedada qualquer prorrogação;
c) não pode ser fixado por mais de três anos, permitida uma única prorrogação dentro deste período;
d) pode ser prorrogado quantas vezes for necessário, desde que respeite o limite máximo de dois anos;
e) não pode ser fixado por mais de dois anos, permitida uma única prorrogação dentro deste período.

4.1.2 Das férias

Um empregado contratado em 2 de janeiro de 2004 foi dispensado sem justa causa em 28 de junho de 2008, com aviso prévio indenizado, havendo gozado apenas um período de férias de trinta dias em março de 2005, remuneradas de acordo com a legislação. Considerando essa situação, julgue os itens a seguir.

(PROCURADOR DO ESTADO DE 1ª CATEGORIA – PGE/ES – CESPE – 2008)

22. O período de férias proporcionais corresponde a sete doze avos.

( ) **Certo** ( ) **Errado**

(PROCURADOR – PMS/SAAE – VUNESP – 2010)

23. Sobre as férias, é correto afirmar que:
    a) o empregado contratado sob o regime de tempo parcial que tiver mais de 7 (sete) faltas injustificadas ao longo do período aquisitivo terá o seu período de férias reduzido à metade;
    b) é facultado ao empregador converter 1/3 (um terço) do período de férias em abono pecuniário, no valor da remuneração que seria devida nos dias correspondentes;
    c) é permitido descontar, no período de férias, as faltas do empregado ao serviço;
    d) terá direito a férias o empregado que, no curso do período aquisitivo, tiver percebido da Previdência Social prestações de acidente de trabalho por mais de 6 (seis) meses, embora descontínuos;
    e) os adicionais por trabalho extraordinário ou noturno não serão computados no salário que servirá de base de cálculo da remuneração de férias.

(PROCURADOR DO ESTADO DE ALAGOAS – PGE/AL – CESPE – 2009)

24. Considere que Lucas tenha sido contratado por entidade bancária para exercer a função de contínuo. Em face dessa situação hipotética, assinale a opção correta:
    a) Somente no caso de o regime de trabalho de Lucas exceder quarenta e quatro horas semanais deverá ele receber pagamento suplementar.
    b) Devido ao limite da jornada atinente à categoria de Lucas, terá ele direito a menos de trinta dias de férias.
    c) Na hipótese de Lucas, no período aquisitivo das férias, contar com quatorze faltas, fará ele jus a dezoito dias corridos de férias.
    d) Se Lucas, no período aquisitivo das férias, tiver dez faltas, sendo cinco delas decorrentes de alistamento eleitoral e casamento, não haverá redução no total de dias de férias a serem gozados.
    e) Caso Lucas falte três dias em decorrência do falecimento de ascendente, isso caracterizará falta justificada para os fins legais.

4.1.3 Da remuneração

(PROCURADOR – PMS/SAAE – VUNESP – 2010)

25. Sobre a remuneração, é correto afirmar que:
    a) as comissões, percentagens, diárias para viagens e abonos pagos pelo empregador não integram o salário;
    b) compreendem-se na remuneração do empregado, além do salário devido e pago diretamente pelo empregador, como contraprestação de serviço, as gorjetas que receber;
    c) incluem-se no salário as ajudas de custo;
    d) a educação em estabelecimento de ensino de terceiros, compreendendo os valores relativos a matrícula, mensalidade, anuidade, livros e material didático, concedida pelo empregador é considerada salário;
    e) o trabalhador readaptado em nova função, por motivo de deficiência física atestada pelo órgão competente da Previdência Social, servirá de paradigma para fins de equiparação salarial.

4.1.3.1 Da equiparação salarial

(PROCURADOR DO ESTADO SUBSTITUTO – PGE/PI – CESPE – 2008)

26. Ana e Clara foram contratadas pela Empresa Tudo Limpo Ltda. na mesma época. Ana, auxiliar de serviços de escritório, recebia remuneração de R$ 1.000,00 por mês, e Clara, supervisora de escritório, recebia salário de R$ 1.500,00. Ambas possuíam níveis de escolaridade e qualificação profissional semelhantes. Após um ano, Clara foi demitida sem justa causa e Ana foi designada para substituí-la na função de supervisora, mas continuou a receber salário de R$ 1.000,00, razão pela qual moveu reclamação trabalhista contra a empresa, pleiteando equiparação salarial com Clara.

A respeito da situação hipotética apresentada, assinale a opção correta:

a) É devida a equiparação salarial, já que Ana possuía a mesma qualificação técnica de Clara.
b) É devida a equiparação salarial, pois não havia diferença de tempo de serviço superior a dois anos entre Ana e Clara.
c) Não é devida a equiparação salarial, já que um dos requisitos da equiparação, a simultaneidade na prestação de serviços entre o paradigma e o trabalhador que requer a equiparação, não foi preenchido.
d) Não é devida a equiparação, pois a empresa pode estabelecer, dentro do seu poder de mando, condições diferenciadas entre empregados.
e) Não é devida a equiparação, mas, sim, o pagamento de diferenças salariais.

4.1.3.2 Dos adicionais

Considere que um indivíduo tenha sido contratado para trabalhar em uma empresa pelo salário de R$ 600,00 e com gratificação bimestral de R$ 200,00. Considere, ainda, que o empregador financiava, para esse empregado, curso de pós-graduação em instituição de ensino privada, fora do horário de expediente, no valor mensal de R$ 250,00. Com base nessa situação, julgue os itens que se seguem.

(PROCURADOR DO ESTADO DE 1ª CATEGORIA – PGE/ES – CESPE – 2008)

27. Nessa situação, o pagamento da gratificação de dois em dois meses é legalmente válido e tem natureza salarial, produzindo reflexos no cálculo, por exemplo, do 13º salário.

( ) **Certo** ( ) **Errado**

(PROCURADOR DO ESTADO DE 1ª CATEGORIA – PGE/ES – CESPE – 2008)

28. No período de férias desse empregado, é necessário considerar o cômputo do terço constitucional sobre o valor de R$ 250,00 correspondente ao curso de pós-graduação, pois, segundo a legislação, trata-se de salário *in natura*.

( ) **Certo** ( ) **Errado**

Um empregado contratado em 2 de janeiro de 2004 foi dispensado sem justa causa em 28 de junho de 2008, com aviso-prévio indenizado, havendo gozado apenas um período de férias de trinta dias em março de 2005, remuneradas de acordo com a legislação.

Considerando essa situação, julgue os itens a seguir.

(PROCURADOR DO ESTADO DE 1ª CATEGORIA – PGE/ES – CESPE – 2008)

29. Por ocasião da rescisão do contrato de trabalho, o empregado faz jus à remuneração correspondente a dois períodos integrais de férias, sendo um simples e outro em dobro, além das férias proporcionais, acrescendo-se a tudo o terço constitucional.

( ) **Certo** ( ) **Errado**

4.1.4 *Da estabilidade*

(PROCURADOR DO ESTADO DE ALAGOAS – PGE/AL – CESPE – 2009)

30. Determinada trabalhadora ficou grávida no decorrer da relação de emprego. Seu contrato era por prazo determinado, sem direito recíproco de rescisão. Na convenção coletiva de sua categoria, era prevista estabilidade de um mês a mais que a previsão constitucional para as trabalhadoras gestantes. Na situação acima descrita, a empregada:
    a) não terá direito à estabilidade, se seu empregador não tiver aderido ao programa de prorrogação da licença-maternidade;
    b) não terá direito à estabilidade, porque a convenção não poderia aumentar a estabilidade;
    c) terá direito à estabilidade, porque a convenção não restringiu o tipo de contrato de trabalho;
    d) terá direito à estabilidade, porque há previsão legal e o TST não entende exceção;
    e) não terá direito à estabilidade, porque a convenção coletiva excepciona o contrato por prazo determinado.

4.1.5 *Do Fundo de Garantia do Tempo de Serviço (FGTS)*

(PROCURADOR DO ESTADO DE 1ª CATEGORIA – PGE/ES – CESPE – 2008)

31. São devidos ao empregado os depósitos do fundo de garantia por tempo de serviço (FGTS), uma vez que ele tem direito aos salários, mas sem a indenização de 40% sobre o valor depositado.

    ( ) Certo ( ) Errado

4.1.6 *Dos conflitos no contrato de trabalho*

(PROCURADOR DO ESTADO SUBSTITUTO – PGE/PI – CESPE – 2008)

32. Após ser demitido sem justa causa da empresa Ave do Sertão, onde trabalhou por dois anos, Francisco moveu reclamação trabalhista contra a empresa, pleiteando indenização por danos morais. Segundo Francisco, seu salário era pago sempre fora do prazo legal, o que acarretou momentos de insegurança e preocupação social e familiar, podendo o constrangimento gerado por essa situação abalar sua honra e sua imagem perante a sociedade.

Acerca dessa situação hipotética, assinale a opção correta:

a) Não é cabível a discussão a respeito de indenizações por danos morais na justiça do trabalho.
b) Não se pode enquadrar o caso apresentado como gerador do direito à indenização por dano moral, uma vez que não foi demonstrado nem invocado o constrangimento perante terceiros causado por eventual dificuldade financeira provocada pelo atraso no recebimento dos salários.
c) O atraso no pagamento de salários corresponde à inadimplência por parte da empresa, e tal fato enseja o pagamento de danos morais, já que afeta a imagem e a honra do empregado de forma direta.
d) É devido o pagamento do dano moral, pois ficou comprovado o nexo causal entre a conduta do empregador e o dano efetivo sofrido pelo empregado.
e) Como não existe prazo preestabelecido para pagamento de salário, de forma que não houve atraso, mas sim inadimplência de pagamento, não há que se falar em dano moral no caso apresentado.

Um empregado contratado como motorista é responsável pela entrega de equipamentos para a empresa para a qual trabalha. Além de realizar as entregas dos equipamentos, o empregado também efetua a instalação dos mesmos. Descontente com essa cumulação de funções, o empregado pleiteou e recebeu a promessa de seu empregador de que receberia, juntamente com o salário mensal, o pagamento de uma quantia suplementar por instalação realizada. Contudo, tal promessa, feita oralmente, não foi cumprida pelo empregador, o qual jamais procedeu ao pagamento da quantia suplementar prometida em decorrência das instalações realizadas pelo empregado.

A partir da situação hipotética acima, julgue os itens a seguir à luz da CLT.

(DEFENSOR PÚBLICO – DPE/CE – CESPE – 2008)

33. O empregado não poderá pleitear em juízo o pagamento das quantias retidas referentes aos equipamentos que instalara, pois inexistiu efetiva redução salarial, já que as quantias prometidas jamais foram pagas ao mesmo pelo empregador e, portanto, não integram o seu salário.

    ( ) **Certo** ( ) **Errado**

(DEFENSOR PÚBLICO – DPE/CE – CESPE – 2008)

34. Caso seja deferido em juízo o pagamento dos valores retidos pelo empregador referentes aos equipamentos instalados pelo empregado, deverão tais valores surtir efeitos reflexos sobre as demais verbas recebidas pelo empregado, em face da natureza salarial que ostentam.

    ( ) **Certo** ( ) **Errado**

4.1.7 Da jornada de trabalho

(PROCURADOR – ASSEMBLEIA LEGISLATIVA SP – FCC – 2010)

35. A respeito da Duração do Trabalho, considere:

    I – Considera-se trabalho em regime de tempo parcial aquele cuja duração não exceda vinte e cinco horas semanais.
    II – O empregado que labora cinco horas contínuas terá obrigatoriamente um intervalo intrajornada de 15 minutos, não sendo este intervalo computado na duração do trabalho.
    III – Os empregados sob o regime de tempo parcial não poderão prestar horas extras.
    IV – Entre duas jornadas de trabalho haverá um período mínimo de doze horas consecutivas para descanso.

De acordo com a Consolidação das Leis do Trabalho, está correto o que se afirma APENAS em:

a) I e II;
b) I, II e III;
c) I, III e IV;
d) II e III;
e) II, III e IV.

(ADVOGADO – CETESB – VUNESP – 2009)

36. Quanto à jornada de trabalho, considere os itens:

    I – o salário a ser pago aos empregados sob o regime de tempo parcial será proporcional a sua jornada, em relação aos empregados que cumprem, nas mesmas funções, tempo integral;
    II – o tempo despendido pelo empregado até o local de trabalho e para o seu retorno, por qualquer meio de transporte, não será computado na jornada de trabalho, salvo quando, tratando-se de local de difícil acesso ou não servido por transporte público, o empregador fornecer a condução;
    III – não serão descontadas nem computadas como jornada extraordinária, as variações de horário no registro de ponto não excedentes a dez minutos, observado o limite máximo de vinte minutos diários;

IV – em qualquer trabalho contínuo, cuja duração exceda de (seis) horas, é obrigatória a concessão de um intervalo para repouso ou alimentação, o qual será, no mínimo, de 15 (quinze) minutos e, salvo acordo escrito ou contrato coletivo em contrário, não poderá exceder 1 (uma) hora.

Está correto apenas o contido em:

a) I e IV;
b) I, II e IV;
c) I e II;
d) III e IV;
e) I e III.

(PROCURADOR DO ESTADO DE ALAGOAS – PGE/AL – CESPE – 2009)

37. Acerca da situação de um trabalhador de determinado segmento, que labore em regime diário de mais de seis horas, com quinze minutos de intervalo e uma folga semanal, assinale a opção correta:

a) Segundo o atual entendimento do TST, o intervalo mencionado é possível, desde que previsto em convenção coletiva de trabalho.
b) Na situação em apreço, o intervalo encontra-se dentro do previsto na CLT.
c) Não concedendo o empregador intervalo na forma legal, seu pagamento, quando determinado, gerará reflexos em FGTS.
d) Caso se entenda o intervalo em questão como incorreto, fará jus o trabalhador a horas extras.
e) Segundo o TST, o horário de intervalo desrespeitado tem caráter indenizatório quando ressarcido em pagamento equivalente.

Empresa prestadora de serviços na área de vigilância observa a escala de horários de 12 × 36 prevista em acordo coletivo de trabalho, sem a concessão dos intervalos intrajornadas mínimos previstos em lei, conforme autorização expressa contida no referido acordo coletivo. Considerando essa situação, julgue os itens subsequentes de acordo com a jurisprudência atual do TST.

(PROCURADOR DO ESTADO DE 1ª CATEGORIA – PGE/ES – CESPE – 2008)

38. O intervalo intrajornada constitui medida de segurança, saúde e higiene no trabalho, não podendo ser eliminado ou reduzido sequer por acordo coletivo de trabalho. O período destinado ao intervalo deve ser remunerado com o acréscimo de 50% sobre o valor da hora normal e possui natureza salarial.

( ) **Certo** ( ) **Errado**

(PROCURADOR DO ESTADO DE 1ª CATEGORIA – PGE/ES – CESPE – 2008)

39. Quanto ao excesso de horas em cada dia de trabalho, não cabe a remuneração como extras das que ultrapassam a décima hora como hora extra, na medida em que elas foram compensadas.

( ) **Certo** ( ) **Errado**

4.2 Do Direito Coletivo do Trabalho

4.2.1 Das disposições gerais

(ADVOGADO – BADESC/SC – FGV – 2010)

40. O valor do piso salarial determinado em norma coletiva é denominado de:

a) salário diferido;

b) salário garantido;
c) salário-base;
d) salário relativo;
e) salário absoluto.

(PROCURADOR – ASSEMBLEIA LEGISLATIVA SP – FCC – 2010)

41. Com relação aos direitos sociais previstos na Constituição Federal é correto afirmar:
   a) O aposentado filiado tem direito a votar nas organizações sindicais, possuindo, inclusive, o direito de ser votado.
   b) Nas empresas com mais de cem empregados, é assegurada a eleição de um representante destes com a finalidade exclusiva de promover-lhes o entendimento direto com os empregadores.
   c) A lei não poderá exigir autorização do Estado para a fundação de sindicato, ressalvado o registro no órgão competente, mas é permitido ao Poder Público a interferência e a intervenção na organização sindical.
   d) É vedada a dispensa imotivada do empregado sindicalizado a partir do registro da candidatura a cargo de direção ou representação sindical e, se eleito, exceto se suplente, até seis meses após o final do mandato.
   e) É vedada a criação de mais de uma organização sindical, em qualquer grau, representativa de categoria profissional na mesma base territorial, que não pode ser inferior à área de dois Municípios.

(DEFENSOR PÚBLICO – DPE/CE – CESPE – 2008)

42. O salário-mínimo é nacionalmente unificado e, portanto, não podem os estados da Federação estabelecer salários-mínimos em seus territórios cujos valores sejam inferiores ao previsto na lei federal que o instituiu.

   ( ) Certo ( ) Errado

(DEFENSOR PÚBLICO – DPE/CE – CESPE – 2008)

43. A garantia do salário-mínimo atinge tanto os empregados que percebem remuneração variável, como aqueles que recebem valores fixos.

   ( ) Certo ( ) Errado

(DEFENSOR PÚBLICO – DPE/CE – CESPE – 2008)

44. Integram o salário não apenas a importância fixa estipulada, como também as comissões, percentagens, gratificações ajustadas, abonos pagos pelo empregador e ajudas de custo.

   ( ) Certo ( ) Errado

(DEFENSOR PÚBLICO – DPE/CE – CESPE – 2008)

45. O piso salarial deve ser proporcional à extensão e à complexidade do trabalho.

   ( ) Certo ( ) Errado

(DEFENSOR PÚBLICO – DPE/CE – CESPE – 2008)

46. Qualquer que seja a modalidade do trabalho, o pagamento do salário não deve ser estipulado por período superior a 1 mês, salvo no que concerne a comissões, percentagens e gratificações.

   ( ) Certo ( ) Errado

(DEFENSOR PÚBLICO – DPE/CE – CESPE – 2008)

47. Quando o empregador não tiver pessoal organizado em quadro de carreira que estabeleça promoções alternadamente por critérios de antiguidade e merecimento, em se tratando de funções

idênticas exercidas por pessoas cujo tempo de serviço não seja superior a 2 anos, a todo trabalho feito com idêntica produtividade e com a mesma perfeição técnica, prestado ao mesmo empregador e na mesma localidade, corresponderá igual salário, sem distinção de sexo, nacionalidade ou idade.

( ) **Certo** ( ) **Errado**

4.2.2 Dos sindicatos, federações, confederações e centrais sindicais

(PROCURADOR DO ESTADO SUBSTITUTO – PGE/PI – CESPE – 2008)

48. Em janeiro de 2008, Gabriel, funcionário da Empresa Alfa Ltda., foi eleito como suplente para o cargo de diretor do sindicato de sua categoria. O sindicato, contudo, só conseguiu o registro perante o MTE em setembro de 2008. O processo desse registro foi iniciado em dezembro de 2006, e o estatuto da entidade já estava registrado no cartório e no CNPJ desde novembro de 2006.

Assinale a opção correta relativamente à situação hipotética acima:

a) A estabilidade garantida aos dirigentes sindicais será reconhecida a Gabriel apenas a partir de setembro de 2008, data do registro do sindicado no MTE.
b) A estabilidade garantida aos dirigentes sindicais será reconhecida a Gabriel desde a data do registro da candidatura, independentemente de o sindicato estar registrado no MTE.
c) A estabilidade garantida aos dirigentes sindicais será reconhecida a Gabriel desde a data de sua eleição para o cargo de suplente de dirigente sindical, independentemente de o sindicato estar registrado no MTE.
d) Não se admite a existência de sindicatos antes do respectivo registro no MTE.
e) A CF não confere estabilidade aos suplentes, mas somente aos diretores eleitos.

(PROCURADOR DO ESTADO DE ALAGOAS – PGE/AL – CESPE – 2009)

49. Considerando que determinado trabalhador faça parte da diretoria de seu sindicato de classe, a qual é composta por mais de vinte integrantes, assinale a opção correta à luz da legislação e da jurisprudência do TST:

a) Todos os integrantes da diretoria possuem estabilidade segundo prescrição da CLT.
b) Os integrantes do conselho fiscal da citada diretoria possuem estabilidade.
c) O referido trabalhador terá estabilidade somente se for presidente da entidade.
d) O trabalhador citado terá estabilidade caso seja tesoureiro da entidade.
e) O trabalhador em questão terá estabilidade, independentemente de ciência prévia a seu empregador da candidatura.

Empregados de uma empresa sofrem redução no percentual de diversos adicionais a que fazem jus: o adicional de horas extras passou a ser remunerado na base de 30%; o de periculosidade, na base de 20%; e o noturno, na base de 10%.

Considerando essa situação hipotética, julgue os itens que se seguem.

(PROCURADOR DO ESTADO DE 1ª CATEGORIA – PGE/ES – CESPE – 2008)

50. Há corrente doutrinária e jurisprudencial que não admite a possibilidade de se operar a referida redução por acordo coletivo de trabalho, mesmo considerando-se que os adicionais possuem natureza salarial e que a Constituição autoriza a redução salarial por acordo coletivo.

( ) **Certo** ( ) **Errado**

4.2.3 *Da greve*

O direito de greve no serviço público está previsto na Constituição brasileira, podendo ser exercido nos termos e limites de lei específica. Acerca da interpretação desse dispositivo constitucional pelo STF, julgue o item abaixo.

(PROCURADOR DO ESTADO DE 1ª CATEGORIA – PGE/ES – CESPE – 2008)

51. A greve no serviço público só é reconhecida como um direito para o empregado público nos termos da Lei de Greve existente para a iniciativa privada; os servidores públicos estatutários não podem exercê-la até que lei específica seja aprovada.

( ) **Certo** ( ) **Errado**

(PROCURADOR DO ESTADO SUBSTITUTO – PGE/PI – CESPE – 2008)

52. O exercício do direito de greve é uma garantia prevista na CF, e, no âmbito da iniciativa privada, esse direito é regulamentado pela Lei nº 7.783/1999, que estabelece algumas formalidades para o seu exercício. Essas formalidades não incluem o(a):

a) comunicação prévia da data de início da paralisação;
b) aferição de *quorum* previsto no estatuto do sindicato nas assembleias que deliberam pela paralisação;
c) concessão de livre acesso aos trabalhadores que não aderirem ao movimento grevista às dependências da empresa;
d) manutenção dos serviços essenciais;
e) ajuizamento prévio de dissídio coletivo na justiça do trabalho.

4.3 Das Normas Especiais de Tutela do Trabalho

A respeito da contratação de empregados pela administração pública, julgue os próximos itens.

(PROCURADOR DO ESTADO DE 1ª CATEGORIA – PGE/ES – CESPE – 2008)

53. A administração pública direta, autárquica e fundacional das esferas federal, estadual e municipal não pode livremente optar pelo regime de emprego público, uma vez que o STF restabeleceu a redação original de artigo da Constituição, que prevê o Regime Jurídico Único.

( ) **Certo** ( ) **Errado**

(PROCURADOR DO ESTADO DE 1ª CATEGORIA – PGE/ES – CESPE – 2008)

54. Caso um empregado regularmente contratado por ente da administração pública seja desviado para função mais relevante e mais bem remunerada, ele não terá direito, nesse caso, ao pagamento das diferenças salariais em razão da nova função exercida.

( ) **Certo** ( ) **Errado**

(PROCURADOR DO ESTADO DE 1ª CATEGORIA – PGE/ES – CESPE – 2008)

55. A despedida de empregado de sociedade de economia mista ou de empresa pública, em geral, só é válida se decorrente de ato motivado.

( ) **Certo** ( ) **Errado**

4.4 Temas Combinados

(ADVOGADO – SENADO FEDERAL – FGV – 2008)

56. Em relação ao contrato de trabalho instituído pela *Lei de Estímulo aos Novos Empregos – Lei 9.601/98*, considere as seguintes assertivas:

    I – As estabilidades da gestante, do dirigente sindical e do acidentado são garantidas durante o curso do contrato de trabalho.

    II – A prorrogação por mais de uma vez é permitida, desde que respeitado o prazo máximo de dois anos previsto no *caput* do art. 445 da CLT.

    III – A empresa terá alguns incentivos, entre eles, uma redução na ordem de 2% (dois por cento) na contribuição para o FGTS ao mês, tendo em vista a intenção social da lei.

    IV – Ao término da duração do contrato será indevida a indenização sobre os depósitos do FGTS e aviso-prévio.

    V – O valor da indenização de rescisão antecipada devida pela parte que der causa imotivada a ela será previsto na norma coletiva.

Assinale:

a) se apenas as assertivas I, II e V estiverem corretas;
b) se apenas as assertivas I, II e IV estiverem corretas;
c) se apenas as assertivas II, III e IV estiverem corretas;
d) se apenas as assertivas I, II, IV e V estiverem corretas;
e) se todas as assertivas estiverem corretas.

4.5 Dos Deveres Públicos

(ADVOGADO – CETESB – VUNESP – 2009)

57. A fim de promover a instrução dos responsáveis no cumprimento das leis de proteção do trabalho, a fiscalização deverá observar o critério de dupla visita quando:

    a) ocorrer promulgação ou expedição de novas leis, regulamentos ou instruções ministeriais e quanto à primeira inspeção dos estabelecimentos ou dos locais de trabalho, recentemente inaugurados ou empreendidos;
    b) o local de trabalho for de difícil acesso, de modo que o empregador não receba a publicação das instruções do Ministério do Trabalho e Emprego sem a necessária locomoção à cidade mais próxima e quanto à primeira inspeção dos estabelecimentos ou dos locais de trabalho, recentemente inaugurados ou empreendidos;
    c) o local de trabalho for de difícil acesso, de modo que o empregador não receba a publicação das instruções do Ministério do Trabalho e Emprego sem a necessária locomoção à cidade mais próxima e quanto à primeira inspeção dos estabelecimentos ou dos locais de trabalho, recentemente inaugurados ou empreendidos; salvo quanto à aplicação de normas de segurança e medicina do trabalho;
    d) não se admite a dupla visita, pois o auto de infração deve ser lacrado quando for constatada irregularidade na aplicação das normas;
    e) o local de trabalho for de difícil acesso, de modo que o empregador não receba a publicação das instruções do Ministério do Trabalho e Emprego sem a necessária locomoção à cidade mais próxima e quando ocorrer motivo de força maior que justifique a não observância das normas do trabalho. Nessa hipótese, o Fiscal deverá avaliar cada caso em concreto.

5

DIREITO ELEITORAL

5.1 Disposições Gerais

(PROCURADOR – ASSEMBLEIA LEGISLATIVA SP – FCC – 2010)

1. José é brasileiro nato e tem 21 anos de idade. Preenchidos os demais requisitos legais, José pode candidatar-se, dentre outros, ao cargo de:
   a) Senador;
   b) Governador de Estado;
   c) Presidente da República;
   d) Deputado Federal;
   e) Vice-Governador de Estado.

(PROCURADOR – ASSEMBLEIA LEGISLATIVA SP – FCC – 2010)

2. A respeito dos partidos políticos, é correto afirmar:
   a) Os partidos políticos podem receber contribuição ou auxílio pecuniário de entidade de classe ou sindical.
   b) Os partidos políticos adquirem personalidade jurídica somente com o registro de seus estatutos no Tribunal Superior Eleitoral.
   c) A suspensão de novas cotas do Fundo Partidário é uma das consequências da desaprovação parcial das contas de um partido político.
   d) O recebimento de recursos financeiros de procedência estrangeira depende de adequação do respectivo estatuto com o da entidade que efetivar a doação.
   e) Dois ou mais partidos políticos não poderão, por decisão de seus órgãos nacionais de deliberação, fundir-se num só ou incorporar-se um ao outro.

(PROCURADOR – ASSEMBLEIA LEGISLATIVA SP – FCC – 2010)

3. O registro e o cancelamento do registro de candidatos a membros das Assembleias Legislativas compete:
   a) aos Juízes Eleitorais;
   b) ao Tribunal Superior Eleitoral;
   c) aos Tribunais Regionais Eleitorais;
   d) ao Corregedor-Geral Eleitoral;
   e) às Juntas Eleitorais.

6

DIREITO ECONÔMICO E FINANCEIRO

6.1 Disposições Gerais

Julgue os itens subsecutivos, acerca do direito financeiro.

(PROCURADOR DO MINISTÉRIO PÚBLICO ESPECIAL JUNTO AO TRIBUNAL DE CONTAS DO ESTADO DA BAHIA – TCE/BA – CESPE – 2010)

1. É vedada a previsão, na lei orçamentária anual, de autorização para contratar operações de crédito, por antecipação de receita, por violar o princípio orçamentário da exclusividade.

( ) Certo ( ) Errado

(PROCURADOR DO MINISTÉRIO PÚBLICO ESPECIAL JUNTO AO TRIBUNAL DE CONTAS DO ESTADO DA BAHIA – TCE/BA – CESPE – 2010)

2. Será considerada receita pública a prestação de caução, mediante depósito em dinheiro, realizada pelo contratado em licitação pública, como garantia ao cumprimento do contrato, quando, na hipótese de inadimplemento do contrato, for imposta sanção pelo ente licitante, com a decretação da perda integral do depósito.

( ) Certo ( ) Errado

(PROCURADOR DO MINISTÉRIO PÚBLICO ESPECIAL JUNTO AO TRIBUNAL DE CONTAS DO ESTADO DA BAHIA – TCE/BA – CESPE – 2010)

3. As multas de qualquer natureza ou origem são consideradas receitas não tributárias, classificadas, segundo sua categoria econômica, como receitas correntes.

( ) Certo ( ) Errado

(PROCURADOR DO MINISTÉRIO PÚBLICO ESPECIAL JUNTO AO TRIBUNAL DE CONTAS DO ESTADO DA BAHIA – TCE/BA – CESPE – 2010)

4. Considere a seguinte situação hipotética. O estado da Bahia concedeu redução da alíquota de ICMS. Para isso, realizou estimativa do impacto orçamentário-financeiro no exercício em que deverá ser iniciada sua vigência e nos dois seguintes, atendendo ao disposto na lei orçamentária vigente, mediante a instituição de medidas de compensação, por meio de aumento de receita, com a elevação de alíquotas de outros tributos de sua competência. Nessa situação, as medidas de compensação poderão ser implementadas posteriormente à concessão do benefício.

( ) Certo ( ) Errado

(PROCURADOR DO MINISTÉRIO PÚBLICO ESPECIAL JUNTO AO TRIBUNAL DE CONTAS DO ESTADO DA BAHIA – TCE/BA – CESPE – 2010)

5. Caso o estado da Bahia institua programa de incentivo à demissão voluntária, no qual se estabeleça o pagamento de indenização aos empregados que aderirem ao programa em valor equivalente a três remunerações por ano de trabalho para o estado, as despesas realizadas para o pagamento dessas indenizações integrarão o cálculo da despesa total com pessoal para o fim de cálculo do limite de 60% da receita corrente líquida do estado com a referida despesa.

( ) Certo ( ) Errado

(PROCURADOR DO MINISTÉRIO PÚBLICO ESPECIAL JUNTO AO TRIBUNAL DE CONTAS DO ESTADO DA BAHIA – TCE/BA – CESPE – 2010)

6. Se, após verificar a existência de irregularidades em certos procedimentos licitatórios de determinada entidade, o TCE/BA assinar prazo para que sejam adotadas providências para o exato cumprimento da lei e, apesar disso, não forem adotadas as providências apontadas, o próprio TCE/BA poderá sustar a execução do ato impugnado, comunicando tal decisão à Assembleia Legislativa.

( ) Certo ( ) Errado

(PROCURADOR DO MINISTÉRIO PÚBLICO ESPECIAL JUNTO AO TRIBUNAL DE CONTAS DO ESTADO DA BAHIA – TCE/BA – CESPE – 2010)

7. O orçamento de investimento de empresas em que o estado da Bahia detenha, direta ou indiretamente, a maioria do capital social com direito a voto terá, entre outras, a função de reduzir as desigualdades inter-regionais.

( ) Certo ( ) Errado

Com relação ao direito financeiro e econômico pátrio, julgue os itens de 90 a 94.

(ANALISTA MUNICIPAL/ ESPECIALIDADE PROCURADOR MUNICIPAL – PGM DE BOA VISTA/ RR – CESPE – 2010)

8. O controle externo da administração pública é atribuição constitucional do Poder Legislativo, que o exercerá diretamente ou com o auxílio dos tribunais de contas municipais, estaduais e da União, podendo sustar a despesa irregular que possa causar dano irreparável ou grave lesão à economia pública.

( ) Certo ( ) Errado

(ANALISTA MUNICIPAL/ ESPECIALIDADE PROCURADOR MUNICIPAL – PGM DE BOA VISTA/ RR – CESPE – 2010)

9. Projeto de lei de iniciativa do Poder Executivo municipal que proponha reajustamento dos benefícios previdenciários de seus servidores, com o fim de preservar o valor real das transferências, não estará sujeito às exigências da Lei de Responsabilidade Fiscal relativas à compensação fixada em seu art. 17, ainda que aumente despesas obrigatórias de caráter continuado.

( ) Certo ( ) Errado

(ANALISTA MUNICIPAL/ ESPECIALIDADE PROCURADOR MUNICIPAL – PGM DE BOA VISTA/ RR – CESPE – 2010)

10. A lei orçamentária anual pode conter, além da fixação da despesa, a previsão de receita e alteração da legislação tributária e a autorização para contratação de operações de crédito ou abertura de créditos suplementares.

( ) Certo ( ) Errado

(ANALISTA MUNICIPAL/ ESPECIALIDADE PROCURADOR MUNICIPAL – PGM DE BOA VISTA/ RR – CESPE – 2010)

11. Também denominadas receitas de economia privada ou de direito privado, as receitas originárias, formadas por receitas correntes e de capital, são oriundas das rendas produzidas pelos ativos do poder público, pela cessão remunerada de bens e valores (aluguéis e ganhos em aplicações financeiras), pelos ingressos parafiscais ou pela aplicação em atividades econômicas (produção, comércio ou serviços).

( ) Certo ( ) Errado

(ANALISTA MUNICIPAL/ ESPECIALIDADE PROCURADOR MUNICIPAL – PGM DE BOA VISTA/ RR – CESPE – 2010)

12. O exame da ordem econômica e financeira instituída pela CF permite afirmar que a exploração direta da atividade econômica pelo Estado, além dos casos constitucionalmente expressos, tais como a prestação de serviços públicos e a exploração de jazidas minerais ou de potenciais de energia hidráulica, constitui exceção justificada somente por imperativos de segurança nacional e relevante interesse coletivo, na forma da lei.

( ) Certo ( ) Errado

(PROCURADOR – ASSEMBLEIA LEGISLATIVA SP – FCC – 2010)

13. Quanto aos créditos adicionais previstos nas normas gerais de Direito Financeiro (Lei nº 4.320/64), é correto afirmar:
    a) Os créditos extraordinários serão abertos por decreto do Poder Executivo, que deles dará imediato conhecimento ao Poder Legislativo.
    b) Os créditos e débitos suplementares e especiais serão autorizados por decreto do Poder Executivo e abertos por escrituração contábil e fiscal.
    c) São créditos adicionais ou extraordinários as autorizações de crédito computadas ou suficientemente dotadas na Lei de Orçamento.
    d) Os créditos especiais terão vigência não adstrita ao exercício financeiro e orçamentário em que forem abertos, inclusive quanto aos suplementares e extraordinários.
    e) A abertura dos créditos suplementares e especiais independe da existência de recursos disponíveis para ocorrer a despesa, não sendo sequer precedida de exposição justificativa.

(PROCURADOR – ASSEMBLEIA LEGISLATIVA SP – FCC – 2010)

14. Estabelece a Lei Complementar nº 101/2000, quanto à responsabilidade fiscal, dentre outras hipóteses, que:
    a) os Tribunais de Contas emitirão parecer prévio conclusivo sobre as contas no prazo improrrogável de noventa dias do recebimento, vedado o estabelecimento de prazo diverso nas constituições estaduais ou nas leis orgânicas municipais;
    b) a destinação de recursos para, direta ou indiretamente, cobrir necessidades de pessoas físicas ou déficits de pessoas jurídicas independerá de lei específica, bastando atender às condições estabelecidas em seus créditos suplementares, desde que inferior a 1% da receita corrente no exercício;
    c) os valores referentes ao refinanciamento da dívida mobiliária constarão destacadamente nas receitas de operações de crédito e nas despesas com amortização da dívida;
    d) os títulos da dívida pública fiscal, ainda que escriturados por liquidação, débito, crédito e custódia, não poderão ser oferecidos em caução para garantia de empréstimos, ou em outras transações;
    e) a reestimativa de receita ou despesa para o mesmo exercício por parte dos Poderes Legislativo e Executivo não será admitida, ainda que comprovado erro ou omissão de ordem técnica ou legal, sendo que o montante previsto para as receitas de operações de crédito poderá ser superior ao das despesas de capital constantes do projeto de lei orçamentária.

(PROCURADOR – ASSEMBLEIA LEGISLATIVA SP – FCC – 2010)

15. Em relação às Finanças Públicas, segundo a Constituição Federal, é INCORRETO afirmar:
    a) A lei orçamentária anual compreenderá, dentre outras hipóteses, o orçamento de investimento das empresas em que a União, direta ou indiretamente, detenha a maioria do capital social com direito a voto.
    b) Os projetos de lei relativos ao plano plurianual, às diretrizes orçamentárias, ao orçamento anual e aos créditos adicionais serão apreciados pelas duas Casas do Congresso Nacional, na forma do regimento comum.
    c) Nenhum investimento cuja execução ultrapasse um exercício financeiro poderá ser iniciado sem prévia inclusão no plano plurianual, ou sem lei que autorize a inclusão, sob pena de crime de responsabilidade.
    d) O Poder Executivo publicará, até trinta dias após o encerramento de cada bimestre, relatório resumido da execução orçamentária.
    e) O Banco Central não poderá comprar ou vender títulos de emissão do Tesouro Nacional, com o objetivo de regular a oferta de moeda ou a taxa de juros, salvo para emissão e resgate de títulos da dívida pública.

7

DIREITO EMPRESARIAL

7.1 Do Empresário, Empresa e Estabelecimento

(PROCURADOR DO ESTADO DE 1ª CATEGORIA – PGE/ES – CESPE – 2008)

1. Se um estabelecimento for alienado, o adquirente assumirá a responsabilidade, perante os credores da empresa, pelas dívidas devidamente contabilizadas na data da alienação, e o alienante ficará solidariamente responsável com o adquirente pelas dívidas vencidas e vincendas contabilizadas na data da alienação, pelo prazo de um ano.

   ( ) Certo ( ) Errado

(PROCURADOR DO ESTADO DE 1ª CATEGORIA – PGE/ES – CESPE – 2008)

2. A empresa é uma atividade econômica organizada para a produção ou a circulação de bens ou serviços, e, se legalmente constituída, adquire capacidade jurídica, tornando-se, portanto, investida de direitos e obrigações.

   ( ) Certo ( ) Errado

(PROCURADOR DO ESTADO SUBSTITUTO – PGE/PI – CESPE – 2008)

3. Como regulado pelo Código Civil, o nome empresarial:
   a) obedece ao princípio da novidade, que determina a impossibilidade legal de coexistirem dois nomes empresariais idênticos no território nacional;
   b) é elemento do estabelecimento comercial, podendo ser alienado com ou sem trespasse;
   c) refere-se à sociedade empresária, devendo o empresário limitar-se a usar o seu nome civil;
   d) será necessariamente firma, tratando-se de sociedade em conta de participação;
   e) formar-se-á necessariamente sob denominação, se o quadro societário da sociedade limitada a ser nomeada envolver apenas pessoas jurídicas.

(PROCURADOR DO ESTADO SUBSTITUTO – PGE/PI – CESPE – 2008)

4. Considerando a bandeira de uma unidade federada, a designação de uma autarquia e a imitação de uma cédula de dinheiro emitida pela União, assinale a opção correta:
   a) Nem a bandeira do estado, nem a designação da autarquia, nem a imitação da cédula poderão ser registradas como marca.
   b) A bandeira do estado e a designação da autarquia poderão ser registradas como marca, mas a imitação da cédula, não.
   c) A designação da autarquia poderá ser registrada como marca, mas a bandeira do estado e a imitação da cédula, não.
   d) A bandeira do estado poderá ser registrada como marca, mas a designação da autarquia e a imitação da cédula, não.
   e) Todos os elementos referidos poderão ser registrados como marca.

(PROCURADOR DO MINISTÉRIO PÚBLICO ESPECIAL JUNTO AO TRIBUNAL DE CONTAS DO ESTADO DA BAHIA – TCE/BA – CESPE – 2010)

5. O profissional liberal que apenas exercer atividade intelectual, embora com o intuito de lucro e mediante a contratação de alguns auxiliares, não será considerado empresário para os efeitos legais.

   ( ) Certo ( ) Errado

(PROCURADOR DO MINISTÉRIO PÚBLICO ESPECIAL JUNTO AO TRIBUNAL DE CONTAS DO ESTADO DA BAHIA – TCE/BA – CESPE – 2010)

6. De acordo com o Código Civil, considera-se nome empresarial a firma ou a denominação adotada para o exercício de empresa; dessa forma, a sociedade em conta de participação pode ter firma ou denominação.

   ( ) Certo ( ) Errado

(DEFENSOR PÚBLICO – DPG/CE – CESPE – 2008)

7. Se um autor de obra literária que ganhou o prêmio de melhor livro de poesia do ano decidir produzir novos livros e comercializá-los, com o auxílio de um colaborador, ele será considerado um empresário individual.

   ( ) Certo ( ) Errado

(DEFENSOR PÚBLICO – DPG/CE – CESPE – 2008)

8. Integram o estabelecimento empresarial os débitos da sociedade empresária.

   ( ) Certo ( ) Errado

7.2 Das Sociedades

(ADVOGADO – BADESC/SC – FGV – 2010)

9. A sociedade anônima, no que se refere à subscrição do capital social, poderá ser constituída:
   a) por subscrição particular, apenas;
   b) por subscrição pública, apenas;
   c) por subscrição mobiliária, apenas;
   d) por subscrição mobiliária ou por subscrição pública;
   e) por subscrição pública ou por subscrição particular.

(ADVOGADO – BADESC/SC – FGV – 2010)

10. O Conselho de Administração nas sociedades anônimas, de acordo com a Lei 6.404/76, poderá ser:
    a) facultativo nas sociedades de economia mista e nas sociedades de capital aberto;
    b) facultativo nas sociedades de economia mista e obrigatório nas sociedades de capital aberto;
    c) obrigatório nas sociedades de economia mista e facultativo nas sociedades de capital fechado;
    d) obrigatório somente nas sociedades de economia mista;
    e) facultativo somente nas sociedades de capital autorizado.

(PROCURADOR – ASSEMBLEIA LEGISLATIVA SP – FCC – 2010)

11. Nas sociedades simples, quando, por lei ou pelo contrato social, competir aos sócios decidir sobre os negócios da sociedade, as deliberações serão tomadas por maioria de votos, contados segundo o valor das quotas de cada um.

Prevalece a decisão sufragada por maior número de sócios em caso de empate e, se este persistir:

   a) prevalecerá o voto do sócio mais antigo;
   b) decidirá o juiz;
   c) prevalecerá o voto do sócio mais recente;
   d) a decisão ocorrerá por sorteio;
   e) prevalecerá o voto do sócio que votou por último.

(ADVOGADO – CETESB – VUNESP – 2009)

12. Nas sociedades anônimas, compete privativamente à assembleia-geral:
    a) suspender o exercício dos direitos do acionista;
    b) fixar orientação geral dos negócios da companhia;
    c) fiscalizar a gestão dos diretores;
    d) escolher e destituir os auditores independentes, se houver;
    e) criar o Estatuto Social.

(ADVOGADO – CETESB – VUNESP – 2009)

13. É correto afirmar que, nas sociedades anônimas:
    a) o estatuto fixará o valor do capital social, expresso em moeda nacional ou estrangeira;
    b) o capital social poderá ser formado apenas com contribuições em dinheiro;
    c) o valor nominal será o mesmo para todas as ações;
    d) é possível a emissão de ações por preço inferior ao seu valor nominal;
    e) a ação é divisível em relação à companhia.

(PROCURADOR DO ESTADO DE ALAGOAS – PGE/AL – CESPE – 2009)

14. Marcos, Pedro e Rodrigo constituíram sociedade limitada para explorar o comércio de compra e venda de produtos hospitalares. No contrato social, consta que o capital social representa R$ 30 mil, sendo dividido em 120 quotas de R$ 250 cada. Os sócios subscreveram e integralizaram cada um 40 quotas. Ficou constando do contrato, também, que poderá ser designado administrador não-sócio e que a sociedade será regida pelas normas do Código Civil.

    ( ) **Certo** ( ) **Errado**

Com base nessa situação hipotética, assinale a opção correta:

a) Caso adote deliberação contrária ao contrato social, Marcos responderá solidariamente pelas obrigações sociais relacionadas à deliberação ilícita.
b) Como o contrato social permite a designação de administrador não-sócio, não se faz necessária a aprovação do designado pelos sócios.
c) Pedro somente poderá ceder parte das suas quotas a Rodrigo com a prévia audiência de Marcos, haja vista tratar-se de sociedade limitada.
d) Haja vista as regras de regência da sociedade constituída, não há lugar para a aplicação da teoria *ultra vires*.
e) Se, após inscrição do contrato social no órgão competente, Jorge tiver sido nomeado administrador da sociedade, ele será pessoal e solidariamente responsável com a sociedade pelos atos praticados antes de requerer a averbação do instrumento de nomeação à margem da inscrição da sociedade.

(PROCURADOR DO ESTADO SUBSTITUTO – PGE/PI – CESPE – 2008)

15. A respeito das sociedades reguladas pelo Código Civil, assinale a opção correta:
    a) O reconhecimento de pessoa jurídica como sociedade empresária impõe que ela tenha como objeto o exercício de atividade própria de empresário.
    b) Os sócios podem responder subsidiariamente pelas obrigações sociais, sendo sua responsabilidade, em casos tipificados, limitada.
    c) A sociedade simples pode ter como principal objeto o exercício de atividade não-econômica.
    d) Por decorrer de contrato, a existência de qualquer sociedade exige a presença ininterrupta de, pelo menos, duas pessoas em seu quadro societário.
    e) O valor do capital social da sociedade quantifica o valor de seu patrimônio líquido, como expresso na escrituração contábil da empresa.

(PROCURADOR DO ESTADO SUBSTITUTO – PGE/PI – CESPE – 2008)

16. Considere que Cursos e Cursinhos Ltda., sociedade empresária com doze sócios, almeje ser incorporada pela Faculdades Unidas S.A. No que se refere a essa situação hipotética, assinale a opção correta:
    a) A compra das quotas dos sócios da sociedade incorporada pela sociedade incorporadora é indispensável para se perfazer a incorporação.
    b) É necessária prévia aprovação por, pelo menos, mais da metade do capital social votante da sociedade incorporada para que ocorra a incorporação.

c) A manifestação dos sócios da sociedade incorporada deverá ocorrer, necessariamente, em assembleia previamente designada para essa finalidade.
d) No caso de incorporação, os sócios que dissentirem dessa decisão não poderão exercer direito de recesso.
e) Da incorporação resultará uma nova pessoa jurídica, extinguindo-se as que participaram do negócio.

Julgue os itens conseguintes, relativos ao direito empresarial.

(PROCURADOR DO MINISTÉRIO PÚBLICO ESPECIAL JUNTO AO TRIBUNAL DE CONTAS DO ESTADO DA BAHIA – TCE/BA – CESPE – 2010)

17. O contrato social da sociedade em conta de participação produz efeito somente entre seus sócios, e a eventual inscrição de seu instrumento em qualquer registro não confere personalidade jurídica à sociedade.

( ) Certo ( ) Errado

(PROCURADOR DO MINISTÉRIO PÚBLICO ESPECIAL JUNTO AO TRIBUNAL DE CONTAS DO ESTADO DA BAHIA – TCE/BA – CESPE – 2010)

18. As disposições relativas à escrituração previstas no Código Civil não se aplicam às sucursais, filiais ou agências no Brasil de empresário ou sociedade com sede em país estrangeiro.

( ) Certo ( ) Errado

(PROCURADOR DO MINISTÉRIO PÚBLICO ESPECIAL JUNTO AO TRIBUNAL DE CONTAS DO ESTADO DA BAHIA – TCE/BA – CESPE – 2010)

19. A teoria menor da desconsideração é aquela pela qual o juiz é autorizado a ignorar a autonomia patrimonial das pessoas jurídicas como forma de coibir fraudes e abusos praticados por meio dela.

( ) Certo ( ) Errado

(PROCURADOR DO MINISTÉRIO PÚBLICO ESPECIAL JUNTO AO TRIBUNAL DE CONTAS DO ESTADO DA BAHIA – TCE/BA – CESPE – 2010)

20. De acordo com o Código Civil, a sociedade limitada é administrada por uma ou mais pessoas designadas no contrato social ou em ato separado, e a sociedade em nome coletivo é administrada exclusivamente por sócios, vedada a possibilidade de gestão por terceiro estranho ao quadro social.

( ) Certo ( ) Errado

(DEFENSOR PÚBLICO – DPG/CE – CESPE – 2008)

21. Considere que José e João sejam os únicos sócios da empresa MT Produtos e Serviços de Informática Ltda. e que, em razão da quebra da *affectio societatis,* José tenha decidido se retirar da sociedade. Nesse caso, a falta de pluralidade de sócios, se não for reconstituída no prazo de 180 dias, acarretará a dissolução da MT Produtos e Serviços de Informática Ltda.

( ) Certo ( ) Errado

(DEFENSOR PÚBLICO – DPG/CE – CESPE – 2008)

22. Sociedade simples ou de fato é aquela em que o contrato social, embora regularmente formalizado, ainda não foi arquivado na junta comercial competente.

( ) Certo ( ) Errado

Carlos é servidor público federal em exercício no Ministério da Defesa e sócio comanditado de certa sociedade em *comandita* simples. No exercício da atividade empresarial, Carlos lançou mão de meios ruinosos para realizar pagamentos, emitindo várias duplicatas simuladas.

Com base na situação hipotética apresentada e nas normas de direito de empresa, julgue os itens seguintes.

(DEFENSOR PÚBLICO – DPG/CE – CESPE – 2008)

23. A lei veda o exercício das atribuições de sócio comanditado de sociedade empresária por servidor público federal.

( ) **Certo** ( ) **Errado**

(DEFENSOR PÚBLICO – DPG/CE – CESPE – 2008)

24. A sociedade em comandita simples não está sujeita a falência, pelo fato de que os atos praticados por Carlos são nulos de pleno direito.

( ) **Certo** ( ) **Errado**

Marcos Oliveira, Antônio Silva e Paulo Perez constituíram sociedade designada Oliveira, Silva & Perez Serviços Gerais Ltda., para atuar no ramo de prestação de serviços de limpeza e conservação a outras pessoas jurídicas, sendo Paulo Perez o sócio majoritário. Tendo Paulo Perez sido executado pessoalmente, o credor requereu a penhora de suas quotas, a fim de garantir a execução.

Acerca da situação hipotética acima e das normas relativas às sociedades limitadas, julgue os itens que se seguem.

(DEFENSOR PÚBLICO – DPG/CE – CESPE – 2008)

25. É lícita a utilização do nome Oliveira, Silva & Perez Serviços Gerais Ltda., pois as sociedades limitadas podem utilizar tanto denominação como razão social.

( ) **Certo** ( ) **Errado**

(DEFENSOR PÚBLICO – DPG/CE – CESPE – 2008)

26. Em razão das características das sociedades limitadas, as quotas sociais de Paulo Perez não podem ser penhoradas.

( ) **Certo** ( ) **Errado**

(DEFENSOR PÚBLICO – DPG/CE – CESPE – 2008)

27. Os sócios da Oliveira, Silva & Perez Serviços Gerais Ltda. respondem solidariamente pela exata estimação dos bens conferidos ao capital social até o prazo de cinco anos da data do registro da sociedade.

( ) **Certo** ( ) **Errado**

A sociedade limitada combina as vantagens das sociedades de capital e das sociedades de pessoas, o que dificulta o enquadramento puro em uma ou outra categoria.

Marlon Tomazette. Direito societário. São Paulo: Juarez de Oliveira, 2003, p. 157.

Com relação a esse assunto, julgue os itens que se seguem.

(ADVOGADO – MC – CESPE – 2008)

28. Na sociedade limitada, desde que estabelecida em contrato, admite-se a exclusão de um sócio pela quebra do *affectio societatis*.

( ) **Certo** ( ) **Errado**

(ADVOGADO – MC – CESPE – 2008)

29. O capital social da sociedade limitada divide-se em quotas, iguais ou desiguais, cabendo uma ou diversas a cada sócio, podendo o capital social ser integralizado com bens, dinheiro ou prestação de serviços.

( ) **Certo** ( ) **Errado**

(PROCURADOR DO ESTADO SUBSTITUTO – PGE/PI – CESPE – 2008)

30. A respeito do direito de empresa, assinale a opção correta:
   a) A transformação de uma sociedade empresária em coligada acarreta a sua liquidação e a constituição de um novo tipo societário. A sociedade transformada será extinta e absorvida por outra sociedade que lhe sucede em todos os direitos e obrigações.
   b) A fusão consiste na reunião do patrimônio de duas sociedades que se extinguem, para o surgimento de uma nova, que as sucederá em todos os direitos e obrigações.
   c) A atividade de empresário só pode ser exercida por aqueles que estiverem em pleno gozo da capacidade civil, desde que não estejam legalmente impedidos. Por isso, o incapaz que eventualmente tenha iniciado atividade empresarial enquanto ainda era considerado capaz não poderá dar continuidade à empresa.
   d) Há relação de coligação entre duas sociedades quando uma possui pelo menos 10% do capital da outra. Nessa relação, a sociedade coligada é controlada por aquela que detém a maioria de votos na assembleia geral.
   e) As sociedades simples têm por objeto social a exploração e o desenvolvimento de atividade econômica, com organização profissional voltada à produção ou circulação de bens ou serviços.

(PROCURADOR ESPECIAL DE CONTAS – TCE/ES – CESPE – 2009)

31. Fernando, Daniel, Davi e Marcos, chefes de cozinha renomados, instituíram uma sociedade limitada para explorar o ramo de confeitaria. O capital social foi estipulado em R$ 240 mil, divididos em quatro cotas de R$ 60 mil. Cada um já contribuiu para o capital inicial com a quantia de R$ 30 mil. Restou estipulado no contrato social que aplicariam subsidiariamente à sociedade instituída, as normas da sociedade simples.

Com relação a essa situação hipotética, assinale a opção correta:
   a) Sendo omisso o contrato social quanto à matéria, se Fernando e Daniel concordarem, Marcos poderá ceder a sua quota a terceiro.
   b) Não haveria óbice quanto à participação na sociedade, caso Davi fosse menor relativamente incapaz, se assistido pelos pais.
   c) Poderá Daniel contribuir para o capital social com imóvel particular seu, desde que haja prévia avaliação do bem.
   d) Caso Fernando não integralize a sua quota na forma estabelecida no contrato poderá ser excluído da sociedade pelos demais sócios pela via extrajudicial.
   e) Não será válida penhora recaída sobre os bens dos sócios por dívida contraída pela sociedade, caso os bens sociais sejam insuficientes para responder pela obrigação.

(PROCURADOR ESPECIAL DE CONTAS – TCE/ES – CESPE – 2009)

32. A respeito da sociedade anônima aberta e das regras que lhe são aplicáveis, assinale a opção correta:
   a) A venda de ações para aumento de capital exige que o capital social esteja integralizado.
   b) Em regra, não há responsabilidade solidária entre os administradores.
   c) O estatuto não pode eliminar o direito de preferência para subscrição de ações.
   d) Se o representante age nos limites da lei e do contrato social, terá responsabilidade limitada.
   e) A subscrição do capital social é, em regra, retratável.

7.3 Dos Títulos de Crédito

(ADVOGADO – BADESC/SC – FGV – 2010)

33. As alternativas a seguir apresentam espécies de debêntures, em função das garantias oferecidas pela sociedade emissora, à exceção de uma. Assinale-a:
    a) as com garantia real;
    b) as com garantia flutuante;
    c) as com garantia pessoal;
    d) quirografárias;
    e) subquirografárias.

(ADVOGADO – BADESC/SC – FGV – 2010)

34. Com relação aos *títulos de créditos*, assinale a afirmativa correta:
    a) O aceite na duplicata mercantil é sempre facultativo, já que é título causal.
    b) O devedor cambial pode ter a sua obrigação garantida por mais de um avalista.
    c) No caso de avais simultâneos, o avalista que paga o cheque tem ação cambiária em relação aos demais coavalistas porque são obrigados ao mesmo grau.
    d) A letra de câmbio, com o endosso em preto, se torna um título ao portador.
    e) A nota promissória não pode ser transmitida por endosso.

(DEFENSOR PÚBLICO – DPG/CE – CESPE – 2008)

35. Presume-se em favor do sacador o aval em branco prestado em letra de câmbio.

    ( ) **Certo** ( ) **Errado**

(DEFENSOR PÚBLICO – DPG/CE – CESPE – 2008)

36. Considere que, ao celebrar contrato de abertura de crédito com certa instituição bancária, Raul tenha emitido notas promissórias vinculadas ao referido contrato. Nessa situação, as notas promissórias estão desprovidas de autonomia.

    ( ) **Certo** ( ) **Errado**

(DEFENSOR PÚBLICO – DPG/CE – CESPE – 2008)

37. É lícita a emissão de duplicata de prestação de serviços de engenharia com vencimento a certo termo da vista.

    ( ) **Certo** ( ) **Errado**

(DEFENSOR PÚBLICO – DPG/CE – CESPE – 2008)

38. Considere que, ao efetuar o pagamento de um automóvel recentemente adquirido, Lucas tenha emitido cheque em que, no verso, havia sido lançada declaração do banco indicando a existência de provisão de fundos para a sua liquidação, durante o prazo de apresentação do título de crédito. Nessa situação, o cheque utilizado por Lucas é considerado um cheque administrativo ou bancário.

    ( ) **Certo** ( ) **Errado**

7.4 Dos Contratos Empresariais

(ADVOGADO – BADESC/SC – FGV – 2010)

39. A respeito do tema *Contrato de Alienação Fiduciária*, considere as afirmativas a seguir:

I – No caso de inadimplemento ou mora nas obrigações contratuais garantidas mediante alienação fiduciária, o proprietário fiduciário ou credor deverá vender a coisa a terceiros, necessariamente, através de leilão ou hasta pública, com prévia avaliação do bem, devendo aplicar o preço da venda no pagamento de seu crédito e das despesas decorrentes e entregar ao devedor o saldo apurado, se houver.

II – A mora decorrerá do simples vencimento do prazo para pagamento e poderá ser comprovada por carta registrada expedida por intermédio de Cartório de Títulos e Documentos ou pelo protesto do título, a critério do credor.

III – O proprietário fiduciário ou credor poderá requerer contra o devedor ou terceiro a busca e apreensão do bem alienado fiduciariamente, a qual será concedida liminarmente, desde que comprovada a mora ou o inadimplemento do devedor.

Assinale:

a) se somente a afirmativa II for verdadeira;
b) se somente a afirmativa III for verdadeira;
c) se somente a afirmativa I e III forem verdadeira;
d) se somente as afirmativas II e III forem corretas;
e) se todas as afirmativas forem corretas.

(PROCURADOR DO ESTADO SUBSTITUTO – PGE/PI – CESPE – 2008)

40. João e José são administradores da Fábrica de Laticínios Ltda. Sem prévia comunicação aos sócios, eles celebraram, em nome da sociedade empresária, promessa de compra e venda de imóvel dessa sociedade empresária pelo valor de R$ 50.000,00. Entretanto, consoante averbado no Registro Público de Empresas Mercantis, encontra- se vedado a tais administradores alienar, sem prévia autorização do corpo societário, imóveis da pessoa jurídica em comento.

Considerando essa situação hipotética, assinale a opção correta segundo o que dispõe o Código Civil:

a) Aplica-se ao caso a teoria da aparência, segundo a qual o contrato vinculará a sociedade limitada.
b) O contrato será considerado nulo, por defeito na representação da sociedade limitada.
c) O contrato será considerado anulável, por erro quanto aos poderes do representante.
d) A pessoa jurídica poderá se recusar a cumprir o contrato, opondo ao comprador o excesso cometido pelos administradores.
e) Em face da situação de preposição, o contrato obrigará regularmente a pessoa jurídica, que poderá exercer direito de regresso contra os administradores.

(PROCURADOR DO MINISTÉRIO PÚBLICO ESPECIAL JUNTO AO TRIBUNAL DE CONTAS DO ESTADO DA BAHIA – TCE/BA – CESPE – 2010)

41. Para expressar os direitos e deveres fundamentais do comprador e do vendedor, a prática empresarial criou a cláusula FOB (*free on board*), segundo a qual todas as despesas são por conta do comprador, e a cláusula CIF (*cost, insurance and freight*), segundo a qual o preço abrange, além do valor das mercadorias, o valor do frete e do seguro.

( ) **Certo** ( ) **Errado**

(DEFENSOR PÚBLICO – DPG/CE – CESPE – 2008)

42. O empresário, tendo celebrado contrato de locação há mais de cinco anos e estando no mesmo ramo de atividade há mais de três anos, tem direito à renovação do contrato, mesmo que a avença tenha sido celebrada verbalmente.

( ) **Certo** ( ) **Errado**

Considere que, com vistas a adquirir um caminhão para transporte de cargas em sua propriedade rural, Mauro tenha firmado, com certa instituição financeira, contrato de alienação fiduciária em garantia. Em face dessas considerações, julgue os itens subsequentes com base nas normas do contrato de alienação fiduciária em garantia.

(DEFENSOR PÚBLICO – DPG/CE – CESPE – 2008)

43. Tornando-se Mauro inadimplente, a credora somente poderá alienar o caminhão judicialmente, visando a aplicar o preço no pagamento de seu crédito e das despesas de cobrança.

    ( ) Certo ( ) Errado

(DEFENSOR PÚBLICO – DPG/CE – CESPE – 2008)

44. A propriedade fiduciária constitui-se pela simples autenticação em cartório do contrato firmado entre Mauro e a instituição financeira.

    ( ) Certo ( ) Errado

(DEFENSOR PÚBLICO SUBSTITUTO – DPE/MT – FCC – 2009)

45. Assinale a alternativa correta:
    a) O empresário que instituir sucursal, filial ou agência, em lugar sujeito à jurisdição de outro Registro Público de Empresas Mercantis, estará dispensado de inscrevê-la, se fizer prova da inscrição originária.
    b) Considera-se empresário quem exerce profissão intelectual, de natureza científica, literária ou artística, ainda com o concurso de auxiliares ou colaboradores, salvo se o exercício da profissão constituir elemento de empresa.
    c) É obrigatória a inscrição do empresário no Registro Público de Empresas Mercantis da respectiva sede, impreterivelmente até 30 dias após o início de sua atividade.
    d) Considera-se empresário quem exerce profissionalmente atividade econômica organizada para a produção ou a circulação de bens ou de serviços.
    e) A pessoa legalmente impedida de exercer atividade própria de empresário, se a exercer, não responderá pelas obrigações contraídas, mas arcará com multa civil a ser paga a todos que com ele celebrarem negócios, desde que de boa-fé.

7.5 Da Falência e da Recuperação de Empresas

(ADVOGADO – BADESC/SC – FGV – 2010)

46. Com relação ao tema *Efeitos da Decretação da Falência*, considere as afirmativas a seguir:

    I – Os contratos bilaterais se resolvem *ex lege* pela decretação da falência, podendo ser cumpridos somente para a manutenção e preservação da massa falida, mediante autorização do administrador judicial.

    II – O mandato conferido pelo devedor, antes da falência, para a realização de negócios, cessará seus efeitos com a decretação da falência, cabendo ao mandatário prestar contas de sua gestão.

    III – A decretação da falência preserva o exercício do direito de retenção sobre os bens sujeitos à arrecadação, os quais poderão permanecer na posse dos credores até o encerramento do processo falimentar.

Assinale:

a) se somente a afirmativa I for verdadeira;
b) se somente a afirmativa II for verdadeira;

c) se somente a afirmativa II e III forem verdadeira;
d) se somente as afirmativas I e III forem corretas;
e) se todas as afirmativas forem corretas.

(ADVOGADO – BADESC/SC – FGV – 2010)

47. Nos termos da Lei 11.101/05, que regula a recuperação judicial, a extrajudicial e a falência do empresário e da sociedade empresária, no que tange ao *Pedido de Restituição*, assinale a afirmativa correta:

a) A restituição de coisa vendida a crédito e entregue ao devedor, nos 15 (quinze) dias anteriores ao requerimento de sua falência, poderá ser pedida se ainda não alienada.
b) A sentença que reconhecer o direito do requerente determinará a entrega da coisa no prazo de 24 (vinte e quatro) horas.
c) A apelação com efeito suspensivo da sentença que julgar o pedido de restituição, é cabível.
d) O autor do pedido de restituição, que pretender receber o bem ou a quantia reclamada antes do trânsito em julgado da sentença, não precisará prestar caução.
e) O pedido de restituição não suspende a disponibilidade da coisa até o trânsito em julgado.

(ADVOGADO – BADESC/SC – FGV – 2010)

48. Constitui fundamento do pedido de falência, a hipótese de o devedor, no prazo estabelecido, deixar de cumprir:

a) a obrigação assumida perante o Comitê de Credores;
b) a obrigação assumida por meio de títulos de créditos, líquidos e certos;
c) a obrigação assumida no plano de recuperação judicial;
d) a obrigação assumida no processo de execução fiscal;
e) a obrigação assumida no processo de execução extrajudicial.

(ADVOGADO – BADESC/SC – FGV – 2010)

49. A decretação da liquidação extrajudicial da instituição financeira não se dará *ex officio*:

a) em razão de ocorrências que comprometam sua situação econômica ou financeira e, especialmente quando deixar de satisfazer, com pontualidade, seus compromissos ou quando se caracterizar qualquer dos motivos que autorizem a declararão de falência;
b) quando a administração violar gravemente as normas legais e estatutárias que disciplinam a atividade da instituição, bem como as determinações do Conselho Monetário Nacional ou do Banco Central do Brasil, no uso de suas atribuições legais;
c) quando, cassada a autorização para funcionar, a instituição não iniciar, nos 90 (noventa) dias seguintes, sua liquidação ordinária, ou quando, iniciada esta, o Banco Central do Brasil verificar que a morosidade de sua administração pode acarretar prejuízo para os credores;
d) quando por proposta do interventor, forem expostos circunstanciadamente os motivos justificadores da medida;
e) quando a instituição sofrer prejuízo que sujeite a risco anormal seus credores quirografários.

(PROCURADOR DO ESTADO SUBSTITUTO – PGE/PI – CESPE – 2008)

50. Acerca do pedido de recuperação judicial, assinale a opção correta:

a) Ele poderá ser homologado no foro de qualquer cidade onde houver estabelecimento permanente do requerente.
b) A petição inicial deverá estar acompanhada do plano de recuperação, sob pena de indeferimento.
c) Os credores relacionados na petição devem ser intimados por edital, para contestar a ação, no prazo de 10 dias.
d) O deferimento do processamento da recuperação judicial não suspenderá o trâmite das execuções fiscais em curso contra o requerente.

e) A recuperação judicial só poderá ser concedida após a devida aprovação do plano de recuperação pela assembleia de credores.

(PROCURADOR DO ESTADO SUBSTITUTO – PGE/PI – CESPE – 2008)

51. A respeito dos efeitos jurídicos, nas relações entre credores e devedores, decorrentes da concessão da recuperação judicial, assinale a opção correta:
    a) Os credores trabalhistas não poderão ser envolvidos pela recuperação judicial.
    b) Haverá novação dos créditos abrangidos pela recuperação judicial.
    c) As garantias já oferecidas por avalistas e fiadores serão limitadas aos novos valores dos créditos como definidos no plano de recuperação judicial.
    d) A recuperação judicial envolverá os créditos contraídos em até dois anos após a sua concessão.
    e) Ocorrendo posterior falência, os valores devidos pelo falido obedecerão àqueles estabelecidos no plano de recuperação judicial.

(PROCURADOR DO ESTADO SUBSTITUTO – PGE/PI – CESPE – 2008)

52. Com relação à cobrança dos créditos tributários na falência, assinale a opção correta:
    a) O processo falimentar envolve o crédito tributário, mas exclui a multa tributária.
    b) As execuções fiscais em curso serão suspensas com a decretação de falência, consoante a lei processual que disciplina a cobrança do crédito tributário.
    c) A propositura de execução fiscal posterior à decretação de falência ocorrerá no juízo falimentar.
    d) A decretação da falência interrompe o prazo de prescrição do crédito tributário.
    e) Os créditos tributários serão adimplidos após realizado o pagamento dos créditos com garantia real, até o limite do apurado com os bens gravados.

(DEFENSOR PÚBLICO – DPG/CE – CESPE – 2008)

53. Não se sujeitam ao processo falimentar as sociedades de economia mista, as empresas públicas e as sociedades cooperativas.

    ( ) **Certo** ( ) **Errado**

(DEFENSOR PÚBLICO – DPG/CE – CESPE – 2008)

54. Na recuperação judicial, o administrador judicial tem competência para requerer a falência do devedor no caso de descumprimento de obrigação assumida no plano de recuperação.

    ( ) **Certo** ( ) **Errado**

(DEFENSOR PÚBLICO – DPG/CE – CESPE – 2008)

55. Considere que determinada sociedade empresária, em situação de crise econômico-financeira, tenha requerido sua recuperação judicial e que o juízo competente, tendo verificado o cumprimento dos requisitos legais, tenha deferido o processamento da referida recuperação. Nesse caso, a sociedade empresária somente poderá desistir do pedido de recuperação judicial se obtiver a aprovação da desistência na assembleia-geral de credores.

    ( ) **Certo** ( ) **Errado**

(DEFENSOR PÚBLICO – DPG/CE – CESPE – 2008)

56. O plano de recuperação judicial para empresas de pequeno porte sujeita a sociedade devedora a prévia autorização do juiz, após ouvido o administrador judicial e o comitê de credores, para contratar empregados.

    ( ) **Certo** ( ) **Errado**

7.6 Outros

(ADVOGADO – BADESC/SC – FGV – 2010)

57. O interventor de instituição financeira privada, em cumprimento ao processo de intervenção, concluirá, em sessenta dias contados de sua posse, um relatório contendo, entre outros pontos, proposta justificada da adoção das providências que lhe pareçam convenientes à instituição.

O relatório deverá, em seguida, ser apresentado:

a) ao Conselho Monetário Nacional;
b) ao Banco Central do Brasil;
c) ao Banco do Brasil S/A;
d) ao Banco Nacional de Desenvolvimento Econômico e Social;
e) à Agência Nacional de Fiscalização do Mercado Financeiro.

(ADVOGADO – CETESB – VUNESP – 2009)

58. A constituição de companhia por subscrição pública depende do prévio registro da emissão:

a) na Junta Comercial;
b) no Departamento Nacional de Registro de Comércio;
c) no Banco Central do Brasil;
d) na Comissão de Valores Mobiliários;
e) no Banco do Brasil.

(PROCURADOR DO ESTADO DE ALAGOAS – PGE/AL – CESPE – 2009)

59. Acerca das normas gerais relativas ao tratamento diferenciado e favorecido a ser dispensado às microempresas e empresas de pequeno porte, assinale a opção correta:

a) Haverá alteração dos contratos firmados por empresário individual que seja desenquadrado como microempresa.
b) Não implica exclusão do regime SIMPLES Nacional a participação da pessoa jurídica no capital de outra pessoa jurídica, se posterior ao ato de inclusão no regime diferenciado.
c) Caso haja participação de entidade da administração indireta no capital de determinada microempresa, haverá vedação a esta para o recolhimento de impostos e contribuições na forma do SIMPLES Nacional.
d) O SIMPLES Nacional se caracteriza pelo recolhimento mensal, mediante documento único de arrecadação, de alguns impostos, tais como imposto de renda, IPI, ISS e IOF.
e) O fato de a microempresa optar pelo SIMPLES Nacional não acarreta a vedação de utilizar ou destinar valores a título de incentivo fiscal.

(PROCURADOR DO MINISTÉRIO PÚBLICO ESPECIAL JUNTO AO TRIBUNAL DE CONTAS DO ESTADO DA BAHIA – TCE/BA – CESPE – 2010)

60. De acordo com a lei que dispõe sobre o registro público de empresas, as decisões das juntas comerciais são recorríveis mediante processo revisional que tem efeito suspensivo.

( ) Certo ( ) Errado

8

DIREITO INTERNACIONAL

8.1 Direito Internacional Público

(ADVOGADO – SENADO FEDERAL – FGV – 2008)

1. Os sujeitos de Direito Internacional são:
   a) Estados, Organizações Governamentais Internacionais, Organizações Não Governamentais, blocos regionais.
   b) Estados, Organizações Governamentais Internacionais, Organizações Não Governamentais, pessoas jurídicas e indivíduos.
   c) Estados, Organizações Governamentais Internacionais, Organizações Não Governamentais, pessoas jurídicas, indivíduos e blocos regionais.
   d) Estados, Organizações Governamentais Internacionais, Organizações Não Governamentais, pessoas jurídicas e blocos regionais.
   e) Estados, Organizações Governamentais Internacionais, pessoas jurídicas, indivíduos e blocos regionais.

(ADVOGADO – SENADO FEDERAL – FGV – 2008)

2. Entende-se por Mercado Comum um tipo de integração regional caracterizado por:
   a) eliminação das barreiras comerciais tarifárias e não tarifárias e harmonização das políticas comerciais, sociais e regulatórias dos países membros;
   b) eliminação das barreiras comerciais tarifárias e não tarifárias;
   c) eliminação das barreiras comerciais tarifárias e não tarifárias, harmonização das políticas comerciais, sociais e regulatórias dos países membros mais o estabelecimento de moeda comum;
   d) negociações de reduções tarifárias com o intuito de fomentar o intercâmbio de setores da economia entre os países signatários;
   e) criação de área livre de tributos e encargos de todas as naturezas.

(ADVOGADO – SENADO FEDERAL – FGV – 2008)

3. Sobre a "Proteção aos Direitos Humanos", analise as afirmativas a seguir:

   I – Os Direitos Internacionais de Proteção à pessoa humana vêm a resguardar o homem quando o Estado que o tutela falha ao fazê-lo.

   II – As regras de Direito Humanitário, constantes das Convenções de Genebra, por se constituírem em *jus cogens são erga omnes*.

   III – O Tribunal Penal Internacional é jurisdição não recepcionada pela Constituição Brasileira conforme seu art. 5º, inciso XXXVIII, que não admite juízo ou tribunal de exceção.

Assinale:

   a) se somente a afirmativa II estiver correta;
   b) se somente as afirmativas I e II estiverem corretas;
   c) se somente as afirmativas I e III estiverem corretas;
   d) se somente as afirmativas II e III estiverem corretas;
   e) se todas as afirmativas estiverem corretas.

(ADVOGADO – SENADO FEDERAL – FGV – 2008)

4. A competência da Corte Internacional de Justiça é conferida:
   a) pelo art. 94 da Carta das Nações Unidas quando obriga seus membros a se comprometerem com suas decisões;
   b) pelas partes de sua jurisdição, quando a aceitam a qualquer tempo, mediante cláusula compromissória, segundo o art. 36, parágrafo 2º, de seu estatuto;

c) por qualquer Tratado que trate sobre a matéria desde que assinado pelas partes litigantes respeitado o princípio da reciprocidade;
d) pela própria Corte Internacional de Justiça atendidos os pressupostos do art. 36, parágrafo 2º, letras *a*, *b*, *c* e *d*;
e) pela existência de condição material, ou seja, de controvérsia entre os litigantes sobre matéria constante de tratado internacional.

9

DIREITO PENAL

9.1 Da Introdução ao Estudo do Direito Penal

(ADVOGADO – SENADO FEDERAL – FGV – 2008)

1. Relativamente ao Direito Penal Brasileiro, analise as afirmativas a seguir:

   I – Os crimes unissubsistentes, habituais próprios, comissivos e permanentes na forma omissiva não admitem tentativa.

   II – Considera-se desistência voluntária ou arrependimento posterior a conduta do agente que, depois de consumado o crime, repara o dano causado respondendo o agente somente pelos fatos praticados.

   III – Considera-se impossível o crime quando o meio utilizado pelo agente é relativamente incapaz de alcançar o resultado.

   IV – Nos crimes tentados, aplica-se a pena do crime consumado reduzindo-a de 1/3 a 2/3, ao passo que no arrependimento eficaz se aplica a pena do crime consumado reduzindo-a de 1/6 a 1/3.

Assinale:

a) se apenas as afirmativas I e II estiverem corretas;
b) se apenas as afirmativas I e III estiverem corretas;
c) se apenas as afirmativas I e IV estiverem corretas;
d) se nenhuma afirmativa estiver correta;
e) se apenas as afirmativas II e III estiverem corretas.

(ADVOGADO – SENADO FEDERAL – FGV – 2008)

2. Assinale a afirmativa incorreta:

a) O erro de tipo incide sobre os elementos que integram o tipo penal, abrangendo qualificadoras, causas de aumento e agravantes.
b) O erro de tipo exclui o dolo, mas o comportamento pode ser punido a título culposo se o erro for escusável.
c) O erro de proibição incide sobre a ilicitude do fato, atuando como causa excludente de culpabilidade.
d) No crime putativo, o agente crê estar cometendo um delito e age com consciência do ilícito, mas não é crime; no erro de proibição o agente acredita que nada faz de ilícito, quando, na realidade, trata-se de um delito.
e) O erro quanto aos pressupostos fáticos de uma causa de exclusão de ilicitude, o erro quanto à existência de uma causa excludente de ilicitude e o erro quanto aos limites de uma excludente de antijuridicidade são considerados descriminantes putativos.

Na sociedade primitiva existente no Brasil antes do domínio português, imperavam a vingança privada, sem nenhuma uniformidade nas formas de reação contra as condutas ofensivas; ainda que de modo empírico, a composição, inicialmente por acordo entre as famílias e com caráter de indenização; e a expulsão da tribo. No que toca às formas punitivas, havia predomínio das corporais, sem tortura.

Todavia, as leis da metrópole se impuseram totalmente, de sorte que "as práticas punitivas das tribos selvagens que habitavam o país em nada influíram, nem então, nem depois, sobre nossa legislação penal". O direito em vigor na colônia estava feito, precisando simplesmente ser aplicado, depois de importado, sendo nada mais que um capítulo do direito português na América: fenômeno denominado bifurcação brasileira, isto é, a transplantação do organismo jurídico político luso para o território nacional.

L. R. Prado. Curso de direito penal brasileiro (Parte geral – arts. 1º a 120). 8ª ed. São Paulo: Editora Revista dos Tribunais, p. 112 (com adaptações).

Tendo o texto acima apresentado como referência inicial, julgue os itens a seguir, acerca do histórico do direito penal brasileiro.

(PROCURADOR DO MINISTÉRIO PÚBLICO ESPECIAL JUNTO AO TRIBUNAL DE CONTAS DO ESTADO DA BAHIA – TCE/BA – CESPE – 2010)

3. O fenômeno da "bifurcação brasileira", apontado no texto, somente começou a ser mitigado com a vigência do Código Penal de 1940, uma vez que o Código Imperial e o Republicano são considerados pela doutrina autorizada réplica fiel de documentos legislativos estrangeiros.

( ) Certo ( ) Errado

(PROCURADOR DO MINISTÉRIO PÚBLICO ESPECIAL JUNTO AO TRIBUNAL DE CONTAS DO ESTADO DA BAHIA – TCE/BA – CESPE – 2010)

4. A ausência de originalidade na legislação penal no Brasil Colônia pode ser adequadamente designada de filipismo, termo utilizado para enfatizar a mera transposição de institutos portugueses para o Brasil.

( ) Certo ( ) Errado

9.2 Da Aplicação da Lei Penal

(PROCURADOR – ASSEMBLEIA LEGISLATIVA SP – FCC – 2010)

5. No que diz respeito à aplicação da Lei Penal, é correto afirmar que:
   a) segundo a teoria da atividade, adotada pelo Código Penal, considera-se como tempo do crime o momento da consumação;
   b) pelo princípio da proteção, o criminoso deve ser julgado e punido no local onde for detido, segundo as leis desse país;
   c) pela teoria mista, adotada pelo Código Penal, considera-se tempo do crime tanto o momento da ação ou omissão, como o do resultado;
   d) segundo o princípio da extraterritorialidade incondicionada, aplica-se a lei brasileira a todos os crimes contra o Presidente da República cometidos fora do território brasileiro;
   e) segundo a teoria da ubiquidade, adotada pelo Código Penal, lugar do crime é tanto o local da conduta, como o do resultado.

(ADVOGADO – CETESB – VUNESP – 2009)

6. Imagine que, com intenção de evitar a proliferação da gripe A (H1N1), o Congresso Nacional, por suas duas casas, tivesse aprovado projeto de lei, posteriormente sancionado pelo Presidente da República, que tornasse crime a conduta de falar em público sem utilização de máscara de proteção para contenção da saliva. Figure, ainda, que referida lei, quando da sua publicação, em abril de 2009, desde logo estabelecesse que tal criminalização teria vigência, apenas, nos meses de junho, julho e agosto de 2009. Por fim, imagine que nesse cenário, o professor Marcelo houvesse lecionado sem máscara para seus alunos no mês de julho de 2009, realizando, portanto, a conduta criminalizada pelo tipo penal. Com relação a esse caso hipotético, é correto afirmar que:
   a) se trata de lei excepcional, que tem vigência vinculada a uma determinada circunstância social como calamidades ou guerras, sendo que, mesmo após cessadas as circunstâncias que a determinaram, aplica-se ao fato praticado durante sua vigência;

b) Marcelo será favorecido pela nova ordem legal que se instalará após o término da vigência da lei e, sendo assim, ainda que estivesse respondendo a ação penal, teria decretada em seu favor a extinção da punibilidade;
c) o professor será beneficiado pela *abolitio criminis*, já que o término do período de vigência da lei indica que o bem jurídico em questão não é mais ameaçado, não sendo coerente sustentar qualquer responsabilização criminal;
d) se trata de lei penal temporária, sendo que os fatos típicos praticados por Marcelo, mesmo após o término da vigência da lei, serão punidos por ter tal espécie de norma efeito ultrativo;
e) a aplicação da pena só será possível se o fato típico for descoberto durante a vigência da lei que o criminaliza, sendo que é necessário, ao menos, que durante o período de vigência da lei seja oferecida denúncia em desfavor do professor.

(DEFENSOR PÚBLICO – DPE/AL – CESPE – 2009)

7. A teoria naturalística rege os crimes omissivos impróprios no CP brasileiro.

( ) **Certo** ( ) **Errado**

(DEFENSOR PÚBLICO – DPE/AL – CESPE – 2009)

8. Todo crime tem resultado jurídico, porque sempre agride um bem tutelado pela norma.

( ) **Certo** ( ) **Errado**

(DEFENSOR PÚBLICO – DPE/AL – CESPE – 2009)

9. Segundo a teoria dos elementos negativos do tipo, as causas de exclusão de culpabilidade devem ser agregadas ao tipo como requisitos negativos deste, resultando no conceito denominado pela doutrina de tipo total de injusto.

( ) **Certo** ( ) **Errado**

(DEFENSOR PÚBLICO – DPE/AL – CESPE – 2009)

10. Segundo a teoria da tipicidade conglobante, o ordenamento jurídico deve ser considerado como um bloco monolítico, de forma que, quando algum ramo do direito permitir a prática de uma conduta formalmente típica, o fato será considerado atípico.

( ) **Certo** ( ) **Errado**

(DEFENSOR PÚBLICO – DPE/AL – CESPE – 2009)

11. Considere a seguinte situação hipotética. Antônio, com intenção homicida, envenenou Bruno, seu desafeto. Minutos após o envenenamento, Antônio jogou o que supunha ser o cadáver de Bruno em um lago. No entanto, a vítima ainda se encontrava viva, ao contrário do que imaginava Antônio, e veio a falecer por afogamento. Nessa situação, Antônio agiu com dolo de segundo grau, devendo responder por homicídio doloso qualificado pelo emprego de veneno.

( ) **Certo** ( ) **Errado**

(DEFENSOR PÚBLICO – DPE/AL – CESPE – 2009)

12. Quanto à punição do delito na modalidade tentada, o CP adotou a teoria subjetiva.

( ) **Certo** ( ) **Errado**

(DEFENSOR PÚBLICO – DPE/AL – CESPE – 2009)

13. São elementos do fato típico culposo: conduta, resultado involuntário, nexo causal, tipicidade, ausência de previsão, quebra do dever de cuidado objetivo por meio da imprudência, negligência ou imperícia e previsibilidade subjetiva.

( ) **Certo** ( ) **Errado**

(DEFENSOR PÚBLICO – DPE/AL – CESPE – 2009)

14. Quanto ao estado de necessidade, o CP brasileiro adotou a teoria da diferenciação, que só admite a incidência da referida excludente de ilicitude quando o bem sacrificado for de menor valor que o protegido.

( ) **Certo** ( ) **Errado**

(DEFENSOR PÚBLICO – DPE/AL – CESPE – 2009)

15. Considere a seguinte situação hipotética. Célio chegou inconsciente e gravemente ferido à emergência de um hospital particular, tendo o chefe da equipe médica determinado o imediato encaminhamento do paciente para se submeter a procedimento cirúrgico, pois o risco de morte era iminente. Luiz, irmão de Célio, expressamente desautorizou a intervenção cirúrgica, uma vez que seria necessária a realização de transfusão de sangue, fato que ia de encontro ao credo religioso dos irmãos. Nessa situação, o consentimento de Luiz com relação à intervenção cirúrgica seria irrelevante, pois os profissionais médicos estariam agindo no exercício regular de direito.

( ) **Certo** ( ) **Errado**

Quanto à culpabilidade e à imputabilidade penal, julgue os próximos itens.

(DEFENSOR PÚBLICO – DPE/AL – CESPE – 2009)

16. Para a teoria limitada da culpabilidade, adotada pelo CP brasileiro, toda espécie de descriminante putativa, seja sobre os limites autorizadores da norma, seja incidente sobre situação fática pressuposto de uma causa de justificação, é sempre considerada erro de proibição.

( ) **Certo** ( ) **Errado**

(DEFENSOR PÚBLICO – DPE/AL – CESPE – 2009)

17. Considere a seguinte situação hipotética. Em uma festividade de calouros de determinada faculdade, João foi obrigado por vários veteranos, mediante coação física, a ingerir grande quantidade de bebida alcoólica, ficando completamente embriagado, uma vez que não tinha costume de tomar bebida com álcool. Nesse estado, João praticou lesões corporais e atentado violento ao pudor contra uma colega que também estava na festa. Nessa situação, trata-se de embriaguez acidental decorrente de força maior, devendo ser excluída a imputabilidade de João, que fica isento de pena pelos delitos que praticou.

( ) **Certo** ( ) **Errado**

(DEFENSOR PÚBLICO – DPE/ ES – CESPE – 2009)

18. Considere a seguinte situação hipotética. Alberto, pretendendo matar Bruno, desferiu contra este um disparo de arma de fogo, atingindo-o em região letal. Bruno foi imediatamente socorrido e levado ao hospital. No segundo dia de internação, Bruno morreu queimado em decorrência de um incêndio que assolou o nosocômio. Nessa situação, ocorreu uma causa relativamente independente, de forma que Alberto deve responder somente pelos atos praticados antes do desastre ocorrido, ou seja, lesão corporal.

( ) **Certo** ( ) **Errado**

(DEFENSOR PÚBLICO – DPE/ ES – CESPE – 2009)

19. A teoria do domínio do fato, que rege o concurso de pessoas, não se aplica aos delitos omissivos, sejam estes próprios ou impróprios, e deve ser substituída pelo critério da infringência do dever de agir.

( ) **Certo** ( ) **Errado**

(DEFENSOR PÚBLICO – DPE/ ES – CESPE – 2009)

20. A tentativa incruenta não é punível, pois considera-se que o agente não iniciou a fase executória do *iter criminis*.

( ) **Certo** ( ) **Errado**

(DEFENSOR PÚBLICO – DPE/ ES – CESPE – 2009)

21. O CP adotou o conceito restritivo de autor, assim considerado aquele que realiza o núcleo do tipo. O referido código ainda previu circunstância agravante da pena, no concurso de pessoas, em relação ao agente que executa o crime, ou dele participa, mediante paga ou promessa de recompensa.

( ) **Certo** ( ) **Errado**

(DEFENSOR PÚBLICO – DPE/ ES – CESPE – 2009)

22. Segundo entendimento sumulado do STF, nos crimes de estupro, por ser este hediondo em todas as suas modalidades, a ação penal respectiva é pública incondicionada.

( ) **Certo** ( ) **Errado**

(DEFENSOR PÚBLICO – DPE/ ES – CESPE – 2009)

23. Considere a seguinte situação hipotética. Carlos comprou um notebook de Délcio, ciente de que o bem tinha sido objeto de furto praticado por Délcio. Nessa situação, se ocorrer a prescrição da pretensão punitiva do crime de furto, Carlos não poderá ser acusado de receptação, ainda que não prescrito este crime.

( ) **Certo** ( ) **Errado**

(DEFENSOR PÚBLICO SUBSTITUTO – DPE/MT – FCC – 2009)

24. O art. 14, § único, do Código Penal dispõe que "*salvo disposição em contrário, pune-se a tentativa com a pena correspondente ao crime consumado, diminuída de um a dois terços*". O percentual de diminuição de pena a ser considerado levará em conta:

a) o *inter criminis* percorrido pelo agente;
b) a periculosidade do agente;
c) a reincidência;
d) os antecedentes do agente;
e) a intensidade do dolo.

(DEFENSOR PÚBLICO SUBSTITUTO – DPE/MT – FCC – 2009)

25. O agente iniciou a execução de um delito, cuja consumação não ocorreu pela:

I – Ineficácia relativa do meio empregado.
II – Impropriedade absoluta do objeto.
III – Reação da vítima.
IV – Ineficácia absoluta do meio empregado.
V – Impropriedade relativa do objeto.

Haverá tentativa punível na(s) hipótese(s) indicada(s) SOMENTE em:

a) III;
b) I e V;
c) II e IV;
d) I, II e IV;
e) I, III e V.

(DEFENSOR PÚBLICO SUBSTITUTO – DPE/MT – FCC – 2009)

26. Considera-se, dentre outras, causa excludente da culpabilidade:
   a) o exercício regular de um direito;
   b) o estado de necessidade;
   c) a legítima defesa putativa;
   d) a tolerância das autoridades;
   e) o erro evitável.

(DEFENSOR PÚBLICO SUBSTITUTO – DPE/MT – FCC – 2009)

27. A respeito do concurso de pessoas, é correto afirmar que:
   a) é necessário o ajuste prévio no concurso de pessoas;
   b) o Direito Penal brasileiro adotou a teoria unitária;
   c) o concurso de agentes pode verificar-se após a consumação do delito;
   d) pode ocorrer coautoria sem vínculo subjetivo entre os coautores;
   e) é necessária a presença no local do comparsa para a configuração do concurso de agentes.

(DEFENSOR PÚBLICO – DPE/CE – CESPE – 2008)

28. Considere a seguinte situação hipotética.

> Peter, de nacionalidade norte-americana, desferiu cinco tiros em direção a John, também norte-americano, matando-o. O crime aconteceu no interior de uma embarcação estrangeira de propriedade privada em mar territorial do Brasil.

Nessa situação, não se aplica a lei brasileira ao crime praticado por Peter.

( ) Certo ( ) Errado

(DEFENSOR PÚBLICO – DPE/CE – CESPE – 2008)

29. Considere a seguinte situação hipotética.

> Flávio, réu primário e com bons antecedentes, furtou o telefone celular de Gina. Antes da prolação da sentença, Flávio restituiu a Gina o bem subtraído, por ato voluntário.

Nessa situação, a pena de Flávio será reduzida de um a dois terços.

( ) Certo ( ) Errado

(DEFENSOR PÚBLICO – DPE/CE – CESPE – 2008)

30. Segundo entendimento sumulado do STF, não há crime quando a preparação do flagrante pela polícia torna impossível a sua consumação.

( ) Certo ( ) Errado

(PROCURADOR – PMS/SAAE – VUNESP – 2010)

31. Analise as assertivas a seguir:

I – É isento de pena o agente que, em virtude de perturbação de saúde mental ou por desenvolvimento mental incompleto ou retardado, não era, ao tempo da ação ou da omissão, inteiramente capaz de entender o caráter ilícito do fato ou de determinar-se de acordo com esse entendimento.

II – É isento de pena o agente que, por embriaguez completa culposa, era, ao tempo da ação ou da omissão, inteiramente incapaz de entender o caráter ilícito do fato ou de determinar-se de acordo com esse entendimento.

III – Quem, de qualquer modo, concorre para o crime incide nas penas a este cominadas, na medida de sua culpabilidade. Se algum dos concorrentes quis participar de crime menos grave, ser-lhe-á aplicada a pena deste, que poderá ser aumentada até metade, na hipótese de ter sido previsível o resultado mais grave.
IV – Não se comunicam as circunstâncias e as condições de caráter pessoal, mesmo quando elementares do crime.

Está correto, relativamente ao estabelecido pelo Código Penal, apenas o contido em:

a) III;
b) I e III;
c) II e III;
d) I, II e IV;
e) I, III e IV.

9.3 Do Crime

(ADVOGADO – DETRAN/ES – CESPE – 2010)

32. Fato ilícito ou injusto é a contrariedade entre o fato e a lei, não comportando escalonamentos de índole subjetiva.

( ) **Certo** ( ) **Errado**

(ADVOGADO – DETRAN/ES – CESPE – 2010)

33. As qualificadoras não representam tipos derivados autônomos, uma vez que a mera previsão de novos limites abstratos de pena não faz surgir delitos independentes.

( ) **Certo** ( ) **Errado**

(PROCURADOR ESPECIAL DE CONTAS – TCE/ES – CESPE – 2009)

34. Com relação aos crimes culposos, assinale a opção correta:

a) A culpa consciente ocorre quando o agente assume ou aceita o risco de produzir o resultado. Nesse caso, o agente não quer o resultado, caso contrário, ter-se-ia um crime doloso.
b) A culpa imprópria ou culpa por extensão é aquela em que a vontade do sujeito dirige-se a um ou outro resultado, indiferentemente dos danos que cause à vítima.
c) A compensação de culpas no direito penal, aceita pela doutrina penal contemporânea e acolhida pela jurisprudência pátria, diz respeito à possibilidade de compensar a culpa da vítima com a culpa do agente da conduta delituosa, de modo a assegurar equilíbrio na relação penal estabelecida.
d) São elementos do fato típico culposo: conduta humana voluntária (ação/omissão), inobservância do cuidado objetivo (imprudência/negligência/imperícia), previsibilidade objetiva, ausência de previsão, resultado involuntário, nexo de causalidade e tipicidade.
e) A autoria dos crimes culposos é basicamente atribuída àquele que causou o resultado. Com isso admite-se a participação culposa em delito doloso, participação dolosa em crime culposo e participação culposa em fato típico culposo.

9.4 Das Penas

(ADVOGADO – DETRAN/ES – CESPE – 2010)

35. Abel foi condenado pela prática de delito contra a integridade física de Braz. Um mês após o trânsito em julgado da sentença penal condenatória, Abel faleceu em razão de um ataque

cardíaco. Nessa situação, a sentença penal pode ser executada no juízo cível contra os sucessores do falecido, mediante prévia liquidação do valor do dano.

( ) Certo ( ) Errado

(ADVOGADO – DETRAN/ES – CESPE – 2010)

36. Tratando-se de culpabilidade, a teoria estrita ou extremada e a teoria limitada são derivações da teoria normativa pura e divergem apenas a respeito do tratamento das descriminantes putativas.

( ) Certo ( ) Errado

(DEFENSOR PÚBLICO – DPE/AL – CESPE – 2009)

37. É inadmissível a substituição de pena privativa de liberdade por restritiva de direitos ao réu reincidente, ainda que a substituição seja socialmente recomendável e se trate de reincidência genérica.

( ) Certo ( ) Errado

(DEFENSOR PÚBLICO – DPE/AL – CESPE – 2009)

38. As medidas alternativas impostas em razão de uma transação penal e aquelas previstas no art. 28 da Lei nº 11.343/2006 (usuário de droga) não geram os efeitos penais gerais próprios de uma sanção penal.

( ) Certo ( ) Errado

(DEFENSOR PÚBLICO – DPE/AL – CESPE – 2009)

39. Quanto às suas finalidades, segundo a teoria eclética ou conciliatória, a pena tem dupla função: punir o criminoso e prevenir a prática do crime.

( ) Certo ( ) Errado

(DEFENSOR PÚBLICO – DPE/ ES – CESPE – 2009)

40. O cometimento de falta grave pelo condenado, como o uso de entorpecentes no interior de estabelecimento prisional, determina o reinício da contagem do prazo para a concessão de benefícios relativos à execução da pena, incluindo a progressão de regime prisional.

( ) Certo ( ) Errado

(DEFENSOR PÚBLICO – DPE/ ES – CESPE – 2009)

41. Cabe substituição da pena privativa de liberdade por pena restritiva de direitos, se forem preenchidos os demais requisitos legais, mesmo que o condenado seja reincidente, desde que, em face da condenação anterior, a medida seja socialmente recomendável e a reincidência não tenha sido motivada pela prática do mesmo crime.

( ) Certo ( ) Errado

(DEFENSOR PÚBLICO – DPE/ ES – CESPE – 2009)

42. A condenação tem como efeito genérico tornar certa a obrigação de reparar o dano. Esse efeito é automático, não precisa ser expressamente pronunciado pelo juiz na sentença condenatória e destina-se a formar título executivo judicial para a propositura de ação civil ex delicto.

( ) Certo ( ) Errado

(DEFENSOR PÚBLICO SUBSTITUTO – DPE/MT – FCC – 2009)

43. NÃO se inclui dentre as penas restritivas de direito a:

a) multa;
b) perda de bens e valores;
c) prestação de serviços à comunidade;

d) interdição temporária de direitos;
e) limitação de fim de semana.

(DEFENSOR PÚBLICO SUBSTITUTO – DPE/MT – FCC – 2009)

44. Na aplicação da pena em crime tentado, o aumento decorrente das causas especiais, também denominadas qualificadoras, incide:
   a) após a redução decorrente da tentativa;
   b) na aplicação da pena base;
   c) antes da aplicação das circunstâncias agravantes;
   d) após a aplicação das circunstâncias agravantes;
   e) após a aplicação das circunstâncias agravantes e atenuantes.

(DEFENSOR PÚBLICO SUBSTITUTO – DPE/MT – FCC – 2009)

45. A extinção da punibilidade pela perempção:
   a) pode ocorrer antes da instauração da ação penal;
   b) só pode ocorrer na ação penal privada exclusiva;
   c) só pode ocorrer na ação penal privada subsidiária da pública;
   d) aplica-se à ação penal pública;
   e) pode ocorrer na ação penal privada exclusiva e na subsidiária da pública.

(DEFENSOR PÚBLICO SUBSTITUTO – DPE/MT – FCC – 2009)

46. NÃO se inclui dentre as qualificadoras do crime de homicídio a:
   a) premeditação;
   b) traição;
   c) surpresa;
   d) emboscada;
   e) asfixia.

(DEFENSOR PÚBLICO – DPE/CE – CESPE – 2008)

47. A progressão de regime do cumprimento da pena de condenado por crime contra a administração pública condiciona-se à reparação do dano que ele causou, ou à devolução do produto do ilícito praticado, com os acréscimos legais.

   ( ) Certo ( ) Errado

(DEFENSOR PÚBLICO – DPE/CE – CESPE – 2008)

48. Em caso de superveniência de doença mental ao condenado, a execução da pena de multa não será suspensa.

   ( ) Certo ( ) Errado

(PROCURADOR – PMS/SAAE – VUNESP – 2010)

49. Analise as assertivas a seguir.

   I – O artigo 107 do Código Penal, em rol taxativo, prevê as seguintes causas de extinção da punibilidade: morte do agente; anistia, graça ou indulto; retroatividade de lei que não mais considera o fato como criminoso; prescrição, decadência ou perempção; renúncia do direito de queixa ou perdão aceito, nos crimes de ação privada; retratação do agente, nos casos em que a lei a admite; perdão judicial, nos casos previstos em lei.

   II – Enquanto a morte do agente e a *abolitio criminis* são causas gerais ou comuns de extinção da punibilidade – isto é, aplicáveis a toda e qualquer infração penal –, a renúncia do direito de queixa e a retratação do agente classificam-se dentre as causas especiais ou particulares de extinção da punibilidade – ou seja, extinguem a punibilidade apenas de determinados ilícitos penais.

III – A extinção da punibilidade por perempção pode ocorrer tanto na ação penal privada como na ação penal pública.

Está correto, relativamente ao estabelecido pelo Código Penal, o contido em:

a) I, apenas;
b) II, apenas;
c) I e II, apenas;
d) II e III, apenas;
e) I, II e III.

9.5 Das Medidas de Segurança

(DEFENSOR PÚBLICO – DPE/ ES – CESPE – 2009)

50. A obrigação de reparar o dano causado com o ato infracional não é considerada uma medida socioeducativa, tendo em vista que o adolescente não responde civilmente por seus atos, sendo obrigação dos pais ressarcir a vítima de eventual prejuízo.

( ) **Certo** ( ) **Errado**

(DEFENSOR PÚBLICO – DPE/ ES – CESPE – 2009)

51. A prestação de serviços comunitários é uma medida socioeducativa prevista no ECA que consiste na realização de tarefas gratuitas de interesse geral, por período não excedente a seis meses, independentemente da pena abstratamente cominada ao crime referente ao ato infracional.

( ) **Certo** ( ) **Errado**

(DEFENSOR PÚBLICO – DPE/ ES – CESPE – 2009)

52. Todos os crimes praticados contra a criança e o adolescente previstos no ECA submetem-se à ação penal pública incondicionada.

( ) **Certo** ( ) **Errado**

(DEFENSOR PÚBLICO – DPE/CE – CESPE – 2008)

53. Felipe, inimputável em decorrência de doença mental, foi submetido a medida de segurança de internação, pelo prazo mínimo de três anos, devido à prática de crime de estelionato. Após esse prazo, foi realizada perícia médica, em que se constatou a cessação da periculosidade. Em consequência disso, após oitiva do Ministério Público e do defensor público, Felipe foi liberado. Nessa condição, a situação anterior poderá ser restabelecida se Felipe, antes do decurso de um ano, praticar fato indicativo de sua periculosidade.

( ) **Certo** ( ) **Errado**

(DEFENSOR PÚBLICO – DPE/CE – CESPE – 2008)

54. José foi denunciado pela prática de lesão corporal de natureza grave. No decorrer do processo, foi instaurado incidente de insanidade mental, cuja conclusão foi no sentido de que o réu, ao tempo do fato, era plenamente incapaz de entender o caráter ilícito de seu ato ou de determinar-se de acordo com esse entendimento, devido à doença mental.

Quando da prolação da sentença, constatou-se que, entre a data do recebimento da denúncia e a data da sentença, ocorreu a prescrição com base na pena máxima abstratamente cominada ao crime. Nessa situação, é lícito ao juiz aplicar medida de segurança a José, tendo em vista o caráter curativo, e não repressor, da medida de segurança.

( ) **Certo** ( ) **Errado**

9.6 Dos Crimes Contra a Pessoa

(DEFENSOR PÚBLICO – DPE/AL – CESPE – 2009)

55. A premeditação, apesar de não ser considerada qualificadora do delito de homicídio, pode ser levada em consideração para agravar a pena, funcionando como circunstância judicial.

( ) **Certo** ( ) **Errado**

(DEFENSOR PÚBLICO SUBSTITUTO – DPE/MT – FCC – 2009)

56. João matou seu desafeto com vinte golpes de faca. Nesse caso:

a) ocorreu concurso formal de infrações;
b) responderá por vinte crimes de homicídio em concurso material;
c) deve ser reconhecido o crime continuado;
d) responderá por um crime de homicídio;
e) responderá por crime de homicídio tentado e consumado em concurso material.

(ADVOGADO – SENADO FEDERAL – FGV – 2008)

57. Um domingo, ao chegar em casa vindo do jogo de futebol a que fora assistir, Tício encontra sua esposa Calpúrnia traindo-o com seu melhor amigo, Mévio. No mesmo instante, Tício saca sua arma e dispara um tiro na cabeça de Calpúrnia e outro na cabeça de Mévio. Embora pudesse fazer outros disparos, Tício guarda a arma. Ato contínuo, apercebendo-se da besteira que fizera, coloca os amantes em seu carro e parte em disparada para um hospital. O trabalho dos médicos é extremamente bem-sucedido, retirando a bala da cabeça dos amantes sem que ambos tivessem qualquer espécie de sequela. Aliás, não fosse a imediata atuação de Tício, Calpúrnia e Mévio teriam morrido. Com efeito, quinze dias depois, ambos já retornaram às suas atividades profissionais habituais. A partir do texto, assinale a alternativa que indique o crime praticado por Tício:

a) lesão corporal leve;
b) lesão corporal grave;
c) tentativa de homicídio;
d) Tício não praticou crime;
e) exercício arbitrário das próprias razões.

9.7 Dos Crimes Contra o Patrimônio

(ADVOGADO – DETRAN/ES – CESPE – 2010)

58. É inadmissível aplicar, no furto qualificado, pelo concurso de agentes, eventual majorante do delito de roubo.

( ) **Certo** ( ) **Errado**

(DEFENSOR PÚBLICO – DPE/AL – CESPE – 2009)

59. Considere a seguinte situação hipotética. Ana subtraiu maliciosamente determinada peça de roupa de alto valor de uma amiga, com a intenção tão só de utilizá-la em uma festa de casamento. Após o evento, Ana, tendo atingido seu objetivo, devolveu a vestimenta. Nessa situação, Ana não responderá pelo delito de furto, uma vez que o CP não tipifica a figura do furto de uso.

( ) **Certo** ( ) **Errado**

(DEFENSOR PÚBLICO – DPE/ ES – CESPE – 2009)

60. É possível o concurso material entre roubo circunstanciado pelo emprego de arma e quadrilha armada, não se devendo falar em *bis in idem*, pois os bens jurídicos tutelados são diversos. Enquanto a punição do roubo protege o patrimônio, a da quadrilha ou bando protege a paz pública.

( ) Certo ( ) Errado

(DEFENSOR PÚBLICO SUBSTITUTO – DPE/MT – FCC – 2009)

61. O funcionário público que, mediante grave ameaça com arma de fogo, subtrai um automóvel de um particular, utiliza-o para viagem de turismo e depois o abandona em frente à residência da vítima, comete:

a) roubo de uso;
b) roubo simples;
c) peculato;
d) roubo qualificado;
e) violência arbitrária.

(DEFENSOR PÚBLICO SUBSTITUTO – DPE/MT – FCC – 2009)

62. O crime de furto, com arrombamento em casa habitada, absorve os delitos de dano e invasão de domicílio. Nesse caso, o conflito aparente de normas foi solucionado pelo princípio da:

a) consunção;
b) especialidade;
c) subsidiariedade;
d) alternatividade;
e) legalidade.

9.8 Dos Crimes Contra a Fé Pública

(DEFENSOR PÚBLICO – DPE/ ES – CESPE – 2009)

63. No que se refere a crimes contra a fé pública e contra a administração pública, julgue os itens que se seguem.

A apresentação de documento falso à autoridade incompetente, após exigência desta, não configura o crime de uso de documento falso.

( ) Certo ( ) Errado

(PROCURADOR – PMS/SAAE – VUNESP – 2010)

64. Funcionário público que, prevalecendo-se do cargo, falsifica, fabricando-o ou alterando-o, selo público destinado a autenticar atos oficiais de Município, responde por crime contra a:

a) fé pública, conhecido como falsificação do selo ou sinal público, com aplicação de causa de aumento de pena;
b) fé pública, conhecido como falsificação de documento público, com aplicação de causa de aumento de pena;
c) fé pública, conhecido como falsificação do selo ou sinal público, com aplicação de qualificadora;
d) administração pública, conhecido como falsificação do selo ou sinal público, com aplicação de causa de aumento de pena;
e) administração em geral, conhecido como falsificação de documento público, com aplicação de qualificadora.

9.9 Dos Crimes Contra a Administração Pública

(PROCURADOR – ASSEMBLEIA LEGISLATIVA SP – FCC – 2010)

65. Sobre o peculato, é INCORRETO afirmar:
    a) Se culposo, a reparação do dano, dá causa à extinção da punibilidade, desde que completa e anterior ao trânsito em julgado da sentença.
    b) Trata-se de crime próprio.
    c) Admite a forma tentada.
    d) O ressarcimento do dano ou a restituição da coisa apropriada com dolo extingue a punibilidade.
    e) Haverá a redução de metade da pena imposta, se culposo, caso haja reparação do dano posterior à sentença irrecorrível.

(ADVOGADO – CETESB – VUNESP – 2009)

66. Investigador da Polícia Civil, legalmente, efetua prisão de acusado da prática de diversos crimes de furto e encontra com o detido diversas joias, que sabidamente são produto de crime. O Investigador, então, toma algumas das joias para si, delas se apoderando definitivamente, e as deixa de apresentar à apreensão da autoridade policial. A conduta descrita amolda-se ao tipo penal que descreve o crime de:
    a) peculato;
    b) receptação;
    c) apropriação indébita;
    d) prevaricação;
    e) furto.

(ADVOGADO – DETRAN/ES – CESPE – 2010)

67. O agente que permite, mediante empréstimo de senha pessoal, o acesso de pessoas não autorizadas a banco de dados da administração pública pratica o delito de condescendência criminosa.

    ( ) **Certo** ( ) **Errado**

(DEFENSOR PÚBLICO – DPE/AL – CESPE – 2009)

68. Na hipótese de peculato culposo, a reparação do dano, se precedente à sentença irrecorrível, extingue a punibilidade.

    ( ) **Certo** ( ) **Errado**

(DEFENSOR PÚBLICO – DPE/ ES – CESPE – 2009)

69. Pratica crime de peculato-desvio o funcionário público que recebe dinheiro de particular, destinado ao Estado, e, sem autorização legal, aplica-o na própria repartição pública, para melhoria do serviço público.

    ( ) **Certo** ( ) **Errado**

(DEFENSOR PÚBLICO SUBSTITUTO – DPE/MT – FCC – 2009)

70. O funcionário público, lotado em bilheteria de ferrovia estatal, que falsifica e vende bilhetes de passagem, apropriando-se do respectivo valor, comete crime de:
    a) furto qualificado pela fraude;
    b) falsificação de documento público;
    c) falsificação de documento particular;
    d) apropriação indébita;
    e) peculato.

(DEFENSOR PÚBLICO SUBSTITUTO – DPE/MT – FCC – 2009)

71. A respeito do crime de peculato, é correto afirmar que:
    a) o ressarcimento do dano anterior à sentença irrecorrível extingue a punibilidade no crime de peculato doloso;
    b) é indispensável para a configuração do peculato doloso a prévio reconhecimento do ilícito pelo Tribunal de Contas;
    c) a apropriação de bens particulares de preso por parte de carcereiro de presídio não configura o delito de estelionato;
    d) o crime de peculato não admite a continuidade delitiva;
    e) a reparação do dano no peculato culposo posterior à sentença irrecorrível reduz de metade a pena imposta.

(ADVOGADO – IBRAM – CESPE – 2009)

72. O agente público que, descumprindo dever funcional, praticar ato de ofício apenas por ceder à influência de outrem comete o crime de prevaricação.

    ( ) **Certo** ( ) **Errado**

(ADVOGADO – IBRAM – CESPE – 2009)

73. O agente público que, mediante ameaças e lesão corporal, exige vantagem pecuniária indevida comete o crime de concussão.

    ( ) **Certo** ( ) **Errado**

(PROCURADOR – PMS/SAAE – VUNESP – 2010)

74. Aquele que dolosamente auxilia autor de crime, do qual não participou, a subtrair-se à ação de autoridade pública, pratica crime contra a administração:
    a) em geral, conhecido como favorecimento pessoal;
    b) pública, conhecido como fraude processual;
    c) da justiça, conhecido como favorecimento real;
    d) da justiça, conhecido como favorecimento pessoal;
    e) em geral, conhecido como favorecimento real.

9.10 Temas Combinados e Outros

(PROCURADOR – ASSEMBLEIA LEGISLATIVA SP – FCC – 2010)

75. Sobre a reincidência, considere:

    I – Trata-se de circunstância preponderante na fixação da pena e, em qualquer hipótese, impede que se inicie o cumprimento da sanção no regime semiaberto.
    II – Revoga o *sursis*, obrigatoriamente, no caso de condenação por outro crime doloso ou culposo.
    III – Suspende o prazo da prescrição.
    IV – Impede o reconhecimento do furto e do estelionato privilegiados.

Está correto o que se afirma APENAS em:

a) IV;
b) III e IV;
c) II, III e IV;
d) I e III;
e) I e II.

(DEFENSOR PÚBLICO – DPE/AL – CESPE – 2009)

76. Divulgar, sem autorização devida, por qualquer meio de comunicação, o nome de criança ou adolescente envolvido em procedimento policial a que se atribua ato infracional não é conduta criminosa, mas mera infração administrativa.

( ) **Certo** ( ) **Errado**

(DEFENSOR PÚBLICO – DPE/AL – CESPE – 2009)

77. Pichar monumento ou coisa tombada em virtude do seu valor artístico, arqueológico ou histórico é conduta criminosa.

( ) **Certo** ( ) **Errado**

(DEFENSOR PÚBLICO – DPE/AL – CESPE – 2009)

78. Constitui crime de menor potencial ofensivo abandonar injustificadamente pessoa idosa em hospital ou casa de saúde.

( ) **Certo** ( ) **Errado**

(DEFENSOR PÚBLICO – DPE/ ES – CESPE – 2009)

79. Se, ao ser abordado por policiais militares, em procedimento rotineiro no centro da cidade onde mora, um indivíduo se identificar com outro nome, a fim de esconder antecedentes penais, esse indivíduo praticará o delito de falsa identidade, segundo o STJ.

( ) **Certo** ( ) **Errado**

(DEFENSOR PÚBLICO – DPE/ ES – CESPE – 2009)

80. Seria desproporcional eventual condenação criminal, com a consequente imposição de pena privativa de liberdade, de agente que tentasse furtar de um supermercado duas latas de azeite, 6,5 kg de carne bovina e 1,6 kg de bacalhau, pois a ofensividade de sua conduta é mínima e não há nenhuma periculosidade social na ação por ele cometida, além de a reprovabilidade do seu comportamento ser de grau reduzidíssimo e a lesão ao bem jurídico, inexpressiva, segundo o STJ.

( ) **Certo** ( ) **Errado**

(DEFENSOR PÚBLICO – DPE/ ES – CESPE – 2009)

81. Quem contrata, eventualmente, os serviços sexuais de adolescentes não pratica o crime, previsto no ECA, de submeter a criança ou o adolescente à prostituição ou à exploração sexual, pois tal tipo penal não abrange a figura do cliente ocasional diante da ausência de exploração sexual nos termos da definição legal, segundo o STJ.

( ) **Certo** ( ) **Errado**

(DEFENSOR PÚBLICO – DPE/ ES – CESPE – 2009)

82. O delegado de polícia que efetua a prisão de determinado cidadão e não a comunica ao juiz competente comete o delito de abuso de autoridade. No entanto, a autoridade judicial que não ordena o relaxamento de prisão ou detenção ilegal que lhe tenha sido comunicada pratica apenas infração administrativa.

( ) **Certo** ( ) **Errado**

(DEFENSOR PÚBLICO – DPE/ ES – CESPE – 2009)

83. O STF rejeitou as teses de *abolitio criminis* e infração penal *sui generis* para o delito de posse de drogas para o consumo pessoal, afirmando a natureza de crime da conduta perpetrada pelo usuário de drogas, não obstante a despenalização operada pela Lei nº 11.343/2006.

( ) **Certo** ( ) **Errado**

(DEFENSOR PÚBLICO – DPE/ ES – CESPE – 2009)

84. O estado de embriaguez pode, em tese, reduzir ou eliminar a capacidade do autor de entender o caráter ilícito ou determinar-se de acordo com esse entendimento, razão pela qual, segundo a jurisprudência do STJ, tal circunstância afasta o reconhecimento da eventual futilidade de sua conduta.

( ) Certo ( ) Errado

(DEFENSOR PÚBLICO – DPE/ ES – CESPE – 2009)

85. Considere a seguinte situação hipotética. Durante o julgamento de um homicídio consumado, o assistente de acusação Paulo afirmou para os jurados que o promotor fora subornado pela família do réu para pedir sua absolvição. Nessa situação, Paulo não deve responder por crime contra a honra, pois a ofensa irrogada em juízo, na discussão da causa, pelas partes e pelos procuradores, não constitui crime contra a honra punível.

( ) Certo ( ) Errado

(DEFENSOR PÚBLICO SUBSTITUTO – DPE/MT – FCC – 2009)

86. A respeito da Lei nº 7.716, de 05/01/1989 e alterações posteriores, que define os crimes resultantes de preconceito de raça ou de cor, considere:

I – A perda do cargo constitui efeito automático da condenação por crime resultante de preconceito de raça ou de cor praticado por servidor público.

II – Constitui crime punido com reclusão de dois a cinco anos e multa, fabricar, comercializar, distribuir ou veicular símbolos, emblemas, ornamentos, distintivos ou propaganda que utilizem a cruz suástica ou gamada, para fins de divulgação do nazismo.

III – A suspensão do funcionamento do estabelecimento particular pelo prazo de três meses constitui efeito automático da condenação por crime resultante de preconceito de raça ou de cor praticado por seu responsável.

Está correto o que se afirma SOMENTE em:

a) I e II;
b) I e III;
c) II e III;
d) II;
e) III.

(DEFENSOR PÚBLICO SUBSTITUTO – DPE/MT – FCC – 2009)

87. A respeito da Lei Maria da Penha, Lei nº 11.340, de 07/08/2006, é INCORRETO afirmar:

a) O juiz não poderá assegurar à mulher em situação de violência doméstica e familiar, para preservar sua integridade física e psicológica, a manutenção do vínculo trabalhista, por até seis meses, quando necessário o afastamento do local de trabalho.
b Nos casos de violência doméstica contra a mulher, o juiz poderá determinar o comparecimento obrigatório do agressor a programas de recuperação e reeducação.
c) Se a lesão corporal de natureza leve for praticada contra quem tenha convivido, a pena será de detenção de 3 meses a 3 anos.
d) Constitui circunstância agravante ter o agente cometido o crime com violência contra a mulher na forma da lei específica.
e) Aos crimes praticados com violência doméstica e familiar contra a mulher, independentemente da pena prevista, não se aplica a Lei dos Juizados Especiais Criminais, Lei nº 9.099/95.

Em cada um dos itens seguintes, é apresentada uma situação hipotética, seguida de uma assertiva a ser julgada com base na Lei de Execuções Penais.

(DEFENSOR PÚBLICO – DPE/CE – CESPE – 2008)

88. Geraldo foi condenado, definitivamente, pela prática de crime de roubo, a cinco anos e quatro meses de reclusão, em regime semiaberto, e a 120 dias-multa. Após o cumprimento de um sexto da pena, e devido ao comportamento adequado, Geraldo obteve autorização judicial para frequentar curso supletivo profissionalizante. No entanto, alguns dias depois, o promotor denunciou-o por crime de estupro contra Laís, que teria sido praticado em uma de suas saídas. Até esse momento, a única prova contra Geraldo era a palavra da vítima. Nessa situação, somente após decisão condenatória definitiva pela prática de estupro, Geraldo perderia o benefício da saída temporária, devido ao princípio da presunção de não culpabilidade.

( ) Certo ( ) Errado

(DEFENSOR PÚBLICO – DPE/CE – CESPE – 2008)

89. Bernardo, condenado definitivamente pela prática de crimes de furto simples em continuidade delitiva a uma pena de quatro anos e oito meses de reclusão em regime semiaberto, além da pena de multa, vinha desenvolvendo trabalho interno na penitenciária, o que possibilitaria a remição de parte do tempo de execução da pena. No entanto, sofreu acidente de trabalho, ficando impossibilitado de prosseguir exercendo a atividade laborativa. Nessa situação, Bernardo continuará a se beneficiar com a remição.

( ) Certo ( ) Errado

(DEFENSOR PÚBLICO – DPE/CE – CESPE – 2008)

90. Os crimes praticados contra a criança e o adolescente podem ser realizados por ação ou omissão, não se admitindo, todavia, a forma culposa.

( ) Certo ( ) Errado

(DEFENSOR PÚBLICO – DPE/CE – CESPE – 2008)

91. No caso de prática de ato infracional por adolescente, a medida de internação não comporta prazo determinado, devendo sua manutenção ser reavaliada, mediante decisão fundamentada, no máximo a cada seis meses, respeitado o período máximo de internação de três anos.

( ) Certo ( ) Errado

(DEFENSOR PÚBLICO – DPE/CE – CESPE – 2008)

92. Esses crimes submetem-se à ação penal pública incondicionada e não admitem a transação penal, pois são crimes de ofensividade máxima, que atingem toda a coletividade.

( ) Certo ( ) Errado

(DEFENSOR PÚBLICO – DPE/CE – CESPE – 2008)

93. Em processo que trate de crime ambiental, admite-se suspensão condicional, caso em que a declaração da extinção de punibilidade dependerá de laudo de constatação de reparação do dano ambiental, salvo impossibilidade de fazê-lo.

( ) Certo ( ) Errado

(DEFENSOR PÚBLICO – DPE/CE – CESPE – 2008)

94. Caso o laudo de constatação comprove não ter sido completa a reparação do dano ambiental, o prazo de suspensão do processo será prorrogado, até o período máximo previsto, acrescido de mais um ano, com suspensão do prazo da prescrição.

( ) Certo ( ) Errado

(DEFENSOR PÚBLICO – DPE/CE – CESPE – 2008)

95. No crime de lavagem de dinheiro advindo do tráfico de entorpecentes, a pena será aumentada de um a dois terços, se for cometido de forma habitual ou por intermédio de organização criminosa.

( ) Certo ( ) Errado

(DEFENSOR PÚBLICO – DPE/CE – CESPE – 2008)

96. Os crimes contra as finanças públicas admitem modalidade culposa e requerem o resultado naturalístico para a sua consumação.

( ) Certo ( ) Errado

(ADVOGADO – IBRAM – CESPE – 2009)

97. O baixo grau de instrução ou escolaridade do agente que pratica crime ambiental é causa de exclusão da ilicitude.

( ) Certo ( ) Errado

(ADVOGADO – IBRAM – CESPE – 2009)

98. Entre as penas restritivas de direito aplicáveis ao agente que praticou crime ambiental, incluem-se suspensão total de atividade e recolhimento domiciliar.

( ) Certo ( ) Errado

(ADVOGADO – IBRAM – CESPE – 2009)

99. A pessoa jurídica poderá ser responsabilizada penalmente pela prática de crime ambiental, estando sujeita a pena de prestação de serviços à comunidade.

( ) Certo ( ) Errado

(ADVOGADO – IBRAM – CESPE – 2009)

100. Além dos requisitos previstos na Lei nº 9.099/1995, a prévia composição do dano ambiental é requisito indispensável para a formulação da proposta de transação penal nos crimes ambientais de menor potencial ofensivo.

( ) Certo ( ) Errado

(ADVOGADO – IBRAM – CESPE – 2009)

101. O agente que concede licença ambiental em desacordo com a legislação comete crime próprio, de ação penal pública incondicionada e que não admite a modalidade culposa.

( ) Certo ( ) Errado

(PROCURADOR – PMS/SAAE – VUNESP – 2010)

102. Aquele que rasga edital afixado por ordem de funcionário público será responsabilizado por crime:

a) contra a fé pública, conhecido como falsificação de documento público;
b) contra a administração da justiça, conhecido como fraude processual;
c) praticado por particular contra a administração em geral, conhecido como inutilização de edital ou de sinal;
d) praticado por particular contra a administração em geral, conhecido como subtração ou inutilização de livro ou documento;
e) contra a administração da justiça, conhecido como inutilização de edital ou de sinal.

(ADVOGADO – SENADO FEDERAL – FGV – 2008)

103. Relativamente aos crimes contra o meio ambiente, analise as afirmativas a seguir:

I – Nos crimes previstos na Lei 9.605/98, o baixo grau de instrução ou escolaridade do agente constitui circunstância que atenua a pena.
II – Nos crimes previstos na Lei 9.605/98, a prática do crime no domingo é circunstância que agrava a pena, quando não constitui ou qualifica o crime.
III – Constitui crime reformar estabelecimentos potencialmente poluidores, sem licença ou autorização dos órgãos ambientais competentes.
IV – Constitui crime impedir ou dificultar a regeneração natural de florestas e demais formas de vegetação.

Assinale:

a) se apenas as afirmativas I e II estiverem corretas;.
b) se apenas as afirmativas II e III estiverem corretas;
c) se apenas as afirmativas III e IV estiverem corretas;
d) se todas as afirmativas estiverem corretas;
e) se apenas a afirmativa II estiver correta.

(PROCURADOR DO MINISTÉRIO PÚBLICO ESPECIAL JUNTO AO TRIBUNAL DE CONTAS DO ESTADO DA BAHIA – TCE/BA – CESPE – 2010)

104. Com relação à materialidade do crime contra a ordem tributária previsto na Lei nº 8.137/1990, apesar de a jurisprudência do STF reconhecer o lançamento definitivo do tributo como condição objetiva de punibilidade, o plenário da Corte Suprema rejeitou proposta de súmula vinculante tendente a consolidar tal entendimento.

( ) **Certo** ( ) **Errado**

(PROCURADOR DO MINISTÉRIO PÚBLICO ESPECIAL JUNTO AO TRIBUNAL DE CONTAS DO ESTADO DA BAHIA – TCE/BA – CESPE – 2010)

105. Considere que José, réu em diversas ações penais em andamento no momento da condenação, tenha sido condenado por crime hediondo – Lei nº 8.072/1990 e alterações – à pena definitiva de nove anos de reclusão em regime fechado e multa. Nessa situação hipotética, considerada a simples hediondez do delito em questão, de acordo com jurisprudência prevalecente no STJ e no STF, os processos penais em andamento devem ser considerados maus antecedentes para fins de fixação da pena-base acima do mínimo legal, independentemente de fundamentação específica pelo juízo da condenação.

( ) **Certo** ( ) **Errado**

(PROCURADOR DO MINISTÉRIO PÚBLICO ESPECIAL JUNTO AO TRIBUNAL DE CONTAS DO ESTADO DA BAHIA – TCE/BA – CESPE – 2010)

106. Considere que o prefeito de determinado município tenha emitido ordem de fornecimento de 20 L de combustível, a ser pago por esse município, a indivíduo que não era funcionário público nem estava realizando qualquer serviço público e que conduzia veículo privado nos termos da tipificação estipulada pelo Decreto-lei nº 201/1967. Nessa situação, segundo precedente do STJ, não se aplica o princípio da insignificância, pois, quando há crime contra a administração pública, o bem penal tutelado não é somente de ordem patrimonial, mas também relacionado à proteção da moral administrativa.

( ) **Certo** ( ) **Errado**

Considerando a jurisprudência do STJ e do STF, julgue os itens subsequentes.

(PROCURADOR DO MINISTÉRIO PÚBLICO ESPECIAL JUNTO AO TRIBUNAL DE CONTAS DO ESTADO DA BAHIA – TCE/BA – CESPE – 2010)

107. De acordo com súmula vinculante editada pelo STF, a necessidade de realização de exame criminológico para fins de progressão de regime no cumprimento de pena por crime hediondo

é decorrência automática do reconhecimento da inconstitucionalidade do dispositivo legal que vedaria a progressão do regime prisional do art. 2º da Lei nº 8.072/1990.

( ) Certo ( ) Errado

(PROCURADOR DO MINISTÉRIO PÚBLICO ESPECIAL JUNTO AO TRIBUNAL DE CONTAS DO ESTADO DA BAHIA – TCE/BA – CESPE – 2010)

108. Segundo disposição sumulada do STJ, no âmbito criminal, o período de suspensão do prazo prescricional é regulado pelo máximo da pena cominada.

( ) Certo ( ) Errado

(PROCURADOR ESPECIAL DE CONTAS – TCE/ES – CESPE – 2009)

109. Em relação aos crimes contra as finanças públicas, julgue os itens a seguir:

I – Em relação a todos os tipos penais descritos no capítulo do CP que trata dos crimes contra as finanças públicas, os sujeitos ativos serão sempre os agentes públicos, funcionários públicos, servidores públicos por equiparação; portanto, são crimes próprios que possuem como sujeito passivo necessário o Estado, *lato sensu*, lesado na administração das finanças.

II – A persecução penal em juízo, para algumas das infrações penais descritas no capítulo do CP que trata dos crimes contra as finanças públicas, necessita da representação formal do ente público lesado, a ser exercitada no prazo decadencial, tendo como parâmetro a prescrição punitiva em abstrato para o respectivo tipo.

III – Os atos de improbidade administrativa, além de infrações administrativas que podem levar à perda do cargo público, correspondem, necessariamente, às infrações penais que tutelam as finanças do Estado.

IV – Considere que um agente público competente, nas vésperas do encerramento do exercício financeiro, adotou todas as medidas com o desígnio de ordenar a inscrição em restos a pagar de despesas que não estavam previamente empenhadas e que excediam, em muito, os limites estabelecidos na norma de regência, além da ausência de disponibilidade de caixa do ente público municipal. Nesse caso, há crime contra as finanças públicas.

V – Sedimentou-se na atual jurisprudência dos tribunais superiores o entendimento de que, para caracterizar a prática das condutas descritas no CP, no capítulo dos crimes contra as finanças públicas, faz-se mister o pronunciamento definitivo do tribunal de contas competente, nos mesmos moldes da exigência de lançamento definitivo do tributo devido para a caracterização de crimes contra a ordem tributária.

Estão certos apenas os itens:

a) I e IV;
b) I e V;
c) II e III;
d) II e IV;
e) III e V.

(PROCURADOR ESPECIAL DE CONTAS – TCE/ES – CESPE – 2009)

110. Em relação aos crimes previstos na Lei de Licitações e Contratos da administração pública, julgue os itens a seguir:

I – Para a caracterização do delito que consiste em frustrar ou fraudar, mediante ajuste, combinação ou qualquer outro expediente, o caráter competitivo do procedimento licitatório, com o intuito de obter, para si ou para outrem, vantagem decorrente da adjudicação do objeto da licitação, impõe-se necessariamente a ocorrência do resultado gravoso para a administração e poderá ser praticado por qualquer agente.

II – Os valores obtidos com as sanções penais aplicadas por infração às normas de licitações e contratos da administração pública, especificamente a pena de multa, serão revertidos em favor dos cofres da fazenda pública federal, estadual ou municipal, possuindo tratamento diferenciado da regra geral estabelecida no CP.

III – Os crimes previstos na Lei de Licitações e Contratos da administração pública são todos delitos que exigem um resultado material, passíveis de serem cometidos na forma tentada e possuem como sujeito passivo necessário e ofendido apenas a administração pública da União, dos estados ou dos municípios.

IV – Empresa vencedora de licitação que entregou produtos falsificados como se fossem verdadeiros e perfeitos, produtos com substância, qualidade e quantidade alterados e diversos da licitada, será sancionada, na pessoa de seus representantes legais que concorreram para a prática do fato delituoso, na forma da Lei de Licitações e na modalidade fraude em prejuízo da fazenda pública.

Estão certos apenas os itens:

a) I e III;
b) II e IV;
c) III e IV;
d) I, II e III;
e) I, II e IV.

(PROCURADOR ESPECIAL DE CONTAS – TCE/ES – CESPE – 2009)

111. Em relação aos crimes de abuso de autoridade previstos na Lei nº 4.898/1965, assinale a opção correta:

a) Para que o agente do fato delituoso seja punido pelo crime de abuso de autoridade, faz-se indispensável responder, em concurso material, pelos outros delitos que poderão resultar de sua ação.
b) A lei de regência dos crimes de abuso de autoridade estabeleceu normas prescricionais específicas em razão das quais se afastam as regras gerais previstas no CP.
c) A lei de abuso de autoridade definiu, caso a caso, as sanções de natureza administrativa, civil e penal aplicáveis, de acordo com a gravidade da violação cometida pelo agente público. A representação da vítima ou do ofendido estabelece condição de procedibilidade da ação penal.
d) Pratica crime de abuso de autoridade, por atentado ao sigilo de correspondência, servidor municipal que, por culpa, viola o sigilo de correspondência dirigida ao presidente da Câmara Municipal.
e) O crime de abuso de autoridade é crime próprio. O particular que não exerça função pública poderá ser responsabilizado na condição de partícipe.

10

DIREITO PREVIDENCIÁRIO

10.1 Da Introdução ao Direito Previdenciário

(PROCURADOR – ASSEMBLEIA LEGISLATIVA SP – FCC – 2010)

1. Na SPPREV – São Paulo Previdência, é competente para aprovar os regimentos internos e o orçamento anual:

   a) a Diretoria Executiva e o Conselho Fiscal, respectivamente;
   b) o Conselho Fiscal;
   c) a Diretoria Executiva;
   d) o Conselho de Administração e o Conselho Fiscal, respectivamente;
   e) o Conselho de Administração.

(ADVOGADO – CETESB – VUNESP – 2009)

2. São segurados obrigatórios da Previdência Social:

   a) os empregados, brasileiros ou estrangeiros, domiciliados e contratados no Brasil para trabalhar como empregados em sucursal ou agência de empresa nacional no exterior;
   b) o exercente de mandato eletivo federal, estadual ou municipal, ainda que vinculado a regime próprio de previdência social;
   c) o empregado de organismo oficial internacional ou estrangeiro em funcionamento no Brasil, ainda que coberto por regime próprio de previdência social;
   d) como trabalhador avulso, quem presta, a diversas empresas, com vínculo empregatício, serviços de natureza urbana ou rural definidos no regulamento;
   e) quem presta serviço de natureza urbana ou rural a uma ou mais empresas, sem relação de emprego, exceto se for em caráter eventual.

A respeito da evolução legislativa, da organização e dos princípios constitucionais da seguridade social, julgue os itens seguintes.

(ADVOGADO – DETRAN/ES – CESPE – 2010)

3. Segundo entendimento do STF, o princípio constitucional da irredutibilidade do valor dos benefícios impede a redução da renda mensal da aposentadoria, ainda que esta tenha sido concedida em desacordo com a lei.

   ( ) Certo ( ) Errado

(ADVOGADO – DETRAN/ES – CESPE – 2010)

4. A Lei nº 3.807/1960, conhecida como Lei Orgânica da Previdência Social, notabilizou-se por ter uniformizado a legislação previdenciária dos diversos institutos de aposentadoria e pensão.

   ( ) Certo ( ) Errado

(DEFENSOR PÚBLICO – DPG/CE – CESPE – 2008)

5. No ordenamento jurídico brasileiro, a primeira referência a instituições que promovessem ações relacionadas ao que hoje se denomina seguridade social foi feita pela Constituição de 1824, que criou as casas de socorros, consideradas embriões das santas casas de misericórdia.

   ( ) Certo ( ) Errado

(DEFENSOR PÚBLICO – DPG/CE – CESPE – 2008)

6. Embora não conste expressamente no título que trata da ordem social na Constituição Federal, o princípio da solidariedade é postulado fundamental para a compreensão do regime financeiro da previdência social brasileira, representado de maneira evidente pelo pacto das gerações, característica dos sistemas de repartição.

   ( ) Certo ( ) Errado

(DEFENSOR PÚBLICO – DPG/CE – CESPE – 2008)

7. No ordenamento jurídico brasileiro, a seguridade social, assim como sua abrangência, foi positivada pela Constituição Federal de 1988, que contém todas as ações de Estado a serem realizadas nas áreas sociais, especificamente: assistência e previdência social, saúde, combate à fome e educação fundamental.

( ) Certo ( ) Errado

Considerando a legislação previdenciária e a orientação dos tribunais superiores a ela relacionada, julgue os seguintes itens.

(DEFENSOR PÚBLICO – DPG/CE – CESPE – 2008)

8. No regime de distribuição de competências legislativas promovido pela Constituição Federal, a seguridade social e, especificamente, a previdência social incluem-se entre as competências privativas da União.

( ) Certo ( ) Errado

(DEFENSOR PÚBLICO – DPG/CE – CESPE – 2008)

9. A legislação previdenciária, tanto em matéria de benefícios como de custeio, submete-se a uma das regras gerais presentes na Lei de Introdução ao Código Civil, passando a viger, portanto, 45 dias após a sua publicação, ressalvadas as estipulações em contrário.

( ) Certo ( ) Errado

(PROCURADOR DO ESTADO DE ALAGOAS – PGE/AL – CESPE – 2009)

10. Após lenta evolução do sentimento de responsabilidade social pelo infortúnio alheio, e em face das preocupantes convulsões que afetavam o tecido social, o Estado restou obrigado a abandonar a postura de mero espectador da atividade econômica e social, com o objetivo de restabelecer um equilíbrio mínimo nas relações sociais. Essa situação é realizada mediante a edição de leis que alteram a disciplina geral do direito privado, reduzindo o espaço até então ilimitado da autonomia da vontade, e pela instituição de políticas de inclusão social, as quais geram obrigações jurídicas para o Estado no atendimento aos mais necessitados. Surgiu o estado de bem-estar social ou *welfare state*, que, propiciando uma integração mais efetiva entre o Estado e a sociedade, acabou com o predomínio do direito privado. Em um contexto no qual o trabalho é a pedra angular da ordem social, exsurgiu a seguridade social como elemento de relevância nuclear para o desenvolvimento e a manutenção da dignidade da pessoa humana, sendo-lhe atribuída a tarefa hercúlea – ideal quase inatingível, mas que deve ser incessantemente perseguido – de garantir a todos um mínimo de bem-estar nas situações geradoras de necessidade social.

Daniel Machado da Rocha, José Paulo Baltazar Júnior e Andrei Ptten Velloso. Comentários à lei do custeio da seguridade social. Porto Alegre: Livraria do Advogado Editora, 2005, p. 23-4 (com adaptações).

Tendo o texto acima como referência inicial, assinale a opção incorreta:

a) A formação de um sistema de proteção social no Brasil, a exemplo do que se verificou na Europa, se deu por um lento processo de reconhecimento da necessidade de que o Estado intervenha para suprir deficiências da liberdade absoluta – postulado fundamental do liberalismo clássico –, partindo do assistencialismo para o seguro social, e deste para a formação da seguridade social.
b) O Brasil só veio a conhecer verdadeiras regras de caráter geral em matéria de previdência social no século XX. Antes, apesar de haver previsão constitucional a respeito do tema, apenas em diplomas isolados aparecia alguma forma de proteção contra infortúnios.

c) A doutrina majoritária considera como marco inicial da previdência social brasileira a publicação do Decreto Legislativo nº 4.682/1923, mais conhecido como Lei Eloy Chaves, que criou as caixas de aposentadoria e pensões nas empresas de estradas de ferro existentes, sistema mantido e administrado pelo Estado, sendo certo que, antes da referida norma, não havia no Brasil diploma legislativo instituidor de aposentadorias e pensões.
d) A Constituição de 1934 foi a primeira a estabelecer, em texto constitucional, a forma tripartite de custeio: contribuição dos trabalhadores, dos empregadores e do poder público.
e) O RGPS, nos temos da CF atual, não abriga a totalidade da população economicamente ativa, mas somente aqueles que, mediante contribuição e nos termos da lei, fizerem jus aos benefícios, não sendo abrangidos por outros regimes específicos de seguro social.

(PROCURADOR DO ESTADO DE ALAGOAS – PGE/AL – CESPE – 2009)

11. Assinale a opção correta acerca dos princípios constitucionais da seguridade social:
a) As condições e os requisitos que facilitem a remoção de órgãos, tecidos e substâncias humanas para fins de transplante devem estar previstas em lei, sendo permitida a comercialização desses itens apenas mediante autorização judicial.
b) Sobre aposentadorias e pensões concedidas pelo RGPS incidirá desconto de 11% a título de contribuição da pessoa física para a manutenção do sistema.
c) A CF veda a instituição de alíquotas e bases de cálculo diferenciadas para as contribuições devidas à seguridade social pelas empresas em razão do porte de cada uma delas.
d) É possível a instituição de outras fontes destinadas a garantir a manutenção ou expansão da seguridade social além daquelas previstas na CF, desde que por lei complementar.
e) As ações de assistência social serão prestadas apenas aos segurados que estiverem em dia com as suas contribuições mensais à seguridade social.

Julgue os próximos itens, a respeito da seguridade social.

(PROCURADOR DO MINISTÉRIO PÚBLICO ESPECIAL JUNTO AO TRIBUNAL DE CONTAS DO ESTADO DA BAHIA – TCE/BA – CESPE – 2010)

12. O princípio constitucional que estabelece a uniformidade e a equivalência dos benefícios e serviços às populações urbanas e rurais representou um avanço na proteção social do trabalhador rural, que, até a CF, era mais restrita quando comparada à do trabalhador urbano.

( ) **Certo** ( ) **Errado**

(PROCURADOR DO MINISTÉRIO PÚBLICO ESPECIAL JUNTO AO TRIBUNAL DE CONTAS DO ESTADO DA BAHIA – TCE/BA – CESPE – 2010)

13. Na evolução da previdência social brasileira, o modelo dos institutos de aposentadoria e pensão, que abrangiam determinadas categorias profissionais, foi posteriormente substituído pelo modelo das caixas de aposentadoria e pensão, que eram criadas na estrutura de cada empresa.

( ) **Certo** ( ) **Errado**

(PROCURADOR DO MINISTÉRIO PÚBLICO ESPECIAL JUNTO AO TRIBUNAL DE CONTAS DO ESTADO DA BAHIA – TCE/BA – CESPE – 2010)

14. O conceito de seguridade social compreende a saúde, a previdência e a assistência social e está positivado expressamente no ordenamento jurídico brasileiro, tanto no texto constitucional quanto na legislação infraconstitucional.

( ) **Certo** ( ) **Errado**

Antônio, filho de agricultores, trabalhou na atividade rural em regime de economia familiar e foi para a cidade, onde se tornou servidor público do MAPA, vindo a se aposentar em 2000. O TCU, analisando sua aposentadoria para fins de registro em 2009, considerou ilegal sua concessão, visto ter constatado que não houve o recolhimento das contribuições previdenciárias referentes ao período de atividade rural.

Diante disso, o TCU determinou ao MAPA que providenciasse o cancelamento da aposentadoria de Antônio e o seu retorno ao serviço público.

Com referência a essa situação hipotética e considerando a jurisprudência do STF acerca dessa questão, julgue os itens que se seguem.

(PROCURADOR DO MINISTÉRIO PÚBLICO ESPECIAL JUNTO AO TRIBUNAL DE CONTAS DO ESTADO DA BAHIA – TCE/BA – CESPE – 2010)

15. Como transcorreram mais de cinco anos, contados do ato concessório de aposentadoria até a análise de sua legalidade, a intimação de Antônio para participar do processo, assegurando-lhe o contraditório e a ampla defesa, é pressuposto de legitimidade da decisão do TCU.

( ) Certo ( ) Errado

10.2 Do Regime Geral de Previdência Social

(PROCURADOR – ASSEMBLEIA LEGISLATIVA SP – FCC – 2010)

16. Joana, João, Janaina e Daniel são segurados do regime geral de previdência social. Joana possui 57 anos de idade e é trabalhadora rural. João possui 60 anos de idade e exerce atividade em regime de economia familiar. Janaina possui 60 anos de idade e trabalha na empresa privada urbana WD e Daniel possui 65 anos e é produtor rural. Nestes casos, de acordo com a Constituição Federal brasileira, com relação ao requisito legal de idade mínima para obtenção do benefício previdenciário da aposentadoria, preenchem este requisito:
    a) apenas Joana, Janaina e Daniel;
    b) nenhuma das pessoas mencionadas;
    c) apenas Joana e Janaina;
    d) todas as pessoas mencionadas;
    e) apenas Janaina e Daniel.

(ADVOGADO – CETESB – VUNESP – 2009)

17. Quanto ao período de carência para a concessão de benefícios previdenciários, está correto:
    a) aposentadoria por invalidez: 24 (vinte e quatro) contribuições mensais;
    b) pensão por morte, salário-família e auxílio-acidente: independem de carência;
    c) auxílio-doença: 10 (dez) meses;
    d) auxílio-reclusão: 12 (doze) meses;
    e) salário-maternidade de empregada doméstica: 12 (doze) meses.

Julgue os itens que se seguem, considerando a jurisprudência do STJ e a legislação acerca do regime geral de previdência social.

(ADVOGADO – DETRAN/ES – CESPE – 2010)

18. A prova exclusivamente testemunhal é insuficiente para a comprovação de atividade rurícola, com vistas à obtenção da aposentadoria por tempo de contribuição.

( ) Certo ( ) Errado

(ADVOGADO – DETRAN/ES – CESPE – 2010)

19. Suponha que Joana tenha renunciado aos alimentos na separação judicial e que, algum tempo depois, seu ex-marido faleça. Nesse caso, é correto afirmar que Joana tem direito à pensão por morte do ex-marido, desde que comprove a necessidade econômica superveniente.

( ) Certo ( ) Errado

(ADVOGADO – DETRAN/ES – CESPE – 2010)

20. A gratificação natalina dos aposentados e pensionistas tem por base a média aritmética simples dos valores dos proventos recebidos durante o ano.

( ) Certo ( ) Errado

Julgue os itens a seguir, relativos ao regime próprio de previdência dos servidores do estado do Espírito Santo.

(ADVOGADO – DETRAN/ES – CESPE – 2010)

21. Aquele que, comprovadamente, viva sob o mesmo teto do servidor segurado, tenha renda inferior a um salário mínimo e não possua bens é considerado economicamente dependente.

( ) Certo ( ) Errado

(ADVOGADO – DETRAN/ES – CESPE – 2010)

22. Os militares reformados e os da reserva remunerada estão desvinculados do regime próprio de previdência do estado.

( ) Certo ( ) Errado

(DEFENSOR PÚBLICO – DPG/CE – CESPE – 2008)

23. Considere a seguinte situação hipotética.

> Ana trabalha em uma indústria do interior do estado e recebe pensão decorrente do falecimento de seu marido, Antenor, segurado especial do regime geral de previdência social (RGPS). Nessa situação, se Ana sofresse de alguma moléstia grave que a incapacitasse definitivamente para o trabalho, o recebimento da pensão não constituiria óbice para o recebimento do benefício por invalidez.

( ) Certo ( ) Errado

(DEFENSOR PÚBLICO – DPG/CE – CESPE – 2008)

24. Considere que Cláudio, filho único de Sérgio, tenha passado a receber pensão após o falecimento do pai. Nessa situação, Cláudio poderá receber a pensão até que complete 24 anos, desde que esteja matriculado em curso superior de graduação.

( ) Certo ( ) Errado

Julgue os itens subsequentes, relativos ao RGPS.

(DEFENSOR PÚBLICO – DPG/CE – CESPE – 2008)

25. O estagiário contratado de acordo com as normas estabelecidas pela Lei nº 6.494/1977 não é segurado obrigatório do RGPS.

( ) Certo ( ) Errado

(DEFENSOR PÚBLICO – DPG/CE – CESPE – 2008)

26. O RGPS é um sistema que atende os trabalhadores que prestam serviços no Brasil e, em certos casos, dá cobertura a trabalhadores que se encontrem no exterior, independentemente de qualquer convênio com o país que receba esses trabalhadores.

( ) Certo ( ) Errado

(DEFENSOR PÚBLICO – DPG/CE – CESPE – 2008)

27. Não há limite mínimo de idade para inscrição no RGPS, considerando-se a necessária proteção ao trabalhador, em especial a universalidade do atendimento.

( ) **Certo** ( ) **Errado**

(DEFENSOR PÚBLICO – DPG/CE – CESPE – 2008)

28. Se a esposa de um trabalhador contratado para trabalhar no exterior em uma empresa multinacional quiser contar tempo de contribuição para o RGPS, ela poderá inscrever-se na qualidade de segurada facultativa.

( ) **Certo** ( ) **Errado**

(DEFENSOR PÚBLICO – DPG/CE – CESPE – 2008)

29. Caso um aposentado pelo RGPS, por questões econômicas, tiver de retornar ao trabalho, nessa situação, apesar de continuar sendo segurado obrigatório, ele não recolherá qualquer contribuição, pois a Constituição Federal lhe dá imunidade.

( ) **Certo** ( ) **Errado**

(DEFENSOR PÚBLICO – DPG/CE – CESPE – 2008)

30. Funcionário efetivo da secretaria municipal de saúde de município que não tenha instituído regime próprio de previdência social, apesar de ser servidor público, é vinculado ao RGPS.

( ) **Certo** ( ) **Errado**

(DEFENSOR PÚBLICO – DPG/CE – CESPE – 2008)

31. A criação e a utilização de cooperativas de trabalhadores são alternativas eficientes para diminuir a carga tributária tanto dos prestadores de serviços quanto das empresas que os contratam, já que as cooperativas não precisam arrecadar nem recolher qualquer contribuição previdenciária.

( ) **Certo** ( ) **Errado**

(ADVOGADO – IPAJM/ES – CESPE – 2010)

32. Com relação às disposições constitucionais acerca da organização do regime próprio de previdência social (RPPS) dos servidores públicos federais, assinale a opção correta:
   a) A legislação sobre previdência é de competência concorrente da União, dos estados, do DF e dos municípios, o que importa dizer que cabe à União a edição de normas gerais sobre a matéria, revogando disposições normativas dos demais entes federativos com elas incompatíveis.
   b) A competência concorrente dos estados, do DF e dos municípios alcança todas as áreas da seguridade social previstas no art. 194 da CF, inclusive assistência social e saúde.
   c) A CF trata de aposentadoria e pensão de servidor submetido a RPPS, o que impede a instituição de outros benefícios pelos entes da Federação.
   d) Os benefícios de aposentadoria e pensão, no sistema constitucional vigente, observam o princípio da solidariedade, que impõe contributividade às entidades públicas e também aos servidores ativos e inativos.
   e) O princípio da solidariedade, sintetizado na ideia de que as contribuições servem para a manutenção de toda a rede protetiva, não se aplicava ao RPPS, tendo sido introduzido nesse sistema pela Emenda Constitucional nº 41/2003.

(ADVOGADO – IPAJM/ES – CESPE – 2010)

33. A respeito da aposentadoria de servidores públicos federais, assinale a opção correta:
   a) As normas regentes da previdência dos servidores não se aplicam às aposentadorias e pensões dos agentes públicos investidos em cargos vitalícios, tais como magistrados e membros do Ministério Público, tendo em vista que possuem regime constitucional diferenciado.

b) A acumulação de aposentadoria do RPPS dos servidores públicos e aposentadoria do trabalho rural exercido em regime de economia familiar atende à normatização constitucional sobre a acumulação de aposentadorias.
c) Não existe qualquer vedação à concessão de aposentadoria pelo regime geral de previdência social (RGPS) a segurado aposentado em RPPS se o autor permaneceu vinculado ao RGPS e cumpriu os requisitos para nova aposentadoria, excluído o tempo de serviço utilizado para a primeira jubilação.
d) A lei pode estabelecer formas de contagem de tempo de contribuição fictício, para fins de aposentadoria.
e) Requerida a aposentadoria voluntária, deverá o segurado se afastar do exercício de suas funções a partir da data de protocolização do pedido, vigorando a aposentação desde a data em que for deferido o pedido.

(ADVOGADO – IPAJM/ES – CESPE – 2010)

34. Com base na CF e nas disposições da Lei Complementar Estadual nº 282/2004, bem como no entendimento do STJ, assinale a opção correta:
a) O servidor ocupante de cargo efetivo pode optar pela inclusão na base de contribuição de parcelas percebidas em decorrência de local de trabalho, do exercício de cargo em comissão ou de função de confiança, para efeito de cálculo de benefício a ser concedido com base no art. 40 da CF.
b) No cálculo dos proventos de aposentadoria dos servidores titulares de cargo efetivo de qualquer dos poderes da União, dos estados, do DF e dos municípios, incluídas suas autarquias e fundações, será considerada a média aritmética simples das maiores remunerações, utilizadas como base para as contribuições do servidor aos regimes de previdência a que esteve vinculado, correspondentes a 80% de todo o período contributivo.
c) Consoante entendimento do STJ, é inconstitucional a alteração de lei estadual para majorar a alíquota da contribuição previdenciária de seus servidores para o patamar de 11%, tendo em vista o princípio constitucional da irredutibilidade dos vencimentos.
d) As remunerações consideradas no cálculo da aposentadoria não podem ser inferiores ao valor do salário-mínimo nem do salário-de-contribuição, quanto aos meses em que o servidor esteve vinculado ao RGPS.
e) O legislador adotou, para efeito da base de cálculo (ou de contribuição) da contribuição previdenciária, o critério da remuneração total do servidor público, a qual se identifica com as parcelas que serão incorporadas aos proventos de aposentadoria.

(ADVOGADO – IPAJM/ES – CESPE – 2010)

35. Com relação a pensão por morte, assinale a opção correta:
a) No sistema previdenciário vigente, pelo qual as despesas devem sempre ser satisfeitas pela receita formada com o ingresso das contribuições dos segurados, não se pode conceder o referido benefício a nenhum dos cônjuges sem fonte de custeio total.
b) Para que o viúvo sadio de servidora pública estadual seja beneficiário de pensão por morte, deve haver lei específica prevendo a sua inclusão como dependente da esposa.
c) O cônjuge de servidor submetido, ao tempo do óbito, a regime celetista tem direito à pensão por morte correspondente à totalidade dos vencimentos ou proventos do servidor, se o falecimento se deu em momento anterior à Emenda Constitucional nº 20/1998.
d) Compete ao Instituto Nacional do Seguro Social (INSS) adimplir com o pagamento de pensões por morte concedidas antes da edição da Lei nº 8.112/1990, até a transferência do benefício para o órgão ao qual se encontre vinculado o servidor.
e) A inscrição de dependente maior de 21 anos de idade realizada antes da vigência da Lei nº 8.213/1991, que restringiu o pagamento aos beneficiários com idade inferior a esta, gera direito adquirido ao benefício.

(ADVOGADO – IPAJM/ES – CESPE – 2010)

36. A respeito do regime constitucional de aposentadoria dos servidores públicos, assinale a opção correta:
    a) Os servidores abrangidos pelo RPPS que se aposentarem por invalidez permanente terão proventos proporcionais ao tempo de contribuição. Tal regra somente pode ser afastada se a aposentadoria for exclusivamente decorrente de acidente em serviço, de moléstia profissional ou de doença grave ou contagiosa, na forma da lei.
    b) São extensíveis aos servidores inativos e aos pensionistas as vantagens concedidas aos policiais militares ativos de forma geral, independentemente do atendimento de qualquer requisito que não seja o mero exercício da função policial.
    c) É vedada a adoção de requisitos e critérios diferenciados para a concessão de aposentadoria aos abrangidos pelo RPPS, ressalvados os casos de servidores portadores de deficiência, de servidores que exerçam atividade de risco ou de servidores que tenham cargo ou emprego privativo de profissional de saúde.
    d) É vedada, em qualquer circunstância, a percepção de mais de uma aposentadoria à conta do RPPS dos servidores públicos.
    e) A União, os estados o DF e os municípios não poderão fixar, para o valor das aposentadorias e pensões a serem concedidas pelo RPPS, limite máximo para o benefício, tendo em vista que tal limite, consoante expressa previsão constitucional, será a própria remuneração do cargo efetivo em que se deu a aposentação.

(ADVOGADO – IPAJM/ES – CESPE – 2010)

37. Acerca das normas constitucionais relacionadas à seguridade social, levando em consideração as alterações promovidas na CF pelas Emendas Constitucionais nº 20/1998, nº 41/2003 e nº 47/2005, assinale a opção correta:
    a) Lei municipal que exija tempo mínimo de serviço prestado por ocupante de cargo em comissão ao município como requisito para a concessão de aposentadoria custeada pelos cofres do poder público local contraria a CF.
    b) Somente com a Emenda Constitucional nº 47/2005 a CF passou a determinar a filiação obrigatória dos servidores sem vínculo efetivo ao RGPS.
    c) A norma constitucional que prevê que nenhum benefício ou serviço da seguridade social poderá ser criado, majorado ou estendido sem a correspondente fonte de custeio total tem nítido caráter prospectivo, ou seja, direciona-se ao campo das leis ordinárias posteriores à sua vigência, não se aplicando aos benefícios constitucionalmente previstos.
    d) A aposentadoria, direito patrimonial disponível, pode ser objeto de renúncia, mas não se mostra possível, nesse caso, a contagem do respectivo tempo de serviço para a obtenção de nova aposentadoria, ainda que por outro regime de previdência.
    e) Aposentando-se o servidor sob vínculo celetista e obtendo sua inatividade remunerada perante o sistema previdenciário, lhe aproveitam as vantagens percebidas pelos servidores estatutários em atividade.

(ADVOGADO – IPAJM/ES – CESPE – 2010)

38. Permite-se que seja inscrito em RPPS ou nele permaneça:
    a) brasileiro ou estrangeiro domiciliado e contratado no Brasil para trabalhar como empregado em sucursal ou agência de empresa pública brasileira no exterior;
    b) brasileiro civil que trabalhe para a União, no exterior, em organismos oficiais brasileiros, ainda que lá domiciliado ou contratado, salvo se segurado na forma da legislação vigente do país de domicílio;
    c) ocupante de cargo de ministro de Estado, de secretário estadual, distrital ou municipal, ainda que sem vínculo efetivo com a União, estado, DF ou município;
    d) diretor de empresa pública ou sociedade de economia mista;

e) militar que, amparado por RPPS, seja requisitado para outro órgão ou entidade cujo regime previdenciário não permita filiação nessa condição.

(ADVOGADO – IPAJM/ES – CESPE – 2010)

39. No que respeita à contagem recíproca, é correto afirmar que o tempo de serviço anterior ou posterior à obrigatoriedade de filiação à previdência social será contado mediante indenização da contribuição correspondente ao período respectivo, desde que com acréscimo de juros moratórios de:

a) 0,5% ao mês, capitalizados anualmente, e multa de 10%;
b) 0,5% ao mês, capitalizados anualmente, independentemente do pagamento de multa;
c) 1,0% ao mês, capitalizados anualmente, e multa de 5%;
d) 1,0% ao mês, capitalizados anualmente, e multa de 10%;
e) 1,0% ao mês e multa de 5%, não sendo legítima a aplicação de qualquer espécie de capitalização.

(ADVOGADO – IPAJM/ES – CESPE – 2010)

40. Aos servidores ocupantes de cargo efetivo que ingressaram no serviço público anteriormente a 15/12/1998, data da promulgação da Emenda Constitucional nº 20, foi conferida a possibilidade de se aposentarem antes de atingir a idade mínima de 60 anos, para homem, e de 55 anos, para mulher, desde que se sujeitassem a determinadas condições. Diante dessas informações, é correto afirmar que:

a) um homem que, contando com 57 anos de idade, requereu sua aposentadoria até 31/12/2005, teve seus proventos de inatividade reduzidos em 14%;
b) uma mulher que, contando com 48 anos de idade, requereu sua aposentadoria até 31/12/2005, teve seus proventos de inatividade reduzidos em 21%;
c) um homem que, contando com 55 anos de idade, requereu sua aposentadoria após 1º/1/2006, teve seus proventos de inatividade reduzidos em 25%;
d) uma mulher que, contando com 49 anos de idade, requereu sua aposentadoria após 1º/1/2006, teve seus proventos de inatividade reduzidos em 35%;
e) um homem que, contando com 59 anos de idade, requereu sua aposentadoria após 1º/1/2006, teve seus proventos de inatividade reduzidos em 3,5%.

(ADVOGADO – IPAJM/ES – CESPE – 2010)

41. Com relação às regras sobre organização e funcionamento dos RPPSs dos servidores públicos, constantes na Lei nº 9.717/1998, assinale a opção correta:

a) Para efeito de cálculo e percepção dos benefícios, é vedada a inclusão de parcelas remuneratórias pagas em decorrência de função de confiança, de cargo em comissão ou do local de trabalho.
b) O servidor público titular de cargo efetivo da União, dos estados, do DF e dos municípios ou o militar dos estados e do DF filiado a RPPS, quando cedido a órgão ou entidade de outro ente da Federação, com ou sem ônus para o cessionário, permanecerá vinculado ao regime de origem.
c) Com exceção das autarquias e das fundações públicas, a contribuição da União, dos estados, do DF e dos municípios aos RPPSs a que estejam vinculados seus servidores não poderá ser inferior ao valor da contribuição do servidor ativo, nem superior ao dobro dessa contribuição.
d) Até trinta dias após o encerramento de cada mês, a União, os estados, o DF e os municípios deverão publicar demonstrativo financeiro e orçamentário da receita e despesa previdenciárias acumuladas no período.

e) Os RPPSs dos servidores públicos da União, dos estados, do DF e dos municípios somente poderão conceder benefícios distintos dos previstos no RGPS mediante lei complementar própria de cada ente federativo.

(ADVOGADO – IPAJM/ES – CESPE – 2010)

42. Relativamente à Lei nº 9.796/1999, que dispõe sobre a compensação financeira entre o RGPS e os RPPSs dos servidores da União, dos estados, do DF e dos municípios, assinale a opção correta:

a) Considera-se regime de origem o regime previdenciário responsável pela concessão e pagamento de benefício de aposentadoria ou pensão dela decorrente a segurado ou servidor público ou a seus dependentes com cômputo de tempo de contribuição no âmbito do regime de origem.

b) Todos os RPPSs dos servidores da União, dos estados, do DF e dos municípios devem possuir personalidade jurídica própria.

c) Os RPPSs de servidores da União, dos estados, do DF e dos municípios somente serão considerados regimes de origem quando o RGPS for o regime instituidor.

d) A lei veda expressamente que os respectivos entes federados respondam, ainda que solidariamente, pelas obrigações que caibam a cada regime previdenciário cumprir.

e) É responsabilidade de cada instituto de previdência estadual e municipal, de forma descentralizada, exercer controle e manter cadastro atualizado de todos os benefícios objeto de compensação financeira, totalizando o quanto o INSS deve para cada RPPS de servidores, bem como o montante devido por cada um deles para o RGPS.

(ADVOGADO – IPAJM/ES – CESPE – 2010)

43. Tendo em vista a administração tributária federal e as disposições da Lei nº 10.887/2004 acerca da aplicação da Emenda Constitucional nº 41/2003, assinale a opção correta:

a) Os auditores-fiscais da Receita Federal do Brasil, ao executarem os procedimentos de fiscalização das atividades e operações das entidades de previdência complementar, poderão lavrar ou propor a lavratura de autos de infração, cabendo à Secretaria da Receita Previdenciária do Ministério da Fazenda aplicar ou propor a aplicação de penalidade administrativa aos responsáveis por eventuais infrações.

b) As remunerações consideradas no cálculo do valor inicial dos proventos de aposentadoria terão os seus valores atualizados anualmente, considerando a variação do índice fixado para a atualização do salário-mínimo.

c) Os proventos, por ocasião de sua concessão, não poderão ser inferiores ao valor do salário-mínimo nem exceder o limite de 90% da remuneração dos servidores que, na atividade, ocupem cargos efetivos similares àquele em que se deu a aposentadoria.

d) A contribuição social do servidor público ativo de qualquer dos poderes da União, incluídas suas autarquias e fundações, para a manutenção do respectivo RPPS, será de 11%, incidente sobre a totalidade da base de contribuição.

e) Entende-se como base de contribuição o vencimento do cargo efetivo, acrescido das vantagens pecuniárias permanentes estabelecidas em lei, excluídos os adicionais de caráter individual ou quaisquer outras vantagens.

(PROCURADOR DO ESTADO DE ALAGOAS – PGE/AL – CESPE – 2009)

44. A respeito do regime previdenciário complementar, assinale a opção correta:

a) Entidade fechada de previdência privada é aquela constituída sob a forma de sociedade anônima, sem fins lucrativos, e que é acessível exclusivamente a empregados de uma empresa ou grupo de empresas, aos servidores dos entes públicos da administração e aos associados ou membros de pessoas jurídicas de caráter profissional, classista ou setorial.

b) Entidade aberta de previdência privada é aquela que explora economicamente o ramo de infortúnios do trabalho, cujo objetivo é a instituição e operação de planos de benefícios de caráter previdenciário em forma de renda continuada ou pagamento único, constituídas sob a forma de fundação ou sociedade civil.
c) No desempenho das atividades de fiscalização das entidades de previdência complementar, os servidores do órgão regulador e fiscalizador terão livre acesso às respectivas entidades, delas podendo requisitar e apreender livros, notas técnicas e quaisquer documentos.
d) Nos planos de previdência privada, em caso de desligamento, cabe ao beneficiário a devolução da contribuição efetuada pelo patrocinador.
e) A ação de cobrança de parcelas de complementação de aposentadoria pela previdência privada prescreve em dez anos.

(PROCURADOR DO ESTADO DE ALAGOAS – PGE/AL – CESPE – 2009)

45. Eurico é vendedor de uma grande rede de lojas de eletrodomésticos em Brasília, desde janeiro de 2008, sendo esse o seu primeiro emprego. Em março do mesmo ano, ele aceitou o convite para ser gerente da filial de Manaus. No mês seguinte, no primeiro domingo de descanso na capital amazonense, resolveu realizar um passeio de barco para presenciar o encontro das águas dos rios Negro e Solimões, tendo contraído malária no passeio. Eurico está extremamente debilitado e apresentou atestado médico ao departamento de recursos humanos da empresa com prazo de 30 dias.

A partir dessa situação hipotética, com base na legislação aplicável ao assunto e, ainda, considerando que a malária não é doença profissional ou do trabalho e não integra nenhuma lista ministerial para fins de concessão de benefícios previdenciários, assinale a opção correta:

a) Eurico não faz jus ao auxílio-doença, por não ter cumprido o prazo de carência fixado em lei para a concessão desse benefício.
b) Caso seja considerado incapaz e insuscetível de reabilitação para o exercício de atividade que lhe garanta a subsistência, Eurico fará jus à aposentadoria por invalidez, enquanto permanecer nessa condição.
c) O infortúnio vivenciado por Eurico caracteriza acidente de trabalho.
d) Eurico é segurado obrigatório da previdência social na qualidade de empregado, sendo certo que, para o cômputo do seu período de carência, serão consideradas as contribuições realizadas a contar da data do efetivo pagamento da primeira contribuição sem atraso.
e) Ainda que não dependam economicamente de Eurico, este poderá realizar a inscrição de seus pais no RGPS como dependentes, pois a dependência econômica entre pais e filhos no âmbito do referido regime é presumida.

(PROCURADOR DO ESTADO DE ALAGOAS – PGE/AL – CESPE – 2009)

46. João é empregado de uma grande mineradora e trabalha exposto a agentes nocivos prejudiciais à saúde, assim definidos em lei. A referida relação de emprego resultou na sua primeira filiação ao RGPS. Após 10 anos de efetivo serviço nessas condições, João foi eleito dirigente sindical, ficando afastado de suas atribuições para se dedicar exclusivamente à atividade de representante de seus pares.

A partir dessa situação hipotética, assinale a opção correta a respeito do instituto da aposentadoria especial:

a) Em regra, o período de carência para a aposentadoria especial é de 120 contribuições mensais.
b) Não se considera como especial o tempo de trabalho laborado com exposição a ruídos, ainda que para simples conversão em tempo comum.

c) A alíquota da contribuição sobre a remuneração dos segurados a cargo da empresa em que João trabalha será majorada em relação a todos os empregados e não apenas em relação à remuneração daqueles expostos a condições especiais.
d) O segurado que obteve o benefício de aposentadoria especial após 15 anos de serviço poderá retornar ao mercado de trabalho para o desempenho de atividade que o exponha a agentes nocivos, podendo cumular nova aposentadoria após o mesmo prazo.
e) Durante o período de afastamento para o exercício do mandato de dirigente sindical, João não terá esse tempo contado para fins de aposentadoria especial.

(PROCURADOR DO ESTADO DE ALAGOAS – PGE/AL – CESPE – 2009)

47. A respeito do benefício previdenciário pensão por morte, assinale a opção correta:
a) Em qualquer situação, o valor mensal do benefício será de 100% do valor da aposentadoria que o segurado recebia.
b) O benefício será devido aos dependentes do segurado que falecer, a contar da data do óbito, quando requerido até 30 dias depois deste.
c) A mulher que renunciou aos alimentos na separação judicial não tem direito à pensão por morte do ex-marido, ainda que comprove a necessidade econômica superveniente.
d) Para a concessão do benefício aos dependentes do segurado, não se admite a alegação de morte presumida, mas apenas de morte real.
e) A pensão por morte, devida ao filho até os 21 anos de idade, prorroga-se até os 24 anos pela pendência de curso universitário.

(PROCURADOR DO ESTADO DE ALAGOAS – PGE/AL – CESPE – 2009)

48. Com relação ao regime previdenciário do servidor público, assinale a opção correta:
a) A servidora pública poderá se aposentar voluntariamente aos sessenta anos de idade, com proventos proporcionais ao tempo de contribuição, desde que conte, no mínimo, dez anos de efetivo exercício no serviço público e cinco anos no cargo efetivo em que se dará a aposentadoria.
b) O servidor poderá aposentar-se por invalidez permanente decorrente de acidente em serviço ou moléstia profissional, sendo os proventos proporcionais ao tempo de contribuição.
c) Os requisitos de idade e tempo de contribuição, para fins de aposentadoria voluntária, serão reduzidos em cinco anos para os professores universitários, da educação infantil e do ensino fundamental e médio.
d) Em respeito ao princípio da especialidade, o regime de previdência dos servidores públicos titulares de cargo efetivo seguirá legislação específica, sendo vedada a aplicação de requisitos e critérios fixados para o RGPS.
e) O servidor ocupante, exclusivamente, de cargo em comissão declarado em lei de livre nomeação e exoneração, bem como de outro cargo temporário ou de emprego público, estará excluído do RGPS.

A seguridade social compreende um conjunto de ações destinadas a assegurar a saúde, a previdência e a assistência social. Sua organização pelo poder público, por meio de lei, deve observar alguns objetivos. Acerca da base para a organização da seguridade social, conforme previsto na Constituição brasileira, julgue os próximos itens.

(PROCURADOR DO ESTADO DE 1ª CATEGORIA – PGE/ES – CESPE – 2008)

49. A seletividade e a distributividade dos benefícios e dos serviços da seguridade social referem-se à capacidade individual contributiva dos possíveis beneficiários, que determina a aptidão para usufruírem prestações da seguridade social.

( ) Certo ( ) Errado

(PROCURADOR DO ESTADO DE 1ª CATEGORIA – PGE/ES – CESPE – 2008)

50. A administração da seguridade social possui caráter democrático mediante gestão quadripartite, com a participação dos trabalhadores, dos empregadores, dos aposentados e do governo nos órgãos colegiados.

( ) Certo ( ) Errado

No regime geral da previdência social (RGPS), diversas categorias de trabalhadores incluem-se na condição de segurados obrigatórios. A respeito desse assunto, julgue os itens que se seguem.

(PROCURADOR DO ESTADO DE 1ª CATEGORIA – PGE/ES – CESPE – 2008)

51. O servidor público ocupante de cargo em comissão, sem vínculo efetivo com a União, com as autarquias, inclusive em regime especial, e com as fundações públicas federais, é segurado obrigatório do RGPS.

( ) Certo ( ) Errado

(PROCURADOR DO ESTADO DE 1ª CATEGORIA – PGE/ES – CESPE – 2008)

52. O servidor público municipal detentor de cargo efetivo, ainda que não amparado por regime próprio de previdência social, está excluído do RGPS.

( ) Certo ( ) Errado

Supondo que um município tenha instituído regime de previdência complementar para seus servidores titulares de cargos efetivos, conforme dispõe a Constituição a esse respeito, julgue os itens a seguir, acerca da aposentadoria desses servidores públicos.

(PROCURADOR DO ESTADO DE 1ª CATEGORIA – PGE/ES – CESPE – 2008)

53. O teto previsto para a aposentadoria no RGPS aplica-se a todos os servidores que não estavam aposentados na data da instituição do regime de previdência complementar.

( ) Certo ( ) Errado

(PROCURADOR DO ESTADO DE 1ª CATEGORIA – PGE/ES – CESPE – 2008)

54. O direito de opção para integrar o novo sistema aplica-se apenas aos servidores já aposentados quando da instituição do regime de previdência complementar.

( ) Certo ( ) Errado

(PROCURADOR DO ESTADO DE 1ª CATEGORIA – PGE/ES – CESPE – 2008)

55. Os aposentados antes do regime atual de previdência não estarão imunes à incidência de contribuição previdenciária sobre seus proventos de aposentadoria.

( ) Certo ( ) Errado

(PROCURADOR DO ESTADO DE 1ª CATEGORIA – PGE/ES – CESPE – 2008)

56. Assim como no RGPS, eventual tempo de contribuição federal correspondente a período anterior à posse do servidor no cargo municipal é computado, no regime atual, para fins de aposentadoria.

( ) Certo ( ) Errado

Em relação aos benefícios do RGPS, julgue os seguintes itens.

(PROCURADOR DO ESTADO DE 1ª CATEGORIA – PGE/ES – CESPE – 2008)

57. O empregado incapacitado temporariamente para o trabalho em razão de acidente do trabalho faz jus ao auxílio-acidente, a partir do 16º dia do afastamento das atividades, no percentual correspondente a 91% do salário-de-benefício, nunca inferior ao valor do salário-mínimo.

( ) Certo ( ) Errado

(PROCURADOR DO ESTADO DE 1ª CATEGORIA – PGE/ES – CESPE – 2008)

58. A segurada que adota criança ou obtém guarda judicial para fins de adoção faz jus ao salário-maternidade por período variável de acordo com a idade da criança.

( ) Certo ( ) Errado

Julgue os itens a seguir, relativos às legislações previdenciária e da seguridade social.

(ANALISTA MUNICIPAL/ ESPECIALIDADE PROCURADOR MUNICIPAL – PGM DE BOA VISTA/ RR – CESPE – 2010)

59. É vedado o recebimento conjunto do seguro-desemprego com qualquer benefício de prestação continuada da previdência social, exceto pensão por morte ou auxílio-acidente.

( ) Certo ( ) Errado

(ANALISTA MUNICIPAL/ ESPECIALIDADE PROCURADOR MUNICIPAL – PGM DE BOA VISTA/ RR – CESPE – 2010)

60. No que tange à organização da assistência social, compete aos municípios atender às ações assistenciais de caráter emergencial e efetuar o pagamento do auxílio-natalidade e do auxílio-funeral.

( ) Certo ( ) Errado

(ANALISTA MUNICIPAL/ ESPECIALIDADE PROCURADOR MUNICIPAL – PGM DE BOA VISTA/ RR – CESPE – 2010)

61. A equidade na forma de participação no custeio é princípio constitucional atinente à seguridade social, no entanto, as entidades beneficentes de assistência social que atenderem às exigências estabelecidas em lei serão isentas de contribuição para a seguridade social.

( ) Certo ( ) Errado

(ANALISTA MUNICIPAL/ ESPECIALIDADE PROCURADOR MUNICIPAL – PGM DE BOA VISTA/ RR – CESPE – 2010)

62. O exercente de mandato eletivo federal, estadual ou municipal é segurado obrigatório da previdência social como empregado, ainda que seja vinculado a regime próprio de previdência social.

( ) Certo ( ) Errado

(ANALISTA MUNICIPAL/ ESPECIALIDADE PROCURADOR MUNICIPAL – PGM DE BOA VISTA/ RR – CESPE – 2010)

63. Se, durante seu intervalo para refeição, um empregado lesionar um dos seus joelhos enquanto joga futebol nas dependências da empresa, ficando impossibilitado de andar, tal evento, nos termos da legislação previdenciária, não poderá ser considerado como acidente de trabalho.

( ) Certo ( ) Errado

(PROCURADOR DO MINISTÉRIO PÚBLICO ESPECIAL JUNTO AO TRIBUNAL DE CONTAS DO ESTADO DA BAHIA – TCE/BA – CESPE – 2010)

64. Se um empregado de uma fábrica tivesse cumprido todos os requisitos para a aposentadoria por tempo de contribuição em setembro de 2009, ele teria direito ao abono de permanência em serviço a contar da data do requerimento.

( ) Certo ( ) Errado

(PROCURADOR DO MINISTÉRIO PÚBLICO ESPECIAL JUNTO AO TRIBUNAL DE CONTAS DO ESTADO DA BAHIA – TCE/BA – CESPE – 2010)

65. Consoante jurisprudência do STJ, as contribuições previdenciárias descontadas dos salários dos empregados, pelo falido, e não repassadas aos cofres previdenciários devem ser restituídas antes do pagamento de qualquer crédito, ainda que trabalhista.

( ) Certo ( ) Errado

(PROCURADOR DO MINISTÉRIO PÚBLICO ESPECIAL JUNTO AO TRIBUNAL DE CONTAS DO ESTADO DA BAHIA – TCE/BA – CESPE – 2010)

66. De acordo com a jurisprudência do STF, o beneficiário que recebe aposentadoria por tempo de contribuição do INSS e complementação de aposentadoria de entidade de previdência privada não tem interesse processual para ajuizar ação contra o INSS pleiteando a revisão de sua aposentadoria.

( ) **Certo** ( ) **Errado**

(PROCURADOR DO MINISTÉRIO PÚBLICO ESPECIAL JUNTO AO TRIBUNAL DE CONTAS DO ESTADO DA BAHIA – TCE/BA – CESPE – 2010)

67. Segundo entendimento do STF, lei nova mais benéfica que altere a forma de cálculo da renda mensal inicial da pensão por morte, aumentando seu percentual, não se aplicará aos benefícios previdenciários concedidos antes de sua vigência.

( ) **Certo** ( ) **Errado**

(PROCURADOR DO MINISTÉRIO PÚBLICO ESPECIAL JUNTO AO TRIBUNAL DE CONTAS DO ESTADO DA BAHIA – TCE/BA – CESPE – 2010)

68. A CF admite que o estado institua três regimes próprios de previdência social para seus servidores titulares de cargos efetivos: um para os servidores do Poder Executivo, outro para os servidores do Poder Legislativo e um terceiro para os servidores do Poder Judiciário.

( ) **Certo** ( ) **Errado**

(PROCURADOR DO MINISTÉRIO PÚBLICO ESPECIAL JUNTO AO TRIBUNAL DE CONTAS DO ESTADO DA BAHIA – TCE/BA – CESPE – 2010)

69. Considere a seguinte situação hipotética. Jorge, servidor militar, graduou-se no curso de direito no ano de 1980. Após sua reforma, em 1982, exerceu a advocacia até ingressar no cargo de juiz do trabalho. Jorge investiu-se nesse cargo em 1985, aposentando-se em 1995, ou seja, antes da Emenda Constitucional nº 20/1998. Nessa situação, seria legítima a acumulação de provento militar com o provento civil.

( ) **Certo** ( ) **Errado**

(PROCURADOR ESPECIAL DE CONTAS – TCE/ES – CESPE – 2009)

70. A respeito do regime previdenciário, assinale a opção correta:
   a) O servidor público, por ter regime próprio de previdência social, terá direito, em qualquer hipótese, à aposentadoria por invalidez, com proventos integrais.
   b) Servidor público detentor de cargo efetivo, com regime próprio de previdência social, que vier a ser beneficiado por uma licença sem remuneração, conforme a legislação de regência, poderá se inscrever no RGPS, como contribuinte facultativo, embora a CF tenha dispositivo que vede, de maneira geral, essa filiação ao RGPS.
   c) O benefício de pensão por morte, a partir do advento da Emenda Constitucional nº 41/2003, no âmbito do regime próprio de previdência social, deve corresponder à totalidade da remuneração do falecido.
   d) Servidor público detentor de cargo efetivo, com regime próprio de previdência social, que seja também professor de escola privada não deverá contribuir para o RGPS.
   e) Suponha que determinado servidor público que possua regime próprio de previdência social venha a ser demitido do serviço público quando já possuía todos os requisitos para se aposentar. Nessa situação, o tempo de contribuição no regime próprio não poderá ser utilizado para lograr um benefício previdenciário do RGPS.

(PROCURADOR ESPECIAL DE CONTAS – TCE/ES – CESPE – 2009)

71. Em relação à pensão por morte, assinale a opção correta:

a) No caso de morte presumida, a pensão por morte será devida ao conjunto dos dependentes do segurado que falecer, aposentado ou não, a contar da data do requerimento.
b) Os dependentes têm direito ao recebimento desse benefício se o segurado, à época do seu falecimento, já possuir os requisitos necessários para obter qualquer das aposentadorias do RGPS, mesmo que tenha perdido a condição de segurado.
c) A concessão da pensão por morte não será protelada pela falta de habilitação de outro possível dependente; no entanto, qualquer inscrição ou habilitação legítima posterior que importe em exclusão ou inclusão de dependente produzirá efeito retroativo, sendo de responsabilidade do primeiro beneficiário arcar com os valores pretéritos em favor da parte legitimamente habilitada.
d) Mediante prova do desaparecimento do segurado em consequência de acidente, desastre ou catástrofe, seus dependentes farão jus a pensão provisória. Verificado o reaparecimento do segurado, o pagamento da pensão cessará imediatamente, ficando os dependentes obrigados à reposição dos valores recebidos, mesmo na hipótese de boa-fé.
e) Ainda que comprovada a necessidade econômica superveniente, a mulher que renunciou aos alimentos na separação judicial não tem direito à pensão previdenciária por morte do ex-marido, conforme entendimento do STJ.

(PROCURADOR ESPECIAL DE CONTAS – TCE/ES – CESPE – 2009)

72. Acerca dos segurados da previdência social e de seus dependentes, assinale a opção correta:
a) O brasileiro civil que trabalha no exterior para organismo oficial internacional do qual o Brasil é membro efetivo, ainda que lá domiciliado e contratado, salvo quando coberto por regime próprio de previdência, é segurado obrigatório da previdência social, na qualidade de empregado.
b) Mantém a qualidade de segurado, independentemente de contribuições, até doze meses após a cessação das contribuições, o segurado facultativo.
c) A dependência econômica do cônjuge, da companheira, do companheiro, dos pais e do filho não emancipado, de qualquer condição, menor de 21 anos de idade ou inválido, em relação ao segurado, é presumida.
d) O ministro de confissão religiosa e o membro de instituto de vida consagrada, de congregação ou de ordem religiosa, é segurado obrigatório da previdência social, na qualidade de contribuinte individual.
e) Todos aqueles que prestam serviço de natureza urbana ou rural, em caráter eventual, a uma ou mais empresas, sem relação de emprego, são segurados obrigatórios da previdência social, na qualidade de trabalhadores avulsos.

(PROCURADOR ESPECIAL DE CONTAS – TCE/ES – CESPE – 2009)

73. Em relação às disposições constitucionais relativas à previdência social, assinale a opção correta:
a) É assegurada aposentadoria por idade no RGPS aos 65 anos de idade, se homem, e 60 anos de idade, se mulher, reduzido em cinco anos o limite para os professores de ambos os sexos.
b) É assegurada aposentadoria por tempo de contribuição no RGPS aos 35 anos de contribuição, se homem, e 30 anos de contribuição, se mulher, reduzido tal prazo em cinco anos para os trabalhadores rurais e para os que exerçam suas atividades em regime de economia familiar.
c) O sistema de inclusão previdenciária dos trabalhadores de baixa renda deve ter alíquotas e carências inferiores às vigentes para os demais segurados do RGPS.
d) Segundo previsão constitucional, exceto na hipótese de profissionais da saúde, é vedada a filiação ao RGPS, na qualidade de segurado facultativo, de pessoa participante de regime próprio de previdência.
e) As contribuições do empregador, os benefícios e as condições contratuais previstas nos estatutos, regulamentos e planos de benefícios das entidades de previdência privada integram o contrato de trabalho e a remuneração dos participantes.

10.3 Da Contribuição do Segurado

(ADVOGADO – CETESB – VUNESP – 2009)

74. Considere os itens:

I – Entende-se por salário de contribuição do segurado facultativo o valor por ele declarado, observado o limite máximo a que se refere a legislação vigente.

II – O salário-maternidade não é considerado salário de contribuição.

III – O décimo-terceiro salário (gratificação natalina) integra o salário de contribuição, exceto para o cálculo de benefício, nos termos e limites fixados na legislação vigente.

IV – Integram o salário de contribuição pelo seu valor total, o total das diárias pagas, quando excedente a cinquenta por cento da remuneração mensal.

Está correto apenas o contido em:

a) I, II e IV;
b) II e III;
c) II, III e IV;
d) I, III e IV;
e) II e IV.

Com relação ao salário de contribuição e ao custeio do regime geral de previdência social, julgue os itens subsequentes.

(ADVOGADO – DETRAN/ES – CESPE – 2010)

75. É vedado o parcelamento das contribuições previdenciárias descontadas dos empregados e não repassadas à previdência social.

( ) **Certo** ( ) **Errado**

(ADVOGADO – DETRAN/ES – CESPE – 2010)

76. As diárias pagas integram o salário-de-contribuição pelo seu valor total, quando excedentes a 50% da remuneração mensal.

( ) **Certo** ( ) **Errado**

(ADVOGADO – DETRAN/ES – CESPE – 2010)

77. O salário-de-contribuição é um instituto de direito previdenciário inaplicável ao segurado facultativo que não exerce atividade remunerada.

( ) **Certo** ( ) **Errado**

(PROCURADOR DO ESTADO DE ALAGOAS – PGE/AL – CESPE – 2009)

78. Com relação ao custeio da seguridade social, assinale a opção correta:

a) Segundo previsão constitucional, a União deverá aplicar anualmente nunca menos de 20% da receita resultante de impostos na manutenção do sistema de seguridade social.
b) A CF veda a utilização de recursos provenientes das contribuições sociais incidentes sobre a folha de salários para a realização de despesas outras que não as decorrentes do pagamento de benefícios do RGPS.
c) As empresas deverão contribuir para o custeio do seguro de acidente do trabalho com uma alíquota fixa de 3%, incidente sobre o total da remuneração paga ou creditada a qualquer título, no decorrer do mês, aos segurados empregados e trabalhadores avulsos.
d) Constitui receita da seguridade social 50% do resultado dos leilões dos bens apreendidos pelo departamento da Receita Federal.

e) O salário-de-contribuição do empregado doméstico é o valor correspondente a um salário mínimo, ainda que ele receba mensalmente de seu empregador quantia superior.

(PROCURADOR DO MINISTÉRIO PÚBLICO ESPECIAL JUNTO AO TRIBUNAL DE CONTAS DO ESTADO DA BAHIA – TCE/BA – CESPE – 2010)

79. É ilegítima a incidência de contribuição previdenciária sobre o terço constitucional de férias.

( ) Certo ( ) Errado

Antônio, filho de agricultores, trabalhou na atividade rural em regime de economia familiar e foi para a cidade, onde se tornou servidor público do MAPA, vindo a se aposentar em 2000. O TCU, analisando sua aposentadoria para fins de registro em 2009, considerou ilegal sua concessão, visto ter constatado que não houve o recolhimento das contribuições previdenciárias referentes ao período de atividade rural.

Diante disso, o TCU determinou ao MAPA que providenciasse o cancelamento da aposentadoria de Antônio e o seu retorno ao serviço público.

Com referência a essa situação hipotética e considerando a jurisprudência do STF acerca dessa questão, julgue os itens que se seguem.

(PROCURADOR DO MINISTÉRIO PÚBLICO ESPECIAL JUNTO AO TRIBUNAL DE CONTAS DO ESTADO DA BAHIA – TCE/BA – CESPE – 2010)

80. O tempo de atividade rural de Antônio deveria ter sido computado para efeito de aposentadoria no serviço público, sem a necessidade de recolhimento da respectiva contribuição previdenciária.

( ) Certo ( ) Errado

(PROCURADOR ESPECIAL DE CONTAS – TCE/ES – CESPE – 2009)

81. Em relação ao custeio da seguridade social, assinale a opção correta:

a) O contribuinte individual que pretenda contar como tempo de contribuição, para fins de obtenção de benefício no RGPS ou de contagem recíproca do tempo de contribuição, período de atividade remunerada alcançada pela decadência deverá indenizar o INSS.
b) O direito da seguridade social de apurar e constituir seus créditos extingue-se após dez anos contados do primeiro dia do exercício seguinte àquele em que o crédito poderia ter sido constituído.
c) Por se inserir na hipótese constitucional de competência residual da União, a instituição de contribuição para o seguro de acidente do trabalho dar-se-á por lei complementar.
d) Segundo a jurisprudência do STF, norma legal que altera o prazo de recolhimento da obrigação tributária se sujeita ao princípio da anterioridade.
e) Nas ações trabalhistas de que resultar o pagamento de direitos sujeitos à incidência de contribuição previdenciária, as sentenças judiciais ou os acordos homologados em que não figurarem, discriminadamente, as parcelas legais relativas às contribuições sociais só poderão ser exigidas em nova ação judicial autônoma a ser ajuizada pela fazenda nacional.

10.4 Do Acidente de Trabalho

(ADVOGADO – IPAJM/ES – CESPE – 2010)

82. O estudo da infortunística começou a surgir com a Revolução Industrial, em que foi substituído o trabalho manual pelo uso de máquinas. O tear e a máquina a vapor eram os causadores dos acidentes do trabalho. A partir daí é que começa a haver preocupação com o acidentado.

Verificava-se que o acidentado no trabalho não conseguia nova colocação em outras empresas, ficando totalmente desprotegido

Sérgio Pinto Martins. Direito da seguridade social. 29ª ed., p. 395 (com adaptações).

Tendo como referência o texto acima, é considerado(a) acidente de trabalho:

a) o acidente decorrente de ato de agressão, sabotagem ou terrorismo praticado por terceiro ou companheiro de trabalho;
b) toda doença degenerativa;
c) toda doença proveniente de contaminação voluntária do empregado no exercício de sua atividade;
d) o acidente sofrido pelo segurado fora do local e horário de trabalho;
e) o acidente ligado ao trabalho, ainda que não haja contribuído diretamente para a morte do segurado, para redução ou perda da sua capacidade para o trabalho, ou produzido lesão que exija atenção médica para a sua recuperação.

(ADVOGADO – IPAJM/ES – CESPE – 2010)

83. Acerca do Seguro Acidente de Trabalho (SAT), assinale a opção correta com base no entendimento do STJ sobre a matéria:
a) A modificação introduzida pela Lei nº 9.732/1998, que instituiu o adicional do SAT, destinando uma parcela da contribuição sobre a folha de salários para o financiamento da aposentadoria especial, desvirtua a natureza da contribuição social, revestindo-se de ilegalidade.
b) Decreto do Poder Executivo que estabeleça conceito de atividade preponderante da empresa e seus correspondentes graus de risco – leve, médio ou grave – exorbita de seu poder regulamentar, afrontando o princípio da legalidade, pois haverá, nesse caso, definição da base de cálculo do tributo por ato normativo que não a lei.
c) A responsabilidade da empresa pelo seu autoenquadramento, prevista no Regulamento do SAT, impede a repetição dos tributos pagos com base em alíquota superior à devida.
d) A alíquota de contribuição para o SAT é aferida pelo grau de risco desenvolvido em cada empresa, individualizada pelo seu CNPJ, ou pelo grau de risco da atividade preponderante quando houver apenas um registro.
e) Segundo a legislação vigente, os valores indevidamente recolhidos a título de SAT podem ser compensados com débitos relativos a outros tributos.

(PROCURADOR DO ESTADO DE ALAGOAS – PGE/AL – CESPE – 2009)

84. Acerca da legislação acidentária e das normas correlatas, assinale a opção correta:
a) Com o advento da EC nº 45/2004, a competência para o processo e julgamento de ações judiciais em que se pleiteie a concessão do benefício previdenciário denominado auxílio-acidente passou a ser da justiça do trabalho.
b) Segundo entendimento jurisprudencial majoritário do STJ, o pagamento, pela previdência social, das prestações por acidente do trabalho exclui a responsabilidade civil da empresa empregadora, uma vez que o segurado já foi ressarcido integralmente pelo Estado.
c) Considere a seguinte situação hipotética. João, ex-segurado obrigatório do RGPS na qualidade de trabalhador avulso, ao ser admitido pela última empresa em que trabalhou, já era portador de hemofilia. Em calorosa discussão a respeito de questões profissionais, João foi levemente atingido com um estilete por um colega de trabalho, vindo a falecer em consequência da lesão, que foi potencializada pela sua particular condição fisiológica preexistente. Nessa situação hipotética, é correto afirmar que não ocorreu acidente de trabalho.

d) O segurado empregado, exceto o doméstico, que sofrer acidente de trabalho que o deixe incapacitado para a atividade laboral por prazo superior a quinze dias terá garantida, pelo prazo mínimo de doze meses, a manutenção do seu contrato de trabalho na empresa, após a cessação do auxílio-doença acidentário.
e) A cobertura do risco de acidente do trabalho é de responsabilidade do RGPS, sendo vedada a atribuição de responsabilidade à previdência privada. No entanto, é possível a propositura de ação regressiva pela previdência social contra a empresa que, de forma negligente, contribua para a ocorrência do acidente.

11

DIREITO PROCESSUAL CIVIL

11.1 Da Introdução ao Estudo do Direito Processual Civil

(DEFENSOR PÚBLICO – DPE/ES – CESPE – 2009)

1. Sem caracterizar ofensa ao princípio do juiz natural, admite-se que o cumprimento da sentença seja requerido no juízo do local onde se encontram bens sujeitos à expropriação ou no atual domicílio do executado.

   ( ) **Certo** ( ) **Errado**

(DEFENSOR PÚBLICO – DPE/ES – CESPE – 2009)

2. Para propor ação é necessário ter interesse e legitimidade. Para contestar, basta ter legitimidade.

   ( ) **Certo** ( ) **Errado**

(DEFENSOR PÚBLICO – DPE/ES – CESPE – 2009)

3. Os pressupostos processuais, diferentemente do que ocorre com as condições da ação, não podem ser aferidos de ofício pelo magistrado, haja vista que o sistema processual brasileiro assenta-se no princípio dispositivo que confere apenas às partes litigantes o poder de provocar o juiz para o exame de tais pressupostos.

   ( ) **Certo** ( ) **Errado**

(DEFENSOR PÚBLICO SUBSTITUTO – DPE/MT – FCC – 2009)

4. O princípio processual da congruência ou adstrição significa:
   a) veda-se ao juiz proferir sentença de natureza diversa da pedida, ou condenar o réu em quantidade superior ou em objeto diverso do pedido inicial;
   b) o réu deve rebater, coerentemente, toda a matéria levantada na inicial em sua contestação, sob pena de preclusão;
   c) após a contestação, o juiz vincula-se ao pedido e à causa de pedir iniciais, que não podem ser alterados;
   d) não havendo prejuízo, os atos processuais devem ser aproveitados, ainda que não atendam a seus requisitos formais;
   e) o juiz deve ser coerente na fundamentação de sua sentença e adstrito aos fatos da causa.

(ADVOGADO – SENADO FEDERAL – FGV – 2008)

5. A pendência de uma lide sobre determinado bem acarreta sua:
   a) inalienabilidade;
   b) impenhorabilidade;
   c) indisponibilidade;
   d) litigiosidade;
   e) intransmissibilidade.

(ADVOGADO – SENADO FEDERAL – FGV – 2008)

6. Quando o terceiro intervém no processo para discutir a relação jurídica da parte, por ter vínculo de direito conexo e dependente com o deduzido em juízo, haverá:
   a) litisconsórcio;
   b) assistência;
   c) oposição;
   d) intervenção de terceiro prejudicado;
   e) intervenção *iussu iudicis*.

11.2 Da Jurisdição, Competência e Organização Judiciária

(PROCURADOR – ASSEMBLEIA LEGISLATIVA SP – FCC – 2010)

7. Para as ações em que o espólio for réu, se o autor da herança não tinha domicílio certo e possuía bens em lugares diferentes, é competente o foro:
   a) do lugar em que ocorreu o óbito;
   b) da situação de quaisquer dos bens;
   c) do local em que residir o maior número de herdeiros;
   d) do domicílio do autor;
   e) do local em que situarem a maior parte dos bens.

(ADVOGADO – DETRAN/ES – CESPE – 2010)

8. A competência territorial, consagrada no princípio geral do foro do domicílio do réu, é relativa, determinando-se no momento da propositura da ação, sendo vedado ao órgão julgador declarar, de ofício, a incompetência relativa.

   ( ) Certo ( ) Errado

(DEFENSOR PÚBLICO – DPE/AL – CESPE – 2009)

9. O valor da causa é um dos critérios utilizados para determinar a competência, sendo que a lei processual determina que, estabelecida por tal critério, será a competência sempre relativa, podendo assim se modificar por escolha das partes, seja quando o valor da causa ficar aquém do limite legal, seja quando tal valor for estabelecido além do referido limite.

   ( ) Certo ( ) Errado

(DEFENSOR PÚBLICO – DPE/AL – CESPE – 2009)

10. Instituída por lei estadual vara privativa para processar as causas em que a fazenda pública local integre um dos polos da lide, as ações nas quais este ente figure deverão ser processadas apenas nas comarcas em que as referidas varas privativas estejam instaladas.

    ( ) Certo ( ) Errado

(DEFENSOR PÚBLICO – DPE/AL – CESPE – 2009)

11. Se o comprador de um imóvel detecta que o bem imóvel adquirido possui defeitos que lhe diminuem o valor, poderá propor ação estimatória para exigir abatimento no preço pago, ação que poderá ser processada no juízo do domicílio do réu, pois não incide na hipótese a regra geral de competência absoluta para ações reais imobiliárias.

    ( ) Certo ( ) Errado

(DEFENSOR PÚBLICO SUBSTITUTO – DPE/MT – FCC – 2009)

12. A incompetência absoluta deve ser:
    a) provocada pela parte; aceita, extingue-se o processo;
    b) declarada de ofício; aceita, remetem-se os autos ao juiz competente, havendo-se como nulos somente os atos decisórios;
    c) declarada de ofício; aceita, todos os atos processuais são nulos, remetendo-se os autos ao juiz competente;
    d) levantada por meio de exceção; aceita, remetem-se os autos ao juiz competente, com o aproveitamento de todos os atos processuais;
    e) declarada de ofício; aceita, extingue-se o processo, por não ser possível aproveitar-se nenhum ato processual.

(DEFENSOR PÚBLICO SUBSTITUTO – DPE/MT – FCC – 2009)

13. A competência:
    a) em razão do valor e do território, poderá modificar-se pela conexão ou continência;
    b) em razão da matéria é derrogável por convenção das partes, se disponível o direito sobre o qual se litiga;
    c) não pode em nenhuma hipótese ser declinada de ofício pelo juiz, se relativa;
    d) territorial diz respeito ao valor e à matéria;
    e) não se prorroga, tratando-se de questão cogente e indisponível.

(DEFENSOR PÚBLICO – DPE/CE – CESPE – 2008)

14. Nas ações de reparação de dano sofrido em razão de delito ou acidente de veículos, será competente o foro do domicílio do autor ou do local do fato. Trata-se, porém, de competência relativa, podendo o autor optar pelo foro do domicílio do réu.

    ( ) Certo ( ) Errado

(DEFENSOR PÚBLICO – DPE/CE – CESPE – 2008)

15. Na exceção de incompetência absoluta, a falta de indicação do juízo competente não é causa de indeferimento liminar do pedido do excipiente, porque essa exigência é desprovida de fundamentação legal. Declarada essa incompetência, todos os atos praticados no processo serão declarados nulos.

    ( ) Certo ( ) Errado

11.3 Da Ação

(ADVOGADO – CETESB – VUNESP – 2009)

16. Assinale a ação cabível ao Município, a fim de impedir que o particular construa em contravenção da lei, do regulamento ou de postura:
    a) Ação de interdito proibitório.
    b) Ação de usucapião de terras particulares.
    c) Ação de divisão e demarcação de terras particulares.
    d) Ação de reintegração de posse.
    e) Ação de nunciação de obra nova.

(ADVOGADO – DETRAN/ES – CESPE – 2010)

17. A inclusão de juros de mora e de correção monetária, em sede de liquidação de sentença, sem que tenha havido pedido expresso nesse sentido na petição inicial, configura julgamento *ultra petita*.

    ( ) Certo ( ) Errado

(ADVOGADO – DETRAN/ES – CESPE – 2010)

18. Não se aplicam os efeitos da revelia contra a fazenda pública, uma vez que indisponíveis os interesses em jogo.

    ( ) Certo ( ) Errado

(DEFENSOR PÚBLICO SUBSTITUTO – DPE/MT – FCC – 2009)

19. A ação monitória:
    a) não é cabível a quem possua contrato de abertura de crédito em conta-corrente, que já configura título executivo;

b) pode ser proposta, ainda que o documento a instruí-la tenha emanado exclusivamente do credor;
c) é indicada apenas para as ações que visem ao pagamento de soma em dinheiro;
d) é admissível quando alicerçada em cheque prescrito;
e) não admite a defesa por meio de reconvenção.

(DEFENSOR PÚBLICO SUBSTITUTO – DPE/MT – FCC – 2009)

20. No tocante à ação de alimentos:
 a) somente quando se tratar de alimentos definitivos é cabível a prisão civil do alimentante inadimplente;
 b) o débito alimentar que autoriza a prisão civil do alimentante é o relativo às três prestações anteriores ao ajuizamento da ação, mais as que se vencerem no curso do processo;
 c) a pena de prisão civil só pode ser aplicada uma vez, ainda que o alimentante volte a inadimplir a obrigação;
 d) o cancelamento de pensão alimentícia de filho que atingiu a maioridade dá-se pelo mero implemento da idade;
 e) não é mais cabível a prisão civil do inadimplente, em razão do Pacto de San José da Costa Rica, ratificado pelo Brasil.

(PROCURADOR DO ESTADO DE ALAGOAS – PGE/AL – CESPE – 2009)

21. Quanto ao instituto da assistência nos termos do CPC, assinale a opção correta:
 a) Havendo interesse jurídico em que a sentença proferida seja favorável a uma das partes, pode o assistente simples aditar a inicial deficiente.
 b) Na hipótese de alguém adquirir um veículo de pessoa contra a qual tramite ação de interdição, o adquirente será admitido como assistente litisconsorcial do réu.
 c) Admite-se que instituição religiosa notoriamente engajada em campanhas contrárias ao aborto requeira sua admissão como assistente simples em ação na qual se requeira autorização para tanto.
 d) Intimado do pedido de assistência realizado ao mesmo tempo em que a contestação, o autor poderá, nos dez dias de que dispõe para apresentar réplica, impugnar esse pedido.
 e) Em ação reivindicatória movida por um dos condôminos de um imóvel, os demais condôminos poderão ingressar no feito como assistentes litisconsorciais, já que a discussão poderá influir na relação jurídica deles com o adversário do assistido.

(PROCURADOR DO ESTADO DE ALAGOAS – PGE/AL – CESPE – 2009)

22. Considerando as regras do CPC atinentes à competência para processar e julgar os feitos, assinale a opção correta:
 a) Nas ações de reparação de danos, o foro competente será o do lugar do fato, já que ali se encontrarão de modo mais fácil elementos para elucidação do caso, ressalvando-se, contudo, a reparação de danos decorrentes de acidente automobilístico, hipótese em que também será competente o foro do domicílio do autor.
 b) Prevalecendo o interesse do devedor nas ações em que se pretenda a anulação de título extraviado, caso esse interessado mude de domicílio no curso do processo, a competência para julgamento da ação se deslocará para o juízo competente de seu novo domicílio.
 c) A ação de execução de dívida solidária será proposta necessariamente no foro do domicílio do devedor que seja o principal interessado no negócio e, em razão disso, responda perante os demais devedores pelo pagamento eventualmente realizado por qualquer deles.
 d) Tal como ocorre nas ações propostas contra o ausente, a ação de inventário dos bens imóveis deixados pelo falecido que não tinha domicílio certo será processada no foro de seu último domicílio, mesmo que os bens estejam situados em outro local.

e) Em regra, a ação em que o incapaz for réu se processará no domicílio de seu representante legal, de modo que, no caso de um relativamente incapaz, a competência não deverá ser determinada por tal critério, já que o réu será simplesmente assistido.

Em relação à ação rescisória, julgue os itens seguintes.

(PROCURADOR DO ESTADO DE 1ª CATEGORIA – PGE/ES – CESPE – 2008)

23. Impedimento, suspeição e incompetência do juiz são hipóteses de cabimento de ação rescisória. Em todos esses casos, autoriza-se a revisão da decisão proferida que se tornou imprestável em razão da atuação do juiz no processo em caso de violação a disposição expressa em lei.

( ) Certo ( ) Errado

(PROCURADOR DO ESTADO DE 1ª CATEGORIA – PGE/ES – CESPE – 2008)

24. Uma sentença de mérito somente pode ser rescindida em razão de violação de norma de natureza material, não se admitindo rescisão em razão de violação de norma processual.

( ) Certo ( ) Errado

(PROCURADOR DO ESTADO DE 1ª CATEGORIA – PGE/ES – CESPE – 2008)

25. Para que uma ação rescisória seja processada e julgada, exige-se a ocorrência de coisa julgada material sobre a sentença rescindenda e que o autor tenha utilizado todos os recursos admissíveis contra a sentença, antes de seu trânsito em julgado.

( ) Certo ( ) Errado

(PROCURADOR DO ESTADO SUBSTITUTO – PGE/PI – CESPE – 2008)

26. Em relação à ação rescisória, assinale a opção correta:

a) Para que seja cabível ação rescisória com fundamento em erro de fato, é necessário, entre outros pressupostos, que o erro seja apurável independentemente da produção de novas provas e que, sobre o fato, não tenha havido controvérsia entre as partes nem pronunciamento judicial.
b) Embora presentes os pressupostos necessários para o seu deferimento, não é admissível a antecipação de tutela em ação rescisória, sob pena de se afrontar a coisa julgada e de se desvirtuar a referida ação, tornando-a uma espécie de recurso.
c) O ajuizamento da ação rescisória suspende a execução ou o cumprimento da sentença rescindenda. No entanto, essa sentença poderá ser objeto de execução provisória, desde que o exequente preste caução em caso de eventual desconstituição do título, para assegurar a reparação de danos ao executado, autor da rescisória.
d) Em se tratando de ação rescisória, a demanda deve ser proposta contra todos os que participaram da ação originária, a ausência da citação de um dos litisconsortes acarreta a nulidade da ação e a revelia de qualquer um dos litisconsortes opera seus efeitos, dispensando o autor do ônus de provar o fato constitutivo da rescindibilidade.
e) A ação rescisória constitui meio de impugnação da coisa julgada e tem por objetivo a apreciação da justiça e da correção da decisão rescindenda, bem como da interpretação dos fatos ou da valoração da prova que o juiz empregou para formar o seu juízo de convencimento.

(PROCURADOR DO ESTADO SUBSTITUTO – PGE/PI – CESPE – 2008)

27. A respeito das ações coletivas, assinale a opção correta:

a) A defensoria pública tem legitimidade concorrente e disjuntiva para a ação coletiva que objetive, por exemplo, a tutela de interesses difusos coletivos e individuais homogêneos, ainda que não tenham repercussão em interesses particulares dos necessitados, e que a sentença proferida possa operar efeitos perante outros sujeitos.

b) No caso de sentença proferida em ação coletiva que condene o réu ao pagamento em dinheiro pelo equivalente à lesão, o valor da condenação será revertido individualmente, de maneira uniforme, aos sujeitos que experimentaram danos pessoais em decorrência da lesão e do ato ilícito, o que enseja a liquidação e a execução/cumprimento da sentença.
c) Na ação coletiva para a defesa de direitos difusos que não digam respeito a relações de consumo, a sentença faz coisa julgada *erga omnes*, nos limites da competência territorial do órgão prolator, salvo quando o pedido for julgado improcedente por insuficiência de provas. Nesse caso, qualquer legitimado poderá intentar outra ação, com idêntico fundamento, valendo-se de nova prova.
d) Na hipótese da existência simultânea de ação coletiva e ação individual para a defesa de direitos individuais homogêneos, o autor individual será beneficiado pelos efeitos da coisa julgada *erga omnes* da sentença de procedência da ação coletiva, ainda que não tenha ciência dessa ação ou que não tenha requerido a suspensão do processo ou, ainda, que a sua pretensão seja julgada improcedente.
e) Não há litispendência entre as ações coletivas para a tutela de direitos coletivos ou direitos individuais homogêneos, nem entre essas e uma ação individual. Assim, um legitimado para a ação coletiva poderá ingressar com ação já proposta por outro legitimado, com a mesma causa de pedir e o mesmo pedido.

(PROCURADOR – PMS/SAAE – VUNESP – 2010)

28. Sobre a ação de nunciação de obra nova, indique a alternativa correta:
a) O réu deve ser o dono da obra, que pode não ser, necessariamente, o proprietário do imóvel.
b) O conceito de obra não inclui uma noção ampla, como escavações no solo.
c) Somente o proprietário com posse tem legitimidade para promover esse tipo de demanda.
d) O Município não pode propor essa ação, uma vez que possui outros instrumentos jurídicos.
e) Essa ação não tem como escopo impedir que vizinha construa em desacordo com as normas municipais edilícias.

11.4 Dos Sujeitos do Processo

(DEFENSOR PÚBLICO SUBSTITUTO – DPE/MT – FCC – 2009)

29. Ao modo de intervenção de terceiros que envolve fiador e devedores solidários dá-se o nome de:
a) denunciação da lide;
b) litisconsórcio necessário;
c) chamamento ao processo;
d) nomeação à autoria;
e) assistência litisconsorcial.

(PROCURADOR DO ESTADO DE ALAGOAS – PGE/AL – CESPE – 2009)

30. Quanto aos deveres das partes previstos no CPC, assinale a opção correta:
a) Descumpre um dever de lealdade a parte que aponta a impossibilidade jurídica do pedido formulado pelo autor e, na mesma peça, tece considerações acerca do mérito, pedindo a improcedência do pedido.
b) No caso de embaraço criado pela parte à efetivação de um provimento judicial final, estará configurado o descumprimento de um dever da parte, o mesmo não ocorrendo se o provimento for meramente antecipatório.
c) A parte ré que alega a decadência de um dos direitos pleiteados na ação em momento posterior à contestação comete ato atentatório ao exercício da jurisdição, sujeitando-se a multa de até 20% do valor da causa.

d) A formulação de pretensão destituída de fundamento não é descumprimento de dever da parte, mas regular exercício do direito de defesa em sua total amplitude.
e) O dever de cumprir com exatidão os provimentos mandamentais atinge não só as partes, como também todos aqueles que, de alguma forma, participam do processo, ressalvando-se aos advogados sua sujeição exclusiva aos estatutos da OAB.

11.5 Dos Atos Processuais

(ADVOGADO – BADESC/SC – FGV – 2010)

31. Banco BO S/A promove ação de execução, lastreada em nota promissória, no valor de R$ 50.000,00, relativo a mútuo realizado em 03.01.2000, com período de carência de um mês, sendo a primeira prestação a ser paga aos 03.03.2000. O débito foi parcelado em cinquenta meses, ocorrendo o pagamento de mais da metade das prestações.

Por força de problemas pessoais, houve a paralisação do pagamento na vigésima-sexta prestação. Após três meses sem receber pagamento e não obtida a conciliação, foi proposta a ação, requerendo o autor a citação do executado para pagar o débito vencido. Após os atos processuais próprios, o réu, Fulano de Tal, não foi localizado, mas o exequente, em diligências, obteve dados sobre bens integrantes do patrimônio do executado, requerendo as providências cabíveis ao Juízo da execução.

Nessa linha, houve o arresto dos bens do devedor e, após, foi realizada sua citação.

A esse respeito, é correto afirmar que:

a) após intimado do arresto dos bens, deve o exequente, em dez dias, requerer a citação por edital do executado;
b) no caso do enunciado deverá o Oficial de Justiça realizar citação por hora certa;
c) não sendo citado o executado o processo deve ser suspenso;
d) após o arresto o Juiz deveria decretar a revelia do executado;
e) a ausência do executado impede que ocorra a apresentação de defesa.

(DEFENSOR PÚBLICO – DPE/ES – CESPE – 2009)

32. Considere a seguinte situação hipotética.

Aluísio é réu em processo de execução de pensão alimentícia, que corre pelo rito do art. 732 do CPC, cuja autora é Patrícia, sua filha mais velha. Citado para efetuar o pagamento em três dias, Aluísio não o fez. Patrícia, então, indicou à penhora parte dos vencimentos de Aluísio, que é servidor público. O juiz, contudo, não aceitou a indicação feita por Patrícia, com base no argumento de que o inciso IV do art. 649 do CPC considera os vencimentos impenhoráveis.

Nesse caso, o juiz agiu corretamente, haja vista o comando expresso do citado artigo.

( ) **Certo** ( ) **Errado**

No que concerne à defesa judicial dos interesses transindividuais e à ação civil pública, julgue os itens seguintes.

(DEFENSOR PÚBLICO – DPE/ES – CESPE – 2009)

33. O Ministério Público é parte legítima para propor ação civil pública com o objetivo de tutelar direitos individuais indisponíveis, como o de recebimento de medicamento de uso contínuo por pessoa idosa.

( ) **Certo** ( ) **Errado**

(DEFENSOR PÚBLICO – DPE/ES – CESPE – 2009)

34. A defensoria pública poderá tomar dos interessados compromisso de ajustamento da conduta destes às exigências legais, mediante cominações, tendo esse compromisso eficácia de título executivo extrajudicial.

( ) **Certo** ( ) **Errado**

(DEFENSOR PÚBLICO SUBSTITUTO – DPE/MT – FCC – 2009)

35. "A parte, que aceitar expressa ou tacitamente a sentença ou a decisão, não poderá recorrer". Esse enunciado, de texto legal, implica a ocorrência de:

a) coisa julgada;
b) preclusão consumativa;
c) perempção;
d) preclusão lógica;
e) contumácia.

(DEFENSOR PÚBLICO SUBSTITUTO – DPE/MT – FCC – 2009)

36. Quanto às funções exercidas pelo juiz:

a) visando à justiça de cada caso, deve como regra julgar por equidade;
b) deve zelar pelo tratamento isonômico das partes, conciliá-las sempre que possível, procurar a rápida solução do litígio e prevenir ou reprimir qualquer ato contrário à dignidade da justiça;
c) diante do princípio da iniciativa da parte, deve aguardar que esta requeira as provas a serem produzidas, não podendo fazê-lo de ofício;
d) pode decidir livremente a lide, desde que fundamentadamente, podendo examinar quaisquer questões do processo, levantadas ou não pelas partes, em busca de subsídios para o julgamento;
e) as decisões aplicam sempre as normas legais, sendo-lhe defeso utilizar-se de outros meios para despachar ou sentenciar.

(DEFENSOR PÚBLICO SUBSTITUTO – DPE/MT – FCC – 2009)

37. É INCORRETO afirmar:

a) O procedimento cautelar pode ser instaurado antes ou no curso do processo principal, tendo caráter acessório.
b) A tutela cautelar não fica restrita às medidas típicas, podendo o juiz conceder outras em nome de seu poder geral de cautela.
c) Não existem os efeitos da revelia nas medidas cautelares não contestadas.
d) Deve-se propor a ação principal no prazo de trinta dias, que fluem da data de efetivação da medida cautelar, se concedida em procedimento preparatório.
e) Cessa a eficácia da medida cautelar, se o juiz declarar extinto o processo principal, com ou sem julgamento do mérito.

(PROCURADOR – ASSEMBLEIA LEGISLATIVA SP – FCC – 2010)

38. O revel pode intervir no processo em qualquer fase, recebendo-o no estado em que se encontrar. Nesse caso:

a) os prazos processuais correrão independentemente de intimação;
b) torna-se exigível a sua intimação formal para os atos subsequentes;
c) só será exigível a sua intimação formal da sentença;
d) só será exigível a sua intimação formal da audiência de instrução e julgamento;
e) não poderá apresentar contestação, mas poderá oferecer reconvenção.

(PROCURADOR – ASSEMBLEIA LEGISLATIVA SP – FCC – 2010)

39. Sendo revel o assistido, o assistente:

a) será considerado seu gestor de negócios;
b) não poderá intervir no feito;
c) não poderá recorrer da sentença sem expressa anuência do assistido;
d) assumirá a condição de parte principal;
e) terá novo prazo para apresentar contestação.

(PROCURADOR DO ESTADO DE 1ª CATEGORIA – PGE/ES – CESPE – 2008)

40. Em se tratando de nulidade absoluta, o juiz é obrigado a declará-la, salvo quando o mérito possa ser decidido em favor da parte que aproveite a declaração de nulidade.

( ) Certo ( ) Errado

(PROCURADOR DO ESTADO DE 1ª CATEGORIA – PGE/ES – CESPE – 2008)

41. A citação ficta ocorre quando a parte requerida toma ciência da propositura da ação por meio de ficção legal, na pessoa de seu representante legal com poderes para representá-la judicialmente ou por edital. Nos demais casos, considera-se a citação como pessoal.

( ) Certo ( ) Errado

(PROCURADOR DO ESTADO DE 1ª CATEGORIA – PGE/ES – CESPE – 2008)

42. Todo prazo, em regra, é contínuo, não se interrompendo nos feriados. Não havendo preceito legal que fixe o prazo nem sendo este fixado pelo juiz, será de cinco dias o prazo para a prática de ato processual a cargo da parte.

( ) Certo ( ) Errado

Na contestação, um instrumento de defesa por meio do qual pode suscitar questões de ordem processual e(ou) de mérito, o réu deve apresentar toda a matéria de defesa, bem como especificar as provas que pretende produzir, sob pena de preclusão. A respeito desse assunto, julgue os itens a seguir.

(ANALISTA MUNICIPAL/ ESPECIALIDADE PROCURADOR MUNICIPAL – PGM DE BOA VISTA/ RR – CESPE – 2010)

43. Configurada a revelia, o réu poderá intervir no processo em qualquer fase, caso em que o receberá no estado em que se encontre, podendo, inclusive, produzir provas se ingressar no decurso da instrução. Além disso, ainda que o réu se habilite no processo após a publicação da sentença, será admissível a interposição de recurso de apelação, desde que não tenha transcorrido o prazo recursal.

( ) Certo ( ) Errado

(ANALISTA MUNICIPAL/ ESPECIALIDADE PROCURADOR MUNICIPAL – PGM DE BOA VISTA/ RR – CESPE – 2010)

44. Se o réu deixar de contestar a ação, configurar-se-ão revelia e presunção de veracidade dos fatos articulados pelo autor na petição inicial. Nesse caso, o efeito processual será sempre o julgamento antecipado da lide.

( ) Certo ( ) Errado

(ANALISTA MUNICIPAL/ ESPECIALIDADE PROCURADOR MUNICIPAL – PGM DE BOA VISTA/ RR – CESPE – 2010)

45. Independentemente da natureza da lide e das partes envolvidas, se o réu deixar de contestar a ação, o juiz deverá julgar a lide antecipadamente, proferindo sentença de total procedência, em decorrência da presunção de veracidade dos fatos constitutivos do direito do autor.

( ) Certo ( ) Errado

(ANALISTA MUNICIPAL/ ESPECIALIDADE PROCURADOR MUNICIPAL – PGM DE BOA VISTA/ RR – CESPE – 2010)

46. Segundo o disposto na lei processual civil, o juiz deve decidir a lide nos termos em que foi proposta, sendo-lhe proibido conhecer das questões não suscitadas pelas partes. Isso significa que, mesmo nas obrigações específicas, o juiz ficará impedido de substituir, de ofício, a tutela desejada pelo autor por outra tutela que lhe garanta o resultado prático correspondente.

( ) **Certo** ( ) **Errado**

(ANALISTA MUNICIPAL/ ESPECIALIDADE PROCURADOR MUNICIPAL – PGM DE BOA VISTA/ RR – CESPE – 2010)

47. Considere que a procuradoria do município de Boa Vista – RR tenha ajuizado ação de reintegração de posse, com pedido de liminar, contra Marta, Cláudio e Ricardo, todos solteiros. Considere, ainda, que, por julgar tratar-se de posse velha, o juiz tenha negado a liminar de reintegração e, a pedido do autor, tenha determinado que os réus fossem citados por oficial de justiça. Nessa situação hipotética, se os réus forem representados por advogados distintos, o prazo para contestar será de até trinta dias, prazo esse que começará a fluir a partir do primeiro dia útil imediato após a juntada aos autos do processo do último mandado de citação cumprido. Em cada um dos itens seguintes, é apresentada uma situação hipotética, seguida de uma assertiva a ser julgada.

( ) **Certo** ( ) **Errado**

(ANALISTA MUNICIPAL/ ESPECIALIDADE PROCURADOR MUNICIPAL – PGM DE BOA VISTA/ RR – CESPE – 2010)

48. A Procuradoria Geral do Município de Boa Vista interpôs recurso de agravo de instrumento contra decisão do juízo da mesma comarca (Boa Vista – RR), pelo fato de esse juízo ter concedido liminar de antecipação de tutela em ação de obrigação de fazer movida contra a municipalidade. Em seu recurso, a Procuradoria requereu efeito suspensivo ao ato atacado. O relator do agravo indeferiu o pedido de efeito suspensivo. Nessa situação, para obter o efeito suspensivo desejado, a Procuradoria poderá interpor o competente agravo interno, também denominado agravo regimental, cujo prazo para interposição é de cinco dias.

( ) **Certo** ( ) **Errado**

(ANALISTA MUNICIPAL/ ESPECIALIDADE PROCURADOR MUNICIPAL – PGM DE BOA VISTA/ RR – CESPE – 2010)

49. Com o objetivo de receber veículo objeto de contrato firmado por instrumento particular, Roberto ajuizou ação executiva contra Aristeu. Citado na forma da lei, Aristeu apresentou embargo à execução no décimo sétimo dia após a data da citação, que correspondia ao décimo segundo dia após a juntada do mandado citatório aos autos do processo. Nessa situação, por não haver nenhum vício processual, o juiz deve receber os embargos e determinar o seu regular processamento.

( ) **Certo** ( ) **Errado**

(ADVOGADO – SENADO FEDERAL – FGV – 2008)

50. A expedição de carta de ordem para que o Juiz de Primeiro Grau cumpra determinado ato é exceção ao princípio:
    a) da demanda;
    b) da indeclinabilidade;
    c) da indelegabilidade;
    d) da inércia;
    e) do duplo grau.

11.6 Da Formação, Suspensão e Extinção do Processo Civil

(PROCURADOR – ASSEMBLEIA LEGISLATIVA SP – FCC – 2010)

51. Extingue-se o processo com resolução de mérito quando:
    a) o juiz acolher a alegação de coisa julgada;
    b) ocorrer confusão entre autor e réu;
    c) o autor desistir da ação;
    d) as partes transigirem;
    e) o juiz indeferir a petição inicial.

(DEFENSOR PÚBLICO – DPE/AL – CESPE – 2009)

52. O pedido deve ser certo e determinado, contudo, há situações em que a determinação do *quantum debeatur* é inviável ao autor por força das peculiaridades do direito almejado, fixando a lei processual as hipóteses em que se admite pedido genérico de modo restrito, não se admitindo interpretação ampliativa dessa regra.

    ( ) Certo ( ) Errado

(DEFENSOR PÚBLICO – DPE/AL – CESPE – 2009)

53. São requisitos essenciais da possibilidade de haver cumulação de pedidos a abrangência da competência do juízo, a identidade de ritos ou redução ao rito comum ordinário, e a compatibilidade entre os pedidos formulados, de modo que é inviável a cumulação que não atenda a todos estes, a exemplo do que ocorreria na cumulação do pedido de revisão e nulidade do mesmo contrato.

    ( ) Certo ( ) Errado

(DEFENSOR PÚBLICO – DPE/AL – CESPE – 2009)

54. No caso de o autor formular mais de um pedido, sendo o primeiro de imissão na posse de determinado imóvel e o segundo de reparação dos danos gerados pela ocupação injustificada do bem, há cumulação própria sucessiva, não cumulação subsidiária.

    ( ) Certo ( ) Errado

(PROCURADOR – ASSEMBLEIA LEGISLATIVA SP – FCC – 2010)

55. A respeito do pedido constante da petição inicial, é correto afirmar:
    a) O autor não poderá aditar o pedido se já tiver sido expedido o mandado de citação.
    b) A inexistência de conexão impede sempre a cumulação de pedidos, num único processo, contra o mesmo réu.
    c) O autor não pode formular pedido genérico quando a determinação do valor da condenação depender de ato que deva ser praticado pelo réu.
    d) Como os pedidos são interpretados restritivamente, não se compreende no principal os juros legais.
    e) Quando a obrigação consistir em prestações periódicas, considerar-se-ão elas incluídas no pedido, independentemente da declaração expressa do autor.

(DEFENSOR PÚBLICO – DPE/ES – CESPE – 2009)

56. A procuração geral para o foro, assinada pelo réu, habilita seu advogado, entre outros, a receber citação inicial a ser intimado dos atos processuais e a reconhecer a procedência do pedido.

    ( ) Certo ( ) Errado

(DEFENSOR PÚBLICO – DPE/ES – CESPE – 2009)

57. Em causas que versem sobre direitos reais imobiliários, os cônjuges são litisconsortes necessários se réus, mas não o serão se autores.

( ) **Certo** ( ) **Errado**

(DEFENSOR PÚBLICO – DPE/ES – CESPE – 2009)

58. Na assistência simples ou adesiva, o interesse do assistente não é vinculado diretamente ao litígio. A atuação desse assistente é meramente complementar à atuação do assistido.

Todavia, se o assistido for revel, o assistente será considerado gestor de negócios.

( ) **Certo** ( ) **Errado**

(DEFENSOR PÚBLICO – DPE/ES – CESPE – 2009)

59. Oposta exceção de incompetência de juízo, o processo ficará suspenso até o trânsito em julgado da decisão que o apreciar.

( ) **Certo** ( ) **Errado**

(DEFENSOR PÚBLICO – DPE/ES – CESPE – 2009)

60. Quando a causa apresentar questões complexas de fato ou de direito, podem-se substituir os debates orais, na audiência de instrução e julgamento, pelos memoriais, que serão oferecidos em dia e hora designados pelo magistrado.

( ) **Certo** ( ) **Errado**

(DEFENSOR PÚBLICO – DPE/ES – CESPE – 2009)

61. A petição inicial será considerada inepta quando contiver pedidos incompatíveis entre si, mas o mesmo não se pode afirmar quando o tipo de procedimento escolhido pelo autor não corresponder à natureza da causa.

( ) **Certo** ( ) **Errado**

(DEFENSOR PÚBLICO – DPE/ES – CESPE – 2009)

62. Não obtida a conciliação na audiência preliminar, o procedimento do juiz se limitará a fixar os pontos controvertidos, decidir as questões prejudiciais pendentes e, se necessário, designar audiência de instrução e julgamento.

( ) **Certo** ( ) **Errado**

(DEFENSOR PÚBLICO – DPE/ES – CESPE – 2009)

63. No que tange à usucapião especial urbana, é correto afirmar que, via de regra, o condomínio instituído por força da ação de usucapião especial coletiva é indivisível, não sendo passível de extinção.

( ) **Certo** ( ) **Errado**

(DEFENSOR PÚBLICO SUBSTITUTO – DPE/MT – FCC – 2009)

64. No tocante à citação:
    a) interrompe a prescrição e, a não ser que ordenada por juiz incompetente, constitui em mora o devedor;
    b) sua falta não é convalidada pelo comparecimento espontâneo do réu;
    c) quando válida, torna prevento o juízo, induz litispendência, faz litigiosa a coisa e interrompe a prescrição, que retroagirá à data da propositura da ação;
    d) sua falta ou nulidade não podem ser reconhecidas de ofício pelo juiz;
    e) será feita apenas no domicílio ou na residência do réu.

(ADVOGADO – IPAJM/ES – CESPE – 2010)

65. Acerca da formação do processo, assinale a opção correta:
    a) A ação somente produz efeito para autor e réu após a citação válida.
    b) Admite-se que a alteração do pedido, desde que feita antes da citação, altere o tipo de processo.
    c) Após a citação do réu, ocorre a chamada estabilização do processo.
    d) O processo existe mesmo antes da citação do réu.
    e) Realizados a citação e o saneamento do processo, o autor somente pode alterar o pedido com anuência do réu.

(PROCURADOR DO ESTADO DE ALAGOAS – PGE/AL – CESPE – 2009)

66. Quanto ao pedido de suspensão de segurança, assinale a opção correta:
    a) Por suas características e, principalmente, por sua eficácia voltada à reforma de uma decisão, o pedido de suspensão de segurança é recurso.
    b) Da decisão que decide o pedido de suspensão da segurança cabe recurso especial se houver, por exemplo, contrariedade à lei federal.
    c) Por ter natureza política, a suspensão de segurança na hipótese de grave lesão à ordem, saúde, segurança e economia públicas pode ser realizada de ofício.
    d) A suspensão da segurança vigorará até o trânsito em julgado da decisão definitiva de concessão da segurança, salvo determinação em contrário da decisão que a deferir.
    e) Apesar de não ser propriamente um recurso, o pedido de suspensão da segurança deve ser realizado no prazo de 10 dias a contar da publicação da decisão que deferir a segurança.

(PROCURADOR DO ESTADO SUBSTITUTO – PGE/PI – CESPE – 2008)

67. Em relação à formação, ao desenvolvimento e à extinção do processo, assinale a opção correta:
    a) Considera-se proposta a ação a partir do momento em que o réu é citado, pois, como o processo é relação jurídica triangular, somente depois da citação válida do réu é que surge a litispendência, o juízo torna-se prevento, a coisa torna-se litigiosa, e o devedor é constituído em mora.
    b) No falecimento de uma das partes, ou quando há sucessão entre vivos do bem litigioso, é obrigatória a substituição da parte por seu sucessor. Em ambos os casos, não pode ser recusada a substituição, sob pena de extinção do processo sem resolução do mérito, por perda da capacidade superveniente de uma das partes.
    c) Quando a sentença estiver na dependência de solução de uma questão preliminar surgida no curso do processo e que condiciona a apreciação do mérito da causa, o processo necessariamente será suspenso. A preliminar, por ser questão de direito material intimamente ligada ao mérito da demanda, deve ser decidida antes da principal.
    d) A perempção atinge o direito de ação e não o direito material que poderia ser alegado por meio da ação. Portanto, o autor fica privado de propor ação contra o réu com o mesmo pedido e a mesma causa de pedir da ação perempta. Entretanto, o direito material pode ser suscitado em defesa.
    e) Ocorrendo a transação entre as partes, com concessões recíprocas acerca do direito material em litígio, o juiz homologará o acordo das partes e extinguirá o processo sem resolução de mérito.

(PROCURADOR – PMS/SAAE – VUNESP – 2010)

68. O processo civil começa por iniciativa da parte. Diante dessa afirmação, indique a alternativa correta:
    a) Após o início do processo, o autor é responsável pelo desenvolvimento e impulso da ação.
    b) Proposta a ação, o autor não poderá modificar o pedido, ainda que não tenha sido feita a citação do réu.

c) Feita a citação, é defeso ao autor modificar a causa de pedir, sem o consentimento do réu.
d) Em nenhuma hipótese poderá o autor alterar o pedido ou a causa de pedir, mesmo com consentimento do réu.
e) Não é lícita a alteração da inicial de modo a converter ação possessória em reivindicatória.

11.7 Do Processo e do Procedimento

(ADVOGADO – CETESB – VUNESP – 2009)

69. Sobre o procedimento ordinário, é correto afirmar que:

a) é permitida a cumulação, num único processo, contra o mesmo réu, de vários pedidos, ainda que entre eles não haja conexão;
b) se considera inepta a petição inicial quando o juiz verificar desde logo a decadência ou prescrição;
c) a desistência da ação, ou a existência de qualquer causa que a extinga, obsta o prosseguimento da reconvenção;
d) far-se-á liquidação de sentença por arbitramento quando, para determinar o valor da condenação, houver necessidade de alegar e provar fato novo;
e) a confissão espontânea pode ser feita apenas pela própria parte, sendo vedada por meio de mandatário com poderes especiais.

(ADVOGADO – DETRAN/ES – CESPE – 2010)

70. Não cabe procedimento sumário em ações relativas ao estado e à capacidade das pessoas, mas sim nas causas que versem sobre revogação de doação, qualquer que seja o valor.

( ) Certo ( ) Errado

(DEFENSOR PÚBLICO – DPE/AL – CESPE – 2009)

71. Conforme doutrina majoritária acerca do tema, caso o devedor não proponha a ação de consignação em pagamento no prazo de trinta dias a contar da recusa do credor em levantar a importância depositada extrajudicialmente, haverá a perda da possibilidade de ajuizar esta ação de rito especial em face da preclusão.

( ) Certo ( ) Errado

(DEFENSOR PÚBLICO – DPE/AL – CESPE – 2009)

72. Cuidando-se de tema de natureza processual, a competência para julgamento da ação de consignação em pagamento não considera a natureza quesível ou portável da dívida, prevalecendo a norma geral de competência territorial segundo a qual será competente o foro do demandado.

( ) Certo ( ) Errado

Considerando que o locador de um imóvel comercial seja citado para responder a uma ação em que terceira pessoa, dizendo-se legítimo possuidor, pleiteie a posse do bem locado, julgue os itens a seguir.

(DEFENSOR PÚBLICO – DPE/AL – CESPE – 2009)

73. Ao locador, da mesma maneira que ocorre quanto ao evicto, cabe promover a denunciação à lide do locatário para garantir o seu direito a eventual indenização por perda da posse do bem locado, sob pena de perder o direito de regresso.

( ) Certo ( ) Errado

(DEFENSOR PÚBLICO – DPE/AL – CESPE – 2009)

74. Caso o locador, ou outra parte do feito, não promova a denunciação do locatário à lide, este não poderá ingressar no feito em tal condição, até porque se cuida de hipótese de intervenção de terceiros provocada. Resta, porém, a possibilidade de o locatário ingressar no feito como assistente, provado o seu interesse jurídico no julgamento favorável ao locador.

( ) **Certo** ( ) **Errado**

(DEFENSOR PÚBLICO – DPE/AL – CESPE – 2009)

75. O pedido de assistência judiciária deve ser feito na petição inicial, de forma que, depois de estabilizada a relação processual, não será lícito a qualquer das partes requerê-lo ao juiz.

( ) **Certo** ( ) **Errado**

(DEFENSOR PÚBLICO – DPE/AL – CESPE – 2009)

76. Os benefícios da assistência judiciária são concedidos individualmente em cada caso concreto e se extinguem com a morte do beneficiário. No entanto, tal benefício pode ser concedido aos herdeiros que continuarem na demanda.

( ) **Certo** ( ) **Errado**

(DEFENSOR PÚBLICO – DPE/AL – CESPE – 2009)

77. A assistência judiciária gratuita é benefício que pode ser concedido tanto às pessoas jurídicas sem fins lucrativos como às pessoas jurídicas com fins lucrativos.

( ) **Certo** ( ) **Errado**

(DEFENSOR PÚBLICO – DPE/AL – CESPE – 2009)

78. Considere que Paulo tenha seu pedido de assistência judiciária gratuita deferido pelo juiz no curso de um processo contra Ricardo. Nesse caso, Ricardo poderá pedir a revogação dos benefícios concedidos a Paulo, se comprovar que inexistem os motivos que ensejaram o deferimento, mas não será lícito ao juiz decretar a revogação dos benefícios de ofício.

( ) **Certo** ( ) **Errado**

(DEFENSOR PÚBLICO – DPE/AL – CESPE – 2009)

79. Caso o assistido possa atender, em parte, às despesas do processo, o juiz mandará pagar as custas, que serão rateadas entre os que tiverem direito ao seu recebimento.

( ) **Certo** ( ) **Errado**

(DEFENSOR PÚBLICO – DPE/ES – CESPE – 2009)

80. Na conexão de causas em que haja incompetência em razão do território no tocante à causa conexa, o juiz, em vez de declarar-se incompetente, poderá determinar a reunião das ações propostas separadamente e julgá-las, prorrogando a competência.

( ) **Certo** ( ) **Errado**

(DEFENSOR PÚBLICO – DPE/ES – CESPE – 2009)

81. Ao proceder à citação da pessoa jurídica, é dever do oficial de justiça exigir prova da representação legal ou contratual da empresa para reputar válida e eficaz a diligência efetuada.

( ) **Certo** ( ) **Errado**

(DEFENSOR PÚBLICO – DPE/ES – CESPE – 2009)

82. Quando a matéria controvertida for unicamente de direito, e no juízo já houver sido proferida sentença de total improcedência em outros casos idênticos, poderá ser dispensada a citação e

proferida a sentença, reproduzindo-se o teor da sentença anteriormente prolatada. Essa regra será aplicável apenas quando o juiz prolator da sentença for também o autor da sentença que será reproduzida, visando manter uniforme o entendimento para os casos repetitivos.

( ) **Certo** ( ) **Errado**

(DEFENSOR PÚBLICO – DPE/ES – CESPE – 2009)

83. É indispensável que a litispendência, que pode ser conhecida de ofício e a qualquer momento e grau dc jurisdição, tenha sido apreciada nos juízos ordinários, para que possa constituir matéria a ser examinada em recurso especial.

( ) **Certo** ( ) **Errado**

(DEFENSOR PÚBLICO – DPE/ES – CESPE – 2009)

84. Não é cabível no procedimento sumário o provimento antecipatório da tutela pretendida pelo autor.

( ) **Certo** ( ) **Errado**

(DEFENSOR PÚBLICO – DPE/ES – CESPE – 2009)

85. Em ação que corra perante o juizado especial cível, a extinção do processo sem julgamento de mérito, depende de prévia intimação pessoal das partes, em qualquer hipótese.

( ) **Certo** ( ) **Errado**

(DEFENSOR PÚBLICO – DPE/ES – CESPE – 2009)

86. A cumulação de pedidos é admissível desde que os pedidos sejam sempre conexos, compatíveis entre si e dirigidos ao mesmo réu. É necessário, ainda, que o mesmo juízo seja competente para conhecer deles.

( ) **Certo** ( ) **Errado**

(DEFENSOR PÚBLICO – DPE/ES – CESPE – 2009)

87. A intimação do autor reconvindo para contestar a reconvenção pode ocorrer na pessoa de seu procurador, mediante publicação de nota de expediente, sendo necessária a citação pessoal.

( ) **Certo** ( ) **Errado**

(PROCURADOR DO ESTADO DE ALAGOAS – PGE/AL – CESPE – 2009)

88. Quanto ao procedimento sumário previsto no CPC, assinale a opção correta:

a) Se for ajuizada uma ação sob o rito sumário na qual se discuta a propriedade de uma obra de arte com valor inferior a 60 salários-mínimos, e, ainda no curso do processo, ocorrer excepcional valorização do bem, que o faça valer o equivalente a 200 salários mínimos, tal fato determinará a conversão do rito ao ordinário.

b) Um síndico de condomínio horizontal que aplique a determinado condômino multa por infração à disposição da convenção não poderá se servir, para a cobrança de tal multa, do rito sumário, pois este está reservado apenas à cobrança da taxa condominial.

c) Será processada pelo rito sumário a ação de cobrança de seguro relativa aos danos causados por acidente de veículo ocorrido em qualquer tipo de via, seja ela terrestre, aérea, marítima ou fluvial.

d) Um cônjuge que pretenda se separar judicialmente, que não tenha filhos e cujo patrimônio a ser partilhado seja inferior a 60 salários mínimos poderá ajuizar seu pedido sob o rito sumário.

e) O ressarcimento de danos causados em acidente envolvendo veículo que trafegue em via fluvial poderá ser processado pelo rito sumário independentemente do valor pleiteado a título de indenização.

(PROCURADOR DO ESTADO SUBSTITUTO – PGE/PI – CESPE – 2008)

89. Com relação ao processo e julgamento da ADI, assinale a opção correta:
    a) A revogação da lei cuja validade se discute em controle abstrato de constitucionalidade não impede, para o fim de afastar a aplicação da lei impugnada no período de sua vigência, a declaração da sua inconstitucionalidade.
    b) A concessão da medida cautelar em ADI suspende provisoriamente a eficácia, mas não a vigência da lei impugnada. No entanto, se, no julgamento do mérito dessa ação, for reconhecida a inconstitucionalidade da norma impugnada, essa decisão produz efeito retroativo à data de origem da lei, suspendendo a sua vigência.
    c) A decisão que declara a inconstitucionalidade da lei ou do ato normativo em ação direta é irrecorrível, podendo, no entanto, ser objeto de ação rescisória, desde que preenchidos os seus requisitos legais.
    d) Somente a parte dispositiva da decisão do STF, proferida no controle abstrato de constitucionalidade, tem efeito vinculante quanto aos demais órgãos do Poder Judiciário e à administração pública direta e indireta, nas esferas federal, estadual e municipal.
    e) Na ADI, a causa de pedir é aberta, e a decisão de mérito proferida nessa ação tem natureza dúplice, ou seja, produz eficácia jurídica, seja quando é dado provimento à ação, seja quando lhe é negado provimento.

11.8 Da Prova

(PROCURADOR – ASSEMBLEIA LEGISLATIVA SP – FCC – 2010)

90. A respeito das provas, considere:

    I – A confissão extrajudicial contida em testamento terá a mesma eficácia probatória da judicial.

    II – O juiz não poderá ordenar de ofício a inquirição de testemunhas referidas nos depoimentos de testemunhas arroladas pelas partes.

    III – O juiz poderá dispensar a prova pericial quando as partes, na inicial e na contestação, apresentarem sobre as questões de fato pareceres técnicos ou documentos elucidativos que considerar suficientes.

Está correto o que se afirma APENAS em:

a) I;
b) I e II;
c) I e III;
d) II e III;
e) III.

(DEFENSOR PÚBLICO – DPE/ES – CESPE – 2009)

91. A complementação de prova, na hipótese de perplexidade probatória, poderá ser feita em qualquer fase, uma vez que a iniciativa probatória do juiz não se sujeita à preclusão.

    ( ) Certo ( ) Errado

(DEFENSOR PÚBLICO SUBSTITUTO – DPE/MT – FCC – 2009)

92. Em relação à prova processual:
    a) apenas os meios legais são hábeis para demonstrar a verdade dos fatos;
    b) o ônus probatório não pode ser objeto de convenção que o distribua de maneira diversa à legal;
    c) a mera presunção legal de existência ou de veracidade dos fatos não isenta a parte de prová-los;

d) o momento de sua produção é determinado por lei de modo cogente, não podendo ser alterado judicialmente em qualquer hipótese;
e) se assim for determinado pelo juiz, a parte que alegar direito municipal, estadual, estrangeiro ou a aplicação de usos e costumes, deverá provar seu teor e vigência.

(PROCURADOR DO ESTADO DE ALAGOAS – PGE/AL – CESPE – 2009)

93. Considerando que o autor, em ação de nunciação de obra nova, junte a sua contestação documento público que não atenda todas as formalidades legais previstas para sua formação, visando provar a existência de uma regra condominial que alegava existir, assinale a opção correta à luz da disciplina das provas prevista no CPC:
a) O documento público fará prova de sua formação e dos fatos que o oficial declarar que ocorreram em sua presença, independentemente dos eventuais vícios de formação.
b) Detectada a ausência de formalidade legal no documento público, ter-se-á como inexistente a prova e nenhuma outra, por mais especial que seja, poderá suprir a sua falta.
c) O fato de o documento público não atender as formalidades legais atinge a sua eficácia apenas quanto à prova da sua formação, mas não a sua eficácia quanto aos fatos que o oficial declarar que ocorreram em sua presença.
d) Caso o documento público cuja formação se deu de modo viciado seja subscrito pelas partes, terá a mesma eficácia probatória do documento particular.
e) Se o documento público, produzido em desconformidade com as formalidades legais, tiver a sua autenticidade declarada pelo advogado da parte que o juntou, fará prova de sua formação e dos fatos que o oficial tiver declarado como ocorridos em sua presença.

11.9 Da Sentença e da Coisa Julgada

(PROCURADOR – ASSEMBLEIA LEGISLATIVA SP – FCC – 2010)

94. Da decisão que recebe apelação:
a) cabe agravo retido;
b) cabe agravo de instrumento;
c) não cabe recurso;
d) cabe apelação;
e) cabe agravo regimental.

(DEFENSOR PÚBLICO – DPE/ES – CESPE – 2009)

95. O juiz proferirá a sentença, julgando procedente ou improcedente, no todo ou em parte, o pedido formulado pelo autor. Nos casos de extinção sem resolução de mérito, o juiz decidirá de forma concisa. Quando o autor tiver formulado pedido certo, será vedado ao juiz proferir sentença ilíquida.

( ) Certo **( ) Errado**

(DEFENSOR PÚBLICO – DPE/ES – CESPE – 2009)

96. A sentença faz coisa julgada para as partes entre as quais é dada, podendo beneficiar ou prejudicar terceiros, à semelhança do que ocorre nas causas relativas ao estado das pessoas, em que a sentença produz coisa julgada em relação a terceiros, desde que tenham sido citados no processo, em litisconsórcio necessário.

( ) Certo **( ) Errado**

(DEFENSOR PÚBLICO SUBSTITUTO – DPE/MT – FCC – 2009)

97. Quanto à sentença:

a) em que pesem seus requisitos essenciais, o relatório poderá ser dispensado nos Juizados Especiais Cíveis;
b) não é necessária a fundamentação nos casos de extinção do processo sem julgamento do mérito;
c) é defensável possa o juiz proferi-la, a favor do autor, de natureza diversa da pedida, se não houver prejuízo ao réu;
d) a imposição de multa pelo juiz, na sentença, dependerá sempre de provocação da parte interessada;
e) uma vez publicada, exaure-se a jurisdição, não podendo o juiz alterá-la, salvo por meio de embargos declaratórios, exclusivamente.

(DEFENSOR PÚBLICO – DPE/CE – CESPE – 2008)

98. A sentença que, apesar de adstrita à causa deduzida em juízo, concede além do que foi pleiteado pelo autor, contém vício, o qual, contudo, não enseja a nulidade do julgado, mas tão só a retirada da parte que exceder ao pedido, por ocasião do julgamento do recurso. No entanto, quando se tratar de direito indisponível ou de consumidor, não se exige essa limitação, podendo o juiz decidir da forma que melhor proteger aqueles interesses.

( ) **Certo** ( ) **Errado**

(DEFENSOR PÚBLICO – DPE/CE – CESPE – 2008)

99. Nas ações civis públicas, a sentença fará coisa julgada *erga omnes*, estendendo-se seus efeitos, inclusive, para fora dos limites da competência territorial do órgão prolator, salvo se o pedido for julgado improcedente por insuficiência de provas.

( ) **Certo** ( ) **Errado**

(DEFENSOR PÚBLICO – DPE/CE – CESPE – 2008)

100. Com o trânsito em julgado da sentença que encerra a relação processual sem resolução do mérito, ocorre a coisa julgada formal, tornando imutável, indiscutível e com força de lei as questões decididas na sentença.

( ) **Certo** ( ) **Errado**

(ADVOGADO – IBRAM – CESPE – 2009)

101. Considere a seguinte situação hipotética. Pedro ajuizou ação, em face de João, objetivando a declaração de nulidade do negócio jurídico entre eles celebrado. A causa de pedir invocada é a preterição de solenidade que a lei considera essencial para a validade do ato. O pedido foi julgado improcedente e transitou em julgado. Meses depois, João ajuíza nova ação em face de Pedro objetivando a mesma declaração de nulidade. Dessa feita, alega que o objeto do negócio jurídico era impossível. Pedro argui, em contestação, a existência de coisa julgada material, decorrente da improcedência da primeira ação intentada.

Nessa situação, o juiz deve rejeitar a alegação de coisa julgada, uma vez que a causa de pedir da primeira ação é substancialmente diversa da segunda ação proposta.

( ) **Certo** ( ) **Errado**

(ADVOGADO – IBRAM – CESPE – 2009)

102. Na execução fundada em título executivo extrajudicial, caso o juiz receba os embargos do devedor no efeito suspensivo, não é lícito ao exequente requerer o prosseguimento da execução, oferecendo e prestando caução suficiente e idônea, uma vez que o CPC apenas autoriza a medida de contracautela quando se tratar de impugnação ao cumprimento de sentença.

( ) **Certo** ( ) **Errado**

(ADVOGADO – IBRAM – CESPE – 2009)

103. Muito embora, pela sistemática do CPC, o pedido deva ser certo e determinado, é assente no STJ o entendimento de ser possível a formulação de pedido genérico, quanto ao montante da indenização, em ação visando ao ressarcimento de danos morais, não se podendo falar em inépcia da petição inicial.

( ) **Certo** ( ) **Errado**

(ADVOGADO – IPAJM/ES – CESPE – 2010)

104. Se credor de determinado município der início à execução do seu título judicial transitado em julgado:

a) a execução do título judicial em face da fazenda pública terá procedimento diverso do previsto para a execução do título extrajudicial;
b) seguirá a execução relativamente à parte incontroversa, podendo, inclusive, ser expedido precatório quanto a essa parte, caso os embargos do município sejam parciais;
c) não serão aplicáveis as regras de liquidação de sentença, de forma que o credor deverá apresentar cálculo aritmético com a inicial;
d) o juiz não poderá rejeitar, liminarmente, os embargos opostos pelo município;
e) a sentença a ser proferida nos embargos opostos pelo município sujeitar-se-á ao reexame necessário.

(PROCURADOR DO ESTADO DE ALAGOAS – PGE/AL – CESPE – 2009)

105. Considere que, proferida sentença de mérito em determinado processo no qual as duas partes – locador e locatário – discutiam um pedido de despejo, o sublocatário, no prazo legal, interponha apelação invocando a sua posição de terceiro prejudicado. Em face dessas considerações e tendo em conta a disciplina dos recursos prevista no CPC, assinale a opção correta:

a) Considerando que o terceiro prejudicado não participou da relação jurídica processual da qual se originou a sentença, o seu prazo para interposição do recurso será contado do primeiro ato de execução da ordem de despejo.
b) A condição de terceiro prejudicado do apelante confere a este a possibilidade de, em sua peça recursal, alegar fato novo, independentemente da ocorrência, ou não, de motivo de força maior capaz de impedir que as partes originais do processo o tivessem feito antes da sentença.
c) Dispensa-se o preparo da apelação por parte do terceiro prejudicado, impondo-se o posterior recolhimento à parte em favor de quem o recurso interposto favoreça, sendo este uma condição para o exame do recurso.
d) Quando trata da possibilidade da interposição de recurso pelo terceiro prejudicado, a lei processual amplia a noção do interesse necessário à configuração dessa posição processual, de modo a abranger até mesmo o interesse simplesmente moral no resultado do processo.
e) Do mesmo modo que as partes do processo, o terceiro prejudicado somente poderá invocar direito superveniente ou matéria sobre a qual o juiz deva se pronunciar de ofício, sendo vedado invocar o chamado *ius novorum*.

(PROCURADOR DO ESTADO SUBSTITUTO – PGE/PI – CESPE – 2008)

106. Acerca da sentença e da coisa julgada, assinale a opção correta:

a) Os motivos de fato e de direito contidos na sentença, e a verdade desses fatos – estabelecida como motivo ou fundamentação na qual o juiz decide o pedido, proferindo um comando que deve ser obedecido pelos litigantes – tornam-se indiscutíveis e fazem coisa julgada material.
b) A sentença proferida por juiz absolutamente incompetente, uma vez transitada em julgado e transcorrido o prazo para a rescisória, é válida e eficaz para todos os efeitos.

c) O julgamento será *extra petita* quando o juiz deixar de examinar pretensões expressamente formuladas ou quando examinar causa de pedir diversa daquela deduzida na inicial. Tal vício pode ser corrigido pelo tribunal *ad quem*, desde que faça a devida adequação da sentença ao pedido do autor.

d) A sentença que cria, modifica ou extingue um estado ou relação jurídica produz efeitos retroativos à época em que se formou a relação jurídica reconhecida naquela decisão ou em que se modificou ou extinguiu a situação jurídica declarada.

e) Proferida a sentença de mérito, o juiz fica impedido de praticar qualquer ato decisório no processo. No entanto, essa proibição não atinge as sentenças terminativas, em virtude da inexistência da autoridade da coisa julgada material.

11.10 Dos Recursos

(PROCURADOR – ASSEMBLEIA LEGISLATIVA SP – FCC – 2010)

107. O embargos do devedor serão oferecidos no prazo:

a) de 10 dias, contados da juntada aos autos do mandado de citação;
b) de 10 dias, contados da efetivação da penhora, depósito ou caução;
c) de 15 dias, contados da efetivação da penhora, depósito ou caução;
d) de 15 dias, contados da juntada aos autos do mandado de citação;
e) em dobro do previsto em lei, quando forem vários os executados e tiverem procuradores diferentes nos autos.

(ADVOGADO – CETESB – VUNESP – 2009)

108. Sobre os recursos, é correto afirmar que:

a) o recurso adesivo será admissível no agravo de instrumento, nos embargos de declaração, no recurso especial e no recurso extraordinário;
b) as questões de fato, não propostas no juízo inferior, não poderão ser suscitadas na apelação.
c) o agravo retido depende de preparo;
d) cabem embargos infringentes quando o acórdão não unânime houver reformado, em grau de apelação, a sentença de mérito, ou houver julgado procedente a ação rescisória;
e) serão julgadas em recurso ordinário, pelo Supremo Tribunal Federal, as causas em que forem partes, de um lado, Estado estrangeiro ou organismo internacional e, de outro, Município ou pessoa residente ou domiciliada no País.

(ADVOGADO – DETRAN/ES – CESPE – 2010)

109. É definitiva a execução de título extrajudicial, ainda que pendente apelação contra sentença que julgue improcedentes os embargos.

( ) **Certo** ( ) **Errado**

(ADVOGADO – DETRAN/ES – CESPE – 2010)

110. Considere que a associação dos servidores do DETRAN/ES pretenda impetrar mandado de segurança contra ato da autoridade responsável, que suprimiu determinada gratificação do contracheque de parte de seus associados. Nesse caso, segundo a jurisprudência do STF, como a pretensão interessa apenas a uma parte da categoria, a associação em questão não tem legitimidade para impetrar a ação mandamental.

( ) **Certo** ( ) **Errado**

(ADVOGADO – DETRAN/ES – CESPE – 2010)

111. É inadmissível o recurso especial interposto antes da publicação do acórdão dos embargos de declaração, sem posterior ratificação.

( ) **Certo** ( ) **Errado**

(ADVOGADO – DETRAN/ES – CESPE – 2010)

112. Cabem embargos infringentes quando o acórdão unânime houver reformado, em grau de apelação, a sentença de mérito, ou houver julgado improcedente ação rescisória.

( ) **Certo** ( ) **Errado**

(ADVOGADO – DETRAN/ES – CESPE – 2010)

113. Equiparam-se às autoridades, para os efeitos de mandado de segurança, os representantes ou órgãos de partidos políticos e os administradores de entidades autárquicas, bem como os dirigentes de pessoas jurídicas ou as pessoas naturais no exercício de atribuições do poder público, somente no que disser respeito a essas atribuições.

( ) **Certo** ( ) **Errado**

(DEFENSOR PÚBLICO – DPE/AL – CESPE – 2009)

114. A lei enumera taxativamente os recursos admissíveis no processo civil e prevê um tipo de recurso para cada tipo de decisão, sendo uma característica comum a estes a capacidade de ensejarem reforma, invalidação, esclarecimento ou integração da decisão judicial impugnada. Contudo, mesmo que se constate ser possível que um simples pedido de reconsideração enseje a reforma de uma decisão também passível de agravo, essa possibilidade não representa quebra dos princípios da taxatividade e da singularidade dos recursos.

( ) **Certo** ( ) **Errado**

(DEFENSOR PÚBLICO – DPE/ES – CESPE – 2009)

115. O juiz receberá o recurso de apelação quando a sentença estiver em conformidade com súmula do STJ ou do STF, cabendo ao 1º vice-presidente do tribunal de origem realizar o juízo de admissibilidade.

( ) **Certo** ( ) **Errado**

(DEFENSOR PÚBLICO SUBSTITUTO – DPE/MT – FCC – 2009)

116. O recurso adesivo:

a) subsiste mesmo se houver desistência do recurso principal;
b) será admissível na apelação, no agravo de instrumento, nos embargos infringentes, no recurso especial e no recurso extraordinário;
c) por aderir ao recurso principal não está sujeito a preparo;
d) possui condições de admissibilidade próprias em relação ao recurso independente;
e) não será conhecido se, em relação ao recurso principal, houver desistência ou for ele declarado inadmissível ou deserto.

(DEFENSOR PÚBLICO – DPE/CE – CESPE – 2008)

117. Se, em uma mesma decisão, houver julgamento por maioria de votos e julgamento unânime e se não forem interpostos embargos infringentes, o prazo para a apresentação dos recursos especial e extraordinário relativos à parte unânime da decisão conta-se a partir do trânsito em julgado do acórdão que poderia ser impugnado por embargos infringentes.

( ) **Certo** ( ) **Errado**

(DEFENSOR PÚBLICO – DPE/CE – CESPE – 2008)

118. Havendo sucumbência recíproca e interposto recurso independente, poderá o Ministério Público, terceiro prejudicado ou interveniente no processo, interpor recurso adesivo. Esse recurso é subordinado ao recurso principal, salvo quanto à admissibilidade. Não sendo conhecido o principal, o tribunal deverá dar provimento ao adesivo, para reformar em parte a decisão impugnada.

( ) **Certo** ( ) **Errado**

(DEFENSOR PÚBLICO – DPE/CE – CESPE – 2008)

119. Indeferida a petição inicial, por não ter sido emendada pelo autor, o recurso apropriado contra a decisão será a apelação, cujo processamento se dará independentemente de citação do réu, e com possibilidade de juízo de retratação.

( ) **Certo** ( ) **Errado**

(ADVOGADO – IPAJM/ES – CESPE – 2010)

120. No que diz respeito aos recursos cíveis, assinale a opção correta:
   a) Segundo o STJ, a fazenda pública tem prazo em dobro para apresentar as contrarrazões.
   b) Se não for citado, o litisconsorte necessário não terá legitimidade para recorrer.
   c) O STJ entendeu que o agravo de instrumento interposto via fac-símile não precisa estar acompanhado das peças obrigatórias, que acompanharão o original.
   d) Caso caibam, os embargos infringentes do acórdão devem ser interpostos em conjunto com os recursos especial e extraordinário.
   e) Não é possível que a parte renuncie ao direito de recorrer e se reserve o direito de interpor recurso adesivo.

(ADVOGADO – IPAJM/ES – CESPE – 2010)

121. A respeito do pedido de suspensão de segurança, assinale a opção correta:
   a) Não caberá para suspender sentença que concede a segurança.
   b) Ao contrário do agravo, a suspensão de segurança deve ser apreciada pelo juiz que concedeu liminarmente a segurança.
   c) A suspensão pode ser concedida de ofício quando a segurança puder causar lesão grave à ordem pública.
   d) Não se admite recurso especial de decisão proferida em julgamento de pedido de suspensão de segurança.
   e) O ajuizamento do pedido de suspensão segue o mesmo prazo estabelecido para interposição do recurso de apelação.

(PROCURADOR DO ESTADO DE ALAGOAS – PGE/AL – CESPE – 2009)

122. Proferida sentença que julgou improcedente o pedido de nomeação realizado por candidatos aprovados em determinado concurso público sob o argumento de que não foi obedecida condição constante de decreto legislativo, alguns dos sucumbentes, passado o prazo para recurso, ajuizaram ação rescisória, alegando que houve violação à disposição literal de lei.

( ) **Certo** ( ) **Errado**

Com referência à situação hipotética acima descrita e tomando em consideração a disciplina dos recursos no CPC, assinale a opção correta:

   a) A ação rescisória não deverá ser admitida se a violação apontada tiver sido de texto do decreto legislativo, já que a palavra "lei" deve ser entendida como estrita violação à lei ordinária, não incluídas as demais espécies normativas.

b) Decorre do texto legal que a parte autora deverá indicar expressamente qual o dispositivo violado, apontando o número do artigo ou parágrafo, ainda que seja possível deduzir qual seja ante o conteúdo da fundamentação.
c) Demonstrada a violação literal à disposição de lei, não é necessário que a parte autora comprove que houve abordagem do tema na decisão cuja rescisão é requerida, porque não se exige prequestionamento como pressuposto da rescisória.
d) Ajuizada a ação rescisória com fundamento na violação de literal disposição de lei, a parte autora poderá tornar a discutir os fatos alegados na primeira instância, de maneira que o órgão julgador da rescisória possa reexaminá-los.
e) Ainda que a interpretação da lei cuja violação ampara a rescisória seja controvertida nos tribunais, será admitida a ação, pois o Poder Judiciário não poderá se negar a resolver uma questão jurídica regularmente proposta.

(PROCURADOR DO ESTADO DE 1ª CATEGORIA – PGE/ES – CESPE – 2008)

123. Todos os meios de impugnação de decisões judiciais são voluntários, internos à relação processual em que se forma o ato judicial atacado e objetivam a anulação, a reforma ou o aprimoramento do ato recorrido.

( ) **Certo** ( ) **Errado**

(PROCURADOR DO ESTADO DE 1ª CATEGORIA – PGE/ES – CESPE – 2008)

124. No recurso especial, não é possível o novo exame da prova da causa, ou seja, a formação de nova convicção sobre os fatos, pois tal recurso tem âmbito restrito, permitindo apenas o reexame da solução que pode ter violado a lei federal.

( ) **Certo** ( ) **Errado**

(PROCURADOR DO ESTADO DE 1ª CATEGORIA – PGE/ES – CESPE – 2008)

125. Contra decisão que indefere uma petição inicial é cabível recurso de apelação, cujo processamento se dá independentemente de citação do réu e com possibilidade de retratação do decidido pelo juiz sentenciante.

( ) **Certo** ( ) **Errado**

(PROCURADOR DO ESTADO DE 1ª CATEGORIA – PGE/ES – CESPE – 2008)

126. Se for suscitado incidente de arguição de inconstitucionalidade de lei ou ato normativo federal, e sendo ele julgado procedente, pelo pleno ou pelo órgão especial do respectivo tribunal, com a respectiva declaração de inconstitucionalidade, contra essa decisão é cabível interposição de recurso extraordinário no STF.

( ) **Certo** ( ) **Errado**

(PROCURADOR DO ESTADO SUBSTITUTO – PGE/PI – CESPE – 2008)

127. Quanto aos meios de impugnação das decisões judiciais, assinale a opção correta:

a) Os embargos de declaração não se caracterizam como um recurso de fundamentação vinculada, podendo-se neles exigir a manifestação do julgador sobre todos os argumentos trazidos pela parte, bem como as razões de seu convencimento, salvo quando se destinarem ao prequestionamento.
b) É cabível o recurso especial na forma retida contra acórdão que julga improcedente agravo interposto contra a decisão que concedeu a antecipação de tutela em ação civil pública. No entanto, é admissível o ajuizamento de ação cautelar diretamente no STJ, com o objetivo de destrancar o recurso, requerendo a sua remessa imediata ao destinatário.
c) Se o recorrente pede apenas a anulação da decisão que é caso de reforma, o órgão jurisdicional *ad quem* poderá reformá-la, ainda que a matéria discutida no recurso seja de fato e de

direito, pois, no âmbito recursal, os pedidos não são interpretados restritivamente, permitindo-se assim uma interpretação extensiva ou ampliativa ao que foi pedido pelo recorrente.

d) No julgamento de um recurso interposto por ambas as partes de um processo, o tribunal não poderá piorar a condição de qualquer um dos recorrentes, trazendo para eles, por exemplo, uma situação mais prejudicial do que aquela existente antes da interposição do recurso.

e) No caso de ser interposto agravo de instrumento, o recorrente deverá comunicar o fato ao juízo prolator da decisão impugnada e requerer a juntada de cópia da petição do agravo aos autos do processo de origem, sob pena de o relator, de ofício, não conhecer do recurso.

(ADVOGADO – SENADO FEDERAL – FGV – 2008)

128. Havendo processo que está em fase recursal (apelação) pretende a parte apelante distribuir demanda que reputa conexa, por dependência, antes da subida dos autos ao tribunal. No caso a pretensão:

a) é possível, desde que a segunda demanda guarde efetiva identidade com a primeira;
b) necessita que o recurso não tenha sido encaminhado à Câmara;
c) é permitida desde que exista identidade de causa de pedir entre as ações;
d) é inviável, em função de já ter sido produzida a prova na ação que foi julgada;
e) é incabível, por não haver conexão em processos que estejam em instâncias distintas.

11.11 Do Processo de Execução

(DEFENSOR PÚBLICO – DPE/AL – CESPE – 2009)

129. A Lei nº 11.382/2006, ao modificar neste particular o CPC, conferiu à adjudicação a condição de meio preferencial de satisfação do crédito executado. Contudo, diante do silêncio do executado e de todos os demais legitimados a requerê-la, e com a publicação dos editais da hasta pública para alienação dos bens, torna-se inviável o requerimento de adjudicação dos bens.

( ) **Certo** ( ) **Errado**

(DEFENSOR PÚBLICO – DPE/AL – CESPE – 2009)

130. A possibilidade de ser requerido ao presidente do tribunal competente o sequestro de importância suficiente ao pagamento do precatório preterido na ordem cronológica não importa exceção ao entendimento de que a atividade dessa autoridade nesse particular – exame dos aspectos formais do precatório e controle de seu pagamento – é administrativa, não jurisdicional.

( ) **Certo** ( ) **Errado**

(DEFENSOR PÚBLICO – DPE/AL – CESPE – 2009)

131. No cumprimento de sentença homologatória de transação entre as partes, considerando as peculiaridades desse título, o executado poderá se servir da impugnação para buscar a anulação da sentença, caso entenda presente um dos vícios de vontade que justifique tal iniciativa.

( ) **Certo** ( ) **Errado**

(DEFENSOR PÚBLICO – DPE/CE – CESPE – 2008)

132. Para configurar-se a fraude à execução é necessário que a execução já tenha sido ajuizada e que haja a citação do devedor. Os atos praticados em fraude à execução são anuláveis, cabendo ao credor requerer a anulação desses atos ao juízo da execução.

( ) **Certo** ( ) **Errado**

(DEFENSOR PÚBLICO – DPE/CE – CESPE – 2008)

133. Na execução por quantia certa, deve o credor instruir a petição inicial com a planilha demonstrativa do valor devido e os critérios utilizados na elaboração do cálculo.

( ) **Certo** ( ) **Errado**

(DEFENSOR PÚBLICO – DPE/CE – CESPE – 2008)

134. Na execução de alimentos por meio coercitivo, para afastar o decreto de prisão civil do devedor de alimentos, exige-se o pagamento das três últimas parcelas anteriores à citação do executado.

( ) **Certo** ( ) **Errado**

(PROCURADOR DO ESTADO DE ALAGOAS – PGE/AL – CESPE – 2009)

135. Assinale a opção correta quanto à penhora de bens na execução do título executivo:

a) Diante da necessidade de processar a execução pelo modo menos gravoso ao executado, é possível ao juiz determinar que se proceda preferencialmente à penhora de veículos em lugar da penhora de dinheiro depositado em instituição financeira, já que isso preservaria o poder de compra do devedor.
b) A penhora tem como um de seus efeitos tornar ineficaz a alienação do bem penhorado, de modo que este continuará vinculado à dívida garantida, desde que o exequente comprove a existência de conluio entre o executado e o comprador.
c) Diante da constatação de que os bens passíveis de penhora sequer serão capazes de produzir valor suficiente ao pagamento das custas do processo, o oficial não deverá realizar o ato, limitando-se a certificar essa situação, independentemente da descrição dos bens localizados.
d) Sendo penhorado o imóvel cuja acessão ainda se encontra em fase de construção, os materiais que seriam empregados para o encerramento da obra também poderão ser objeto de penhora.
e) Um casal que tenha dois imóveis em seu patrimônio só terá aquele em que não reside penhorado se o outro cônjuge não for alheio à execução, ou seja, se a dívida do executado tiver sido contraída por ambos em benefício do outro.

(PROCURADOR DO ESTADO DE 1ª CATEGORIA – PGE/ES – CESPE – 2008)

136. Em execuções movidas contra a fazenda pública, ainda que não embargadas, são devidos honorários advocatícios ao exequente, salvo quando se tratar de obrigação de dar coisa certa, por não se submeter ao regime do precatório.

( ) **Certo** ( ) **Errado**

(PROCURADOR DO ESTADO DE 1ª CATEGORIA – PGE/ES – CESPE – 2008)

137. Uma sentença que rejeita embargos à execução, seja ela fundada em título judicial ou extrajudicial oposto pela fazenda pública, não está sujeita ao reexame necessário.

( ) **Certo** ( ) **Errado**

(PROCURADOR DO ESTADO DE 1ª CATEGORIA – PGE/ES – CESPE – 2008)

138. Em sede de execução de sentença judicial contra a fazenda pública, decorrente de crédito de natureza alimentar, se a obrigação não for cumprida espontaneamente, o credor deverá requerer o seu cumprimento na própria relação processual em que esta foi determinada, requerendo, ainda, que o juiz determine o sequestro e o bloqueio da quantia necessária para satisfazer a dívida.

( ) **Certo** ( ) **Errado**

(PROCURADOR DO ESTADO DE 1ª CATEGORIA – PGE/ES – CESPE – 2008)

139. A contagem do prazo para os embargos do devedor, em qualquer modalidade de execução de título extrajudicial, inicia-se com a citação do executado. O termo inicial é determinado pela juntada aos autos do mandado com que se cumpriu a citação.

( ) **Certo** ( ) **Errado**

(PROCURADOR DO ESTADO DE 1ª CATEGORIA – PGE/ES – CESPE – 2008)

140. No processo de execução, quando a citação ocorrer por meio de carta precatória, conta-se o prazo para o oferecimento dos embargos a partir da juntada da carta precatória aos autos.

( ) **Certo** ( ) **Errado**

(PROCURADOR DO ESTADO DE 1ª CATEGORIA – PGE/ES – CESPE – 2008)

141. Quando, no processo de execução, a penhora, a avaliação ou a alienação de bens forem feitas por meio de carta precatória, os embargos poderão ser oferecidos tanto no juízo deprecante quanto no juízo deprecado; e a competência para processar e julgar os embargos é distribuída segundo a origem do ato impugnado. Assim, o juízo deprecado é competente para julgar os embargos que tratem de impugnação da penhora, avaliação ou alienação de bens.

( ) **Certo** ( ) **Errado**

(PROCURADOR DO ESTADO SUBSTITUTO – PGE/PI – CESPE – 2008)

142. Quanto ao processo de execução, assinale a opção correta:

a) As execuções contra a fazenda pública, nelas incluídas as execuções contra as empresas públicas, autarquias e empresas de economia mista, processa-se mediante precatório. Nessa ação, a defesa se faz por meio de embargos, que, apesar de constituírem ação incidental desconstitutiva, com motivação restrita, suspende a execução até a solução definitiva da causa.
b) Nas ações de execução movidas contra a fazenda pública, não são devidos honorários advocatícios, por se tratar de ação necessária, e a executada não pode solver a obrigação de modo espontâneo, exceto em se tratando de obrigação de fazer.
c) Não tendo o devedor bens no foro da execução, a penhora será feita por carta precatória e os embargos poderão ser oferecidos no juízo deprecado, mas a competência para julgá-los é exclusiva do juízo deprecante.
d) Nas execuções propostas contra a fazenda pública, o prazo para o oferecimento dos embargos é de vinte dias. Opostos os embargos, suspende-se a execução até a definitiva solução da questão posta em juízo.
e) Na execução por título extrajudicial, o oferecimento dos embargos à execução não exige a prévia segurança do juízo. Porém, o executado só poderá pleitear a atribuição de efeito suspensivo aos embargos, quando o juízo estiver garantido por penhora, depósito ou caução suficiente.

(PROCURADOR – PMS/SAAE – VUNESP – 2010)

143. Na execução por quantia certa, contra devedor solvente, assinale a alternativa correta:

a) O executado será citado para, no prazo de 24 horas, pagar a dívida ou nomear bens à penhora.
b) O executado será citado para, no prazo de cinco dias, efetuar o pagamento da dívida objeto da ação.
c) Não será possível a penhora sobre percentual do faturamento de empresa, a não ser com expressa autorização dos sócios.
d) Tratando-se de penhora em bem indivisível, a meação do cônjuge alheio à execução recairá sobre o produto da alienação do bem.

e) A faculdade de indicar bens à penhora é do devedor, sendo que o credor somente poderá fazê-lo, na falta dessa indicação.

11.12 Da Tutela Antecipada e da Tutela Cautelar

(PROCURADOR – ASSEMBLEIA LEGISLATIVA SP – FCC – 2010)

144. O julgamento antecipado da lide:

a) não pode ocorrer se a prova documental for suficiente para formar o convencimento do julgador;
b) depende de prévia designação de audiência de tentativa de conciliação;
c) só pode ter lugar após o saneamento do processo;
d) prescinde de prévio requerimento das partes nesse sentido;
e) só pode ocorrer após a apresentação de memoriais pelas partes.

(PROCURADOR – ASSEMBLEIA LEGISLATIVA SP – FCC – 2010)

145. A respeito do processo cautelar, é correto afirmar:

a) As medidas cautelares serão requeridas ao juiz da causa, não podendo ser formuladas, interposto o recurso, diretamente ao tribunal.
b) É agravável a decisão que, em processo cautelar, denega, suspende ou concede medida liminar provisória.
c) A justificação, o protesto e a interpelação admitem contestação.
d) As medidas cautelares não podem ser revogadas ou modificadas no curso do processo principal.
e) O juiz não pode acolher alegação de decadência ou de prescrição do direito do autor.

(DEFENSOR PÚBLICO – DPE/AL – CESPE – 2009)

146. Ajuizada ação na qual pretende o autor obter pronunciamento judicial que produza os efeitos do contrato não concluído pelo réu, será necessário que este mesmo autor cumule com o pedido principal um pedido subsidiário de cumprimento da obrigação derivada da conclusão do contrato, pois a tutela específica da obrigação de prestar declaração de vontade não abrange as demais obrigações derivadas dessa declaração independentemente de pedido.

( ) Certo ( ) Errado

(DEFENSOR PÚBLICO – DPE/AL – CESPE – 2009)

147. A nota mais essencial da antecipação da tutela na forma como está prevista pelo CPC é a cognição sumária, ou seja, o conhecimento ainda rarefeito da situação trazida pelas partes, de modo que não existe entre as hipóteses legais previstas no mencionado diploma exemplo de antecipação da tutela fundada em cognição exauriente.

( ) Certo ( ) Errado

(DEFENSOR PÚBLICO SUBSTITUTO – DPE/MT – FCC – 2009)

148. Pode-se conceder a tutela antecipada quando:

a) ocorrerem indícios do direito do autor;
b) se procure assegurar o resultado prático do processo;
c) for hipótese de julgamento antecipado;
d) existam verossimilhança da alegação e prova inequívoca em favor do autor;
e) o juiz, de ofício, verificar abuso de direito de defesa do réu.

(DEFENSOR PÚBLICO – DPE/CE – CESPE – 2008)

149. A legitimidade para requerer a antecipação total ou parcial dos efeitos da tutela pretendida no pedido inicial abrange também as hipóteses de reconvenção e de pedido formulado em ação dúplice.

( ) **Certo** ( ) **Errado**

(DEFENSOR PÚBLICO – DPE/CE – CESPE – 2008)

150. Admite-se a fungibilidade das medidas urgentes, antecipatórias e cautelares, desde que presentes os respectivos pressupostos legais, visto que as primeiras exigem verossimilhança construída sobre prova inequívoca, enquanto, para as últimas, é suficiente a aparência do direito alegado.

( ) **Certo** ( ) **Errado**

(DEFENSOR PÚBLICO – DPE/CE – CESPE – 2008)

151. O arresto é uma medida cautelar concedida liminarmente no processo de execução, objetivando assegurar futura penhora de bens imóveis do devedor, garantindo, assim, a satisfação do crédito executado.

( ) **Certo** ( ) **Errado**

(DEFENSOR PÚBLICO – DPE/CE – CESPE – 2008)

152. No processo de justificação, não é admissível defesa nem recurso e, na sentença, o juiz não se pronunciará sobre o mérito da prova. O objetivo específico da justificação é a coleta de prova testemunhal a respeito de fatos que o requerente indica na petição inicial.

( ) **Certo** ( ) **Errado**

(PROCURADOR DO ESTADO DE ALAGOAS – PGE/AL – CESPE – 2009)

153. Paulo ajuizou ação cautelar de sequestro, alegando que se encontra em vias de se separar de sua esposa e que ela está dilapidando os bens do casal, já que teria anunciado a venda de um veículo e de uma geladeira comprados na constância do casamento. Encerrada a instrução do processo, o juiz prolatou sentença na qual julgou improcedente o pedido de sequestro sob o fundamento de que o simples anúncio de venda dos bens não era prova suficiente da dilapidação.

Com base nesse situação hipotética e tomando em consideração a disciplina das cautelares, assinale a opção correta:

a) A sentença que decide o pedido de medida cautelar não faz coisa julgada, de modo que poderá ser proposta outra ação com o mesmo fundamento se a parte autora mantiver seu interesse na providência.
b) Se a sentença prolatada em ação cautelar de sequestro abordar tema atinente à própria existência do bem ou direito cuja proteção foi requerida, será vedado às partes voltar a discutir em ação de natureza diversa a mesma matéria.
c) O indeferimento da medida cautelar pleiteada não impede a propositura de nova cautelar para assegurar direitos sobre os mesmos bens, desde que sejam manejados novos fundamentos em amparo da pretensão.
d) Em nenhuma hipótese o julgamento da ação cautelar de sequestro seria suficiente para impedir que o autor intentasse outra ação na qual discutisse seu direito a parte dos bens adquiridos pelo casal.
e) Ainda que a medida cautelar requerida tenha sido indeferida por sentença que julgou o mérito do pedido, é necessário que o autor ajuíze a ação principal em 30 dias a contar do trânsito em julgado da primeira sentença, pois a cautelar em questão é típica preparatória.

(PROCURADOR DO ESTADO DE ALAGOAS – PGE/AL – CESPE – 2009)

154. Uma paciente precisa de internação hospitalar em unidade de terapia intensiva. Contudo, a rede pública não dispõe no momento de leitos disponíveis para essa necessidade, fato que ensejou o ajuizamento de ação na qual a internação em unidade da rede particular às expensas da administração pública é requerida como antecipação dos efeitos da tutela jurisdicional.

Acerca da hipótese acima narrada, assinale a opção correta frente à disciplina da antecipação da tutela jurisdicional prevista no CPC.

a) Considerando ocorrer na hipótese a chamada irreversibilidade recíproca, será possível o deferimento da medida, já que, ponderados os interesses em conflito, a preservação da vida se mostra mais relevante.
b) A lei veda a concessão da medida quando houver perigo de irreversibilidade do provimento, sem fazer qualquer exceção à regra, de modo que o indeferimento será a única via possível.
c) A providência requerida como antecipação de tutela tem cunho cautelar, na medida em que garante a efetividade do processo em que se discute a obrigação da administração pública, sendo, por isto, inviável seu deferimento.
d) Por ser a providência requerida de cunho irreversível e satisfativo, será vedado seu exame sem a oitiva prévia da parte ré, e sua eventual concessão encerrará o processo, já que esgota o objeto do pedido.
e) Havendo irreversibilidade do provimento antecipado, só será possível o deferimento da medida na hipótese descrita se ficar caracterizado o abuso do direito de defesa ou o manifesto propósito protelatório do réu.

(PROCURADOR DO ESTADO DE 1ª CATEGORIA – PGE/ES – CESPE – 2008)

155. Caso o juiz julgue uma ação cautelar e uma principal na mesma sentença, e caso seja interposta apelação única que impugne a sentença relativamente a ambas as ações, esta apelação deve ser recebida com efeitos distintos. Quanto à cautelar, o apelo deve ser recebido no efeito devolutivo. Quanto à parte que impugnar a ação principal, nos efeitos legais, o apelo pode ser suspensivo e devolutivo ou apenas devolutivo.

( ) **Certo** ( ) **Errado**

(PROCURADOR DO ESTADO DE 1ª CATEGORIA – PGE/ES – CESPE – 2008)

156. A cessação de eficácia de medida liminar acarreta extinção do direito de propor uma ação principal, pois a decadência de medida cautelar implica perda da pretensão material a ser deduzida na ação principal.

( ) **Certo** ( ) **Errado**

(PROCURADOR DO ESTADO DE 1ª CATEGORIA – PGE/ES – CESPE – 2008)

157. O processo cautelar preparatório visa assegurar a eficácia e a utilidade de futura prestação jurisdicional satisfativa perseguida no processo principal. São requisitos obrigatórios da petição inicial da medida cautelar preparatória: indicação da ação principal a ser proposta e o seu fundamento.

( ) **Certo** ( ) **Errado**

(PROCURADOR DO ESTADO SUBSTITUTO – PGE/PI – CESPE – 2008)

158. Quanto à antecipação da tutela, assinale a opção correta:

a) A efetivação da tutela antecipada se faz por sub-rogação e processa-se de forma definitiva, por ser fundada em decisão que antecipou os efeitos da tutela pretendida no pedido inicial, em virtude de prova inequívoca da veracidade das alegações do autor.
b) O interessado, ao requerer a tutela antecipatória, deve instruir a petição inicial com prova pré-constituída e inequívoca do direito alegado, ou seja, prova documental ou pericial antecipadamente realizadas, não se admitindo para esse fim a realização de provas orais, tais como o depoimento pessoal e de testemunhas.
c) A tutela antecipada dos efeitos da sentença de mérito destina-se a assegurar, total ou parcialmente, a viabilidade da realização do direito material alegado pelo autor, de forma provisória.
d) Quando restar caracterizado o abuso do direito de defesa ou o manifesto propósito protelatório do réu, a tutela antecipada pode ser concedida, desde que exista prova inequívoca da verossimilhança da alegação.
e) A tutela antecipada pode ser concedida antes de o réu ser ouvido. No entanto, é inadmissível a sua concessão depois de encerrada a fase probatória, já que se abre, a partir daí, a fase para prolação da sentença, devendo o juiz pronunciar-se definitivamente sobre a lide.

(PROCURADOR DO ESTADO SUBSTITUTO – PGE/PI – CESPE – 2008)

159. A respeito do processo cautelar, assinale a opção correta:
a) O indeferimento de medida cautelar não impede que o autor ajuíze a ação principal – mesmo quando tenha sido acolhida naquela a alegação de prescrição ou decadência – nem influi em seu julgamento, pois, conquanto dependentes no plano da existência, guardam autonomia no que vier a ser decidido acerca do mérito de ambas as demandas.
b) A tutela cautelar deve ser objeto de processo distinto, não sendo permitida a introdução de pedidos cautelares em processos que tenham outro objeto. Por isso, não se pode postular medidas cautelares nos próprios autos da execução ou de procedimentos ordinário ou sumário.
c) O requerente da execução da medida cautelar, se a sentença lhe for desfavorável no processo principal, responde objetivamente pelos prejuízos que a medida causar ao réu. Nesse caso, a indenização será a mais ampla possível e será liquidada nos autos do procedimento cautelar.
d) Concedida a liminar na ação cautelar preparatória, a parte deve propor a ação principal em até trinta dias, contados da juntada aos autos do mandado de citação devidamente cumprido, sob pena de extinção do processo por perda da eficácia da liminar concedida.
e) O arresto é medida cautelar que garante a execução para entrega de coisa certa. O arresto assegura, também, a viabilidade da futura penhora e consiste no desapossamento judicial de determinado bem, com o objetivo de preservá-lo de danos, de depreciação ou de deterioração por parte do devedor.

(PROCURADOR – PMS/SAAE – VUNESP – 2010)

160. Quanto ao julgamento antecipado da lide, assinale a alternativa correta:
a) O juiz conhecerá diretamente do pedido, proferindo despacho, sujeito a recurso com efeito suspensivo.
b) Mesmo que as partes tenham concordado com o julgamento antecipado, o juiz pode determinar provas de ofício.
c) A parte que concordou com o julgamento antecipado, pode alegar cerceamento de defesa, se a sentença foi assim proferida.
d) O julgamento antecipado somente pode ocorrer se as partes concordarem com o fim da instrução.
e) Mesmo com a revelia, não pode haver julgamento antecipado, sob pena de cerceamento de defesa.

11.13 Dos Procedimentos Especiais

(ADVOGADO – BADESC/SC – FGV – 2010)

161. Mévio é empregado em empresa do ramo industrial, sob regime de trabalho regido pela Consolidação das Leis Trabalhistas, havendo depósito regular do FGTS (Fundo de Garantia por Tempo de Serviço).

Acometido de doença profissional, regularmente atestada por médico vinculado ao INSS (Instituto Nacional do Seguro Social), procura agência bancária, responsável pela administração do FGTS. Nesse momento é surpreendido pela notícia de que o Superintendente do estabelecimento financeiro havia determinado que, nos casos de doença profissional, com aposentadoria por invalidez, deveria, além do atestado médico oficial, ser realizada perícia por médicos do quadro da instituição financeira.

Aduzindo ser tal ato ilegal, Mévio consulta advogado que impetra Mandado de Segurança contra o ato do Superintendente da instituição financeira, que é sociedade de economia mista. A liminar não restou deferida, havendo recurso interposto, ocorrendo a notificação da autoridade coatora, para as devidas informações. No bojo das informações o Superintendente aduz que não pode ser considerado autoridade coatora e os atos praticados são de administração de pessoa jurídica não afeta ao controle do Poder Judiciário. O autor requer prova pericial suplementar.

Diante do exposto, é correto afirmar que:

a) o mandado de segurança permite a produção de todas as provas admitidas em Direito;
b) a decisão que defere ou indefere medida liminar, em mandado de segurança, é irrecorrível;
c) os atos de sociedade de economia mista estão infensos ao controle por mandado de segurança;
d) as informações não prestadas, no prazo legal, caracterizam os efeitos da revelia;
e) o mandado de segurança somente admite prova documental.

(ADVOGADO – BADESC/SC – FGV – 2010)

162. O Governador do Estado de Santa Catarina promoveu Ação Direta de Inconstitucionalidade contra lei do Município de Blumenau, distribuída a Ministro do Supremo Tribunal Federal que, por decisão monocrática, indeferiu a petição inicial, tendo em vista que o controle por tal via não seria possível. Inconformado com a decisão apresentou recurso contra o ato monocrático, tendo a decisão do Ministro Relator sido apresentada em plenário e ratificada, à unanimidade.

Diante dessas circunstâncias, analise as afirmativas a seguir.

I – O controle de constitucionalidade de lei municipal, por confronto com a Constituição Federal somente ocorre via incidental.

II – O Relator da ação direta de inconstitucionalidade pode indeferir a petição inicial, como descrito no enunciado.

III – A decisão monocrática do Relator é atacável por agravo de instrumento.

Assinale:

a) se somente as afirmativas I e II forem verdadeiras;
b) se somente as afirmativas I e III forem verdadeiras;
c) se somente as afirmativas II e III forem verdadeiras;
d) se somente a afirmativa III for verdadeira;
e) se somente a afirmativa II for verdadeira.

(PROCURADOR – ASSEMBLEIA LEGISLATIVA SP – FCC – 2010)

163. Na ação popular:

a) o prazo para contestação é de 15 dias, contados da entrega em cartório do mandado cumprido ou do decurso do prazo assinado em edital;
b) é dispensável a intimação do Ministério Público, salvo se versar sobre interesses de menores ou incapazes;
c) não cabe julgamento antecipado da lide;
d) as perdas e danos a que forem condenados os responsáveis pelo ato impugnado serão corrigidas monetariamente a partir da sentença;
e) fica o autor, no caso de improcedência da ação, salvo comprovada má-fé, isento de custas judiciais e do ônus da sucumbência.

(PROCURADOR – ASSEMBLEIA LEGISLATIVA SP – FCC – 2010)

164. Na ação civil pública:

a) considera-se legitimada para a sua propositura a associação que esteja constituída há mais de 180 dias;
b) são devidos, em caso de improcedência, honorários advocatícios pela associação autora, independentemente de prova de má-fé;
c) o Ministério Público, se não intervier no processo como parte, atuará obrigatoriamente como fiscal da lei;
d) no caso de desistência infundada por parte de associação legitimada, a titularidade ativa não poderá ser assumida por outra associação legitimada;
e) não se admitirá litisconsórcio entre os Ministérios Públicos da União, do Distrito Federal e dos Estados.

(ADVOGADO – DETRAN/ES – CESPE – 2010)

165. Não se concederá mandado de segurança quando se tratar de ato do qual caiba recurso administrativo com efeito suspensivo, independentemente de caução; de decisão judicial da qual caiba recurso com efeito suspensivo; e de decisão judicial transitada em julgado.

( ) **Certo** ( ) **Errado**

(DEFENSOR PÚBLICO – DPE/AL – CESPE – 2009)

166. A regra geral da capacidade para ser autor de uma ação processada nos juizados especiais cíveis é a de que somente pessoa física capaz pode ocupar tal posição, no entanto, existe exceção à atuação das microempresas, que também poderão propor ação perante os juizados.

( ) **Certo** ( ) **Errado**

(DEFENSOR PÚBLICO – DPE/AL – CESPE – 2009)

167. A lei atribui à parte capacidade postulatória nas causas de valor até vinte salários-mínimos, o que não exclui a possibilidade de que qualquer das partes se faça acompanhar de advogado, hipótese em que, considerando a complexidade da matéria e a situação particular dos envolvidos, o juiz poderá facultar à outra a assistência judiciária.

( ) **Certo** ( ) **Errado**

(DEFENSOR PÚBLICO – DPE/AL – CESPE – 2009)

168. A ação civil pública não pode ter por objeto a condenação em dinheiro.

( ) **Certo** ( ) **Errado**

(DEFENSOR PÚBLICO – DPE/AL – CESPE – 2009)

169. A sentença em ação civil pública fará coisa julgada *erga omnes*, se o pedido for julgado improcedente por insuficiência de provas.

( ) **Certo** ( ) **Errado**

(DEFENSOR PÚBLICO – DPE/AL – CESPE – 2009)

170. Em ação civil pública, a DP pode tomar compromisso de ajustamento de conduta do causador do dano a interesses transindividuais.

( ) **Certo** ( ) **Errado**

(DEFENSOR PÚBLICO – DPE/AL – CESPE – 2009)

171. É cabível ação civil pública para veicular pretensões que envolvam contribuições previdenciárias cujos beneficiários possam ser individualmente determinados.

( ) **Certo** ( ) **Errado**

(DEFENSOR PÚBLICO – DPE/AL – CESPE – 2009)

172. Sociedade de economia mista não tem legitimidade para propor ação civil pública.

( ) **Certo** ( ) **Errado**

(DEFENSOR PÚBLICO – DPE/AL – CESPE – 2009)

173. Se houver desistência infundada ou abandono da ação por associação legitimada, o DP ou outro legitimado assume a titularidade ativa da ação civil pública.

( ) **Certo** ( ) **Errado**

(DEFENSOR PÚBLICO – DPE/ES – CESPE – 2009)

174. Para a concessão da liminar na ação possessória de força nova, submetida ao procedimento especial, dispensa-se a comprovação do *periculum in mora*.

( ) **Certo** ( ) **Errado**

(DEFENSOR PÚBLICO – DPE/ES – CESPE – 2009)

175. A sentença proferida em mandado de segurança tem caráter repressivo ou sancionatório quando repara direito individual lesado por ato ou omissão ilegal que caracterize prática de abuso de poder por autoridade.

( ) **Certo** ( ) **Errado**

(DEFENSOR PÚBLICO SUBSTITUTO – DPE/MT – FCC – 2009)

176. Nos procedimentos especiais de jurisdição voluntária:
a) a sentença proferida forma coisa julgada material;
b) o juiz pode decidir por equidade, não estando preso a critérios de legalidade estrita;
c) como não há lide, as partes são simplesmente intimadas a compor o processo instaurado;
d) como o interesse é privado, não pode o juiz investigar os fatos ou ordenar a produção de provas de ofício;
e) a decisão final proferida não tem natureza de sentença, dela cabendo agravo de instrumento.

(DEFENSOR PÚBLICO – DPE/CE – CESPE – 2008)

177. Nos JECs, o valor da causa, para verificação da competência, corresponderá ao valor do objeto do pedido.

( ) **Certo** ( ) **Errado**

(DEFENSOR PÚBLICO – DPE/CE – CESPE – 2008)

178. Se o autor atribuir à causa valor superior ao de alçada, o juiz deverá, liminarmente, indeferir a petição inicial, reconhecendo a incompetência absoluta do JEC, e declarar extinto o processo sem resolução de mérito.

( ) Certo ( ) Errado

(DEFENSOR PÚBLICO – DPE/CE – CESPE – 2008)

179. Se, no curso do processo, qualquer das partes modificar seu endereço sem comunicar ao juízo, as intimações enviadas ao local anteriormente indicado serão consideradas eficazes.

( ) Certo ( ) Errado

(ADVOGADO – IPAJM/ES – CESPE – 2010)

180. No que se refere aos juizados especiais federais, assinale a opção correta:

a) Ação que vise anular ato que aplicou penalidade disciplinar a servidor federal pode ser intentada no juizado especial federal, desde que não se trate de demissão.
b) Cabe ao autor, no momento da propositura da ação, optar pelo ajuizamento da ação na vara do juizado especial, desde que o valor do pedido não ultrapasse sessenta salários-mínimos.
c) Desde que se respeite o valor máximo de sessenta salários-mínimos, as causas fundadas em contrato de organismo internacional com a União podem ser ajuizadas no juizado especial federal.
d) Se a União pretender ajuizar ação visando à reparação de danos decorrentes de ato de pessoa física, poderá fazê-lo no juizado especial federal, desde que não ultrapasse o valor de sessenta salários-mínimos.
e) A realização de perícia técnica para prova dos fatos alegados não é suficiente para afastar a competência do juizado especial federal.

(PROCURADOR – PMS/SAAE – VUNESP – 2010)

181. Leia as assertivas a seguir:

I – A Constituição Federal assegura à associação legalmente constituída e em funcionamento há pelo menos um ano, o direito de impetrar mandado de segurança coletivo em defesa dos interesses de seus associados.

II – Os sindicatos têm legitimidade ativa para, como substituto processual, demandar em juízo a tutela de direitos subjetivos individuais de seus filiados, em caso de direitos heterogêneos que tenham relação com seus fins institucionais.

III – Tratando-se de mandado de segurança coletivo, para a defesa de interesses de parcela da categoria associada, em prejuízo de parte dos demais filiados, não há que se falar em legitimidade da entidade de classe para impetrá-lo, ante a existência de nítido conflito de interesses.

IV – Caberá mandado de segurança de decisão judicial da qual caiba recurso com efeito suspensivo.

V – Quando o direito ameaçado ou violado couber a várias pessoas, qualquer delas poderá requerer o mandado de segurança, desde que autorizada pelas demais.

Está correto apenas o que se afirma em:

a) I e III;
b) I e IV.;
c) II e III;
d) II e V;
e) IV e V.

11.14 Temas Combinados

(ADVOGADO – BADESC/SC – FGV – 2010)

182. Esculápio, brasileiro, casado, advogado, estando regular na sua atividade como eleitor, portador dos seus direitos políticos, inconformado com a política nacional e os desmandos dos governantes, promove ação popular incluindo como réus o Presidente da República, o Presidente o STF, o Governador do Estado de Santa Catarina e o Prefeito de Florianópolis, por prejuízos causados pelo programa federal de obras, com verbas destinadas a Estados e Municípios. Requer, também, a citação das empresas vencedoras dos processos licitatórios e as pessoas jurídicas, União Federal, Estado de Santa Catarina e Município de Florianópolis. Postula a declaração de inconstitucionalidade da lei que autorizou o programa federal e do decreto presidencial que liberou verbas aos entes federados. O Município requereu o seu ingresso no polo ativo da demanda.

Diante disso, pode-se afirmar que:

I – a ação popular pode postular diretamente a declaração de inconstitucionalidade de lei e de decreto federal.

II – o foro, por prerrogativa de função, regra geral, atinge também a ação popular.

III – o ingresso do município no polo ativo é permitido pela lei regente da ação popular.

Assinale:

a) se somente a afirmativa I for verdadeira;
b) se somente a afirmativa II for verdadeira;
c) se somente a afirmativa III for verdadeira;
d) se somente as afirmativas I e II forem verdadeiras;
e) se somente as afirmativas II e III forem verdadeiras.

(ADVOGADO – BADESC/SC – FGV – 2010)

183. Rob da Silva promoveu ação condenatória em face da União Federal, visando obter indenização diante dos prejuízos causados por artefato militar, deixado em terreno sem qualquer sinalização quanto aos perigos decorrentes de exercícios militares. Citada a União Federal, por meio do seu procurador, apresentou defesa regular, no prazo de trinta dias. Houve o deferimento de provas documental, testemunhal, depoimento pessoal e pericial. Instruído o processo, foram comprovados os fatos narrados na peça isagógica e o pedido foi julgado procedente *in totum*. Houve a apresentação de embargos de declaração, rejeitados. A ré apresentou recurso de apelação em trinta dias, a contar da intimação pessoal da decisão que rejeitou os embargos declaratórios.

Com base no exposto, analise as afirmativas a seguir:

I – O prazo para contestação, no caso, não seria de trinta dias, mas de sessenta.

II – No caso dos recursos, o prazo para interposição de apelação, para a União Federal seria de sessenta dias.

III – A apelação da União Federal pode ser apresentada em até trinta dias.

Assinale:

a) se somente a afirmativa I for verdadeira;
b) se somente a afirmativa II for verdadeira;
c) se somente as afirmativas I e II forem verdadeiras;
d) se somente as afirmativas I e III forem verdadeiras;
e) se todas as afirmativas forem verdadeiras.

No curso do julgamento de uma apelação, o primeiro componente da turma a se manifestar verificou que já havia divergência entre turmas do tribunal na interpretação de questão de direito processual presente no caso analisado, razão pela qual suscitou incidente de uniformização de jurisprudência.

Considerando essa situação hipotética, julgue os itens a seguir.

(DEFENSOR PÚBLICO – DPE/AL – CESPE – 2009)

184. Ainda que a admissão do processamento do incidente de uniformização de jurisprudência não transfira ao órgão especial ou ao pleno a atribuição de julgar a questão principal, a decisão acerca da sua admissibilidade deverá ser objeto de acórdão proferido pelo próprio órgão em que o incidente foi suscitado.

( ) **Certo** ( ) **Errado**

Com relação ao recurso de embargos infringentes, à legitimidade das partes, à competência dos órgãos jurisdicionais e às exceções processuais como modalidades de resposta do réu, julgue os itens seguintes.

(ADVOGADO – IBRAM – CESPE – 2009)

185. Considere que um acórdão não unânime tenha reformado, em grau de remessa necessária, a sentença de mérito que impôs a condenação da fazenda pública ao pagamento de quantia certa. Nessa situação, segundo a jurisprudência do STJ, seria cabível a interposição do recurso de embargos infringentes para impugnar a decisão colegiada.

( ) **Certo** ( ) **Errado**

(ADVOGADO – IBRAM – CESPE – 2009)

186. Suponha que determinado estado membro da Federação tenha ajuizado ação civil pública em face do IBAMA, autarquia federal, no interesse da proteção ambiental de seu território estadual. No pedido, pretende o estado membro impor exigências à atuação do IBAMA no licenciamento de obra federal de grande vulto. Nessa situação, a competência originária para processo e julgamento da ação civil pública não seria da justiça federal, mas sim do STF, por afetar diretamente o equilíbrio federativo.

( ) **Certo** ( ) **Errado**

(ADVOGADO – IBRAM – CESPE – 2009)

187. Segundo a jurisprudência do STJ, não é cabível o ajuizamento de mandado de segurança, originariamente perante os tribunais de justiça, para o controle da competência dos juizados especiais.

( ) **Certo** ( ) **Errado**

(ADVOGADO – IBRAM – CESPE – 2009)

188. É correto afirmar que, pelo regramento do Código de Processo Civil (CPC), a incompetência absoluta deve ser atacada como preliminar de contestação e a incompetência relativa, por exceção. Entretanto, a jurisprudência do STJ tem mitigado o rigor técnico da norma, sob o argumento de que o defeito não passa de mera irregularidade, a ser convalidada com base no princípio da instrumentalidade, se disso não resultar prejuízo à parte contrária.

( ) **Certo** ( ) **Errado**

(PROCURADOR DO ESTADO DE ALAGOAS – PGE/AL – CESPE – 2009)

189. Assinale a opção correta acerca da reclamação constitucional:

a) Tratando-se de decisão judicial que contrarie decisão específica do STF, caberá reclamação, pouco importando que a primeira já tenha transitado em julgado.
b) A excessiva e injustificada demora na remessa do recurso extraordinário ao STF pode ensejar a reclamação fundada na usurpação de competência.
c) Apesar de se tratar de uma ação de cunho constitucional, seu caráter excepcional, aliado ao procedimento simplificado, a torna incompatível com decisão que antecipe por algum modo a tutela jurisdicional requerida.
d) Julgada procedente a reclamação, é admissível a interposição de embargos infringentes para preservar a estabilidade do julgamento realizado no órgão cuja decisão esteja sendo questionada.
e) Sendo a reclamação uma ação, é possível que haja no curso de seu processamento a coleta de prova oral e pericial, sem que seja necessária a apresentação de prova documental desde o ajuizamento.

12

DIREITO PROCESSUAL DO TRABALHO

12.1 Das Competências da Justiça do Trabalho

(ADVOGADO – BADESC/SC – FGV – 2010)

1. Assinale a alternativa que apresente o Tribunal competente para julgar, originariamente, dissídio coletivo em que seja parte entidade sindical dos bancários, envolvendo o território do Estado de Santa Catarina:
   a) Tribunal Regional do Trabalho da 12ª Região.
   b) Tribunal Regional do Trabalho da 10ª Região.
   c) Tribunal Regional do Trabalho da 9ª Região.
   d) Tribunal Regional do Trabalho da 8ª Região.
   e) Tribunal Superior do Trabalho.

(ADVOGADO – BADESC/SC – FGV – 2010)

2. Com relação aos Dissídios Coletivos, analise as alternativas a seguir:

   I – A competência no Tribunal Superior do Trabalho para julgamento dos dissídios coletivos é da Seção Especializada em Dissídios Coletivos.

   II – Os dissídios coletivos de natureza jurídica são aqueles destinados a reavaliar normas e condições coletivas de trabalho preexistentes, que se hajam tornado injustas.

   III. O dissídio coletivo é o processo que visa a dirimir controvérsias entre pessoas jurídicas e grupo de empregados determinados, em que se discute interesses concretos de acordo com as normas já existentes no mundo jurídico.

Assinale:

a) se somente a afirmativa I estiver correta;
b) se somente a afirmativa II estiver correta;
c) se somente as afirmativas I e III estiverem corretas;
d) se somente as afirmativas II e III estiverem corretas;
e) se todas as afirmativas estiverem corretas.

Acerca da ampliação da competência da justiça do trabalho promovida pela chamada reforma do Poder Judiciário (Emenda Constitucional nº 45/2004), julgue os itens a seguir.

(PROCURADOR DO ESTADO DE 1ª CATEGORIA – PGE/ES – CESPE – 2008)

3. As controvérsias entre os servidores públicos estatutários e as pessoas jurídicas de direito público sobre a aplicação do respectivo estatuto passaram para a competência da justiça do trabalho.

   ( ) **Certo** ( ) **Errado**

(PROCURADOR DO ESTADO DE 1ª CATEGORIA – PGE/ES – CESPE – 2008)

4. Com a previsão expressa da competência para o julgamento de mandados de segurança quando o ato questionado envolver matéria sujeita à jurisdição trabalhista, haverá julgamento de recursos em mandados de segurança na subseção especializada do TST (SBDI-2) e também nas turmas desse tribunal.

   ( ) **Certo** ( ) **Errado**

(PROCURADOR DO ESTADO DE 1ª CATEGORIA – PGE/ES – CESPE – 2008)

5. Os processos sobre indenização pelo empregador por dano moral ou patrimonial decorrentes de acidente do trabalho já sentenciados antes do advento da EC mencionada devem ser deslocados para a justiça do trabalho, em razão da nova competência.

   ( ) **Certo** ( ) **Errado**

(PROCURADOR DO ESTADO SUBSTITUTO – PGE/PI – CESPE – 2008)

6. As competências da justiça do trabalho não incluem o processamento e o julgamento de:
   a) ações que envolvam o exercício do direito de greve;
   b) ações relativas às penalidades administrativas impostas aos empregadores pelos órgãos de fiscalização das relações de trabalho;
   c) crimes contra a organização do trabalho;
   d) ações de indenização por dano moral ou patrimonial, decorrentes da relação de trabalho;
   e) ações sobre representação sindical.

12.2 Das Ações Trabalhistas

Julgue os itens a seguir, considerando que um operário tenha manejado ação trabalhista e indicado, como valor da demanda, o total de R$ 20.500,00.

(ANALISTA MUNICIPAL/ ESPECIALIDADE PROCURADOR MUNICIPAL – PGM DE BOA VISTA/ RR – CESPE – 2010)

7. Ao postular o reconhecimento de eventual relação de emprego, o obreiro não terá distinção entre os efeitos da prescrição, somente para esse fim, quando menor ou maior.

   ( ) Certo ( ) Errado

Ex-empregado, carente de recursos econômicos, pretende ingressar com reclamação trabalhista na justiça do trabalho para exigir de seu ex-empregador o pagamento do adicional de periculosidade. Considerando essa situação, julgue os próximos itens.

(PROCURADOR DO ESTADO DE 1ª CATEGORIA – PGE/ES – CESPE – 2008)

8. O empregado em questão deverá, obrigatoriamente, contratar advogado para ingressar com a ação trabalhista, considerando que o *jus postulandi* na justiça do trabalho não mais subsiste, tendo sido validamente revogado pela legislação que regula a atividade da advocacia.

   ( ) Certo ( ) Errado

(PROCURADOR DO ESTADO DE 1ª CATEGORIA – PGE/ES – CESPE – 2008)

9. O benefício da justiça gratuita pode ser concedido em qualquer instância, a requerimento ou de ofício, àqueles que perceberem salário igual ou inferior ao dobro do mínimo legal, ou declararem, sob as penas da lei, que não estão em condições de pagar as custas do processo sem prejuízo do sustento próprio ou de sua família.

   ( ) Certo ( ) Errado

12.3 Dos Dissídios Individuais

12.3.1 Dos Atos e Prazos Processuais

(ADVOGADO – BADESC/SC – FGV – 2010)

10. Com relação às nulidades nos processos sujeitos à apreciação da Justiça do Trabalho, analise as alternativas a seguir:

I – Haverá nulidade quando do ato processual puder resultar prejuízo às partes litigantes, ou se houver prejuízo ao direito financeiro ou econômico, decorrente do conflito de direito material.

II – A incompetência do juízo não poderá ser declarada *ex officio* pelo magistrado, mas somente arguida pela parte interessada, no primeiro momento em que puder falar nos autos.

III – A nulidade do ato não prejudicará senão os posteriores que dele dependam ou sejam consequência.

Assinale:

a) se somente a afirmativa I estiver correta;
b) se somente a afirmativa III estiver correta;
c) se somente as afirmativas I e II estiverem corretas;
d) se somente as afirmativas II e III estiverem corretas;
e) se todas as afirmativas estiverem corretas.

(PROCURADOR DO ESTADO DE ALAGOAS – PGE/AL – CESPE – 2009)

11. Um trabalhador pretende interpor, na justiça do trabalho, determinada demanda, que será firmada apenas por ele, sem a participação de advogado. Nessa situação:
    a) poderá o autor ingressar com tal demanda, mas não, retirar os autos do cartório;
    b) o autor somente poderá ingressar com tal demanda na Comissão de Conciliação Prévia (CCP);
    c) poderá o autor ingressar com tal demanda e ter vista dos autos fora do cartório, retirando-os;
    d) por ser escrita, a reclamação deverá ser apresentada em três vias;
    e) as custas incidentes na demanda deverão ser pagas no ingresso da demanda, exceto se esta estiver sob o pálio da justiça gratuita.

(PROCURADOR DO ESTADO DE ALAGOAS – PGE/AL – CESPE – 2009)

12. Considerando que, elaborados os cálculos, demonstrando o débito da reclamada, o magistrado abra prazo às partes para manifestação acerca da conta, assinale a opção correta:
    a) A parte insatisfeita, reclamante ou reclamada, poderá intentar, respectivamente, embargo à execução ou impugnação.
    b) A citada concessão de prazo para manifestação sobre a conta é uma faculdade do julgador e será de cinco dias na forma sucessiva.
    c) A mencionada concessão de prazo para manifestação sobre a conta é uma faculdade do julgador e será de dez dias na forma sucessiva.
    d) A referida concessão de prazo para manifestação sobre a conta é uma obrigação do julgador e deverá ter prazo sucessivo fixado pelo juiz.
    e) Caso haja pagamento antecipado da parcela apurada a título de contribuição previdenciária, não poderá a previdência social cobrar eventual diferença.

(PROCURADOR DO ESTADO DE ALAGOAS – PGE/AL – CESPE – 2009)

13. Considerando que, em determinada demanda trabalhista, no encerramento da audiência de instrução, o juiz designou o dia do julgamento da ação e cumpriu a prestação na data prevista, assinale a opção correta:
    a) O prazo recursal se iniciará após a publicação da sentença no Diário de Justiça.
    b) Considerando que não tenha havido proposta conciliatória após as razões finais, a reabertura da instrução para fazê-lo inibirá eventual nulidade.
    c) Caso tenha havido proposta conciliatória antes das razões finais, a reabertura da instrução causará nulidade.
    d) O prazo recursal iniciar-se-á no primeiro dia útil após a apresentação das razões finais.
    e) A sentença proferida será um título executivo, assim como a convenção coletiva.

Em audiência, o juiz do trabalho indeferiu o pleito de uma parte de produzir prova testemunhal e, no mérito, julgou desfavoravelmente a essa parte. Considerando essa situação e as previsões da Consolidação das Leis do Trabalho pertinentes, julgue o item abaixo.

(PROCURADOR DO ESTADO DE 1ª CATEGORIA – PGE/ES – CESPE – 2008)

14. A nulidade do ato de indeferimento da produção de prova testemunhal deve ser arguida pela primeira vez no recurso ordinário para o tribunal regional do trabalho, porque, antes da sentença, não é possível constatar a existência de prejuízo que justifique a pronúncia da nulidade do referido ato.

( ) Certo ( ) Errado

Um empregado sofreu redução salarial ilícita, tendo recebido a metade do valor a que fazia jus, o que fez que o percentual do FGTS incidisse sobre o valor que efetivamente lhe foi pago, ou seja, o salário reduzido. Essa situação perdurou por um ano, tendo sido posteriormente regularizada espontaneamente pelo empregador. Passados mais de dez anos dessa regularização, o empregador dispensou o empregado sem justa causa. Dias depois da dispensa, o empregado ajuizou reclamação trabalhista pleiteando o depósito do FGTS integral daquele período, considerando que este deveria incidir na parte do salário que não foi paga.

Considerando essa situação hipotética, julgue o item que se segue, a respeito da prescrição no direito do trabalho.

(PROCURADOR DO ESTADO DE 1ª CATEGORIA – PGE/ES – CESPE – 2008)

15. O empregado não corre o risco de que a prescrição da pretensão deduzida na inicial seja pronunciada, uma vez que pode exigir os depósitos do FGTS incidentes sobre a parte do salário que não lhe foi paga no prazo de trinta anos até o limite de dois anos após a extinção do contrato de trabalho.

( ) Certo ( ) Errado

(PROCURADOR DO ESTADO SUBSTITUTO – PGE/PI – CESPE – 2008)

16. O art. 191 do CPC estabelece que, existindo litisconsortes com diferentes procuradores, os prazos devem ser contados em dobro para contestar, para recorrer e, de modo geral, para falar nos autos. Sendo assim, a regra contida no referido artigo:
    a) se aplica ao processo do trabalho, uma vez que a CLT é omissa, sendo, por isso, o CPC aplicado de forma subsidiária;
    b) se aplica ao processo do trabalho, uma vez que a CLT também prevê a aplicação do prazo em dobro aos litisconsortes com procuradores distintos;
    c) não se aplica ao processo do trabalho, por ser incompatível com o princípio da celeridade, inerente ao processo trabalhista;
    d) não se aplica ao processo do trabalho, já que regras específicas de processo civil não podem ser aplicadas a esse tipo de processo;
    e) não se aplica ao processo do trabalho, por ser incompatível com norma expressa da CLT.

(PROCURADOR DO ESTADO SUBSTITUTO – PGE/PI – CESPE – 2008)

17. João moveu reclamação trabalhista contra a empresa Nordeste Ltda., pleiteando o pagamento do adicional de insalubridade. O juiz determinou a realização de perícia técnica, facultando às partes a indicação de assistente técnico. João, então, indicou Marcelo como seu assistente técnico. Após a conclusão da perícia, o juiz julgou procedente a reclamação, condenando a empresa Nordeste Ltda. a pagar a João os valores referentes ao adicional de insalubridade.

Diante dessa situação hipotética, assinale a opção correta:

a) Os honorários do assistente técnico indicado por João devem ser pagos pela empresa Nordeste Ltda., já que esta foi vencida no objeto da perícia.
b) Não há que se falar em qualquer tipo de pagamento de honorários de assistente técnico, pois não existe previsão legal para tal pagamento.
c) O pagamento dos honorários do assistente técnico deve ser suportado pelo TRT correspondente.
d) Não existe possibilidade de indicação de assistente técnico a perícias realizadas no processo do trabalho.
e) A indicação de assistente técnico é uma faculdade da parte e, por isso, cabe a João efetuar o pagamento do assistente técnico por ele indicado, independentemente do resultado da perícia.

(PROCURADOR DO ESTADO SUBSTITUTO – PGE/PI – CESPE – 2008)

18. O art. 219, § 5º, do CPC determina que o juiz pronunciará, de ofício, a prescrição. A respeito dessa determinação, e considerando o posicionamento da jurisprudência do TST acerca desse assunto, assinale a opção correta:
a) A declaração de prescrição de ofício, como prevê o artigo em apreço, é inaplicável à justiça do trabalho, devido à natureza alimentar dos créditos trabalhistas.
b) A regra prevista no artigo sob análise aplica-se de forma subsidiária ao processo do trabalho, uma vez que a CLT é omissa nesse ponto.
c) A regra em questão apenas poderia ser aplicada ao processo do trabalho se houvesse dispositivo semelhante escrito na CLT.
d) Caberá ao juiz do trabalho, ao analisar o processo, decidir se reconhece a prescrição de ofício ou se abre prazo para a parte contrária alegar a prescrição.
e) Uma vez que não existe um código de processo do trabalho, todas as regras previstas no CPC são aplicáveis também ao processo do trabalho.

(PROCURADOR DO ESTADO SUBSTITUTO – PGE/PI – CESPE – 2008)

19. Antônio, que era funcionário contratado da Empresa Céu Azul Ltda. desde 1999, faleceu em julho de 2004. Em fevereiro de 2008, o espólio de Antônio, em nome de seu filho menor Pedro, representado por sua mãe, Maria, ingressou com uma reclamação trabalhista contra a referida empresa, pleiteando verbas trabalhistas devidas a Antônio.

Com base nessa situação hipotética, assinale a opção correta:

a) O tempo transcorrido após o rompimento do vínculo empregatício – mais de dois anos – acarreta a prescrição para o ajuizamento da referida ação, que, por isso, não merece prosperar.
b) A ação não merece prosperar, pois o direito a verbas trabalhistas é pessoal e intransmissível aos herdeiros.
c) A ação merece prosperar, pois o prazo prescricional para o seu ajuizamento não corre quando o processo envolve herdeiro menor.
d) A ação somente pode prosperar após a conclusão do processo de inventário de Antônio.
e) A ação deve ser extinta sem o julgamento do mérito, por ilegitimidade ativa do espólio de Antônio, em nome de seu filho menor Pedro.

Julgue os itens a seguir, considerando que um operário tenha manejado ação trabalhista e indicado, como valor da demanda, o total de R$ 20.500,00.

(ANALISTA MUNICIPAL/ ESPECIALIDADE PROCURADOR MUNICIPAL – PGM DE BOA VISTA/ RR – CESPE – 2010)

20. Se o autor mover a demanda sem advogado, os autos do cartório poderão ser retirados por ele.

( ) **Certo** ( ) **Errado**

Julgue os itens a seguir, considerando que um operário tenha manejado ação trabalhista e indicado, como valor da demanda, o total de R$ 20.500,00.

(ANALISTA MUNICIPAL/ ESPECIALIDADE PROCURADOR MUNICIPAL – PGM DE BOA VISTA/ RR – CESPE – 2010)

21. Pelo rito da demanda, o endereço incorreto do reclamado indicado para citação implica o arquivamento da reclamação.

( ) Certo ( ) Errado

Julgue os itens a seguir, considerando que um operário tenha manejado ação trabalhista e indicado, como valor da demanda, o total de R$ 20.500,00.

(ANALISTA MUNICIPAL/ ESPECIALIDADE PROCURADOR MUNICIPAL – PGM DE BOA VISTA/ RR – CESPE – 2010)

22. O reclamante pode indicar e requerer a intimação de duas testemunhas.

( ) Certo ( ) Errado

Ex-empregado, carente de recursos econômicos, pretende ingressar com reclamação trabalhista na justiça do trabalho para exigir de seu ex-empregador o pagamento do adicional de periculosidade. Considerando essa situação, julgue os próximos itens.

(PROCURADOR DO ESTADO DE 1ª CATEGORIA – PGE/ES – CESPE – 2008)

23. Caso não seja constatada a periculosidade alegada pelo reclamante, e considerando que ele tenha obtido o benefício da justiça gratuita, a atividade do perito designado pelo juiz do trabalho será enquadrada como trabalho voluntário, uma vez que nem o reclamante nem o Estado suportarão o pagamento dos honorários periciais.

( ) Certo ( ) Errado

12.3.2 Do Procedimento Ordinário do Dissídio Individual

(PROCURADOR DO ESTADO DE ALAGOAS – PGE/AL – CESPE – 2009)

24. Com referência às demandas trabalhistas no âmbito de categoria que conte com CCP, assinale a opção correta nos termos da CLT:
    a) Ocorrerá a não extinção do feito sem julgamento de mérito caso o trabalhador deixe de submeter o pleito à CCP.
    b) Haverá a extinção do feito sem julgamento de mérito se o pedido já tiver sido liquidado.
    c) Se o obreiro postular sem advogado, haverá a extinção do feito sem julgamento de mérito caso o endereço do empregador esteja incorreto.
    d) Caso o feito seja extinto sem apreciação de mérito, será cabível o recurso ordinário.
    e) Se a demanda for processada pelo rito sumaríssimo, a citação poderá ser feita via edital.

12.3.3 Da Audiência

(ADVOGADO – CETESB – VUNESP – 2009)

25. O processo trabalhista segue as regras da Consolidação das Leis do Trabalho, na qual é possível encontrar a seguinte previsão:

a) a divergência apta a ensejar o Recurso de Revista pode ser atual, ainda que se considere como tal a ultrapassada por súmula, ou superada por iterativa e notória jurisprudência do Tribunal Superior do Trabalho;
b) terminada a instrução, poderão as partes aduzir razões finais, em prazo não excedente de 20 (vinte) minutos para cada uma;
c) o dissídio individual, que seja parte autarquia e cujo valor não exceda a quarenta vezes o salário-mínimo vigente na data do ajuizamento da ação, fica submetido ao procedimento sumaríssimo;
d) a execução trabalhista não poderá ser iniciada *ex officio*;
e) na audiência de julgamento deverão estar presentes o reclamante e o reclamado, independentemente do comparecimento de seus representantes.

(PROCURADOR DO ESTADO DE ALAGOAS – PGE/AL – CESPE – 2009)

26. Durante a instrução processual, o autor requereu realização de prova pericial. O juiz da causa indeferiu o pedido, tudo consoante descrito na ata da audiência. O autor tentou consignar seu protesto quanto ao indeferimento logo após a negativa do julgador. Entretanto, o registro do protesto foi negado pelo julgador. Nessa situação hipotética, segundo prescrição da CLT:
a) o recurso cabível será o agravo de instrumento;
b) as alegações finais serão a oportunidade para o autor manifestar o inconformismo com o indeferimento da prova pretendida;
c) a negativa de registro do inconformismo do autor gerará nulidade nos autos;
d) o tribunal, ao apreciar o caso, poderá deferir a prova, porquanto não consumada a preclusão da mesma;
e) se o pleito do obreiro for julgado procedente, inclusive sob o objeto da perícia, poderá ser arguida nulidade.

Com relação à pessoa jurídica de direito público como parte em processo trabalhista, julgue os itens que se seguem.

(PROCURADOR DO ESTADO DE 1ª CATEGORIA – PGE/ES – CESPE – 2008)

27. O não comparecimento do representante da pessoa jurídica de direito público na audiência em que deveria produzir defesa não importa revelia e confissão quanto à matéria de fato, prevalecendo, na hipótese, a busca da verdade real, por tratar-se de interesse público indisponível.

( ) **Certo** ( ) **Errado**

12.3.3.1 Da conciliação

(PROCURADOR DO ESTADO DE ALAGOAS – PGE/AL – CESPE – 2009)

28. Em determinada demanda trabalhista, durante a instrução do feito, reclamante e reclamado celebraram acordo, tendo havido declaração de que todas as parcelas acordadas seriam de natureza indenizatória. Nessa situação:
a) por ter sido celebrado acordo, a decisão homologatória será irrecorrível;
b) a decisão homologatória não mencionará as custas porque não houve parte sucumbente;
c) ocorrendo acordo sobre prestações sucessivas, a execução só poderá ocorrer sobre a impaga, não compreendendo as que lhe sucederem;
d) os termos do acordado poderão ser alvo de recurso a ser aviado pela previdência social;
e) no caso de descumprimento do acordo, a execução do crédito dependerá de iniciativa da parte, não cabendo movimentação de ofício.

Julgue os itens a seguir, considerando que um operário tenha manejado ação trabalhista e indicado, como valor da demanda, o total de R$ 20.500,00.

(ANALISTA MUNICIPAL/ ESPECIALIDADE PROCURADOR MUNICIPAL – PGM DE BOA VISTA/ RR – CESPE – 2010)

29. Na ocorrência de acordo entre as partes, a homologação desse acordo será irrecorrível.

( ) Certo ( ) Errado

12.3.4 Das provas

Um empregado ajuizou reclamação trabalhista contra seu empregador, tendo obtido êxito em sua demanda, tendo o empregador sido condenado ao pagamento das parcelas pleiteadas na petição inicial. Este não teve seu recurso ordinário conhecido, por deserto. A sentença transitou em julgado, tendo sido liquidada e determinada a regular citação do executado, o que foi feito. No prazo legal, o executado nomeou um imóvel em garantia à execução, cujo valor era suficiente à satisfação do crédito exequendo. Nada obstante a oferta do executado, foi determinada pelo juiz do trabalho a penhora em dinheiro do executado.

Considerando a situação hipotética acima, julgue os itens a seguir, acerca do direito processual do trabalho, e considerando, ainda, no que for pertinente, a Consolidação das Leis do Trabalho (CLT).

(DEFENSOR PÚBLICO – DPE/CE – CESPE – 2008)

30. Nos termos da CLT, é inexigível o título judicial fundado em interpretação tida por incompatível com a Constituição Federal, afastando-se, nessa situação, os efeitos próprios da coisa julgada.

( ) Certo ( ) Errado

De acordo com a jurisprudência do TST, julgue os itens a seguir, referentes ao ônus da prova no processo trabalhista.

(PROCURADOR DO ESTADO DE 1ª CATEGORIA – PGE/ES – CESPE – 2008)

31. O empregador com mais de dez empregados está obrigado a registrar a jornada de trabalho de seus empregados, cabendo-lhe, portanto, em processo trabalhista, o ônus de apresentar esses registros; se não o fizer, o juiz deferirá de plano o pedido formulado na inicial, na medida em que não poderá aceitar a produção de prova em contrário.

( ) Certo ( ) Errado

(PROCURADOR DO ESTADO DE 1ª CATEGORIA – PGE/ES – CESPE – 2008)

32. Os registros de ponto que apresentem horários de entrada e saída uniformes são inválidos como meio de prova, invertendo-se o ônus da prova, relativo às horas extras, que passa a ser do empregador, prevalecendo a jornada da inicial se dele não se desincumbir.

( ) Certo ( ) Errado

(PROCURADOR DO ESTADO DE 1ª CATEGORIA – PGE/ES – CESPE – 2008)

33. O ônus de provar o término do contrato de trabalho, quando negados a prestação de serviço e o despedimento, é do empregador, pois o princípio da continuidade da relação de emprego constitui presunção favorável ao empregado.

( ) Certo ( ) Errado

Julgue os itens a seguir, considerando que um operário tenha manejado ação trabalhista e indicado, como valor da demanda, o total de R$ 20.500,00.

(ANALISTA MUNICIPAL/ ESPECIALIDADE PROCURADOR MUNICIPAL – PGM DE BOA VISTA/ RR – CESPE – 2010)

34. O contrato de trabalho em discussão só terá vigência caso escrito e firmado entre empregado e empregador.

( ) **Certo** ( ) **Errado**

12.3.5 Da fase final

(DEFENSOR PÚBLICO – DPE/CE – CESPE – 2008)

35. Ainda que se trate de relação jurídica continuativa, a modificação posterior no estado de fato ou de direito não possibilita a revisão do que fora estatuído na sentença transitada em julgado, em face dos efeitos decorrentes da coisa julgada, que tem força de lei entre as partes às quais é dada.

( ) **Certo** ( ) **Errado**

(PROCURADOR DO ESTADO DE ALAGOAS – PGE/AL – CESPE – 2009)

36. Durante a instrução processual, o autor requereu realização de prova pericial. O juiz da causa indeferiu o pedido, tudo consoante descrito na ata da audiência. O autor tentou consignar seu protesto quanto ao indeferimento logo após a negativa do julgador. Entretanto, o registro do protesto foi negado pelo julgador. Nessa situação hipotética, segundo prescrição da CLT:
    a) o recurso cabível será o agravo de instrumento;
    b) as alegações finais serão a oportunidade para o autor manifestar o inconformismo com o indeferimento da prova pretendida;
    c) a negativa de registro do inconformismo do autor gerará nulidade nos autos;
    d) o tribunal, ao apreciar o caso, poderá deferir a prova, porquanto não consumada a preclusão da mesma;
    e) se o pleito do obreiro for julgado procedente, inclusive sob o objeto da perícia, poderá ser arguida nulidade.

12.3.6 Dos recursos

(ADVOGADO – BADESC/SC – FGV – 2010)

37. Assinale a alternativa que apresente um pressuposto processual subjetivo dos recursos da Justiça do Trabalho:
    a) Previsão legal;
    b) Capacidade;
    c) Adequação;
    d) Tempestividade;
    e) Preparo.

(DEFENSOR PÚBLICO – DPE/CE – CESPE – 2008)

38. Na situação descrita e nos termos da CLT, o prazo para apresentação de embargos à execução é de 8 dias, contados da nomeação do bem imóvel pelo executado.

( ) **Certo** ( ) **Errado**

Com relação à pessoa jurídica de direito público como parte em processo trabalhista, julgue os itens que se seguem.

(PROCURADOR DO ESTADO DE 1ª CATEGORIA – PGE/ES – CESPE – 2008)

39. O prazo para a interposição de embargos de declaração por pessoa jurídica de direito público é em dobro.

( ) Certo ( ) Errado

(PROCURADOR DO ESTADO DE 1ª CATEGORIA – PGE/ES – CESPE – 2008)

40. Os estados e os municípios, por intermédio de seus procuradores, detêm legitimidade para recorrer em nome de entidades autárquicas com personalidade jurídica.

( ) Certo ( ) Errado

(PROCURADOR DO ESTADO SUBSTITUTO – PGE/PI – CESPE – 2008)

41. O prazo para interposição de agravo de instrumento contra despacho do ministro-presidente do TST que nega seguimento ao recurso extraordinário é de:

a) 5 dias;
b) 8 dias;
c) 10 dias;
d) 15 dias;
e) 30 dias.

(PROCURADOR DO ESTADO SUBSTITUTO – PGE/PI – CESPE – 2008)

42. José moveu reclamação trabalhista contra uma autarquia do estado do Piauí. O juiz do trabalho julgou procedente a reclamação e condenou a autarquia. Joaquim, procurador do estado do Piauí, interpôs, então, recurso ordinário contra a decisão do juiz do trabalho em nome do estado do Piauí.

Acerca dessa situação hipotética, assinale a opção correta:

a) O estado do Piauí possui legitimidade para recorrer, uma vez que a autarquia pertence à administração direta do estado.
b) O estado do Piauí possui legitimidade para recorrer, uma vez que a condenação deverá ser suportada pelos cofres públicos do estado.
c) O estado do Piauí não possui legitimidade para recorrer, uma vez que não existe previsão legal para isso na CLT.
d) O estado do Piauí não possui legitimidade para recorrer em nome da autarquia, pois esta é detentora de personalidade jurídica própria.
e) A demanda jamais poderia ser discutida na justiça do trabalho, já que autarquias não podem ter em seus quadros, em nenhuma hipótese, empregados públicos regidos pela CLT.

(PROCURADOR DO ESTADO SUBSTITUTO – PGE/PI – CESPE – 2008)

43. Considere que, em uma comarca do interior do estado do Piauí, não abrangida pela competência de nenhuma das varas do trabalho, um juiz de direito tenha julgado uma reclamação trabalhista. Nessa situação, se houver interesse em recorrer da decisão, as partes devem interpor recurso ao:

a) TJPI;
b) TRT da 22ª Região;
c) TRF da 1ª Região;
d) TRF da 5ª Região;
e) TST.

Julgue os itens a seguir, considerando que um operário tenha manejado ação trabalhista e indicado, como valor da demanda, o total de R$ 20.500,00.

(ANALISTA MUNICIPAL/ ESPECIALIDADE PROCURADOR MUNICIPAL – PGM DE BOA VISTA/ RR – CESPE – 2010)

44. Decidida a questão suscitada no âmbito do embargo à execução, o próximo recurso cabível será agravo de petição, a ser manejado no prazo de oito dias.

( ) **Certo** ( ) **Errado**

12.3.7 Do cumprimento da sentença e da execução forçada

Com relação à pessoa jurídica de direito público como parte em processo trabalhista, julgue os itens que se seguem.

(PROCURADOR DO ESTADO DE 1ª CATEGORIA – PGE/ES – CESPE – 2008)

45. A execução, contra a fazenda pública, de quantia enquadrada como de pequeno valor dispensa a expedição de precatório, não sendo ilegal a determinação de sequestro da importância devida pelo ente público na hipótese.

( ) **Certo** ( ) **Errado**

Julgue os itens a seguir, considerando que um operário tenha manejado ação trabalhista e indicado, como valor da demanda, o total de R$ 20.500,00.

(ANALISTA MUNICIPAL/ ESPECIALIDADE PROCURADOR MUNICIPAL – PGM DE BOA VISTA/ RR – CESPE – 2010)

46. Na discussão judicial de direitos, caso o empregador reconheça parte do crédito almejado pelo obreiro, mas não o quite na primeira assentada, deverá ser condenado a fazê-lo com a majoração de 50% somente sobre o salário devido.

( ) **Certo** ( ) **Errado**

12.4 Dos Processos Especiais e Cautelares

(ADVOGADO – BADESC/SC – FGV – 2010)

47. Nos termos da Consolidação das Leis do Trabalho, a demanda trabalhista contra uma empresa de economia mista, no valor de trinta vezes o salário-mínimo vigente na data do ajuizamento da reclamação, ficará submetida ao procedimento:

a) sumário;
b) sumaríssimo;
c) ordinário;
d) especial;
e) comum;

A respeito do procedimento sumaríssimo previsto na CLT, julgue os seguintes itens.

(DEFENSOR PÚBLICO – DPE/CE – CESPE – 2008)

48. Serão submetidos ao procedimento sumaríssimo os dissídios individuais cujo valor não exceda 40 vezes o salário-mínimo vigente na data do ajuizamento da reclamação, ainda que figure como parte a administração pública direta.

( ) **Certo** ( ) **Errado**

(DEFENSOR PÚBLICO – DPE/CE – CESPE – 2008)

49. Em retornando a notificação citatória remetida ao reclamado, sob a indicação de que o endereço indicado estava incompleto, deverá o juiz do trabalho intimar o reclamante para, em 10 dias, informar o correto endereço onde deverá ser citado o reclamado, sob pena de extinção do processo sem exame do mérito.

( ) **Certo** ( ) **Errado**

(DEFENSOR PÚBLICO – DPE/CE – CESPE – 2008)

50. É vedada a utilização de equidade nos julgamentos das causas submetidas ao rito sumaríssimo.

( ) **Certo** ( ) **Errado**

(DEFENSOR PÚBLICO – DPE/CE – CESPE – 2008)

51. É possível aos tribunais regionais do trabalho, divididos em Turmas, designar Turma para o julgamento dos recursos ordinários interpostos das sentenças prolatadas nos processos submetidos ao rito sumaríssimo.

( ) **Certo** ( ) **Errado**

(DEFENSOR PÚBLICO – DPE/CE – CESPE – 2008)

52. Cabe recurso de revista para Turma do TST quando houver sido proferida a decisão, em dissídio individual, pelo tribunal regional do trabalho, em grau de recurso ordinário, com violação literal de disposição de lei federal.

( ) **Certo** ( ) **Errado**

12.5 Dos Dissídios Coletivos

Em relação à tutela dos interesses metaindividuais na justiça do trabalho e levando em conta a jurisprudência do STF a respeito do assunto, julgue os itens subsequentes.

(PROCURADOR DO ESTADO DE 1ª CATEGORIA – PGE/ES – CESPE – 2008)

53. A substituição processual pelo sindicato é ampla, não se restringindo às hipóteses expressamente previstas na legislação, podendo ocorrer até mesmo na fase de execução de sentença.

( ) **Certo** ( ) **Errado**

(PROCURADOR DO ESTADO DE 1ª CATEGORIA – PGE/ES – CESPE – 2008)

54. O Ministério Público do Trabalho possui legitimidade para, por meio de ação civil pública, promover a defesa de interesses individuais homogêneos dos trabalhadores.

( ) **Certo** ( ) **Errado**

Julgue os itens a seguir, considerando que um operário tenha manejado ação trabalhista e indicado, como valor da demanda, o total de R$ 20.500,00.

(ANALISTA MUNICIPAL/ ESPECIALIDADE PROCURADOR MUNICIPAL – PGM DE BOA VISTA/ RR – CESPE – 2010)

55. Se a demanda estiver discutindo descumprimento de norma coletiva, poderá ocorrer execução direta de direito pelo trabalhador que se julgar prejudicado, visto ser o instrumento coletivo título passível de execução.

( ) **Certo** ( ) **Errado**

12.6 Do Mandado de Segurança, Ação Rescisória e Conflito de Competência

Um empregado ajuizou reclamação trabalhista contra seu empregador, tendo obtido êxito em sua demanda, tendo o empregador sido condenado ao pagamento das parcelas pleiteadas na petição inicial. Este não teve seu recurso ordinário conhecido, por deserto. A sentença transitou em julgado, tendo sido liquidada e determinada a regular citação do executado, o que foi feito. No prazo legal, o executado nomeou um imóvel em garantia à execução, cujo valor era suficiente à satisfação do crédito exequendo. Nada obstante a oferta do executado, foi determinada pelo juiz do trabalho a penhora em dinheiro do executado.

Considerando a situação hipotética acima, julgue os itens a seguir, acerca do direito processual do trabalho, e considerando, ainda, no que for pertinente, a Consolidação das Leis do Trabalho (CLT).

(DEFENSOR PÚBLICO – DPE/CE – CESPE – 2008)

56. À luz do entendimento jurisprudencial sumulado do TST, fere direito líquido e certo do executado, tutelável pela via do mandado de segurança, o ato judicial que determina a penhora em dinheiro do executado quando nomeados outros bens à penhora, pois o executado tem direito a que a execução, ainda que definitiva, se processe da forma que lhe seja menos gravosa.

( ) Certo ( ) Errado

Julgue os itens a seguir, considerando que um operário tenha manejado ação trabalhista e indicado, como valor da demanda, o total de R$ 20.500,00.

(ANALISTA MUNICIPAL/ ESPECIALIDADE PROCURADOR MUNICIPAL – PGM DE BOA VISTA/ RR – CESPE – 2010)

57. Ao se pretender promover ação rescisória contra o decidido, deverá ser sempre observado o depósito prévio de 20% sobre o valor da condenação.

( ) Certo ( ) Errado

13

DIREITO PROCESSUAL PENAL

13.1 Das Fontes e Princípios Gerais

(PROCURADOR – ASSEMBLEIA LEGISLATIVA SP – FCC – 2010)

1. Constitui corolário do princípio do contraditório e da ampla defesa:
   a) a indisponibilidade do processo;
   b) a imediatidade;
   c) a isonomia processual;
   d) a indeclinabilidade da jurisdição penal;
   e) o duplo grau de jurisdição.

(ADVOGADO – DETRAN/ES – CESPE – 2010)

2. Não cabe *habeas corpus* quando já extinta a pena privativa de liberdade.

   ( ) **Certo** ( ) **Errado**

> No curso do julgamento de uma apelação, o primeiro componente da turma a se manifestar verificou que já havia divergência entre turmas do tribunal na interpretação de questão de direito processual presente no caso analisado, razão pela qual suscitou incidente de uniformização de jurisprudência.

Considerando essa situação hipotética, julgue os itens a seguir.

Acerca dos institutos de direito processual penal, julgue os itens subsequentes.

(DEFENSOR PÚBLICO – DPE/AL – CESPE – 2009)

3. O princípio da indisponibilidade foi mitigado com o advento dos juizados especiais criminais, diante da possibilidade de se efetuar transação em matéria penal.

   ( ) **Certo** ( ) **Errado**

13.2 Da Aplicação do Direito Processual Penal

> No curso do julgamento de uma apelação, o primeiro componente da turma a se manifestar verificou que já havia divergência entre turmas do tribunal na interpretação de questão de direito processual presente no caso analisado, razão pela qual suscitou incidente de uniformização de jurisprudência.

Considerando essa situação hipotética, julgue os itens a seguir.

(DEFENSOR PÚBLICO – DPE/AL – CESPE – 2009)

4. A lei processual determina que o incidente de uniformização de jurisprudência caberá apenas diante da divergência ocorrida entre órgãos do mesmo tribunal ou quando for verificada a divergência entre o julgamento recorrido e a interpretação já fixada por outra turma, câmara ou grupo de câmaras, de modo que, inexistente ainda uma efetiva divergência entre o posicionamento da turma que julga o recurso e aquele adotado por outra, não será possível admitir o incidente.

   ( ) **Certo** ( ) **Errado**

(DEFENSOR PÚBLICO – DPE/AL – CESPE – 2009)

5. O prazo para a interposição de agravo contra decisão do juiz da execução penal é de dez dias.

   ( ) **Certo** ( ) **Errado**

(DEFENSOR PÚBLICO – DPE/AL – CESPE – 2009)

6. No processo penal, contam-se os prazos da data da intimação, e não da juntada aos autos do mandado ou da carta precatória ou de ordem.

( ) Certo ( ) Errado

(DEFENSOR PÚBLICO – DPE/AL – CESPE – 2009)

7. Na hipótese de réu assistido pela DP, prolatada sentença penal condenatória, o sentenciado e seu defensor devem ser intimados, sendo certo que o prazo recursal tem início na data da intimação do defensor (excluindo-se o dia do começo), ainda que o réu tenha sido intimado em momento posterior.

( ) Certo ( ) Errado

(DEFENSOR PÚBLICO – DPE/AL – CESPE – 2009)

8. Se a defesa do adolescente postular o reconhecimento da prescrição em 10/4/2009, o juiz deve acolher o pedido, pois, nessa data, já se operou a prescrição da pretensão executória socioeducativa do Estado, devendo ser extinta a medida de prestação de serviços à comunidade.

( ) Certo ( ) Errado

(DEFENSOR PÚBLICO – DPE/AL – CESPE – 2009)

9. A prescrição penal não se aplica a medidas socioeducativas, consoante entendimento jurisprudencial do STJ.

( ) Certo ( ) Errado

(DEFENSOR PÚBLICO – DPE/AL – CESPE – 2009)

10. A remissão judicial concedida ao adolescente prevalecerá como seu antecedente.

( ) Certo ( ) Errado

(DEFENSOR PÚBLICO – DPE/AL – CESPE – 2009)

11. O juiz, ainda que o adolescente tivesse várias passagens na justiça juvenil, não poderia incluir a medida de semiliberdade na remissão, sendo admissível sua aplicação somente após a instrução processual em sede de sentença de mérito.

( ) Certo ( ) Errado

Acerca do direito processual penal, julgue os itens que se seguem.

(DEFENSOR PÚBLICO – DPE/ES – CESPE – 2009)

12. Na primeira etapa da fixação da pena, a lei penal legou ao magistrado o poder e o dever de analisar o julgado, o fato e suas circunstâncias, a fim de extrair dados capazes de diferenciar a conduta e permitir, a partir do mínimo legal, dosagem em maior extensão. Se, nessa etapa, o juiz concluir pelo aumento da pena, deverá indicar os dados do processo que o levaram a isso.

( ) Certo ( ) Errado

(DEFENSOR PÚBLICO – DPE/ES – CESPE – 2009)

13. O sistema penal brasileiro não admite a oitiva de correu como testemunha, porque, por garantia constitucional, ele tem o direito de permanecer calado e tampouco tem o dever de dizer a verdade.

( ) Certo ( ) Errado

(DEFENSOR PÚBLICO – DPE/ES – CESPE – 2009)

14. Quando há elementos suficientes a fundamentar a constrição da liberdade, tal como a gravidade em concreto da conduta delituosa, a prisão preventiva pode ser decretada mesmo que o réu seja primário, possua bons antecedentes e exerça profissão lícita.

    ( ) Certo ( ) Errado

(DEFENSOR PÚBLICO SUBSTITUTO – DPE/MT – FCC – 2009)

15. A ação penal:
    a) nas contravenções penais será iniciada por portaria expedida pela autoridade policial;
    b) pública será instaurada por denúncia do Ministério Público, que dela poderá desistir se convencer-se da inocência do acusado;
    c) pública condicionada à representação da vítima será julgada extinta se esta se retratar antes da sentença;
    d) privada, quando o ofendido for declarado ausente por decisão judicial, poderá ser intentada por seu cônjuge, ascendente, descendente ou irmão;
    e) privada subsidiária da pública poderá ser proposta pelo ofendido ou seu representante legal quando o juiz deferir pedido de arquivamento tempestivamente formulado pelo Ministério Público.

(DEFENSOR PÚBLICO SUBSTITUTO – DPE/MT – FCC – 2009)

16. A denúncia:
    a) não precisa expor o fato criminoso com todas as suas circunstâncias, porque isso já consta do inquérito e do relatório da autoridade policial;
    b) só poderá ser oferecida pelo Ministério Público se estiver embasada em inquérito policial;
    c) pode ser rejeitada liminarmente pelo juiz;
    d) pode ser substituída por portaria judicial quando ocorrer inércia do Ministério Público e houver risco de prescrição da pretensão punitiva;
    e) nos crimes de ação pública condicionada à representação da vítima, deve ser subscrita pelo advogado desta.

(DEFENSOR PÚBLICO SUBSTITUTO – DPE/MT – FCC – 2009)

17. A ação civil:
    a) poderá ser proposta quando a sentença absolutória no juízo criminal decidir que o fato imputado não constitui crime;
    b) não poderá ser proposta se o juízo criminal ordenar o arquivamento do inquérito policial relativo ao mesmo fato por falta de prova da autoria;
    c) não poderá ser proposta se o juízo criminal, no processo relativo ao mesmo fato, julgar extinta a punibilidade do réu;
    d) não poderá ser suspensa pelo juiz da ação civil até o julgamento definitivo da ação penal relativa ao mesmo fato;
    e) não poderá, após o trânsito em julgado da sentença penal condenatória, ser proposta pelos herdeiros do ofendido.

(DEFENSOR PÚBLICO – DPE/CE – CESPE – 2008)

18. Considere a seguinte situação hipotética.

> Marcelo foi denunciado pelo Ministério Público pela prática de homicídio qualificado pelo emprego de meio cruel. Após o curso da instrução probatória, sem quaisquer vícios, o promotor apresentou as alegações finais, requerendo a pronúncia de Marcelo nos mesmos termos da denúncia. Remetidos os autos ao defensor público, este elaborou manifestação de uma lauda na qual afirmou se reservar o direito de apresentar as teses defensivas no plenário do tribunal do júri.

Nessa situação, há nulidade absoluta do processo, que pode ser arguida a qualquer tempo e grau de jurisdição, independentemente da comprovação de prejuízo para o réu.

( ) Certo ( ) Errado

(DEFENSOR PÚBLICO – DPE/CE – CESPE – 2008)

19. A nulidade por ilegitimidade do representante da parte poderá ser sanada a qualquer tempo, mediante ratificação dos atos processuais.

( ) Certo ( ) Errado

O art. 366 do CPP dispõe que, se o acusado, citado por edital, não comparecer a audiência nem constituir advogado, ficarão suspensos o processo e o curso do prazo prescricional, podendo o juiz determinar a produção antecipada das provas consideradas urgentes e, se for o caso, decretar prisão preventiva, nos termos do disposto no art. 312. Com base nesse dispositivo e no entendimento sobre ele firmado pelo STF, julgue os itens subsequentes.

(DEFENSOR PÚBLICO – DPE/CE – CESPE – 2008)

20. O período máximo de suspensão da fluência do prazo de prescrição corresponde ao que está fixado no Código Penal, observada a pena máxima abstratamente cominada para a infração penal, haja vista que a Constituição veda a imprescritibilidade, fora dos casos ali expressamente previstos.

( ) Certo ( ) Errado

O art. 366 do CPP dispõe que, se o acusado, citado por edital, não comparecer a audiência nem constituir advogado, ficarão suspensos o processo e o curso do prazo prescricional, podendo o juiz determinar a produção antecipada das provas consideradas urgentes e, se for o caso, decretar prisão preventiva, nos termos do disposto no art. 312. Com base nesse dispositivo e no entendimento sobre ele firmado pelo STF, julgue os itens subsequentes.

(DEFENSOR PÚBLICO – DPE/CE – CESPE – 2008)

21. O disposto no art. 366 do CPC é norma processual, de aplicação imediata aos processos que estavam em andamento desde sua entrada em vigor, independentemente da data do fato.

( ) Certo ( ) Errado

13.3 Da Jurisdição e da Competência

(ADVOGADO – DETRAN/ES – CESPE – 2010)

22. Havendo conexão entre delitos de competência da justiça estadual e federal, devem ser observadas as penas cominadas abstratamente pela lei a cada tipo penal, fixando-se a competência pela infração de pena mais grave.

( ) Certo ( ) Errado

(ADVOGADO – DETRAN/ES – CESPE – 2010)

23. Compete, originariamente, ao STF o julgamento de *habeas corpus* contra decisão de turma recursal de juizados especiais criminais.

( ) Certo ( ) Errado

(DEFENSOR PÚBLICO SUBSTITUTO – DPE/MT – FCC – 2009)

24. A respeito dos critérios de determinação e modificação da competência, é correto afirmar que:

a) o querelante, nos casos de exclusiva ação penal, não poderá preferir o foro do domicílio ou da residência do réu, quando conhecido o lugar da infração;
b) no concurso entre a jurisdição comum e a especial, prevalecerá a competência da jurisdição comum;
c) a competência será determinada pelo lugar em que ocorreu a consumação, quando, iniciada a execução no território nacional, a infração se consumar fora dele;
d) a competência será determinada pelo local em que tiver sido iniciada a continuação quando se tratar de infração continuada praticada em território de duas ou mais jurisdições;
e) compete à Justiça Federal o processo e o julgamento unificado dos crimes conexos de competência federal e estadual.

(DEFENSOR PÚBLICO SUBSTITUTO – DPE/MT – FCC – 2009)

25. A incompetência do juízo anula:
a) a ação penal, desde o inquérito policial;
b) o processo, desde o recebimento da denúncia;
c) somente os atos decisórios;
d) a prova colhida na instrução;
e) o processo, desde a citação do acusado

Em relação ao que estabelece o Código de Processo Penal (CPP) no que se refere aos crimes de responsabilidade dos funcionários públicos, julgue os itens subsequentes.

(ADVOGADO – IBRAM – CESPE – 2009)

26. Caso o acusado esteja fora da jurisdição do juiz, a apresentação da resposta preliminar poderá ser feita por defensor nomeado, no prazo de 15 dias.

( ) Certo ( ) Errado

13.4 Dos Atos Processuais e dos Atos Judiciais

(ADVOGADO – DETRAN/ES – CESPE – 2010)

27. Nas ações penais de natureza privada, não se admite o perdão do ofendido depois do trânsito em julgado da sentença condenatória.

No curso do julgamento de uma apelação, o primeiro componente da turma a se manifestar verificou que já havia divergência entre turmas do tribunal na interpretação de questão de direito processual presente no caso analisado, razão pela qual suscitou incidente de uniformização de jurisprudência.

Considerando essa situação hipotética, julgue os itens a seguir.

Acerca dos institutos de direito processual penal, julgue os itens subsequentes.

(DEFENSOR PÚBLICO – DPE/AL – CESPE – 2009)

28. É função institucional da DP patrocinar tanto a ação penal privada quanto a subsidiária da pública, não havendo nenhuma incompatibilidade com a função acusatória, mais precisamente a de assistência da acusação.

( ) Certo ( ) Errado

(DEFENSOR PÚBLICO – DPE/AL – CESPE – 2009)

29. A prerrogativa da DP de intimação pessoal é incompatível com o rito dos juizados especiais.

( ) Certo ( ) Errado

(DEFENSOR PÚBLICO – DPE/AL – CESPE – 2009)

30. O MP não possui legitimidade para propor ação penal pública condicionada à representação pela suposta prática do delito de estupro quando, não obstante a pobreza da vítima, o estado-membro possua DPE devidamente aparelhada.

( ) Certo ( ) Errado

Julgue os itens subsequentes, acerca do processo dos crimes de tráfico e uso indevido de substâncias entorpecentes, do instituto da interceptação telefônica e da lei de combate à violência doméstica e familiar contra a mulher.

(DEFENSOR PÚBLICO – DPE/AL – CESPE – 2009)

31. No procedimento para apuração do delito de tráfico de drogas, oferecida a denúncia, o juiz deve ordenar a notificação do acusado para oferecer defesa prévia, por escrito, no prazo de quinze dias, decidindo o juiz em dez dias quanto ao recebimento ou não da inicial acusatória. As diligências, os exames e as perícias só são realizados após o recebimento da denúncia.

( ) Certo ( ) Errado

(DEFENSOR PÚBLICO – DPE/AL – CESPE – 2009)

32. Não se admite a interceptação telefônica quando o fato investigado constituir infração punida, no máximo, com pena de detenção.

( ) Certo ( ) Errado

(DEFENSOR PÚBLICO – DPE/AL – CESPE – 2009)

33. A lesão corporal praticada contra a mulher no âmbito doméstico é delito de ação penal pública condicionada à representação da ofendida, só se admitindo a renúncia à representação perante o juiz, em audiência especialmente designada com tal finalidade, antes do recebimento da denúncia e ouvido o MP.

O MP ofereceu representação contra um adolescente pela suposta prática de ato infracional análogo ao crime de tráfico de drogas, sendo a defesa do adolescente prestada por DP. Após instrução processual e apresentação das alegações finais pelas partes, foi prolatada sentença, sendo aplicada ao adolescente a medida socioeducativa de liberdade assistida pelo prazo mínimo de seis meses.

Considerando essa situação hipotética, julgue os itens a seguir.

(DEFENSOR PÚBLICO – DPE/AL – CESPE – 2009)

34. Comprovada a autoria e a materialidade do ato infracional, por se tratar de ato hediondo, necessariamente, deve ser aplicada a esse adolescente a medida socioeducativa de internação por prazo indeterminado.

( ) Certo ( ) Errado

(DEFENSOR PÚBLICO – DPE/AL – CESPE – 2009)

35. É admissível que a intimação da sentença em questão seja feita unicamente na pessoa do defensor.

( ) Certo ( ) Errado

Em relação a juiz, prisão, intimações, *habeas corpus*, nulidades e contagem dos prazos processuais, julgue os itens de 45 a 53.

(DEFENSOR PÚBLICO – DPE/ES – CESPE – 2009)

36. O juiz não pode vetar o direito de vista do processo fora da secretaria, mesmo em caso de diversidade de réus e necessidade de juntada frequente de documentos de interesse de todas as partes, sob pena de violação do princípio da ampla defesa, segundo o STJ.

( ) **Certo** ( ) **Errado**

(DEFENSOR PÚBLICO – DPE/ES – CESPE – 2009)

37. A prisão do depositário judicial pode ser decretada no próprio processo em que se constituiu o encargo, independentemente da propositura de ação de depósito.

( ) **Certo** ( ) **Errado**

(DEFENSOR PÚBLICO – DPE/ES – CESPE – 2009)

38. Considere que determinado réu, em ação penal pública, tenha sido condenado em primeira instância e que, publicada a sentença penal condenatória e realizadas as intimações necessárias, o advogado de defesa tenha renunciado ao mandato. Considere, ainda, que, sem condições financeiras de arcar com a contratação de novo defensor, o agente procurou a defensoria pública, que, após analisar a situação pessoal do condenado, aceitou o patrocínio da demanda.

( ) **Certo** ( ) **Errado**

(DEFENSOR PÚBLICO – DPE/ES – CESPE – 2009)

39. Se, em determinado processo criminal findo, em que a defesa estava sendo patrocinada pela defensoria pública estadual, houver a intimação pessoal do corregedor-geral dessa instituição, na data de julgamento do recurso de apelação da defesa, sem que seja feita a intimação do defensor que efetivamente atuava no feito, não se poderá falar em nulidade por ausência de intimação pessoal, pois as prerrogativas inerentes à mencionada função foram devidamente respeitadas.

( ) **Certo** ( ) **Errado**

(DEFENSOR PÚBLICO – DPE/ES – CESPE – 2009)

40. Nas hipóteses de atuação de defensor público, não prevalece o princípio da voluntariedade dos recursos, o que leva à conclusão de que a falta de interposição de apelo em ataque à decisão contrária aos interesses do réu, por si só, acarreta nulidade.

( ) **Certo** ( ) **Errado**

(DEFENSOR PÚBLICO – DPE/ES – CESPE – 2009)

41. As razões de apelação apresentadas pela defensoria pública, mesmo que fora do prazo legal, devem ser consideradas. Nesse caso, há mera irregularidade, que não compromete o recebimento do recurso, pois o não recebimento poderia constituir ofensa ao princípio da ampla defesa.

( ) **Certo** ( ) **Errado**

(DEFENSOR PÚBLICO – DPE/ES – CESPE – 2009)

42. Na hipótese de assistência judiciária gratuita, o defensor público e o advogado particular no exercício de defesa dativa possuem as prerrogativas de intimação pessoal, contando-se em dobro os prazos processuais.

( ) **Certo** ( ) **Errado**

(DEFENSOR PÚBLICO – DPE/ES – CESPE – 2009)

43. Considere que Maria, uma rica empresária, tenha sido denunciada pela prática de estelionato, e que, recebida a denúncia, tenha sido iniciada a ação penal. Maria negou-se a contratar

advogado para o patrocínio de sua defesa e, por determinação do juízo, os autos foram encaminhados à defensoria pública estadual. Nessa situação, o defensor público designado pode negar a atuação no feito, e, se aceitar o encargo, pode, ao final da demanda, postular a condenação da ré ao pagamento de honorários a serem arbitrados pelo juiz.

( ) **Certo** ( ) **Errado**

(DEFENSOR PÚBLICO – DPE/ES – CESPE – 2009)

44. Ainda que o acusado indique seu defensor por ocasião de seu interrogatório, a constituição regular desse defensor depende do instrumento de mandato, que, nessa situação, deve ser juntado aos autos no prazo de cinco dias, se outro prazo não for fixado pelo juiz.

( ) **Certo** ( ) **Errado**

(DEFENSOR PÚBLICO – DPE/ES – CESPE – 2009)

45. O defensor pode abandonar o processo por qualquer motivo, desde que comunique previamente ao juiz sua decisão.

( ) **Certo** ( ) **Errado**

(DEFENSOR PÚBLICO – DPE/ES – CESPE – 2009)

46. Ao proferir sentença condenatória, o juiz deve fixar valor mínimo para reparação dos danos causados pela infração, considerando a capacidade econômica do condenado.

( ) **Certo** ( ) **Errado**

(DEFENSOR PÚBLICO – DPE/ES – CESPE – 2009)

47. Se forem relevantes os motivos alegados no pedido de desaforamento, o relator poderá determinar, fundamentadamente, a suspensão do julgamento pelo júri.

( ) **Certo** ( ) **Errado**

(DEFENSOR PÚBLICO SUBSTITUTO – DPE/MT – FCC – 2009)

48. A decisão irrecorrível, cujo efeito se irradia para fora do processo, impedindo, no futuro, nova decisão sobre a mesma lide, denomina-se:

a) coisa julgada formal;
b) coisa julgada material;
c) preclusão consumativa;
d) preclusão temporal;
e) questão prejudicial.

(DEFENSOR PÚBLICO – DPE/CE – CESPE – 2008)

49. Sem necessidade de aditamento, o juiz poderá dar ao fato definição jurídica diversa da que constar da queixa ou da denúncia, ainda que, em consequência disso, tenha de aplicar pena mais grave.

( ) **Certo** ( ) **Errado**

(DEFENSOR PÚBLICO – DPE/CE – CESPE – 2008)

50. É denominada absolutória imprópria a sentença em que o juiz absolve o acusado, mas impõe-lhe medida de segurança.

( ) **Certo** ( ) **Errado**

Em relação ao que estabelece o Código de Processo Penal (CPP) no que se refere aos crimes de responsabilidade dos funcionários públicos, julgue os itens subsequentes.

(ADVOGADO – IBRAM – CESPE – 2009)

51. O juiz confirmará o recebimento da denúncia se a resposta preliminar apresentada não for instruída com documentos.

( ) Certo ( ) Errado

(ADVOGADO – IBRAM – CESPE – 2009)

52. Caso o juiz, diante dos argumentos apresentados na resposta preliminar, se convença da inexistência do crime ou da improcedência da ação, deverá absolver sumariamente o acusado.

( ) Certo ( ) Errado

13.5 Do Inquérito Policial

(ADVOGADO – DETRAN/ES – CESPE – 2010)

53. É vedada a utilização de inquéritos policiais e ações penais em curso para agravar a pena-base.

( ) Certo ( ) Errado

No curso do julgamento de uma apelação, o primeiro componente da turma a se manifestar verificou que já havia divergência entre turmas do tribunal na interpretação de questão de direito processual presente no caso analisado, razão pela qual suscitou incidente de uniformização de jurisprudência.

Considerando essa situação hipotética, julgue os itens a seguir.

Acerca dos institutos de direito processual penal, julgue os itens subsequentes.

(DEFENSOR PÚBLICO – DPE/AL – CESPE – 2009)

54. Impede-se desarquivamento do inquérito policial com vistas a prosseguir as investigações nas hipóteses de decisões judiciais, reconhecendo a atipicidade do fato ou a presença de alguma excludente de ilicitude.

( ) Certo ( ) Errado

(DEFENSOR PÚBLICO SUBSTITUTO – DPE/MT – FCC – 2009)

55. O inquérito policial:

a) referente a crime cuja ação penal é exclusivamente privada pode ser instaurado sem representação da vítima, porque a representação é condição de procedibilidade da ação penal e não do inquérito;
b) instaurado pela autoridade policial não pode ser por ela arquivado, ainda que não fique apurado quem foi o autor do delito;
c) só pode ser instaurado por requisição do Ministério Público quando a vítima de crime de ação pública for doente mental, menor de 18 anos ou incapaz para os atos da vida civil;
d) pode ser presidido por membro do Ministério Público especialmente designado pelo Procurador-Geral de Justiça, quando a apuração do delito for de interesse público;.
e) é mero procedimento preliminar preparatório e, por isso, o indiciado só poderá defender-se em juízo, não podendo requerer diligências à autoridade policial.

(DEFENSOR PÚBLICO SUBSTITUTO – DPE/MT – FCC – 2009)

56. Nos crimes de tráfico de entorpecentes, oferecida a denúncia, o juiz:

a) receberá a denúncia e designará data para interrogatório do réu, após o qual passará a correr o prazo de 3 dias para defesa prévia;
b) receberá a denúncia e ordenará a citação do réu para apresentar defesa prévia no prazo de 3 dias;
c) designará data para interrogatório do réu, após o qual decidirá pelo recebimento ou rejeição da denúncia;
d) ordenará a citação do réu para apresentar defesa prévia no prazo de 3 dias, após a qual decidirá pelo recebimento ou rejeição da denúncia;.
e) ordenará a notificação do acusado para oferecer defesa prévia, por escrito, no prazo de 10 dias.

Acerca do inquérito policial, julgue os próximos itens.

(DEFENSOR PÚBLICO – DPE/CE – CESPE – 2008)

57. Em crime de ação penal pública condicionada, a autoridade competente poderá iniciar o inquérito policial de ofício. Todavia, se, no prazo decadencial de seis meses, o ofendido ou seu representante legal não formularem a representação, o inquérito será arquivado.

( ) **Certo** ( ) **Errado**

(DEFENSOR PÚBLICO – DPE/CE – CESPE – 2008)

58. No curso do inquérito policial, a autoridade competente, logo que tiver conhecimento da prática da infração penal, deverá tomar uma série de providências elencadas pelo Código de Processo Penal (CPP), as quais incluem a colheita de todas as provas que servirem para o esclarecimento do fato e suas circunstâncias. Referida autoridade não poderá, todavia, realizar acareações, já que esse tipo de prova é ato privativo do juiz, que tem como pressuposto a presença do contraditório.

( ) **Certo** ( ) **Errado**

13.6 Da Prova

(ADVOGADO – CETESB – VUNESP – 2009)

59. Com relação ao tratamento que o Código de Processo Penal dispensa às provas, considere as seguintes assertivas, indicando, a seguir, a alternativa adequada:

I – Ao acusado em ação penal é facultado indicar assistente técnico e formular quesitos, no que concerne à prova pericial.

II – O surdo-mudo não será interrogado, mas lhe será obrigatoriamente nomeado defensor.

III – Quando da oitiva de testemunhas, as partes deverão formular a pergunta ao juiz que, em seguida, irá direcioná-la à testemunha.

Está correto apenas o contido em:

a) III;
b) II;
c) I;
d) I e II;
e) I e III.

(DEFENSOR PÚBLICO – DPE/ES – CESPE – 2009)

60. Quando for necessário fazer o reconhecimento judicial do acusado, não é obrigatório que ele seja colocado ao lado de outras pessoas que com ele guardem semelhança.

( ) **Certo** ( ) **Errado**

Em relação ao que estabelece o Código de Processo Penal (CPP) no que se refere aos crimes de responsabilidade dos funcionários públicos, julgue os itens subsequentes.

(ADVOGADO – IBRAM – CESPE – 2009)

61. A queixa ou denúncia será instruída com documentos ou justificação que façam presumir a existência do delito ou com declaração fundamentada da impossibilidade de apresentação de qualquer dessas provas.

( ) Certo ( ) Errado

13.7 Da Prisão e Liberdade Provisória

(ADVOGADO – DETRAN/ES – CESPE – 2010)

62. A simples alusão à gravidade abstrata do delito ou referência a dispositivos legais não valida a ordem de prisão preventiva, porque o juízo de que determinada pessoa encarna verdadeiro risco à coletividade só é de ser feito com base no quadro fático da causa e, nele, fundamentado o respectivo decreto prisional.

( ) Certo ( ) Errado

(ADVOGADO – DETRAN/ES – CESPE – 2010)

63. Caberá prisão temporária quando imprescindível para as investigações policiais, ou durante o transcurso da ação penal, quando houver fundadas razões de autoria ou participação do indiciado em crime doloso.

( ) Certo ( ) Errado

(DEFENSOR PÚBLICO – DPE/ES – CESPE – 2009)

64. Setores da doutrina entendem que, nas infrações permanentes, é incabível a prisão em flagrante, pois seria necessário, para tanto, prova de uma duração mínima do crime.

( ) Certo ( ) Errado

(DEFENSOR PÚBLICO – DPE/ES – CESPE – 2009)

65. Considere a seguinte situação hipotética.

Roberto, no gozo de suspensão condicional da pena, veio a ser processado novamente, dessa vez por furto qualificado pelo concurso de pessoas. Nessa situação, desde que Roberto comprove ter ocupação lícita, residência fixa no distrito da culpa e não ter outras incidências penais, deve ser-lhe concedida fiança.

( ) Certo ( ) Errado

(DEFENSOR PÚBLICO SUBSTITUTO – DPE/MT – FCC – 2009)

66. A decisão que decreta a prisão preventiva do acusado classifica-se doutrinariamente como:
    a) interlocutória mista terminativa;
    b) interlocutória simples;
    c) interlocutória mista não terminativa;
    d) definitiva;
    e) despacho de mero expediente.

(DEFENSOR PÚBLICO – DPE/CE – CESPE – 2008)

67. Embora sem testemunhas presenciais do fato, deverá o delegado prender em flagrante, lavrando o respectivo auto e tomando as demais providências legalmente previstas, a pessoa

encontrada, logo depois da prática do delito, com instrumentos, armas, objetos ou papéis que façam presumir ser ela autora da infração.

( ) **Certo** ( ) **Errado**

(DEFENSOR PÚBLICO – DPE/CE – CESPE – 2008)

68. Para a concessão da fiança, o juiz deve, necessariamente, ouvir o Ministério Público antes de sua decisão.

( ) **Certo** ( ) **Errado**

O art. 366 do CPP dispõe que, se o acusado, citado por edital, não comparecer a audiência nem constituir advogado, ficarão suspensos o processo e o curso do prazo prescricional, podendo o juiz determinar a produção antecipada das provas consideradas urgentes e, se for o caso, decretar prisão preventiva, nos termos do disposto no art. 312. Com base nesse dispositivo e no entendimento sobre ele firmado pelo STF, julgue os itens subsequentes.

(DEFENSOR PÚBLICO – DPE/CE – CESPE – 2008)

69. A decretação da prisão preventiva do acusado fundamentada apenas na incidência da situação prevista no referido artigo não é válida, pois a prisão preventiva do acusado é uma exceção, sempre a depender da observância da incidência dos requisitos para a prisão preventiva.

( ) **Certo** ( ) **Errado**

13.8 Dos Procedimentos em Espécie

No curso do julgamento de uma apelação, o primeiro componente da turma a se manifestar verificou que já havia divergência entre turmas do tribunal na interpretação de questão de direito processual presente no caso analisado, razão pela qual suscitou incidente de uniformização de jurisprudência.

Considerando essa situação hipotética, julgue os itens a seguir.

Acerca dos institutos de direito processual penal, julgue os itens subsequentes.

(DEFENSOR PÚBLICO – DPE/AL – CESPE – 2009)

70. Na hipótese de o réu ser processado por mais de um crime, cada um deles com procedimento diverso, deve ser seguido o procedimento mais genérico possível para todos os delitos.

( ) **Certo** ( ) **Errado**

(DEFENSOR PÚBLICO – DPE/AL – CESPE – 2009)

71. Considera-se perempta a ação penal pública condicionada quando, após seu início, o MP deixa de promover o andamento do processo durante trinta dias seguidos.

( ) **Certo** ( ) **Errado**

(DEFENSOR PÚBLICO – DPE/AL – CESPE – 2009)

72. Com o trânsito em julgado da sentença penal condenatória, o ofendido deve promover a liquidação do dano para fins de propositura da ação civil *ex delicto*, pois é vedado ao juiz fixar valor para reparação dos danos causados pela infração.

( ) **Certo** ( ) **Errado**

(DEFENSOR PÚBLICO – DPE/AL – CESPE – 2009)

73. No mandado de segurança impetrado pelo MP contra decisão proferida em processo penal, é obrigatória a citação do réu como litisconsorte passivo.

( ) **Certo** ( ) **Errado**

(DEFENSOR PÚBLICO – DPE/AL – CESPE – 2009)

74. É incabível a ordem concessiva de *habeas corpus* quando já extinta a pena privativa de liberdade, ou contra decisão condenatória somente a pena de multa ou, ainda, em relação a processo em curso por infração penal a que a pena pecuniária seja a única cominada.

( ) **Certo** ( ) **Errado**

(DEFENSOR PÚBLICO – DPE/AL – CESPE – 2009)

75. Considere a seguinte situação hipotética. Antônio foi condenado pela prática do delito X pelo juízo da 5ª vara criminal de Maceió, sendo certo que a condenação foi mantida pelo Tribunal de Justiça do Estado de Alagoas. Transitado em julgado o *decisum* e iniciado o cumprimento da pena privativa de liberdade, foi publicada pelo Congresso Nacional lei ordinária reduzindo pela metade a pena cominada ao delito X. Nessa situação, compete ao juízo da 5ª vara criminal da capital alagoana a aplicação da lei penal mais benigna.

( ) **Certo** ( ) **Errado**

(DEFENSOR PÚBLICO – DPE/AL – CESPE – 2009)

76. Em caso de descumprimento reiterado e injustificado da medida de semiliberdade, é cabível ao juiz aplicar ao adolescente a denominada internação-sanção, pelo prazo de até três meses.

( ) **Certo** ( ) **Errado**

(DEFENSOR PÚBLICO – DPE/AL – CESPE – 2009)

77. É necessária a oitiva do adolescente antes de decretar-se a regressão da medida denominada internação-sanção.

( ) **Certo** ( ) **Errado**

(DEFENSOR PÚBLICO – DPE/ES – CESPE – 2009)

78. Somente no procedimento do júri é necessário observar a incomunicabilidade das testemunhas, pois, no procedimento comum, não há proibição legal de que as testemunhas saibam ou ouçam os depoimentos umas das outras.

( ) **Certo** ( ) **Errado**

(DEFENSOR PÚBLICO – DPE/ES – CESPE – 2009)

79. No procedimento dos juizados especiais criminais, caso não seja obtida a composição dos danos civis, deve ser dado imediatamente ao ofendido o direito de representação verbal. Caso o ofendido não ofereça a representação na audiência preliminar, ocorrerá a decadência do direito respectivo.

( ) **Certo** ( ) **Errado**

(DEFENSOR PÚBLICO SUBSTITUTO – DPE/MT – FCC – 2009)

80. A respeito do procedimento dos Juizados Especiais relativos a crimes de menor potencial ofensivo, é INCORRETO afirmar que:

a) a denúncia poderá ser formulada oralmente em audiência;
b) o relatório não é requisito da sentença e pode ser dispensado pelo juiz;

c) o acordo homologado acarreta a renúncia ao direito de queixa, tratando-se de ação penal de iniciativa privada;
d) a citação, não sendo encontrado o réu, far-se-á por edital, com prazo de 30 dias;
e) caberá apelação da sentença absolutória, no prazo de 10 dias, contados da ciência pelo Ministério Público.

(DEFENSOR PÚBLICO SUBSTITUTO – DPE/MT – FCC – 2009)

81. A respeito do *habeas corpus* é correto afirmar que:
a) não pode ser impetrado se a coação ilegal for decorrente de processo manifestamente nulo;
b) não pode ser impetrado pelo Ministério Público;
c) só pode ser impetrado se o paciente estiver preso;
d) poderá ser impetrado por qualquer pessoa, mesmo que não seja advogado, em favor de outrem;
e) não pode ser impetrado quando a coação ilegal for decorrente da ocorrência da extinção da punibilidade.

(DEFENSOR PÚBLICO – DPE/CE – CESPE – 2008)

82. Apesar do princípio da intranscendência, segundo o qual a pena não passará da pessoa do condenado, a ação civil para ressarcimento do dano poderá ser proposta, no juízo cível, contra o autor do crime e, se for o caso, contra o responsável civil.

( ) **Certo** ( ) **Errado**

(DEFENSOR PÚBLICO – DPE/CE – CESPE – 2008)

83. A sentença penal absolutória que decidir que o fato imputado ao acusado não constitui crime impede a propositura da ação civil.

( ) **Certo** ( ) **Errado**

(DEFENSOR PÚBLICO – DPE/CE – CESPE – 2008)

84. Em caso de conexão entre crime de menor potencial ofensivo, da competência do juizado especial criminal, e crime afeto à competência do juízo comum, os autos deverão ser desmembrados, considerando-se que a competência do juizado especial criminal é absoluta, já que prevista em norma constitucional.

( ) **Certo** ( ) **Errado**

(DEFENSOR PÚBLICO – DPE/CE – CESPE – 2008)

85. A competência do juizado especial criminal é determinada pelo lugar onde a infração penal tenha se consumado.

( ) **Certo** ( ) **Errado**

Em relação ao que estabelece o Código de Processo Penal (CPP) no que se refere aos crimes de responsabilidade dos funcionários públicos, julgue os itens subsequentes.

(ADVOGADO – IBRAM – CESPE – 2009)

86. O procedimento especial previsto no CPP não se aplica a todos os crimes funcionais.

( ) **Certo** ( ) **Errado**

(ADVOGADO – IBRAM – CESPE – 2009)

87. O procedimento especial prevê que, após o recebimento da denúncia, o juiz determinará a notificação do réu para responder por escrito a acusação.

( ) **Certo** ( ) **Errado**

Em relação ao que estabelece o Código de Processo Penal (CPP) no que se refere aos crimes de responsabilidade dos funcionários públicos, julgue os itens subsequentes.

(ADVOGADO – IBRAM – CESPE – 2009)

88. O crime de excesso de exação, cuja pena é de reclusão de 3 a 8 anos, não se submete ao procedimento especial dos crimes de responsabilidade dos funcionários públicos, seguindo o procedimento ordinário.

( ) Certo ( ) Errado

13.9 Dos Recursos

(PROCURADOR – ASSEMBLEIA LEGISLATIVA SP – FCC – 2010)

89. O recurso cabível da decisão de tribunal de segunda instância que denega *habeas corpus* é o:
a) especial, a ser julgado pelo Tribunal Regional Federal;
b) ordinário, a ser julgado pelo Superior Tribunal de Justiça;
c) especial, a ser julgado pelo Superior Tribunal de Justiça;
d) ordinário, a ser julgado pelo Supremo Tribunal Federal;
e) extraordinário, a ser julgado pelo Supremo Tribunal Federal.

(DEFENSOR PÚBLICO – DPE/AL – CESPE – 2009)

90. Considere a seguinte situação hipotética. Antônio assassinou sua esposa e fugiu logo em seguida. Reunidos os elementos necessários ao início da persecução criminal, Antônio foi denunciado dois meses após o fato. O advogado contratado pela família do foragido apresentou certidão de óbito falsa ao juízo processante, que, sem perceber a falsidade, extinguiu a punibilidade do réu, tendo o *decisum* transitado em julgado. Nessa situação, como não há revisão criminal *pro societate*, não há como ser desconstituída a decisão judicial, restando às autoridades públicas apenas a punição dos responsáveis pela falsificação.

( ) Certo ( ) Errado

(DEFENSOR PÚBLICO – DPE/AL – CESPE – 2009)

91. Considere a seguinte situação hipotética. João foi denunciado pelo delito de roubo de automóvel, tendo sido condenado a quatro anos de reclusão e trinta dias-multa pelo juízo da primeira vara criminal de Maceió. Apenas o réu recorreu, e o órgão recursal competente, acolhendo pedido da defesa, anulou o *decisum*, por reconhecer a incompetência absoluta do juízo sentenciante, remetendo os autos à autoridade judicial competente. Nessa situação, a pena de eventual nova condenação não pode ser superior àquela fixada pela autoridade judicial incompetente.

( ) Certo ( ) Errado

O MP ofereceu representação contra um adolescente pela suposta prática de ato infracional análogo ao crime de tráfico de drogas, sendo a defesa do adolescente prestada por DP. Após instrução processual e apresentação das alegações finais pelas partes, foi prolatada sentença, sendo aplicada ao adolescente a medida socioeducativa de liberdade assistida pelo prazo mínimo de seis meses.

Considerando essa situação hipotética, julgue os itens a seguir.

(DEFENSOR PÚBLICO – DPE/AL – CESPE – 2009)

92. Caso o defensor do referido adolescente não se conforme com a sentença, o prazo para interpor o recurso de apelação será de dez dias, admitindo-se o juízo de retratação.

( ) Certo ( ) Errado

(DEFENSOR PÚBLICO – DPE/AL – CESPE – 2009)

93. Por se tratar de ato infracional, o recurso contra essa sentença segue o sistema recursal do Código de Processo Penal.

( ) Certo ( ) Errado

(DEFENSOR PÚBLICO – DPE/AL – CESPE – 2009)

94. Nos processos afetos à justiça da infância e juventude, os recursos serão interpostos independentemente de preparo.

( ) Certo ( ) Errado

(DEFENSOR PÚBLICO SUBSTITUTO – DPE/MT – FCC – 2009)

95. NÃO cabe recurso em sentido estrito da decisão que:
    a) conceder, negar ou revogar livramento condicional;
    b) concluir pela incompetência do juízo;
    c) receber a denúncia ou a queixa;
    d) denegar a apelação ou a julgar deserta;
    e) decidir o incidente de falsidade.

(DEFENSOR PÚBLICO SUBSTITUTO – DPE/MT – FCC – 2009)

96. A revisão criminal:
    a) não pode ser requerida pelo condenado sem recolher-se à prisão;
    b) será admitida quando, após a sentença, se descobrirem novas provas de circunstância que determine ou autorize diminuição especial da pena;
    c) pode ser requerida pelo Ministério Público face à prova posterior à sentença absolutória;
    d) poderá ser requerida até a extinção da pena;
    e) poderá ensejar ao Tribunal o agravamento da pena imposta pela decisão revista.

(DEFENSOR PÚBLICO SUBSTITUTO – DPE/MT – FCC – 2009)

97. A respeito dos recursos em geral, considere:

    I – O Ministério Público poderá desistir de recurso que haja interposto.

    II – Salvo a hipótese de má-fé, a parte não será prejudicada pela interposição de um recurso por outro.

    III – Não será admitido recurso da parte que não tiver interesse na reforma ou modificação da decisão.

Está correto o que se afirma SOMENTE em:

a) I;
b) II;
c) I e II;
d) I e III;
e) II e III.

(DEFENSOR PÚBLICO – DPE/CE – CESPE – 2008)

98. Em caso de apelação interposta pelo defensor público, em processo afeto à competência do júri, com fundamento em injustiça no tocante à aplicação da pena, é vedado ao tribunal *ad quem*, dando provimento ao recurso, retificar a aplicação da pena.

( ) Certo ( ) Errado

(DEFENSOR PÚBLICO – DPE/CE – CESPE – 2008)

99. A revisão criminal pode ser requerida pelo próprio réu, em qualquer tempo, antes ou após a extinção da pena.

( ) **Certo** ( ) **Errado**

(DEFENSOR PÚBLICO – DPE/CE – CESPE – 2008)

100. Na revisão criminal, não será devida a justa indenização pelos prejuízos sofridos se o erro da condenação proceder de ato imputável ao próprio impetrante, como, por exemplo, a confissão.

( ) **Certo** ( ) **Errado**

14

DIREITO TRIBUTÁRIO

14.1 Dos Princípios Constitucionais Tributários

(ADVOGADO – DETRAN/ES – CESPE – 2010)

1. Considere que certo contribuinte tenha sido compelido a pagar multa de cerca de 300% sobre o valor do tributo devido, em razão de descumprimento de obrigação tributária. Nessa situação, é aplicável o princípio da vedação do uso de multa com efeito de confisco.

   ( ) Certo ( ) Errado

(PROCURADOR DO ESTADO DE 1ª CATEGORIA – PGE/ES – CESPE – 2008)

2. Considere que um decreto presidencial tenha majorado a alíquota do imposto sobre a importação de determinado bem de 10% para 200%. Nesse caso, por se tratar de tributo com função extrafiscal de controle da balança comercial, a referida majoração não fere o princípio do não confisco.

   ( ) Certo ( ) Errado

14.2 Das Disposições Gerais

(PROCURADOR – ASSEMBLEIA LEGISLATIVA SP – FCC – 2010)

3. Quanto ao lançamento tributário é INCORRETO afirmar:
   a) Não influem sobre a obrigação tributária quaisquer atos anteriores à homologação, praticados pelo sujeito passivo ou por terceiro, visando à extinção total ou parcial do crédito.
   b) O lançamento é efetuado com base na declaração do sujeito passivo ou de terceiro, quando um ou outro, na forma da legislação tributária, presta à autoridade administrativa informações sobre matéria de fato, indispensáveis à sua efetivação.
   c) Os erros contidos na declaração e apuráveis pelo seu exame serão retificados de ofício pela autoridade administrativa a que competir a revisão daquela.
   d) A retificação da declaração por iniciativa do próprio declarante, quando vise a reduzir ou a excluir tributo, só é admissível mediante comprovação do erro em que se funde e antes de notificado o lançamento.
   e) A revisão do lançamento tributário só pode ser iniciada após extinto o direito da Fazenda Pública, salvo se subordinada a condição resolutória da ulterior homologação ao lançamento.

(ADVOGADO – CETESB – VUNESP – 2009)

4. Considerando as disposições do Código Tributário Nacional acerca das normas complementares, assinale a alternativa que contempla uma delas:
   a) Constituição Federal.
   b) Lei Delegada criada pelo Presidente da República.
   c) Medida Provisória editada pelo Presidente da República.
   d) Ato normativo expedido pela autoridade administrativa.
   e) Lei Complementar criada pelo Congresso Nacional.

(ADVOGADO – CETESB – VUNESP – 2009)

5. Assinale a assertiva consonante com as disposições do Código Tributário Nacional:
   a) Na ausência de disposição expressa, a autoridade competente para aplicar a legislação tributária não poderá utilizar a analogia.
   b) Do emprego da equidade poderá resultar dispensa do tributo devido.

c) A lei tributária não pode alterar a definição, o conteúdo e o alcance dos institutos, conceitos e formas de direito privado, utilizados, expressa ou implicitamente, pela Constituição Federal, para definir ou limitar competências tributárias.
d) Os princípios gerais de direito privado utilizam-se para pesquisa da definição, do conteúdo e do alcance de seus institutos, conceitos e formas, inclusive, para definição dos respectivos efeitos tributários.
e) Interpreta-se extensivamente a legislação tributária que disponha sobre a dispensa do cumprimento de obrigações tributárias acessórias.

(ADVOGADO – CETESB – VUNESP – 2009)

6. Analise as afirmações:

I – Os tratados e as convenções internacionais revogam ou modificam a legislação tributária interna, e serão observados pela que lhes sobrevenha.

II – Somente a lei pode estabelecer a atualização do valor monetário da respectiva base de cálculo, posto que, nos termos do Código Tributário Nacional, constitui majoração de tributo.

III – A legislação tributária dos Estados, do Distrito Federal e dos Municípios vigora, no País, fora dos respectivos territórios, nos limites em que lhe reconheçam extraterritorialidade os convênios de que participem, ou do que disponham o Código Tributário Nacional ou outras leis de normas gerais expedidas pela União.

Pode-se dizer que:

a) todas as afirmações são corretas;
b) todas as afirmações são incorretas;
c) a afirmação II é correta, mas I e III são incorretas;
d) a afirmação III é incorreta, mas I e II são corretas;
e) a afirmação II é incorreta, mas I e III são corretas.

(ADVOGADO – DETRAN/ES – CESPE – 2010)

7. Em obediência ao princípio da irretroatividade, a lei tributária, ao entrar em vigor, aplica-se imediatamente aos fatos geradores futuros, mas não aos pendentes e pretéritos.

( ) **Certo** ( ) **Errado**

(ADVOGADO – DETRAN/ES – CESPE – 2010)

8. Considera-se sujeito ativo da obrigação tributária a pessoa física ou jurídica obrigada a pagar tributo ou penalidade pecuniária.

( ) **Certo** ( ) **Errado**

(DEFENSOR PÚBLICO – DPE/AL – CESPE – 2009)

9. Os municípios têm participação direta quanto ao produto da arrecadação do imposto da União sobre a renda e proventos de qualquer natureza, incidente na fonte, sobre rendimentos pagos, a qualquer título, por eles, suas autarquias e pelas fundações que instituírem ou mantiverem.

( ) **Certo** ( ) **Errado**

Acerca do Sistema Tributário Nacional, julgue o próximo item.

(DEFENSOR PÚBLICO – DPE/ES – CESPE – 2009)

10. Cabe a lei complementar estabelecer normas gerais em matéria de legislação tributária, especialmente sobre obrigação, lançamento, crédito, prescrição e decadência tributários.

( ) **Certo** ( ) **Errado**

Em relação ao Sistema Tributário Nacional, julgue os itens subsequentes.

(DEFENSOR PÚBLICO – DPE/CE – CESPE – 2007)

11. O aluguel de salas localizadas em templo religioso é legal, mas as receitas das locações devem ser tributadas pelo imposto de renda.

( ) Certo ( ) Errado

(DEFENSOR PÚBLICO – DPE/CE – CESPE – 2007)

12. Somente a União pode instituir contribuição de intervenção no domínio econômico.

( ) Certo ( ) Errado

(DEFENSOR PÚBLICO – DPE/CE – CESPE – 2007)

13. Lei municipal pode instituir contribuição de iluminação pública para o custeio da iluminação pública.

( ) Certo ( ) Errado

(DEFENSOR PÚBLICO – DPE/CE – CESPE – 2007)

14. Não incide imposto de transmissão *inter vivos* sobre bens que não tenham relação com a atividade da empresa e sejam incorporados ao patrimônio de pessoa jurídica em realização de capital.

( ) Certo ( ) Errado

(PROCURADOR DO ESTADO DE ALAGOAS – PGE/AL – CESPE – 2009)

15. Com relação ao direito tributário, considerando que seja editada a lei ordinária Y, esclarecendo como deverá ser aplicada a lei vigente X, que possui penalidades para as infrações a seus dispositivos, assinale a opção correta:
    a) A lei Y só poderá ser aplicada a ato e fato futuro ou pendente, como rege o CTN.
    b) A lei Y sempre terá aplicação a ato ou fato pretérito, quando houver a imposição de penalidades às infrações dos dispositivos interpretados.
    c) A lei X foi revogada, pois a lei Y regulamentou a mesma matéria.
    d) Em qualquer caso, quando for expressamente interpretativa, a lei Y aplicar-se-á a ato ou fato pretérito.
    e) Fato gerador ocorrido antes da vigência da lei Y não será por ela atingido, em virtude do princípio da irretroatividade.

(PROCURADOR DO ESTADO DE ALAGOAS – PGE/AL – CESPE – 2009)

16. Dois amigos resolveram se juntar e abrir uma sociedade que começou a funcionar sem ter sido constituída formalmente perante os órgãos públicos. Ocorre que um deles foi preso e encontra-se privado de exercer atividades da vida civil. Acerca dessa situação hipotética, assinale a opção correta:
    a) A pessoa jurídica, por não ter sido constituída formalmente, não possui capacidade tributária passiva, apenas os seus sócios.
    b) Apenas o sócio que não foi preso possui capacidade tributária passiva.
    c) A sociedade comercial e os seus sócios possuem capacidade tributária passiva.
    d) Os sócios são solidariamente responsáveis, mas há o benefício de ordem.
    e) Os sócios são subsidiariamente responsáveis e possuem capacidade tributária ativa.

(PROCURADOR DO ESTADO DE ALAGOAS – PGE/AL – CESPE – 2009)

17. Assinale a opção correta a respeito de fato gerador:
    a) O fato gerador da obrigação acessória é qualquer situação que, na forma da legislação tributária, impõe a prática ou a abstenção de ato que não configure obrigação principal.

b) O fato gerador da obrigação principal é a situação definida na legislação tributária que impõe uma sanção administrativa.
c) Considera-se, via de regra, caracterizado o fato gerador quando da verificação, pelo fisco, da ocorrência do mesmo.
d) Tratando-se de situação jurídica, considera-se ocorrido o fato gerador e existentes seus efeitos, após declarada pelo fisco a validade do ato.
e) O fato gerador de um imposto pode ser definido por meio de lei ordinária.

(PROCURADOR DO ESTADO DE ALAGOAS – PGE/AL – CESPE – 2009)

18. Se, em uma empresa, um gerente administrativo, que não faça parte da sociedade, infringir, por sua conta e risco, regra do estatuto da empresa e cometer infração à legislação tributária, é correto afirmar que:
a) tal gerente será responsabilizado juntamente com os sócios da empresa;
b) os sócios serão os únicos responsáveis pela infração tributária, uma vez que o gerente não é proprietário da sociedade;
c) o gerente será responsabilizado, caso aja com intenção de cometer a infração tributária;
d) os sócios serão responsabilizados pela infração tributária, pois são culpados em razão de terem escolhido mal o gerente da empresa;
e) a responsabilidade será pessoal e independerá da intenção do agente.

(PROCURADOR DO ESTADO DE 1ª CATEGORIA – PGE/ES – CESPE – 2008)

19. No direito tributário brasileiro, há um desnivelamento hierárquico entre os tratados internacionais e a legislação tributária interna, pois, quando em vigor, os tratados internacionais revogam ou modificam a legislação tributária interna e devem ser observados pela que lhes sobrevenha.

( ) Certo ( ) Errado

(PROCURADOR DO ESTADO DE 1ª CATEGORIA – PGE/ES – CESPE – 2008)

20. O servidor público da secretaria de fazenda estadual que obtiver, em razão de seu ofício, informações acerca da situação econômica de certo contribuinte tem o dever de sigilo quanto aos dados do contribuinte, exceto nos casos de solicitações de outras autoridades administrativas no interesse da administração pública.

( ) Certo ( ) Errado

(PROCURADOR DO ESTADO DE 1ª CATEGORIA – PGE/ES – CESPE – 2008)

21. É lícita à fazenda pública federal e estadual a permuta de informações com Estados estrangeiros no interesse da arrecadação e da fiscalização dos tributos.

( ) Certo ( ) Errado

(PROCURADOR DO ESTADO DE 1ª CATEGORIA – PGE/ES – CESPE – 2008)

22. Constitui dívida ativa tributária apenas o crédito proveniente de obrigação legal relativa a tributos, respectivos adicionais e multas.

( ) Certo ( ) Errado

(PROCURADOR DO ESTADO SUBSTITUTO – PGE/PI – CESPE – 2008)

23. O governador de determinado estado encaminhou à casa legislativa projeto de lei que perdoava o débito tributário principal, bem como suas penalidades, de determinados contribuintes. O projeto foi aprovado, e, posteriormente, transformado em lei.

Assinale a opção correta acerca dessa situação:

a) Uma vez que foi perdoada a dívida, incluindo-se as penalidades, é correto afirmar que se trata de isenção.

b) Nesse caso, houve moratória, já que foi perdoado débito tributário principal.
c) A lei pode autorizar o referido perdão, desde que atendido o único fundamento possível, que é a situação econômica do sujeito passivo.
d) Trata-se, nesse caso, de anistia, uma vez que todo o débito está sendo perdoado.
e) Somente o instituto da remissão pode se enquadrar nesse exemplo.

(PROCURADOR DO ESTADO SUBSTITUTO – PGE/PI – CESPE – 2008)

24. Assinale a opção correta em relação a lançamento:
a) O lançamento regularmente notificado ao sujeito passivo não pode ser modificado.
b) O lançamento por homologação deve ser feito no prazo de cinco anos, a contar do primeiro ano seguinte ao fato.
c) O lançamento é regido pela lei vigente à data da ocorrência do fato gerador, desde que ela não seja revogada posteriormente.
d) O lançamento é o ato que dá origem à obrigação tributária.
e) O lançamento pode ser alterado por impugnação do sujeito passivo.

(PROCURADOR DO ESTADO SUBSTITUTO – PGE/PI – CESPE – 2008)

25. A CF, ao disciplinar as competências tributárias das unidades da Federação, criou a competência residual. A respeito da competência tributária residual, assinale a opção correta:
a) A competência tributária residual é aquela que possibilita aos estados instituírem tributos já criados na esfera federal.
b) Esse tipo de competência rege a criação de tributos pela União na iminência de guerra externa.
c) A competência tributária residual tem origem no fato de ser possível a todas as unidades da Federação criar taxas.
d) A criação de novos tributos não previstos na CF depende de aprovação de lei complementar Federal.
e) A competência tributária residual é exclusiva da União, que pode criar tributos cumulativos.

(ANALISTA MUNICIPAL/ ESPECIALIDADE PROCURADOR MUNICIPAL – PGM DE BOA VISTA/ RR – CESPE – 2010)

26. O estado pode conceder remissão de créditos constituídos referentes ao imposto sobre a propriedade de veículos automotores sem que o benefício fiscal seja objeto de deliberação entre todos os estados e o Distrito Federal (DF) no âmbito do Conselho Nacional de Política Fazendária.

( ) **Certo** ( ) **Errado**

(ANALISTA MUNICIPAL/ ESPECIALIDADE PROCURADOR MUNICIPAL – PGM DE BOA VISTA/ RR – CESPE – 2010)

27. Serviço público prestado pelo estado, sendo de utilização compulsória, mesmo que não usufruído efetivamente e desde que específico e divisível, será fato gerador de preço público.

( ) **Certo** ( ) **Errado**

(ANALISTA MUNICIPAL/ ESPECIALIDADE PROCURADOR MUNICIPAL – PGM DE BOA VISTA/ RR – CESPE – 2010)

28. Qualquer omissão de requisito legal previsto para constar no termo de inscrição de dívida ativa causa a sua nulidade absoluta, caso a omissão não seja sanada até a decisão de primeira instância.

( ) **Certo** ( ) **Errado**

(ANALISTA MUNICIPAL/ ESPECIALIDADE PROCURADOR MUNICIPAL – PGM DE BOA VISTA/ RR – CESPE – 2010)

29. Sujeita-se à condição prevista em programa de benefício fiscal estabelecido pelo estado o repasse da quota constitucionalmente devida aos municípios em função das operações relativas à circulação de mercadorias e em função da prestação de serviços de transporte interestadual e intermunicipal e de comunicação.

( ) **Certo** ( ) **Errado**

(PROCURADOR – PMS/SAAE – VUNESP – 2010)

30. É correto afirmar que a obrigação tributária acessória:
   a) corresponde à penalidade pecuniária;
   b) pelo simples fato da sua inobservância, converte-se em obrigação principal relativamente a penalidade pecuniária;
   c) tem por objeto o pagamento de tributo;
   d) extingue-se juntamente com o crédito dela decorrente;
   e) compreende as multas por não recolhimento de impostos.

(ADVOGADO – SENADO FEDERAL – FGV – 2008)

31. Havendo antinomia entre norma de tratado internacional e norma de lei interna, mais recente, a questão se resolve:
   a) pela prevalência da lei interna, com indenização aos prejudicados;
   b) pela revogação da lei interna, sem indenização aos prejudicados;
   c) pela revogação do tratado, com indenização aos eventuais prejudicados;
   d) pelo critério da especificidade da matéria, adotando-se a norma mais completa para solução do caso;
   e) pela prevalência do tratado, com indenização eventual aos prejudicados.

14.3 Da Competência Tributária

(ADVOGADO – DETRAN/ES – CESPE – 2010)

32. Uma concessionária de serviços de transporte ferroviário detém plena capacidade tributária ativa para instituir a cobrança de taxa pela utilização do subsolo da faixa territorial concedida pela União.

( ) **Certo** ( ) **Errado**

(ANALISTA MUNICIPAL/ ESPECIALIDADE PROCURADOR MUNICIPAL – PGM DE BOA VISTA/ RR – CESPE – 2010)

33. Em matéria de legislação tributária, a casa legislativa do município pode estabelecer norma dispondo sobre crédito, diferentemente do disposto em lei complementar.

( ) **Certo** ( ) **Errado**

(PROCURADOR – PMS/SAAE – VUNESP – 2010)

34. Compete ao Município instituir impostos sobre:
   a) propriedade territorial rural;
   b) propriedade de veículos automotores;
   c) transmissão *causa mortis*;
   d) doação de quaisquer bens ou direitos;
   e) transmissão *inter vivos*, a qualquer título, por ato oneroso, de bens imóveis.

(PROCURADOR – PMS/SAAE – VUNESP – 2010)

35. Na ausência de disposição expressa, a autoridade competente para aplicar a legislação tributária utilizará, sucessivamente, na ordem indicada:
    a) a analogia, os princípios gerais do direito tributário, os princípios gerais do direito público e a equidade;
    b) a analogia, a equidade e os princípios gerais do direito;
    c) a equidade, a analogia e os princípios gerais do direito;
    d) a equidade, os princípios gerais do direito público e a analogia;
    e) a equidade, os princípios gerais do direito público, os princípios gerais do direito tributário e a analogia.

(ADVOGADO – SENADO FEDERAL – FGV – 2008)

36. Assinale a afirmativa correta:
    a) As garantias do crédito tributário não estão sujeitas ao princípio da reserva legal.
    b) O princípio da anterioridade é uma regra de vigência, que impede que a lei seja aplicada antes do próximo exercício fiscal.
    c) Matéria tributária não está sujeita à iniciativa legislativa privativa.
    d) O princípio do não confisco deve considerar a incidência específica de cada tributo.
    e) A vedação às isenções heterônomas impede a concessão de isenções em tratados internacionais.

14.4 Dos Impostos

(ADVOGADO – BADESC/SC – FGV – 2010)

37. Lei catarinense, publicada em 01.12.2008, alterou, de 3% para 4%, a alíquota do IPVA relativo à propriedade de veículo usado, movido a gasolina:

Assinale a alternativa que indique a data que tal aumento pôde ser cobrado:

a) 02.03.2009;
b) 01.01.2009;
c) 01.01.2010;
d) 02.12.2009;
e) 31.12.2008.

(ADVOGADO – BADESC/SC – FGV – 2010)

38. Com relação às *isenções e benefícios fiscais* relativos ao ICMS, assinale a alternativa correta:
    a) Exigem a edição de convênio entre os Estados e o Distrito Federal, apenas por meio de autorização impositiva.
    b) Podem ser concedidos ou revogados, unilateralmente, por lei ordinária do Estado.
    c) Exigem autorização dos Estados e do Distrito Federal, apenas para sua concessão.
    d) Podem ser concedidos por meio de convênio autorizativo, mas apenas para revogação.
    e) Exigem a edição de convênio entre os Estados e o Distrito Federal, para sua concessão e revogação.

(PROCURADOR – ASSEMBLEIA LEGISLATIVA SP – FCC – 2010)

39. Na distribuição da receita tributária obtida pelo produto da arrecadação do Imposto Sobre a Renda e Proventos de Qualquer Natureza e do Imposto Sobre Produtos Industrializados, excluída a receita da União, o restante será distribuído para cada um dos Fundos previstos em Lei, a razão de:

a) 20% ao Fundo de Participação dos Estados; 15% ao Fundo de Participação do Distrito Federal e 10% ao Fundo de Participação dos Municípios;
b) 15% ao Fundo de Participação dos Estados; 5% ao Fundo de Participação do Distrito Federal e 5% ao Fundo de Participação dos Municípios;
c) 15% ao Fundo de Participação dos Estados e do Distrito Federal e 10% ao Fundo de Participação dos Municípios;
d) 10% ao Fundo de Participação dos Estados e do Distrito Federal e 10% ao Fundo de Participação dos Municípios;
e) 10% ao Fundo de Participação dos Estados e do Distrito Federal e 5% ao Fundo de Participação dos Municípios.

(ADVOGADO – DETRAN/ES – CESPE – 2010)

40. Lei municipal que disponha sobre o parcelamento do imposto sobre a propriedade predial e territorial urbana (IPTU) deve ser interpretada literalmente.

( ) **Certo** ( ) **Errado**

(PROCURADOR DO ESTADO DE ALAGOAS – PGE/AL – CESPE – 2009)

41. Caso lei instituindo o tributo de ISS em determinado município tenha sido publicada em 20/12/2008, sem indicar a data de sua vigência:

a) o tributo poderá ser cobrado a partir de 1º/1/2009, em função do princípio da anterioridade;
b) o tributo de ISS, por estar sendo instituído no município, poderá ser cobrado a partir da publicação da lei;
c) o ISS poderá ser cobrado somente após 40 dias, contados da publicação da lei que não determinou a data de sua vigência;
d) a aplicação da lei ocorrerá na data de sua vigência, que se dará 30 dias após sua publicação;
e) a lei terá aplicação no exercício seguinte ao da sua publicação, mas se terá de esperar 45 dias para sua entrada em vigor.

(PROCURADOR DO ESTADO DE ALAGOAS – PGE/AL – CESPE – 2009)

42. O comércio de Santa Catarina, em virtude das enchentes e dos consequentes desastres ocorridos na região, está requerendo ao estado que prorrogue o prazo para pagamento do ICMS já vencido, parcelando o valor em determinado período sem cobrança de juros de mora. Nessa situação, o atendimento do pleito caracterizará o instituto:

a) da isenção, uma vez que não se pagará o tributo no prazo devido;
b) da moratória, pois haverá a dilatação de prazo para o pagamento do tributo devido;
c) do parcelamento, uma vez que a dívida já estava vencida;
d) da transação, por meio da qual será viabilizado o pagamento da dívida vencida;
e) da remissão da dívida, uma vez que esta será paga após o seu vencimento.

(PROCURADOR DO ESTADO DE 1ª CATEGORIA – PGE/ES – CESPE – 2008)

43. A doutrina designa fato gerador continuado aquele cuja realização ocorre ao longo de um espaço de tempo, como no caso do imposto sobre a renda e proventos de qualquer natureza.

( ) **Certo** ( ) **Errado**

(PROCURADOR DO ESTADO DE 1ª CATEGORIA – PGE/ES – CESPE – 2008)

44. Considere que, em virtude de erro na determinação da alíquota do imposto sobre serviços (ISS), certo contribuinte tenha efetuado o pagamento a maior do tributo e, em razão disso, ajuizou ação de repetição de indébito contra a fazenda pública municipal, tendo sido julgado procedente o pedido do contribuinte. Nesse caso, os juros moratórios serão devidos a partir do trânsito em julgado da decisão que conceder a repetição do indébito.

( ) **Certo** ( ) **Errado**

(PROCURADOR DO ESTADO DE 1ª CATEGORIA – PGE/ES – CESPE – 2008)

45. Considere que certo contribuinte decida promover ação de repetição de indébito em razão do recolhimento indevido do ICMS, cujo fato gerador ocorreu em janeiro de 2007. Nesse caso, conforme a jurisprudência do STJ, o prazo para o contribuinte propor ação de repetição de indébito tributário será de dez anos a contar da ocorrência do fato gerador.

( ) **Certo** ( ) **Errado**

(PROCURADOR DO ESTADO DE 1ª CATEGORIA – PGE/ES – CESPE – 2008)

46. É lícita, no território do estado do Espírito Santo, a incidência do ICMS nas operações de entrada de petróleo que não seja destinado à comercialização ou à industrialização, decorrente de operação interestadual.

( ) **Certo** ( ) **Errado**

(PROCURADOR DO ESTADO DE 1ª CATEGORIA – PGE/ES – CESPE – 2008)

47. Constitui hipótese de isenção do ICMS a saída de embalagens quando não forem computadas no valor das mercadorias que acondicionam, desde que devam retornar ao estabelecimento remetente.

( ) **Certo** ( ) **Errado**

(PROCURADOR DO ESTADO DE 1ª CATEGORIA – PGE/ES – CESPE – 2008)

48. Considere que Joaquina tenha adquirido, por herança, um imóvel localizado no estado do Espírito Santo que será destinado exclusivamente para a sua moradia, pois não possui outro imóvel. Nesse caso, a operação de transferência do imóvel para Joaquina está isenta do imposto sobre transmissão *causa mortis* e doações de quaisquer bens ou direitos (ITCD).

( ) **Certo** ( ) **Errado**

(PROCURADOR DO ESTADO DE 1ª CATEGORIA – PGE/ES – CESPE – 2008)

49. Os proprietários dos veículos automotores terrestres com mais de dez anos de fabricação, licenciados no território do estado do Espírito Santo, estão isentos do pagamento do IPVA.

( ) **Certo** ( ) **Errado**

(PROCURADOR DO ESTADO SUBSTITUTO – PGE/PI – CESPE – 2008)

50. Assinale a opção correta a respeito da cobrança do imposto sobre transmissão *causa mortis* e doação de quaisquer bens ou direitos:

a) São imunes ao referido imposto as transmissões e doações feitas para os partidos políticos, incluindo as suas fundações.
b) Para o cálculo do valor do imposto devido pelo fideicomissário, deve ser considerado o valor do bem ou do direito na data em que for aberta a sucessão.
c) A base de cálculo do tributo cobrado na transmissão *causa mortis* será o valor venal dos bens e direitos na data da abertura da sucessão.
d) Quando o beneficiário preenche a condição prevista em lei, o tributo incide sobre as doações de bens ou direitos de valor igual ou inferior a sessenta unidades fiscais do estado.
e) Tratando-se de bens imóveis e de direitos a eles relativos, considera-se local da transmissão ou doação o local onde ocorrer o óbito ou o indicado no documento que formaliza a doação.

(PROCURADOR DO ESTADO SUBSTITUTO – PGE/PI – CESPE – 2008)

51. Assinale a opção correta a respeito do imposto sobre circulação de mercadorias e serviços (ICMS):

a) O estado do Piauí possui autonomia para instituir e cobrar o ICMS como lhe aprouver, inclusive impondo diferenciações no regime de sua cobrança em relação ao disposto na CF, uma vez que se trata de competência concorrente.
b) Os princípios e as normas gerais do ICMS estão previstos tanto em lei complementar federal quanto em lei estadual.
c) Cabe a lei complementar federal dispor sobre a substituição tributária do ICMS.
d) Cabe, exclusivamente, a lei estadual regular a forma como benefícios fiscais serão concedidos e revogados quando se tratar de ICMS.
e) O ICMS não é o único tributo para o qual é necessário prévio acordo entre os estados e o DF, no caso de concessão de incentivo fiscal.

(PROCURADOR DO ESTADO SUBSTITUTO – PGE/PI – CESPE – 2008)

52. Assinale a opção correta acerca de norma tributária que estabeleceu que, em determinadas circunstâncias, terceira pessoa vinculada ao fato gerador da respectiva obrigação será o sujeito passivo da obrigação tributária de ICMS, mesmo ainda não tendo ocorrido o fato gerador:
a) A esse fenômeno tributário dá-se o nome de responsabilidade de terceiros.
b) A referida norma tributária estabeleceu a imediata restituição da quantia paga pelo terceiro responsável, no caso de o contribuinte de direito não conseguir vender o produto pelo preço presumido.
c) O fenômeno descrito acima é o da substituição tributária, matéria sobre a qual somente lei complementar pode dispor.
d) A responsabilidade nesse caso é pessoal e não poderá ser imputada ao substituído.
e) O fenômeno descrito acima não tem amparo em nenhuma norma tributária ou constitucional.

(PROCURADOR DO ESTADO SUBSTITUTO – PGE/PI – CESPE – 2008)

53. O governador de um estado, a fim de conceder isenção de ICMS para atacadistas de sua unidade da Federação, enviou projeto de lei para a casa legislativa, que acolheu o pleito e editou lei contendo vários dispositivos, incluindo matéria distinta da referente à isenção.

Com referência a essa situação, assinale a opção correta:

a) Não compete ao governador enviar ao Poder Legislativo projeto de lei contendo matéria referente a renúncia de receita.
b) O governador desse estado não poderia ter enviado para a casa legislativa projeto contendo matéria sobre isenção de ICMS sem que antes houvesse deliberação sobre o assunto por parte dos outros estados e do DF, que deveriam anuir com a concessão.
c) Na referida concessão da isenção do ICMS, observaram-se as normas pertinentes à concessão de benefícios legais.
d) Para qualquer isenção de tributo, mesmo não sendo para o ICMS, é necessária deliberação no Conselho Fazendário (CONFAZ).
e) O fato de a lei editada pela casa legislativa incluir assuntos não relacionados à isenção de ICMS não configura descumprimento de qualquer princípio tributário, já que todo o processo legislativo foi respeitado.

(PROCURADOR DO ESTADO SUBSTITUTO – PGE/PI – CESPE – 2008)

54. Com o objetivo de possibilitar que mais empresas tivessem interesse em abrir filiais no estado em que governa, o governador encaminhou à respectiva casa legislativa projeto de lei sobre alteração da alíquota de ICMS.

Com base nessa situação, assinale a opção correta a respeito de renúncia de receita:

a) A renúncia de receita pode ser concedida, desde que prevista no orçamento geral do estado.

b) Estão isentos das restrições previstas na Lei de Responsabilidade Fiscal os cancelamentos de débitos cujo valor seja superior aos seus custos de cobrança.
c) Para concessão de qualquer benefício, é preciso estimar o impacto orçamentário-financeiro até o exercício seguinte.
d) Entre outros fatores, é preciso, inclusive, estimar o impacto orçamentário-financeiro no exercício inicial de vigência da lei que pode resultar do mencionado projeto e nos dois seguintes.
e) Para que entre em vigor a renúncia fiscal, basta prever compensação.

(PROCURADOR DO ESTADO SUBSTITUTO – PGE/PI – CESPE – 2008)

55. Uma empresa contribuinte de ICMS, em função do porte do estabelecimento, apura o referido tributo em parcelas mensais, calculado por estimativa, por determinado período.

A respeito dessa situação, é correto afirmar que:

a) não existe a possibilidade de estado da Federação estabelecer esse regime diferenciado de apuração de ICMS, pois, se o fizesse, estaria desrespeitando o princípio da não cumulatividade;
b) existe a possibilidade de estado da Federação implementar esse regime de apuração diferenciado, desde que a empresa não utilize os créditos das operações de compra realizadas;
c) não há essa possibilidade na apuração de ICMS, apesar de haver, para outros tributos;
d) existe essa possibilidade na apuração de ICMS, desde que haja ajuste dos valores ao final do período estipulado;
e) existe essa possibilidade na apuração de ICMS, desde que a diferença apurada durante o período estipulado não seja compensada nos períodos posteriores.

(ADVOGADO – SENADO FEDERAL – FGV – 2008)

56. Em determinado município houve a cobrança de IPTU sobre área que a Sociedade da Igreja de São Jorge utiliza como cemitério. Essa cobrança:
a) é legal, pois a norma imunizante inscrita no artigo 150, VI, b refere-se tão somente aos templos de qualquer natureza;
b) é constitucional, pois a imunidade do artigo 150, VI, "b" só compreende os templos e a casa do celebrantes;
c) é inconstitucional, por ferir o disposto no artigo 150, VI, "b", que protege a liberdade de expressão religiosa;
d) é válida, se ficar provado que há recursos arrecadados com a exploração do cemitério;
e) é ineficaz, em face da isenção de que os templos gozam, bem como todas as atividades relacionadas à liberdade religiosa.

(PROCURADOR DO MINISTÉRIO PÚBLICO ESPECIAL JUNTO AO TRIBUNAL DE CONTAS DO ESTADO DA BAHIA – TCE/BA – CESPE – 2010)

57. Ao Estado é permitido cobrar o ICMS sobre o valor da tarifa de energia elétrica correspondente à demanda de potência efetivamente disponibilizada ao consumidor.

( ) Certo ( ) Errado

(PROCURADOR DO MINISTÉRIO PÚBLICO ESPECIAL JUNTO AO TRIBUNAL DE CONTAS DO ESTADO DA BAHIA – TCE/BA – CESPE – 2010)

58. Considere a seguinte situação hipotética. Certa pessoa faleceu em 2/12/2009, deixando bens móveis e imóveis a partilhar entre os herdeiros. Ocorre que o ITCMD só passou a ser cobrado, efetivamente, em maio de 2010, quando sua alíquota já havia sido majorada, em abril de 2010. Nessa situação, o ITCMD será devido pela alíquota vigente ao tempo da abertura da sucessão.

( ) Certo ( ) Errado

(PROCURADOR DO MINISTÉRIO PÚBLICO ESPECIAL JUNTO AO TRIBUNAL DE CONTAS DO ESTADO DA BAHIA – TCE/BA – CESPE – 2010)

59. A pessoa jurídica que atue no ramo de locação de automóveis utilitários e de passeio não estará obrigada a recolher o ISSQN, uma vez que é inconstitucional a incidência do referido imposto sobre operações de locação de bens móveis.

( ) **Certo** ( ) **Errado**

(PROCURADOR DO MINISTÉRIO PÚBLICO ESPECIAL JUNTO AO TRIBUNAL DE CONTAS DO ESTADO DA BAHIA – TCE/BA – CESPE – 2010)

60. Considere a seguinte situação hipotética. Pedro adquiriu automóvel de passeio e o licenciou em estado da Federação diverso daquele em que reside, pagando alíquota de IPVA inferior à que pagaria no estado em que reside. Nessa situação, Pedro praticou o crime de falsidade ideológica não em razão da indicação de endereço falso, mas, sim, da supressão ou redução de imposto.

( ) **Certo** ( ) **Errado**

(PROCURADOR DO MINISTÉRIO PÚBLICO ESPECIAL JUNTO AO TRIBUNAL DE CONTAS DO ESTADO DA BAHIA – TCE/BA – CESPE – 2010)

61. Caso uma pessoa adquira bem imóvel em hasta pública pelo valor de R$ 370.000,00, mas a avaliação judicial tenha atribuído a esse bem o valor de R$ 335.000,00, o cálculo do ITBI incidente sobre essa transação deverá ser feito com base no valor alcançado na arrematação.

( ) **Certo** ( ) **Errado**

14.5 Das Taxas

(PROCURADOR DO ESTADO DE ALAGOAS – PGE/AL – CESPE – 2009)

62. Considerando que um município decida instituir a cobrança de determinado valor para autorização de instalação de estabelecimento comercial em determinado logradouro público, assinale a opção correta:
   a) Trata-se de uma taxa de serviço, pois cobra-se pela autorização concedida.
   b) Cuida-se de uma taxa de serviço, pois o serviço prestado pelo poder público é divisível.
   c) Uma vez que se trata de serviço específico e divisível, a taxa cobrada corresponde ao exercício do poder de polícia.
   d) O caso em apreço refere-se a uma taxa cobrada pelo exercício do poder de polícia, pois regula a prática de ato, em razão do interesse público, concernente ao exercício da atividade econômica dependente de autorização do poder público.
   e) Trata-se de taxa de serviço, pois a cobrança depende da aceitação da parte contratante.

(PROCURADOR DO ESTADO SUBSTITUTO – PGE/PI – CESPE – 2008)

63. Considerando que determinado estado da Federação tenha instituído cobrança de valor para que determinado setor da atividade econômica fosse fiscalizado em virtude de comercializar alimentos, assinale a opção correta:
   a) Nesse caso, a taxa é cobrada em função do poder de polícia, pois existe a utilização de serviço público por parte do contribuinte.
   b) A taxa cobrada tem fundamento legal na utilização de serviço público e na sua especificidade.
   c) Nesse caso, trata-se de preço público cobrado em função da escolha da atividade econômica explorada pelo contribuinte.

d) A cobrança enquadra-se tão somente no conceito de taxa, pelo exercício do poder de polícia do Estado.
e) A referida cobrança deve ser classificada como tarifa, uma vez que a utilização do serviço ficará disponível.

(ADVOGADO – SENADO FEDERAL – FGV – 2008)

64. É tributo contraprestacional:
   a) a CSLL;
   b) o IRPJ;
   c) a COFINS;
   d) a contribuição para o CREA;
   e) a taxa judiciária.

(PROCURADOR DO MINISTÉRIO PÚBLICO ESPECIAL JUNTO AO TRIBUNAL DE CONTAS DO ESTADO DA BAHIA – TCE/BA – CESPE – 2010)

65. É vedada a incidência de taxa municipal em razão da renovação de licença para localização de estabelecimento empresarial.

   ( ) **Certo** ( ) **Errado**

14.6 Da Contribuição de Melhoria

(PROCURADOR DO ESTADO DE 1ª CATEGORIA – PGE/ES – CESPE – 2008)

66. O STF já decidiu que é ilegítima a incidência da contribuição para o financiamento da seguridade social (COFINS) sobre o faturamento das empresas distribuidoras de derivados de petróleo, pois as mesmas gozam de imunidade tributária.

   ( ) **Certo** ( ) **Errado**

(PROCURADOR DO ESTADO DE 1ª CATEGORIA – PGE/ES – CESPE – 2008)

67. Caso certa entidade municipal leve a efeito a construção de uma ponte, no valor de R$ 7.200.000,00, que beneficie a população de duas cidades, uma vez que a distância percorrida pelas pessoas diminuirá de 30 km para 7 km, para efeitos de cobrança da contribuição de melhoria, a valorização dos imóveis beneficiados será presumida, cabendo aos contribuintes interessados fazer prova da inexistência da valorização imobiliária.

   ( ) **Certo** ( ) **Errado**

14.7 Da Prescrição e Decadência no Direito Tributário

(PROCURADOR DO ESTADO DE 1ª CATEGORIA – PGE/ES – CESPE – 2008)

68. Considere a seguinte situação hipotética.

> Em razão do pagamento a menor do imposto sobre operações relativas à circulação de mercadorias (ICMS), a autoridade fazendária competente lavrou auto de infração contra a Êxito Papelaria Ltda., em maio de 1995. Regularmente notificada, a contribuinte apresentou defesa, que foi julgada em 15/10/1999, sendo que o edital de notificação da contribuinte foi publicado em 20/1/2000. O débito foi devidamente inscrito em dívida ativa em 10/1/2001 e o aforamento da ação de execução fiscal ocorreu em 12/5/2004. Ao tomar conhecimento da ação de execução fiscal, a Êxito Papelaria Ltda. opôs exceção de pré-executividade, alegando a prescrição, em 10/1/2005.

Nessa situação, o juízo competente deve acolher as alegações da Êxito Papelaria Ltda., uma vez que ocorreu a prescrição do crédito tributário.

14.8 Da Obrigação Tributária

(ADVOGADO – BADESC/SC – FGV – 2010)

69. Considerando os verbos e complementos sublinhados, assinale a alternativa que contém hipótese não geradora da incidência de tributo instituído e cobrado pelo Estado de Santa Catarina:
    a) Prestador de serviço de decoração e jardinagem fornece as mercadorias necessárias à respectiva prestação.
    b) Pai doou R$ 1.000,00 a seu filho.
    c) Indústria catarinense importou bem destinado ao seu ativo permanente.
    d) João Silva é proprietário de um *jet ski*.
    e) Sociedade empresária catarinense interpõe recurso ao Tribunal Administrativo Tributário – TAT, em face de exigência de ITCMD objeto de autuação fiscal.

(ADVOGADO – DETRAN/ES – CESPE – 2010)

70. Considere que a Alfa Empreendimentos S/A tenha incorporado a Beta Administração e Participações S/A em 5 de outubro de 2010. Nesse caso, a responsabilidade tributária da Alfa Empreendimentos S/A abrange, além dos tributos devidos pela Beta Administração e Participações S/A, as multas moratórias ou punitivas que, por representarem dívida de valor, acompanham o passivo do patrimônio adquirido pela empresa sucessora, desde que seu fato gerador tenha ocorrido até a data da sucessão, ou seja, 5 de outubro de 2010.

    ( ) Certo ( ) Errado

(PROCURADOR DO ESTADO DE ALAGOAS – PGE/AL – CESPE – 2009)

71. O lançamento de obrigação tributária regularmente notificado ao sujeito passivo só pode ser alterado em virtude de:
    a) impugnação de terceiro interessado;
    b) recurso interposto pela procuradoria fiscal;
    c) iniciativa de ofício da autoridade administrativa, nos casos previstos no CTN;
    d) interesse do sujeito passivo;
    e) impugnação do sujeito ativo.

(PROCURADOR DO ESTADO SUBSTITUTO – PGE/PI – CESPE – 2008)

72. Um estado, ao firmar contrato com uma empresa privada, desobrigando-a de recolher tributo devido pela sua atividade, passou a ser responsável pelo seu pagamento.

A partir dessa situação, assinale a opção correta:

a) O contrato firmado é válido, uma vez que estipulado pelo ente da Federação competente para cobrar tributos.
b) O sujeito passivo continuará sendo a empresa, já que, para alteração de sua definição, é preciso edição de decreto.
c) Caso não haja disposição de lei em contrário, nenhuma convenção ou contrato tem validade para alterar o sujeito passivo de obrigação tributária perante a fazenda pública.
d) A responsabilidade atribuída ao estado, no pagamento do tributo devido pela empresa, fere o princípio da anterioridade.
e) Somente se houvesse lei nesse sentido é que seria possível a responsabilização do estado no pagamento desse tributo.

14.9 Do Crédito Tributário

(ADVOGADO – BADESC/SC – FGV – 2010)

73. Com relação ao *crédito tributário*, assinale a afirmativa incorreta:
   a) Deve ser inscrito na Dívida Ativa do Estado, se não pago no prazo legal.
   b) Tem sua exigibilidade suspensa no caso de o contribuinte efetuar o depósito do seu montante integral.
   c) Prefere a qualquer outro crédito, à exceção dos de origem trabalhista e de outros em processo de falência.
   d) Extingue-se no prazo de 5 (cinco) anos contados da data da ocorrência do fato gerador.
   e) Não se extingue com a morte do contribuinte devedor.

(PROCURADOR – ASSEMBLEIA LEGISLATIVA SP – FCC – 2010)

74. Dentre outras hipóteses, constitui causa de extinção do crédito tributário:
   a) o depósito do seu montante integral;
   b) a moratória e o parcelamento;
   c) a conversão de depósito em renda;
   d) a concessão de medida liminar em mandado de segurança;
   e) as reclamações e os recursos, nos termos das leis reguladoras do processo tributário administrativo.

(PROCURADOR – ASSEMBLEIA LEGISLATIVA SP – FCC – 2010)

75. Em tema de exclusão do Crédito tributário, é correto afirmar:
   a) A anistia abrange as infrações cometidas antes ou depois da vigência da lei que a concede, aplicando-se aos atos qualificados em lei como crimes ou contravenções.
   b) A isenção, ainda quando prevista em contrato, é sempre decorrente de lei que especifique as condições e requisitos exigidos para a sua concessão, os tributos a que se aplica e, sendo caso, o prazo de sua duração.
   c) A anistia somente pode ser concedida em caráter geral e ilimitadamente às infrações da legislação relativa a determinado tributo, porém com prazo certo e determinado.
   d) A isenção não pode, em qualquer caso, ser restrita a determinada região do território da entidade tributante, sob pena de violação do princípio da igualdade tributária.
   e) A exclusão do crédito tributário dispensa ilimitadamente o cumprimento das obrigações acessórias dependentes da obrigação principal cujo crédito seja excluído, ou dela consequente.

(ADVOGADO – DETRAN/ES – CESPE – 2010)

76. É vedado à União conceder moratória em caráter geral referente a tributos de competência dos municípios.

   ( ) **Certo** ( ) **Errado**

(ADVOGADO – DETRAN/ES – CESPE – 2010)

77. O crédito tributário é definitivamente constituído no momento da ocorrência do fato gerador do tributo.

   ( ) **Certo** ( ) **Errado**

(ADVOGADO – DETRAN/ES – CESPE – 2010)

78. Considere que a AB Utilidades Domésticas S/A tenha formulado ao juízo competente pedido de recuperação judicial, nos termos da legislação de regência. Nessa hipótese, a concessão do pedido depende da apresentação da prova de quitação de todos os tributos da referida pessoa jurídica.

   ( ) **Certo** ( ) **Errado**

Julgue o próximo item, relativo à exclusão de crédito tributário.

(ADVOGADO – DETRAN/ES – CESPE – 2010)

79. Considere que certo município tenha concedido isenção do pagamento de IPTU a pessoas jurídicas que se instalassem nos limites de seu território, gerando emprego e aumentando o produto interno bruto da região. Nessa situação, a exclusão do crédito tributário não dispensa o cumprimento das obrigações acessórias dependentes da obrigação principal cujo crédito tenha sido excluído.

( ) Certo ( ) Errado

(PROCURADOR DO ESTADO DE ALAGOAS – PGE/AL – CESPE – 2009)

80. Um contribuinte foi autuado por ter praticado infração tributária. Assim, contra ele foi lavrado auto de infração cobrando o tributo sonegado e estipulando as penalidades. Após a defesa administrativa, ele conseguiu diminuir o valor referente à multa aplicada.

Na situação hipotética acima descrita:

a) o crédito tributário foi alterado, ficando intacta a obrigação tributária;
b) o fato gerador foi modificado e, por isso, também foi modificado o crédito tributário;
c) uma vez que o crédito tributário tem origem na obrigação tributária, a modificação feita em um causa alteração no outro;
d) o crédito tributário faz nascer a obrigação tributária e, por esse motivo, qualquer modificação no crédito altera a obrigação;
e) a multa alterada modifica o fato gerador e, portanto, o crédito tributário.

(PROCURADOR DO ESTADO DE ALAGOAS – PGE/AL – CESPE – 2009)

81. Lei sancionada em uma unidade da Federação autorizou a administração fazendária a conceder perdão sobre a parcela do principal do crédito tributário, constituído pela falta de pagamento no prazo correto, seguindo os requisitos legais.

A situação acima descrita caracteriza o instituto da:

a) anistia, já que uma parcela do crédito tributário será perdoada;
b) isenção, pois parcela do crédito não será lançada;
c) anistia, em virtude de se perdoar apenas a parcela do principal do crédito tributário;
d) remissão, pois esta pode ser concedida parcialmente e recai sobre a parcela do principal da dívida;
e) moratória tributária.

(PROCURADOR DO ESTADO SUBSTITUTO – PGE/PI – CESPE – 2008)

82. Considerando que o órgão fazendário competente tenha deferido pedido de contribuinte devedor de determinado tributo já vencido para realizar o pagamento de dívida, principal e juros, mensalmente, assinale a opção correta:

a) Nesse caso, houve moratória, uma vez que o pagamento será feito em prestações.
b) O instituto tributário aplicado ao caso é o da anistia, já que não será cobrada penalidade.
c) O procedimento administrativo deferido pelo órgão fazendário causa a extinção do crédito tributário.
d) O instituto tributário aplicado, nesse caso, denomina-se parcelamento e é causa de suspensão do crédito tributário.
e) O crédito tributário poderá ser cobrado judicialmente, por meio de execução fiscal, uma vez que o contribuinte declarou ser devedor do referido tributo.

(PROCURADOR DO ESTADO SUBSTITUTO – PGE/PI – CESPE – 2008)

83. A respeito da dívida ativa, assinale a opção correta:
    a) Constitui dívida ativa tributária a proveniente de crédito de natureza tributária regularmente inscrita, cujo prazo para pagamento esteja esgotado.
    b) A fazenda pública está impedida de cobrar juros de mora de débito inscrito em dívida pública.
    c) Crédito tributário regularmente constituído pelo lançamento implica inscrição na dívida ativa.
    d) Auto de infração lavrado pelo fisco contra contribuinte justifica a sua inscrição na dívida pública.
    e) Inscrição na dívida ativa é mero procedimento administrativo e, por isso, não tem consequências jurídicas sobre a liquidez e certeza do crédito.

(PROCURADOR DO ESTADO SUBSTITUTO – PGE/PI – CESPE – 2008)

84. Assinale a opção correta acerca de crédito tributário:
    a) As circunstâncias que modificam o crédito tributário, sua extensão ou seus efeitos afetam a obrigação tributária que lhe deu origem.
    b) As circunstâncias que modificam o crédito tributário, sua extensão ou seus efeitos ou as garantias ou os privilégios a eles atribuídos, ou que excluem a sua exigibilidade, podem afetar o seu lançamento, mas não, a obrigação que lhe deu origem.
    c) As circunstâncias que modificam o crédito tributário, sua extensão ou seus efeitos ou as garantias ou os privilégios a eles atribuídos, ou que excluem a sua exigibilidade, não afetam o lançamento que lhe deu origem, apenas a obrigação.
    d) As circunstâncias que modificam o crédito tributário, sua extensão ou seus efeitos podem modificar a obrigação tributária apenas no que diz respeito aos seus elementos principais.
    e) A autoridade administrativa não pode, mesmo amparada na lei, extinguir o crédito tributário devidamente constituído.

(PROCURADOR – PMS/SAAE – VUNESP – 2010)

85. Extingue o crédito tributário:
    a) o depósito do seu montante integral;
    b) o parcelamento;
    c) a isenção;
    d) a compensação;
    e) a anistia.

(PROCURADOR – PMS/SAAE – VUNESP – 2010)

86. Na falência, o crédito tributário tem preferência sobre:
    a) os créditos derivados da legislação do trabalho;
    b) as indenizações decorrentes de acidente de trabalho;
    c) os crédito quirografários;
    d) todos os créditos;
    e) os créditos extraconcursais.

(PROCURADOR DO MINISTÉRIO PÚBLICO ESPECIAL JUNTO AO TRIBUNAL DE CONTAS DO ESTADO DA BAHIA – TCE/BA – CESPE – 2010)

87. As garantias do crédito devido pelo ente público prescindem de atos assecuratórios da eficácia do provimento jurisdicional futuro, sendo admissível a obtenção de certidão positiva com efeitos de negativa.

    ( ) Certo ( ) Errado

(PROCURADOR DO MINISTÉRIO PÚBLICO ESPECIAL JUNTO AO TRIBUNAL DE CONTAS DO ESTADO DA BAHIA – TCE/BA – CESPE – 2010)

88. A compensação, hipótese de suspensão da exigibilidade do crédito tributário, poderá ser deferida em mandado de segurança, ação cautelar ou medida antecipatória dos efeitos da tutela.

( ) Certo ( ) Errado

14.10 Da Execução Fiscal

(PROCURADOR DO ESTADO DE 1ª CATEGORIA – PGE/ES – CESPE – 2008)

89. Caso a fazenda pública do estado de Goiás ajuize ação de execução fiscal contra certo contribuinte e não sejam localizados bens penhoráveis, o processo deve ser suspenso por um ano, findo o qual se iniciará o prazo da prescrição quinquenal intercorrente.

( ) Certo ( ) Errado

(PROCURADOR DO ESTADO DE 1ª CATEGORIA – PGE/ES – CESPE – 2008)

90. Se, no curso de ação de execução fiscal, certo contribuinte adquirir, em leilão judicial, um veículo automotor cujo antigo proprietário não tenha quitado as dívidas do imposto sobre a propriedade de veículos automotores (IPVA) e de multas por excesso de velocidade, nesse caso, a arrematação terá o efeito de extinguir os ônus que incidem sobre o bem arrematado, passando este ao arrematante livre e desembaraçado dos encargos tributários.

( ) Certo ( ) Errado

14.11 Temas Combinados

(ADVOGADO – BADESC/SC – FGV – 2010)

91. Correlacione a coluna da direita com o que pede na coluna da esquerda.
    1. Modalidade de lançamento tributário.
    2. Ação judicial da Fazenda Pública face ao contribuinte.
    3. Norma complementar das leis e dos decretos.
    4. Modalidade de extinção da punibilidade por infração tributária.

    ( ) execução fiscal
    ( ) denúncia espontânea
    ( ) por homologação
    ( ) resolução editada pelo Secretário da Fazenda

Assinale a alternativa que apresenta a ordem correta, de cima para baixo, da correlação das colunas:

a) 2, 4, 1 e 3;
b) 2, 4, 3 e 1;
c) 1, 2, 4 e 3;
d) 4, 2, 1 e 3;
e) 2, 1, 4 e 3.

(PROCURADOR – ASSEMBLEIA LEGISLATIVA SP – FCC – 2010)

92. Considere:

I – Tributo é toda prestação pecuniária compulsória ou voluntária, que constitua ou não sanção de ato ilícito, instituída em lei e cobrada mediante atividade administrativa não vinculada.

II – Constitui delegação de competência tributária o cometimento, a pessoas de direito público ou privado, do encargo ou da função de arrecadar tributos, compreendendo as garantias e os privilégios processuais que competem à pessoa jurídica de direito público que a conferir.
III – Compete ao Distrito Federal e aos Estados não divididos em Municípios, instituir, cumulativamente, os impostos atribuídos aos Estados e aos Municípios.
IV – As taxas têm como fato gerador o exercício regular do poder de polícia, ou a discricionariedade em relação a serviço público específico e indivisível, prestado ao contribuinte ou posto à sua disposição.
V – Imposto é o tributo cuja obrigação tem por fato gerador uma situação independente de qualquer atividade estatal específica, relativa ao contribuinte.

Está correto o que se afirma APENAS em:

a) III e V;
b) II, IV e V;
c) II e III;
d) I e IV;
e) I, III e V.

(PROCURADOR DO ESTADO SUBSTITUTO – PGE/PI – CESPE – 2008)

93. Considerando que um indivíduo milionário tenha resolvido doar ações de empresas para uma fundação sem fins lucrativos, assinale a opção correta:
   a) Essa doação não será tributada, uma vez que a fundação é entidade isenta do pagamento do tributo de transmissão.
   b) A referida doação será objeto de tributação do imposto de propriedade, uma vez que o domínio útil é o fato gerador do imposto de transmissão na doação.
   c) Os direitos reais sobre móveis transmitidos, mesmo que onerosos, serão objeto de tributação na doação.
   d) Na doação de bens móveis, direitos, títulos e créditos, a qualquer título, considera-se ocorrido o fato gerador do imposto de doação na data da tradição ou transcrição, ou na data do contrato.
   e) Considera-se doação qualquer ato ou fato, oneroso ou não, que importe transmissão de quaisquer bens ou direitos.

15

DIREITOS DIFUSOS, INDIVIDUAIS, COLETIVOS, HETEROGÊNEOS E HOMOGÊNEOS

15.1 Direito do Consumidor

A respeito dos direitos do consumidor, julgue os itens que se seguem.

(DEFENSOR PÚBLICO – DPE/AL – CESPE – 2009)

1. Não é considerada relação de consumo, mas atividade de consumo intermediária, a aquisição de bens ou a utilização de serviços por pessoa jurídica para implemento ou incremento de sua atividade empresarial.

   ( ) Certo ( ) Errado

(DEFENSOR PÚBLICO – DPE/AL – CESPE – 2009)

2. Considere que Carla tenha firmado contrato de prestação de serviços de engenharia com a XY Engenharia Ltda. e, na execução dos serviços, a fornecedora tenha carreado à consumidora danos materiais e morais. Nesse caso hipotético, ajuizada ação de reparação de danos, o juízo competente deve inverter o ônus da prova automaticamente em favor de Carla.

   ( ) Certo ( ) Errado

(DEFENSOR PÚBLICO – DPE/AL – CESPE – 2009)

3. Considere a seguinte situação hipotética. Em razão de falha no sistema de freios do automóvel de sua propriedade, recém-adquirido e com poucos quilômetros rodados, Fábio atropelou Silas. Nessa situação hipotética, Silas pode acionar a montadora do veículo, sob o argumento da ocorrência de acidente de consumo, em virtude de ser consumidor por equiparação.

   ( ) Certo ( ) Errado

(DEFENSOR PÚBLICO – DPE/AL – CESPE – 2009)

4. O preceito do CDC de que constitui direito básico do consumidor a modificação das cláusulas contratuais que estabeleçam prestações desproporcionais ou sua revisão em razão de fatos supervenientes que as tornem excessivamente onerosas dispensa a prova do caráter imprevisível do fato superveniente, bastando a demonstração objetiva da excessiva onerosidade advinda para o consumidor.

   ( ) Certo ( ) Errado

(DEFENSOR PÚBLICO – DPE/AL – CESPE – 2009)

5. Segundo o CDC, o fabricante de produto que, posteriormente à sua introdução no mercado de consumo, tiver conhecimento de sua efetiva periculosidade tem apenas o dever de comunicar o fato às autoridades competentes.

   ( ) Certo ( ) Errado

Julgue os itens de 6 a 10, a respeito das normas do CDC.

(DEFENSOR PÚBLICO – DPE/AL – CESPE – 2009)

6. Se ocorrer uma explosão no interior de estabelecimento empresarial que atue com a venda de pólvora e produtos congêneres, em razão do inadequado acondicionamento de alguns produtos, e essa explosão causar sérios danos materiais e morais a pessoas que se encontrem no interior e nas proximidades do estabelecimento, a Procuradoria de Assistência Judiciária terá legitimidade para propor ação civil pública em busca da indenização pelos danos materiais e morais carreados a todos os prejudicados.

   ( ) Certo ( ) Errado

(DEFENSOR PÚBLICO – DPE/AL – CESPE – 2009)

7. O extravio de títulos de crédito durante o transporte executado por empresa contratada por instituição bancária que cause danos a correntista não constitui causa excludente de sua responsabilidade, uma vez que se trata de caso fortuito externo.

( ) Certo ( ) Errado

(DEFENSOR PÚBLICO – DPE/AL – CESPE – 2009)

8. O CDC prevê que o fornecedor de bem de consumo eivado de vício de qualidade sane a mácula no prazo máximo de trinta dias. Nesse caso, as partes podem convencionar a redução do referido prazo para cinco dias.

( ) Certo ( ) Errado

(DEFENSOR PÚBLICO – DPE/AL – CESPE – 2009)

9. Considere a seguinte situação hipotética. Ana contratou João, renomado médico cirurgião plástico, para a realização de cirurgia estética embelezadora, da qual resultou uma deformidade na barriga da paciente. Nessa situação hipotética, João assumiu obrigação de resultado, responsabilidade contratual ou objetiva, devendo indenizar Ana pelo resultado danoso.

( ) Certo ( ) Errado

(DEFENSOR PÚBLICO – DPE/AL – CESPE – 2009)

10. A culpa concorrente da vítima, o caso fortuito e a força maior constituem hipóteses excludentes do dever de indenizar, em decorrência do fato do produto, expressamente previstas no CDC.

( ) Certo ( ) Errado

Julgue os seguintes itens quanto às disposições do CDC acerca de prescrição e decadência.

(DEFENSOR PÚBLICO – DPE/AL – CESPE – 2009)

11. Em conformidade com as disposições do CDC, a decadência aplica-se ao fato do produto ou serviço, também conhecido como acidente de consumo.

( ) Certo ( ) Errado

(DEFENSOR PÚBLICO – DPE/AL – CESPE – 2009)

12. Constitui hipótese de interrupção da decadência a denúncia oferecida por consumidor à Superintendência de Proteção e Defesa do Consumidor (PROCON) de Alagoas, sem que este formule qualquer pretensão e para a qual não há de cogitar resposta.

( ) Certo ( ) Errado

Ainda em relação às disposições do CDC, julgue os itens subsequentes.

(DEFENSOR PÚBLICO – DPE/AL – CESPE – 2009)

13. Caso algum consumidor ajuíze ação de reparação de danos materiais e morais contra pessoas jurídicas que integrem um grupo societário, as referidas sociedades serão solidariamente responsáveis pela reparação dos danos carreados ao consumidor.

( ) Certo ( ) Errado

(DEFENSOR PÚBLICO – DPE/AL – CESPE – 2009)

14. O importador de veículos europeus deve assegurar a oferta de componentes e peças de reposição dos veículos automotores importados, mesmo cessada a produção ou a importação, por um prazo mínimo de dez anos.

( ) Certo ( ) Errado

(DEFENSOR PÚBLICO – DPE/AL – CESPE – 2009)

15. É dever do órgão que mantém cadastro de devedores inadimplentes, e não do credor, a comunicação ao consumidor quanto à inscrição de seu nome no mencionado cadastro, e o simples erro no valor inscrito da dívida não causa dano moral ao devedor.

    ( ) Certo ( ) Errado

(DEFENSOR PÚBLICO – DPE/AL – CESPE – 2009)

16. Segundo a jurisprudência do STJ, é de ordem pública o critério determinativo da competência das ações derivadas de relações de consumo, revelando-se como regra de competência absoluta. Assim, o juiz está autorizado a, de ofício, declinar de sua competência ao juízo do domicílio do consumidor, ignorando o foro de eleição previsto em contrato de adesão.

    ( ) Certo ( ) Errado

Julgue os próximos itens, de acordo com o CDC.

(DEFENSOR PÚBLICO – DPE/AL – CESPE – 2009)

17. Reputa-se abusiva a cláusula de renovação automática do contrato de abertura de crédito.

    ( ) Certo ( ) Errado

(DEFENSOR PÚBLICO – DPE/AL – CESPE – 2009)

18. A multa constitui sanção administrativa aplicável em razão de infrações das normas de defesa do consumidor e é graduada de acordo com a gravidade da infração, a vantagem auferida e a condição econômica do fornecedor.

    ( ) Certo ( ) Errado

(DEFENSOR PÚBLICO – DPE/AL – CESPE – 2009)

19. Caso exista débito pretérito de certo consumidor quanto ao pagamento de fatura de energia elétrica residencial, objeto de demanda judicial ainda pendente de julgamento, a concessionária de serviços públicos não pode suspender o fornecimento, pois o corte de energia elétrica pressupõe o inadimplemento de conta regular, relativa ao mês do consumo, sendo inviável a suspensão do abastecimento em razão de débitos antigos, devendo a companhia utilizar-se dos meios ordinários de cobrança.

    ( ) Certo ( ) Errado

(DEFENSOR PÚBLICO – DPE/AL – CESPE – 2009)

20. Em certa ação coletiva para defesa de direitos coletivos de consumidores, promovida pelo estado de Alagoas, a sentença faz coisa julgada para além das partes, mas limitadamente ao grupo, categoria ou classe, salvo improcedência por insuficiência de provas.

    ( ) Certo ( ) Errado

A respeito dos direitos do consumidor, julgue os itens que se seguem.

(DEFENSOR PÚBLICO – DPE/AL – CESPE – 2009)

21. Não é considerada relação de consumo, mas atividade de consumo intermediária, a aquisição de bens ou a utilização de serviços por pessoa jurídica para implemento ou incremento de sua atividade empresarial.

    ( ) Certo ( ) Errado

(DEFENSOR PÚBLICO – DPE/AL – CESPE – 2009)

22. Considere que Carla tenha firmado contrato de prestação de serviços de engenharia com a XY Engenharia Ltda. e, na execução dos serviços, a fornecedora tenha carreado à consumidora

danos materiais e morais. Nesse caso hipotético, ajuizada ação de reparação de danos, o juízo competente deve inverter o ônus da prova automaticamente em favor de Carla.

( ) Certo ( ) Errado

(DEFENSOR PÚBLICO – DPE/AL – CESPE – 2009)

23. Considere a seguinte situação hipotética. Em razão de falha no sistema de freios do automóvel de sua propriedade, recém-adquirido e com poucos quilômetros rodados, Fábio atropelou Silas. Nessa situação hipotética, Silas pode acionar a montadora do veículo, sob o argumento da ocorrência de acidente de consumo, em virtude de ser consumidor por equiparação.

( ) Certo ( ) Errado

(DEFENSOR PÚBLICO – DPE/AL – CESPE – 2009)

24. O preceito do CDC de que constitui direito básico do consumidor a modificação das cláusulas contratuais que estabeleçam prestações desproporcionais ou sua revisão em razão de fatos supervenientes que as tornem excessivamente onerosas dispensa a prova do caráter imprevisível do fato superveniente, bastando a demonstração objetiva da excessiva onerosidade advinda para o consumidor.

( ) Certo ( ) Errado

(DEFENSOR PÚBLICO – DPE/AL – CESPE – 2009)

25. Segundo o CDC, o fabricante de produto que, posteriormente à sua introdução no mercado de consumo, tiver conhecimento de sua efetiva periculosidade tem apenas o dever de comunicar o fato às autoridades competentes.

( ) Certo ( ) Errado

Julgue os itens de 6 a 10, a respeito das normas do CDC.

(DEFENSOR PÚBLICO – DPE/AL – CESPE – 2009)

26. Se ocorrer uma explosão no interior de estabelecimento empresarial que atue com a venda de pólvora e produtos congêneres, em razão do inadequado acondicionamento de alguns produtos, e essa explosão causar sérios danos materiais e morais a pessoas que se encontrem no interior e nas proximidades do estabelecimento, a Procuradoria de Assistência Judiciária terá legitimidade para propor ação civil pública em busca da indenização pelos danos materiais e morais carreados a todos os prejudicados.

( ) Certo ( ) Errado

(DEFENSOR PÚBLICO – DPE/AL – CESPE – 2009)

27. O extravio de títulos de crédito durante o transporte executado por empresa contratada por instituição bancária que cause danos a correntista não constitui causa excludente de sua responsabilidade, uma vez que se trata de caso fortuito externo.

( ) Certo ( ) Errado

(DEFENSOR PÚBLICO – DPE/AL – CESPE – 2009)

28. O CDC prevê que o fornecedor de bem de consumo eivado de vício de qualidade sane a mácula no prazo máximo de trinta dias. Nesse caso, as partes podem convencionar a redução do referido prazo para cinco dias.

( ) Certo ( ) Errado

(DEFENSOR PÚBLICO – DPE/AL – CESPE – 2009)

29. Considere a seguinte situação hipotética. Ana contratou João, renomado médico cirurgião plástico, para a realização de cirurgia estética embelezadora, da qual resultou uma deformidade na

barriga da paciente. Nessa situação hipotética, João assumiu obrigação de resultado, responsabilidade contratual ou objetiva, devendo indenizar Ana pelo resultado danoso.

( ) **Certo** ( ) **Errado**

(DEFENSOR PÚBLICO – DPE/AL – CESPE – 2009)

30. A culpa concorrente da vítima, o caso fortuito e a força maior constituem hipóteses excludentes do dever de indenizar, em decorrência do fato do produto, expressamente previstas no CDC.

( ) **Certo** ( ) **Errado**

Julgue os seguintes itens quanto às disposições do CDC acerca de prescrição e decadência.

(DEFENSOR PÚBLICO – DPE/AL – CESPE – 2009)

31. Em conformidade com as disposições do CDC, a decadência aplica-se ao fato do produto ou serviço, também conhecido como acidente de consumo.

( ) **Certo** ( ) **Errado**

(DEFENSOR PÚBLICO – DPE/AL – CESPE – 2009)

32. Constitui hipótese de interrupção da decadência a denúncia oferecida por consumidor à Superintendência de Proteção e Defesa do Consumidor (PROCON) de Alagoas, sem que este formule qualquer pretensão e para a qual não há de cogitar resposta.

( ) **Certo** ( ) **Errado**

Ainda em relação às disposições do CDC, julgue os itens subsequentes.

(DEFENSOR PÚBLICO – DPE/AL – CESPE – 2009)

33. Caso algum consumidor ajuíze ação de reparação de danos materiais e morais contra pessoas jurídicas que integrem um grupo societário, as referidas sociedades serão solidariamente responsáveis pela reparação dos danos carreados ao consumidor.

( ) **Certo** ( ) **Errado**

(DEFENSOR PÚBLICO – DPE/AL – CESPE – 2009)

34. O importador de veículos europeus deve assegurar a oferta de componentes e peças de reposição dos veículos automotores importados, mesmo cessada a produção ou a importação, por um prazo mínimo de dez anos.

( ) **Certo** ( ) **Errado**

(DEFENSOR PÚBLICO – DPE/AL – CESPE – 2009)

35. É dever do órgão que mantém cadastro de devedores inadimplentes, e não do credor, a comunicação ao consumidor quanto à inscrição de seu nome no mencionado cadastro, e o simples erro no valor inscrito da dívida não causa dano moral ao devedor.

( ) **Certo** ( ) **Errado**

(DEFENSOR PÚBLICO – DPE/AL – CESPE – 2009)

36. Segundo a jurisprudência do STJ, é de ordem pública o critério determinativo da competência das ações derivadas de relações de consumo, revelando-se como regra de competência absoluta. Assim, o juiz está autorizado a, de ofício, declinar de sua competência ao juízo do domicílio do consumidor, ignorando o foro de eleição previsto em contrato de adesão.

( ) **Certo** ( ) **Errado**

Julgue os próximos itens, de acordo com o CDC.

(DEFENSOR PÚBLICO – DPE/AL – CESPE – 2009)

37. Reputa-se abusiva a cláusula de renovação automática do contrato de abertura de crédito.

( ) **Certo** ( ) **Errado**

(DEFENSOR PÚBLICO – DPE/AL – CESPE – 2009)

38. A multa constitui sanção administrativa aplicável em razão de infrações das normas de defesa do consumidor e é graduada de acordo com a gravidade da infração, a vantagem auferida e a condição econômica do fornecedor.

( ) **Certo** ( ) **Errado**

(DEFENSOR PÚBLICO – DPE/AL – CESPE – 2009)

39. Caso exista débito pretérito de certo consumidor quanto ao pagamento de fatura de energia elétrica residencial, objeto de demanda judicial ainda pendente de julgamento, a concessionária de serviços públicos não pode suspender o fornecimento, pois o corte de energia elétrica pressupõe o inadimplemento de conta regular, relativa ao mês do consumo, sendo inviável a suspensão do abastecimento em razão de débitos antigos, devendo a companhia utilizar-se dos meios ordinários de cobrança.

( ) **Certo** ( ) **Errado**

(DEFENSOR PÚBLICO – DPE/AL – CESPE – 2009)

40. Em certa ação coletiva para defesa de direitos coletivos de consumidores, promovida pelo estado de Alagoas, a sentença faz coisa julgada para além das partes, mas limitadamente ao grupo, categoria ou classe, salvo improcedência por insuficiência de provas.

( ) **Certo** ( ) **Errado**

Acerca das normas de proteção e defesa do consumidor, julgue os próximos itens.

(DEFENSOR PÚBLICO – DPE/CE – CESPE – 2008)

41. Considere que tenha ocorrido um roubo no interior de um ônibus da SB Transportes Ltda., concessionária de serviço público de transporte coletivo. Nessa situação, a SB Transportes Ltda. está isenta de responder pelos danos experimentados pelos passageiros, uma vez que se trata de caso fortuito estranho à sua atividade negocial.

( ) **Certo** ( ) **Errado**

(DEFENSOR PÚBLICO – DPE/CE – CESPE – 2008)

42. As sociedades consorciadas somente responderão pelos danos causados aos consumidores mediante a apuração da culpa na participação do evento danoso.

( ) **Certo** ( ) **Errado**

(DEFENSOR PÚBLICO – DPE/CE – CESPE – 2008)

43. O Código de Defesa do Consumidor adota a teoria menor da desconsideração da personalidade jurídica, bastando a demonstração da insolvência da pessoa jurídica para o pagamento de suas obrigações, independentemente da existência de desvio de finalidade ou de confusão patrimonial.

( ) **Certo** ( ) **Errado**

(DEFENSOR PÚBLICO – DPE/CE – CESPE – 2008)

44. Sujeitam-se às normas de proteção e defesa do consumidor os serviços prestados por perito judicial.

( ) **Certo** ( ) **Errado**

(DEFENSOR PÚBLICO – DPE/CE – CESPE – 2008)

45. É considerada consumidora indústria farmacêutica que tenha firmado contrato de financiamento com vistas exclusivamente a incrementar sua atividade negocial.

( ) **Certo** ( ) **Errado**

Uma explosão, no interior de uma loja localizada no centro de uma grande cidade, causou danos a pessoas que se encontravam no interior e no exterior do estabelecimento.

Com base nessa situação e nas normas de proteção e defesa do consumidor, julgue os itens seguintes.

(DEFENSOR PÚBLICO – DPE/CE – CESPE – 2008)

46. Todas as vítimas da explosão são consideradas consumidoras, para efeito de reparação dos danos.

( ) **Certo** ( ) **Errado**

(DEFENSOR PÚBLICO – DPE/CE – CESPE – 2008)

47. O prazo para requerer a indenização em razão da explosão é de cinco anos, contados a partir da data da ocorrência do evento danoso.

( ) **Certo** ( ) **Errado**

Julgue os itens 116 a 123, a respeito das normas de proteção e defesa do consumidor.

(DEFENSOR PÚBLICO – DPE/CE – CESPE – 2008)

48. Considere que o cartão de crédito de Tânia tenha sido furtado no dia 5 de dezembro pela manhã e que, em razão de congestionamento da linha telefônica, somente à noite ela tenha conseguido comunicar a ocorrência do furto à operadora do cartão de crédito. Considere, ainda, que, posteriormente, tenham sido constatadas várias compras com a utilização do cartão furtado. Nessa situação, é nula a cláusula contratual que imponha a Tânia a integral responsabilidade pelas compras realizadas com seu cartão até o momento da comunicação à operadora de cartões de crédito.

( ) **Certo** ( ) **Errado**

(DEFENSOR PÚBLICO – DPE/CE – CESPE – 2008)

49. A veiculação de publicidade enganosa em horário nobre na televisão constitui ofensa a direitos coletivos, o que legitima o Ministério Público a ajuizar ação civil pública contra o ofensor.

( ) **Certo** ( ) **Errado**

(DEFENSOR PÚBLICO – DPE/CE – CESPE – 2008)

50. Considere a seguinte situação hipotética.

Depois de inúmeros testes, determinada indústria do ramo de cosméticos lançou no mercado brasileiro um hidratante com fator de proteção solar específico para aplicação no rosto.

Decorridos alguns dias, a indústria começou a receber reclamações de consumidores que sentiram forte irritação na região dos olhos após a aplicação do produto. Diante dessa situação, a indústria decidiu reiniciar os testes laboratoriais para descobrir qual componente da fórmula estaria causando a irritação. Com esses testes, descobriu-se que havia riscos de o produto causar lesões irreversíveis. Imaginando possível repercussão negativa para a imagem da empresa, a indústria decidiu reduzir a produção do referido hidratante durante o período de testes.

Nessa situação, inexistindo qualquer resultado danoso efetivo, a omissão da indústria em comunicar às autoridades competentes a respeito dessa descoberta não constitui conduta criminosa.

( ) **Certo** ( ) **Errado**

(DEFENSOR PÚBLICO – DPE/CE – CESPE – 2008)

51. Considere a seguinte situação hipotética.

> João dirigiu-se a uma instituição financeira objetivando obter empréstimo para aquisição de um veículo automotor. Após cadastrar seus dados pessoais, o gerente do banco informou a João que não seria possível a celebração do contrato, tendo em vista a existência de anotação restritiva em seu nome, em banco de dados de proteção ao crédito. João, desconhecendo a existência da referida restrição, solicitou informações ao gerente, que, alegando tratar-se de uma política do banco, negou o acesso a tais informações.

( ) **Certo** ( ) **Errado**

Nessa situação, a conduta do gerente constitui crime contra as relações de consumo.

(DEFENSOR PÚBLICO – DPE/CE – CESPE – 2008)

52. Se o Ministério Público estadual propuser ação penal por crimes contra as relações de consumo perpetrados por determinada construtora, qualquer associação constituída há mais de um ano e que inclua entre seus fins institucionais a defesa do consumidor poderá intervir como assistente do Ministério Público no referido processo.

( ) **Certo** ( ) **Errado**

(DEFENSOR PÚBLICO – DPE/CE – CESPE – 2008)

53. Considere que Antônio, visando ser ressarcido dos danos sofridos pela aquisição de um produto defeituoso, tenha ajuizado ação de reparação de danos contra o comerciante que lhe vendeu o produto, em virtude da impossibilidade de identificação do fabricante. Nessa situação, o comerciante poderá denunciar o fabricante à lide, para exercer o seu direito de regresso.

( ) **Certo** ( ) **Errado**

(DEFENSOR PÚBLICO – DPE/CE – CESPE – 2008)

54. Considere que o Ministério Público tenha proposto ação civil pública de responsabilidade por danos causados ao consumidor em razão do evento denominado "apagão aéreo". Concomitantemente, inúmeros consumidores ajuizaram ações de reparação de danos para ressarcimento dos prejuízos individuais resultantes do mesmo evento.

( ) **Certo** ( ) **Errado**

Nessa situação, os créditos decorrentes da condenação na ação civil coletiva de responsabilidade prevalecerão sobre os de indenização pelos prejuízos individuais.

(DEFENSOR PÚBLICO – DPE/CE – CESPE – 2008)

55. Se, em razão do aumento abusivo das mensalidades devidas a empresa prestadora de plano de assistência à saúde, o Ministério Público tiver ajuizado ação em defesa dos direitos dos consumidores, a existência de ação coletiva obsta o ajuizamento de ações individuais por parte dos consumidores.

( ) **Certo** ( ) **Errado**

(PROCURADOR DO ESTADO DE ALAGOAS – PGE/AL – CESPE – 2009)

56. Assinale a opção correta quanto à disciplina de proteção ao consumidor:

a) Em regra, a nulidade de uma cláusula contratual abusiva anula o contrato, haja vista que quebra a boa-fé exigida nas relações de consumo.

b) É anulável a cláusula que obriga o fornecedor a modificar unilateralmente o conteúdo do contrato, após a sua celebração, haja vista que pode implicar ônus excessivo à parte mais fraca da relação.
c) A cláusula que retira do consumidor a opção do reembolso das quantias já pagas somente não será declarada nula se devidamente justificada e destacada no contrato.
d) Ainda que o CDC tenha como um de seus fins a proteção da parte considerada mais fraca na relação de consumo, restou assegurada alguma margem de autonomia ao consumidor – desde que demonstrado que possui certo grau de instrução –, como no caso da renúncia ao direito de indenização por benfeitorias, desde que necessárias.
e) O CDC, ao tratar das cláusulas abusivas, optou pelo sistema aberto.

(ADVOGADO – SENADO FEDERAL – FGV – 2008)

57. De acordo com o Código de Defesa do Consumidor, a cobrança indevida acarreta o direito de o consumidor:
    a) obter indenização correspondente ao dobro do valor cobrado indevidamente, independente do efetivo pagamento;
    b) ser restituído do valor pago em excesso, acrescido de correção monetária e juros legais, na hipótese de engano justificável do credor;
    c) receber pagamento em dobro do valor demandado, salvo a hipótese de justificável engano do credor;
    d) pleitear indenização por perdas e danos materiais e morais, fixada pela lei no valor igual ao dobro do que foi indevidamente cobrado;
    e) ser indenizado por perdas e danos materiais e morais somente nos casos em que o consumidor prove o efetivo pagamento do valor indevido.

(ADVOGADO – SENADO FEDERAL – FGV – 2008)

58. A elevação sem justa causa do preço de produtos ou serviços constitui uma prática comercial abusiva:
    a) caso o fornecedor anuncie anteriormente oferta pública do preço com prazo não determinado;
    b) quando não houver cláusula contratual estabelecendo regra que permita ao fornecedor, direta ou indiretamente, aumentar o preço de maneira unilateral;
    c) quando o regime de preços do fornecimento estiver sujeito a controle ou a tabelamento;
    d) após a contratação ou após a aceitação da oferta tendente à contratação;
    e) em todos os casos, uma vez que a regra estabelecida no Código de Defesa do Consumidor não faz qualquer ressalva.

(ADVOGADO – SENADO FEDERAL – FGV – 2008)

59. A exclusão de responsabilidade do fornecedor não pode ser alegada com fundamento na:
    a) inexistência de nexo causal;
    b) superveniência de caso fortuito ou força maior;
    c) culpa exclusiva do consumidor;
    d) culpa exclusiva de terceiros;
    e) inexistência de defeito na prestação de serviço.

(ADVOGADO – SENADO FEDERAL – FGV – 2008)

60. A responsabilidade civil do profissional liberal poderá não ser apurada mediante verificação de culpa, a depender:
    a) da inversão do ônus da prova do nexo de causalidade do dano com o serviço;
    b) de o serviço ser prestado efetivamente com a característica *intuito personae;*
    c) de o profissional não ter constituído sociedade profissional;
    d) de a atividade exercida ser de meio ou de fim;
    e) de a atividade conter elementos típicos de serviço de massa.

Com relação aos direitos do consumidor e ao CDC, julgue os itens a seguir.

(DEFENSOR PÚBLICO – DPE/ES – CESPE – 2009)

61. O direito do consumidor é um direito e garantia individual no Brasil.

( ) **Certo** ( ) **Errado**

(DEFENSOR PÚBLICO – DPE/ES – CESPE – 2009)

62. O CDC contém normas de direito privado, mas de ordem pública (direito privado indisponível), e normas de direito público.

( ) **Certo** ( ) **Errado**

(DEFENSOR PÚBLICO – DPE/ES – CESPE – 2009)

63. O CDC assegura a todos os consumidores um direito de proteção, fruto do princípio da confiança.

( ) **Certo** ( ) **Errado**

(DEFENSOR PÚBLICO – DPE/ES – CESPE – 2009)

64. O consumidor tem direito à informação clara e adequada acerca do produto a ser adquirido, desde o momento pré-contratual até a conclusão do contrato. O momento pós-contratual não é regido pelo CDC.

( ) **Certo** ( ) **Errado**

(DEFENSOR PÚBLICO – DPE/ES – CESPE – 2009)

65. Todo consumidor é vulnerável por força de lei, porém nem todo consumidor é hipossuficiente, considerando-se que a hipossuficiência é uma noção processual.

( ) **Certo** ( ) **Errado**

Considerando que certa loja tenha veiculado, em um programa de televisão, publicidade, suficientemente precisa, em que ofertava celulares por preço promocional, julgue os itens seguintes.

(DEFENSOR PÚBLICO – DPE/ES – CESPE – 2009)

66. O fornecedor criou um direito potestativo para o consumidor.

( ) **Certo** ( ) **Errado**

(DEFENSOR PÚBLICO – DPE/ES – CESPE – 2009)

67. A publicidade veiculada obriga o fornecedor e integra o contrato que vier a ser celebrado.

( ) **Certo** ( ) **Errado**

(DEFENSOR PÚBLICO – DPE/ES – CESPE – 2009)

68. A responsabilidade do fornecedor, decorrente do descumprimento do princípio da vinculação, é subjetiva.

( ) **Certo** ( ) **Errado**

Considerando que um avião comercial tenha caído em área residencial brasileira, julgue os itens subsequentes.

(DEFENSOR PÚBLICO – DPE/ES – CESPE – 2009)

69. Na situação considerada, são consumidores por equiparação as pessoas físicas ou jurídicas que, mesmo sem terem sido partícipes da relação de consumo, foram atingidas em sua saúde ou segurança em virtude da queda da aeronave.

( ) **Certo** ( ) **Errado**

(DEFENSOR PÚBLICO – DPE/ES – CESPE – 2009)

70. Os passageiros (consumidores do serviço) que foram atingidos pelo evento danoso – acidente de consumo – são denominados *bystanders*.

( ) Certo ( ) Errado

(DEFENSOR PÚBLICO – DPE/ES – CESPE – 2009)

71. Na hipótese em apreço, se as pessoas que passavam na rua tiverem sido atingidas em sua integridade física pela queda do avião, tal fato ensejará a essas pessoas o direito às garantias legais instituídas no CDC, como, por exemplo, a inversão do ônus da prova em seu favor.

( ) Certo ( ) Errado

O Banco Alfa solicitou a inscrição do nome de Wagner em determinada entidade de proteção ao crédito, informando a existência de dívida contraída em razão de um empréstimo. A inscrição foi efetuada sem a notificação prévia de Wagner. Considerando essa situação hipotética e a jurisprudência do STJ acerca do assunto, julgue os itens que se seguem.

(DEFENSOR PÚBLICO – DPE/ES – CESPE – 2009)

72. O banco Alfa, por ter solicitado a referida inscrição, deveria ter providenciado a notificação de Wagner.

( ) Certo ( ) Errado

(DEFENSOR PÚBLICO – DPE/ES – CESPE – 2009)

73. A comunicação prévia ao consumidor é medida imprescindível à regularidade da inscrição.

( ) Certo ( ) Errado

(DEFENSOR PÚBLICO – DPE/ES – CESPE – 2009)

74. Wagner tem direito a indenização por danos morais, exigível do Banco Alfa.

( ) Certo ( ) Errado

Acerca das normas estabelecidas pelo CDC, julgue os próximos itens.

(DEFENSOR PÚBLICO – DPE/ES – CESPE – 2009)

75. Se uma empresa de guarda e estacionamento de veículos tiver advertido, previamente, um usuário daquele serviço de que não se responsabilizaria pelos valores ou objetos pessoais deixados no interior do automóvel, não haverá, por parte da empresa, obrigação de indenizar o usuário.

( ) Certo ( ) Errado

(DEFENSOR PÚBLICO – DPE/ES – CESPE – 2009)

76. O sistema do CDC admite a cláusula que considera o silêncio do consumidor como aceitação.

( ) Certo ( ) Errado

(DEFENSOR PÚBLICO – DPE/ES – CESPE – 2009)

77. Se um cidadão tiver se hospedado em um hotel e, no momento de assinar o contrato, tiver se deparado com uma cláusula informando que o hotel não se responsabilizaria por furto de bens ou valores não confiados à sua direção, para fins de depósito, essa cláusula será tida como não escrita e deverá ser desconsiderada pelos usuários da prestação de serviço.

( ) Certo ( ) Errado

A respeito da decadência no CDC, julgue os itens a seguir.

(DEFENSOR PÚBLICO – DPE/ES – CESPE – 2009)

78. Se um consumidor adquirir produto não durável, seu direito de reclamar pelos vícios aparentes ou de fácil constatação caducará em 90 dias, iniciando-se a contagem do prazo decadencial a partir da entrega efetiva do produto.

( ) **Certo** ( ) **Errado**

(DEFENSOR PÚBLICO – DPE/ES – CESPE – 2009)

79. Caso um consumidor tenha adquirido um produto que apresentou, posteriormente à aquisição, um vício oculto, o prazo decadencial iniciou-se no momento em que o consumidor retirou o produto da loja, tornando-se seu proprietário.

( ) **Certo** ( ) **Errado**

(DEFENSOR PÚBLICO – DPE/ES – CESPE – 2009)

80. O CDC permite a quebra do dogma da separação patrimonial entre a pessoa jurídica e seus sócios, desconsiderando a personalidade jurídica em prol dos interesses dos consumidores, sempre que essa personalidade for, de alguma forma, obstáculo ao ressarcimento de prejuízos causados aos consumidores, e desde que haja abuso de direito.

( ) **Certo** ( ) **Errado**

Com referência a contratos de consumo e considerando que, em um contrato dessa natureza, a cláusula de preço, que era equitativa quando do fechamento do contrato, tenha-se tornado excessivamente onerosa para o consumidor, em razão de fatos supervenientes, julgue os itens seguintes.

(DEFENSOR PÚBLICO – DPE/ES – CESPE – 2009)

81. O CDC exige, para promover-se a revisão judicial do contrato em apreço, que o fato superveniente seja imprevisível ou irresistível.

( ) **Certo** ( ) **Errado**

(DEFENSOR PÚBLICO – DPE/ES – CESPE – 2009)

82. A revisão judicial do contrato limita-se apenas às cláusulas referentes à prestação do consumidor, não tendo o mesmo direito o fornecedor.

( ) **Certo** ( ) **Errado**

(DEFENSOR PÚBLICO – DPE/ES – CESPE – 2009)

83. O CDC exige, para promover-se a revisão judicial do contrato, que haja extrema vantagem para uma das partes que celebrou a avença.

( ) **Certo** ( ) **Errado**

(DEFENSOR PÚBLICO – DPE/ES – CESPE – 2009)

84. Em um contrato de consumo, é lícito às partes, desde que haja consenso entre elas, inverter o ônus da prova em prejuízo do consumidor.

( ) **Certo** ( ) **Errado**

(DEFENSOR PÚBLICO – DPE/ES – CESPE – 2009)

85. Em um contrato de consumo envolvendo prestação de serviço, o fornecedor responde, independentemente da existência de culpa, pela reparação dos danos causados aos consumidores por defeitos relativos à prestação dos serviços, bem como por informações insuficientes ou inadequadas cerca da sua fruição e riscos, ainda que ele prove a culpa exclusiva do consumidor ou de terceiro.

( ) **Certo** ( ) **Errado**

(DEFENSOR PÚBLICO SUBSTITUTO – DPE/MT – FCC – 2009)

86. De acordo com o direito consumerista, são válidas cláusulas que:
    a) possibilitem a renúncia do direito de indenização por benfeitorias necessárias, desde que o consumidor seja devidamente esclarecido sobre as consequências jurídicas de sua decisão;
    b) determinem a utilização compulsória de arbitragem;
    c) obriguem o consumidor a ressarcir os custos de cobrança de sua obrigação, se igual direito lhe seja conferido contra o fornecedor;
    d) deixem ao fornecedor a opção de concluir ou não o contrato, embora obrigando o consumidor;
    e) autorizem o fornecedor a modificar unilateralmente o conteúdo ou a qualidade do contrato, após sua celebração.

(PROCURADOR – ASSEMBLEIA LEGISLATIVA SP – FCC – 2010)

87. A pretensão à reparação pelos danos causados por fato do produto ou de serviço, de acordo com o Código de Defesa do Consumidor, prescreve em:
    a) 7 dias, a partir do conhecimento da entrega efetiva do produto ou do término da execução do serviço;
    b) 30 dias, tratando-se de fornecimento de serviço e de produtos não duráveis;
    c) 90 dias, tratando-se de fornecimento de serviço e de produtos duráveis;
    d) 3 anos, a partir do conhecimento da entrega efetiva do produto ou do término da execução do serviço;
    e) 5 anos, a partir do conhecimento do dano e de sua autoria.

15.2 Direito Ambiental

(PROCURADOR – ASSEMBLEIA LEGISLATIVA SP – FCC – 2010)

88. A Política Nacional de Recursos Hídricos, instituída pela Lei nº 9.433/97, estabelece que o regime de outorga de direitos de uso de recursos hídricos tem como objetivo assegurar o controle quantitativo e qualitativo dos usos da água e o efetivo exercício dos direitos de acesso à água.

Todavia, independe de outorga pelo Poder Público, conforme definido em regulamento:

a) a extração de água de aquífero subterrâneo para consumo final ou insumo de processo produtivo;
b) o uso de recursos hídricos para a satisfação das necessidades de pequenos núcleos populacionais, distribuídos no meio rural;
c) a derivação ou captação de parcela da água existente em um corpo de água para consumo final, inclusive abastecimento público, ou insumo de processo produtivo;
d) qualquer outro uso que altere o regime, a quantidade ou a qualidade da água existente em um corpo de água;
e) lançamento em corpo de água de esgotos e demais resíduos líquidos ou gasosos, tratados ou não, com o fim de sua diluição, transporte ou disposição final.

(PROCURADOR – ASSEMBLEIA LEGISLATIVA SP – FCC – 2010)

89. Os princípios gerais da Política Nacional do Meio Ambiente têm por objetivo a preservação, a melhoria e a recuperação da qualidade ambiental propícia à vida, visando assegurar, no País, condições ao desenvolvimento socioeconômico, aos interesses da segurança nacional e à proteção da dignidade da vida humana. NÃO se insere, dentre esses princípios:
    a) o planejamento e a fiscalização do uso dos recursos ambientais e a proteção de áreas ameaçadas de degradação;

b) o acompanhamento pelo estado da qualidade ambiental e a proteção dos ecossistemas, com a preservação de áreas representativas;
c) o controle e o mapeamento das atividades e serviços dos entes federados, ainda que não potencial ou efetivamente poluidoras;
d) o incentivo ao estudo e à pesquisa de tecnologias orientadas para o uso racional e a proteção dos recursos ambientais;
e) a racionalização do uso do solo, do subsolo, da água e do ar e a recuperação de áreas degradadas.

(PROCURADOR – ASSEMBLEIA LEGISLATIVA SP – FCC – 2010)

90. É órgão superior do Sistema Nacional do Meio Ambiente – SISNAMA (Lei nº 6.938/81), com a função de assessorar o Presidente da República na formulação da política nacional e nas diretrizes governamentais para o meio ambiente e os recursos ambientais:
a) a entidade estadual responsável pela execução de programas ambientais;
b) a Secretaria do Meio Ambiente da Presidência da República;
c) o Conselho Nacional do Meio Ambiente – CONAMA;
d) o Conselho de Governo;
e) o Instituto Brasileiro do Meio Ambiente e Recursos Naturais Renováveis – IBAMA.

(ADVOGADO – CETESB – VUNESP – 2009)

91. Na Ação Civil Pública:
a) não haverá adiantamento de custas, emolumentos, honorários e quaisquer outras despesas, nem condenação da associação autora em honorários de advogado, custas e despesas processuais, salvo comprovada capacidade econômica dessa, o que lhe retira a qualidade de hipossuficiente;
b) o Ministério Público atuará, facultativamente, como fiscal da lei, caso não intervenha como parte no processo;
c) admitir-se-á o litisconsórcio entre os Ministérios Públicos da União, do Distrito Federal e dos Estados, na defesa dos interesses que são objeto da Lei nº 7.347/85 (Lei da Ação Civil Pública);
d) poderá ser negada certidão ou informação ao Ministério Público, somente nos casos em que a lei impuser sigilo. Neste caso, não há, por imposição legal, possibilidade de requisição, mesmo que esta seja feita por intermédio do Poder Judiciário;
e) sua propositura, em um foro, não inibe a propositura posterior de outras ações civis públicas com a mesma causa de pedir o objeto em foros distintos, não ocorrendo, nesse caso, o fenômeno da prevenção.

(ADVOGADO – CETESB – VUNESP – 2009)

92. No que tange aos recursos hídricos, é possível afirmar que:
a) a água é um recurso natural ilimitado, dotado de valor econômico;
b) em situações de escassez, o uso prioritário da água deve ser o consumo humano e a dessedentação de animais;
c) a extração da água de aquífero subterrâneo para consumo final ou insumo de processo produtivo independe de outorga pelo Poder Público;
d) não será cobrado o seu uso sujeito à outorga;
e) a outorga do direito ao seu uso implica sua alienação parcial.

(ADVOGADO – CETESB – VUNESP – 2009)

93. Diante da Resolução CONAMA nº 237, de 19 de dezembro de 1997, pode-se dizer que:
a) as licenças ambientais poderão ser expedidas isolada ou sucessivamente, de acordo com a natureza, características e fase do empreendimento ou atividade;

b) a licença prévia (LP) visa a autorizar a instalação do empreendimento ou atividade, de acordo com as especificações constantes dos planos, programas e projetos aprovados, incluindo as medidas de controle ambiental e demais condicionantes, da qual constituem motivo dominante;
c) a audiência pública é etapa obrigatória e inicial do processo de licenciamento ambiental;
d) os estudos necessários ao processo de licenciamento deverão ser realizados por profissionais credenciados no órgão ambiental competente e sob as expensas deste;
e) o órgão ambiental competente não poderá cancelar uma licença expedida se esta estiver dentro de seu prazo de validade.

Acerca dos institutos de direito ambiental, julgue os itens subsequentes.

(ADVOGADO – IBRAM – CESPE – 2009)

94. O princípio da prevenção informa a obrigação do estudo de impacto ambiental (EIA) exigido para o licenciamento de empreendimentos que envolvam intervenções que possam causar danos ao meio ambiente.

( ) **Certo** ( ) **Errado**

(ADVOGADO – IBRAM – CESPE – 2009)

95. Considere que Salatiel, brasileiro naturalizado alemão, engenheiro industrial, depois de morar no exterior por mais de dez anos, trouxe para o Brasil sua mudança em três contêineres. Dentro dos baús, que continham móveis e utensílios, enviou cerca de 50 pneus recauchutados (recapados), comprados com fito de uso próprio. Nessa situação hipotética, Salatiel não cometeu crime ou ilícito administrativo ambiental penal passível de multa.

( ) **Certo** ( ) **Errado**

(ADVOGADO – IBRAM – CESPE – 2009)

96. Considere que Alzirina tenha queimado madeira imprestável em sua chácara no Lago Norte da capital federal, o que causou um incêndio no Parque Nacional de Brasília. Nesse caso, de acordo com a Lei dos Crimes Ambientais, além de outras cominações, ocorreu crime contra a flora, na modalidade culposa.

( ) **Certo** ( ) **Errado**

(ADVOGADO – IBRAM – CESPE – 2009)

97. A responsabilidade penal da pessoa jurídica em crimes ambientais só será admitida quando houver a imputação simultânea da pessoa física que atua em nome e em benefício do ente representado.

( ) **Certo** ( ) **Errado**

Quanto ao direito constitucional ambiental, julgue os itens, seguintes.

(ADVOGADO – IBRAM – CESPE – 2009)

98. A competência para legislar sobre a responsabilidade por dano ao meio ambiente, de forma privativa, é da União, dos estados e do DF.

( ) **Certo** ( ) **Errado**

(ADVOGADO – IBRAM – CESPE – 2009)

99. O Ministério Público da União está legitimado para promover o inquérito civil e a ação civil pública visando proteção do meio ambiente, mas não para defender direitos difusos e coletivos.

( ) **Certo** ( ) **Errado**

(ADVOGADO – IBRAM – CESPE – 2009)

100. A administração pública das cidades brasileiras com mais de 20.000 habitantes está obrigada a elaborar o plano diretor do município a ser submetido e aprovado pela Câmara Municipal. A exigência ampara-se em preceito constitucional e visa orientar a política de desenvolvimento e de expansão urbana.

( ) Certo ( ) Errado

Com relação ao estudo de impacto ambiental (EIA), julgue os próximos itens.

(ADVOGADO – IBRAM – CESPE – 2009)

101. A administração pública poderá dispensar o EIA e o relatório de impacto ambiental (RIMA) de determinado empreendimento. A dispensa imotivada do EIA/RIMA viola norma constitucional e é considerada falta grave do servidor que a autorizar.

( ) Certo ( ) Errado

(ADVOGADO – IBRAM – CESPE – 2009)

102. O EIA, do qual trata o art. 2º da Resolução do CONAMA nº 1/1986, é elaborado pelo órgão público responsável pelo meio ambiente, na administração pública, seja o empreendimento na esfera municipal, na estadual ou na federal.

( ) Certo ( ) Errado

(ADVOGADO – IBRAM – CESPE – 2009)

103. Para licenciamento das atividades ou das obras que se enquadram na exigência constitucional de estudo prévio de impacto ambiental, o empreendedor particular ou a administração pública deverá, obrigatoriamente, apresentar ao órgão competente estudos que contemplem todas as alternativas tecnológicas e a localização do projeto, considerando também a hipótese da sua não execução.

( ) Certo ( ) Errado

(ADVOGADO – IBRAM – CESPE – 2009)

104. As coberturas florestais nativas, previstas na Lei Orgânica do DF (LODF), são espaços territoriais especialmente protegidos que não podem ser utilizados em nenhuma hipótese.

( ) Certo ( ) Errado

(ADVOGADO – IBRAM – CESPE – 2009)

105. Na aprovação de projetos de determinados parcelamentos de solo para fins urbanos, no DF, dos quais trata a LODF, a exigência de EIA e de RIMA pode ser substituída pela Avaliação de Impacto Ambiental referente às restrições ambientais, à capacidade de abastecimento de água e a outros fatores.

( ) Certo ( ) Errado

(ADVOGADO – IBRAM – CESPE – 2009)

106. A reserva biológica, unidade de proteção integral da qual trata a Lei nº 9.985/2000, em áreas particulares ou públicas, tem como objetivo a preservação integral da biota e dos demais atributos naturais existentes em seus limites.

( ) Certo ( ) Errado

(ADVOGADO – IBRAM – CESPE – 2009)

107. No DF, segundo a LODF, as áreas de preservação permanente são, entre outras, os lagos, as lagoas, as nascentes os mananciais de bacia hidrográficas e aquelas áreas que forem assim declaradas por lei.

( ) **Certo** ( ) **Errado**

(PROCURADOR DO ESTADO DE ALAGOAS – PGE/AL – CESPE – 2009)

108. Para o licenciamento e a instalação de antenas de telefonia (estações radiobase) nas proximidades de escolas e hospitais, deve-se levar em conta o princípio ambiental:

a) do poluidor-pagador e do usuário-pagador;
b) da educação ambiental e do desenvolvimento sustentável;
c) da prevenção e da precaução;
d) da competência federativa municipal e estadual;
e) *in dubio pro* tecnologia.

(PROCURADOR DO ESTADO DE ALAGOAS – PGE/AL – CESPE – 2009)

109. Assinale a opção correta com relação aos princípios gerais do direito ambiental:

a) O princípio da participação popular na proteção do meio ambiente é assegurado por meio das audiências públicas em procedimentos de licenciamento e de estudo de impacto de vizinhança.
b) O princípio da prevenção aplica-se a eventos incertos e prováveis causadores de dano ambiental.
c) Não há possibilidade de correlação de mais de um princípio na análise de um caso concreto de dano ambiental.
d) Se, na análise de determinado problema, houver a colisão de dois princípios ambientais, um deverá prevalecer e o outro será obrigatoriamente derrogado.
e) O princípio do poluidor-pagador aplica-se ao usuário que capta água para irrigação de produtos orgânicos sem agrotóxico.

(PROCURADOR DO ESTADO DE ALAGOAS – PGE/AL – CESPE – 2009)

110. Uma empresa, com o objetivo de explorar comercialmente material radioativo existente em município brasileiro, formulou pedido de licenciamento ambiental aos órgãos municipal, estadual e federal. A direção dessa empresa crê que um desses órgãos ou alguns deles deverão resolver as pendências administrativas e permitir a exploração do material radioativo.

Nessa situação hipotética, considerando a competência dos entes federados, é correto afirmar que o empreendedor agiu:

a) corretamente, pois se trata de hipótese de competência concorrente ambiental;
b) corretamente, pois se trata de hipótese de competência comum ambiental;
c) corretamente, pois se trata de hipótese de competência legislativa estadual e administrativa municipal;
d) incorretamente, pois se trata de hipótese de competência da União;
e) incorretamente, pois se trata de hipótese de competência exclusiva do município.

(PROCURADOR DO ESTADO DE ALAGOAS – PGE/AL – CESPE – 2009)

111. Com o objetivo de garantir o direito ao meio ambiente ecologicamente equilibrado, a CF estabeleceu que, para assegurar esse direito, incumbe ao poder público:

a) controlar a produção de substâncias geradas na natureza que facilitem a sobrevivência do homem no seu ecossistema;
b) proteger a fauna, impedindo a utilização de animais domésticos em atividade circense;

c) promover a educação ambiental em todos os níveis de ensino e a conscientização pública para a preservação do meio ambiente;
d) definir áreas nos estados-membros fronteiriços brasileiros que assegurem o livre trânsito de pessoas e animais entre os países vizinhos do MERCOSUL;
e) fiscalizar as entidades dedicadas ao ensino das ciências sociais e biomédicas.

(PROCURADOR DO ESTADO DE ALAGOAS – PGE/AL – CESPE – 2009)

112. A CF dispõe que "todos têm direito ao meio ambiente ecologicamente equilibrado, bem de uso comum do povo". Assim, nada mais justo que a população possa participar da proteção do meio ambiente. Desse modo, assinale a opção <u>incorreta</u> quanto aos mecanismos de participação pública no procedimento EIA e licenciamento ambiental:
a) A participação pública efetiva em um procedimento de EIA pressupõe o direito de acesso às informações existentes na administração pública.
b) Há legislação federal assegurando o acesso público aos dados e informações existentes nos órgãos e entidades integrantes do SISNAMA.
c) O indivíduo pode solicitar informações ambientais de terminada obra, mas, para gozar desse direito, terá de morar na região dessa obra.
d) As informações ambientais coletadas por indivíduos junto ao poder público não podem ser utilizadas para fins comerciais.
e) A audiência pública no procedimento de EIA está regulada em resolução do CONAMA.

(PROCURADOR DO ESTADO DE ALAGOAS – PGE/AL – CESPE – 2009)

113. O ser humano há muito tempo delimita áreas para preservação de sua fauna e flora. Indica-se como precursor da ideia de parques e outros espaços territorialmente protegidos a criação do parque nacional de Yellowstone, em 1872, nos Estados Unidos da América. No Brasil, o primeiro parque nacional instituído foi o de Itatiaia, em 1937. A Lei nº 9.985/2000 buscou sistematizar critérios para a criação, implantação e gestão de unidades de conservação (UCs). Assinale a opção correta com relação aos enunciados normativos dessa legislação:
a) O Sistema Nacional de Unidades de Conservação estabelece dois grupos de UCs: as de proteção integral e as de uso sustentável.
b) Estação ecológica e reserva biológica são unidades de proteção de uso sustentável.
c) Parque nacional e área de proteção ambiental são unidades de uso sustentável.
d) Refúgio da vida silvestre é unidade de uso sustentável.
e) Entende-se por UC o espaço territorial e seus recursos ambientais, exceto os recursos hídricos nele existentes.

(PROCURADOR DO ESTADO DE ALAGOAS – PGE/AL – CESPE – 2009)

114. Há semelhanças e diferenças entre o direito ambiental e o direito administrativo. A licença ambiental é exemplo de instituto próprio com semelhanças com o direito administrativo. O licenciamento ambiental constitui procedimento administrativo pelo qual o órgão ou ente ambiental licencia a localização, a instalação e outros aspectos de atividades potencialmente degradantes do meio ambiente. Nesse contexto, a licença ambiental é o instrumento pelo qual o poder público exerce o controle prévio e concomitante dessas atividades. A respeito das licenças ambientais, assinale a opção correta:
a) No Brasil, o licenciamento ambiental deve ser feito pelo poder central. Cabe à União o licenciamento das obras no território nacional.
b) Um mesmo empreendimento poderá ter licença ambiental dada por diferentes entidades federativas (duplo licenciamento).
c) O licenciamento ambiental é feito em duas etapas distintas: a licença de instalação e a de operação.

d) Uma pessoa jurídica que desenvolve atividades de pesquisa e lavra de determinado recurso mineral em um único município deve requerer o licenciamento ambiental municipal da obra.
e) O licenciamento de loteamentos urbanos deve ser feito pelo Ministério das Cidades.

(PROCURADOR DO ESTADO DE ALAGOAS – PGE/AL – CESPE – 2009)

115. A CF elevou ao *status* de norma constitucional a responsabilização do infrator, nas esferas penal, civil e administrativa, por condutas e atividades lesivas ao meio ambiente. A tutela administrativa decorre do poder de polícia. Com relação ao poder de polícia ambiental, assinale a opção correta:

a) Esse poder constitui faculdade da administração pública e das organizações não governamentais ambientais.
b) É permitido que o poder em questão seja desempenhado independentemente da observância de procedimento legal, uma vez que este é adotado pelo Poder Judiciário.
c) Infração administrativa ambiental é toda ação ou omissão que viole as regras jurídicas de uso, gozo, promoção, proteção e recuperação do meio ambiente.
d) A União e os estados têm competência para multar infrações administrativas. Os municípios cuidam da responsabilidade civil.
e) Em situações específicas elencadas na Lei de Crimes Ambientais, também ao cidadão é permitido exercer referido poder.

(PROCURADOR DO ESTADO DE ALAGOAS – PGE/AL – CESPE – 2009)

116. As sanções administrativas de cunho ambiental encontram-se previstas em diferentes normas do SISNAMA, entre elas a Lei nº 9.605/1998. As sanções administrativas previstas nessa lei não incluem a:

a) advertência;
b) multa diária;
c) multa simples;
d) falência da empresa;
e) destruição ou inutilização de produto.

(PROCURADOR DO ESTADO SUBSTITUTO – PGE/PI – CESPE – 2008)

117. A 1ª Conferência Europeia sobre Meio Ambiente e Saúde, realizada em Frankfurt (1989), sugeriu à Comunidade Econômica Européia uma Carta Européia do Meio Ambiente e da Saúde prevendo que cada pessoa tem o direito de beneficiar-se de um meio ambiente que lhe permita usufruir do nível mais elevado possível de saúde e de bem-estar, além do direito de ser informada e consultada sobre os planos, decisões e atividades suscetíveis de afetar, ao mesmo tempo o meio ambiente e a saúde e do direito de participar no processo de tomada de decisões sobre tais assuntos.

Paulo Affonso Leme Machado. Direito ambiental brasileiro. São Paulo: Malheiros, 2003, p. 76-7 (com adaptações).

Sendo o direito à informação fundamental para o exercício de uma política do meio ambiente independente e atuante, a divulgação preliminar dos projetos que possam trazer danos ao ambiente é uma técnica ambiental eficiente neste sentido. Esse aspecto do procedimento administrativo propicia maior integração da comunidade com a administração, possibilitando uma contínua troca de informações. A partir dessas informações e do texto acima, é correto afirmar que o direito à publicidade ambiental:

a) impõe ao administrador o ônus de instituir procedimentos de oitiva comunitária nas regiões afetadas por atividades antrópicas ecologicamente impactantes, segundo as regras estabelecidas pelo Comitê de Gestão da Informação, órgão deliberativo e consultivo do CONAMA, responsável pela coleta, sistematização e divulgação das informações ambientais;

b) impõe ao cidadão que deseja acessar as informações ambientais socialmente relevantes a necessidade de provar seu legítimo interesse na qualidade do meio ambiente, que, embora seja patrimônio público a ser necessariamente assegurado e protegido, tendo em vista o uso coletivo, está sujeito ao regime da propriedade privada, não sendo, portanto, legítima a parte que não titulariza tal direito;
c) dispõe que apenas as pessoas físicas podem, legitimamente, exercê-lo, sendo completamente vetado seu exercício às pessoas jurídicas;
d) somente assegura às pessoas jurídicas a possibilidade de exercê-lo frente aos órgãos central, setoriais e seccionais, quando representadas pelo Ministério Público da União;
e) dispõe que, para se solicitar informação de interesse particular ou de interesse geral ou coletivo (como é a matéria ambiental), não há necessidade de se comprovar a legitimidade do interesse; basta constarem os esclarecimentos relativos aos fins e razões do pedido.

(PROCURADOR DO ESTADO SUBSTITUTO – PGE/PI – CESPE – 2008)

118. Quanto ao princípio da informação, no âmbito do direito internacional, já se consolida o costume da troca de informações ambientais entre os países. A esse respeito, os juristas da Comissão Mundial sobre Meio Ambiente e Desenvolvimento salientaram que os dados ambientais devem ser publicados, haja vista que a informação serve para o processo de educação de cada pessoa e da comunidade, bem como oferece a possibilidade à pessoa de tomar posição ou pronunciar-se sobre a matéria informada. A esse respeito, no Brasil:

a) a CF, ao tratar dos princípios que pautam as relações internacionais, afirma, taxativamente, que a não informação de eventos significativamente danosos ao meio ambiente por parte dos Estados merece ser considerada crime internacional a ser julgado pelo Tribunal Penal Internacional;
b) a Declaração do Rio de Janeiro (1992) dispôs que, no nível nacional, é direito de todo indivíduo ter acesso adequado às informações relativas ao meio ambiente de que disponham as autoridades públicas, inclusive informações sobre materiais e atividades perigosas em sua comunidade;
c) a informação ambiental deve ser transmitida de maneira que os informados tenham tempo suficiente para analisar a matéria e para agir diante da administração pública e do Poder Judiciário. Sobre esse aspecto, o decreto que regulamenta a Política Nacional de Meio Ambiente estabelece o prazo de 72 horas, a contar da data de publicação do relatório anual do CONAMA, para que os interessados e(ou) afetados pelas atividades potencialmente perigosas possam embargar as medidas propostas;
d) o monitoramento das informações ambientais é competência exclusiva do poder público, dada a sua importância estratégica. Por essa razão, a lei que instituiu a Política Nacional de Meio Ambiente criou o Sistema Nacional de Informações Sócio-Ambientais (SISNISA), órgão consultivo e deliberativo ligado ao CONAMA e que é responsável pelo monitoramento dos dados ambientais coletados em território nacional;
e) não existe, no ordenamento jurídico, obrigatoriedade de a administração pública divulgar preliminarmente informações de caráter ambiental, salvo quando provocada pelo Ministério Público ou arguida judicialmente por organizações não governamentais que atuem na área ambiental.

(PROCURADOR DO ESTADO SUBSTITUTO – PGE/PI – CESPE – 2008)

119. Em 1992, reunida na cidade do Rio de Janeiro, a Conferência das Nações Unidas para o Meio Ambiente e Desenvolvimento, votou, unanimemente, a chamada Declaração do Rio de Janeiro. Entre os 27 princípios que compõem esse documento, está o princípio da precaução. Acerca desse princípio, assinale a opção correta:

a) O princípio da precaução é amplamente observado pelos Estados, de modo a proteger o meio ambiente sempre que houver certeza científica da ameaça de danos sérios ou irreversíveis ao mesmo.
b) A doutrina do referido princípio considera que o mundo da precaução é um mundo onde os saberes são colocados em questão. A precaução nasce da diferença temporal entre a necessidade imediata de ação e o momento em que os conhecimentos científicos vão modificar-se. Ela visa gerir a espera da informação.
c) A precaução caracteriza-se pela ação compensatória diante do risco ou do perigo.
d) O risco ou perigo devem caracterizar-se pela ameaça séria e irreversível à diversidade biológica. Essa definição não engloba os efeitos das ações humanas sobre o meio ambiente, mas tão somente as decisões políticas oriundas da esfera federal.
e) A CF estabelece duas categorias de risco. Os riscos aceitáveis incluem os que colocam em perigo apenas valores menores, como o manejo ecológico das espécies e a diversidade e integridade do patrimônio genético. Os riscos que atingem valores constitucionais protegidos, como o meio ambiente ecologicamente equilibrado e a função ecológica das bacias hidrográficas, pertencem à categoria dos riscos inaceitáveis.

(PROCURADOR DO ESTADO SUBSTITUTO – PGE/PI – CESPE – 2008)

120. O zoneamento ambiental, como instrumento da Política Nacional de Meio Ambiente, deve ser consequência do planejamento. Um plano abrangente deve ser sempre o requisito tanto do zoneamento quanto de outras atuações do poder de polícia, por meio do controle do uso do solo. Um planejamento inadequado, mal estruturado, poderá dar origem a um zoneamento equivocado. Acerca do zoneamento ambiental, assinale a opção correta:

a) O zoneamento ambiental consiste na divisão em parcelas do território das áreas definidas constitucionalmente como de relevante função ecológica, nas quais interdita-se, de modo absoluto, o exercício de quaisquer atividades humanas.
b) O zoneamento ambiental, por ser um aspecto do poder de polícia administrativa, atua exclusivamente com a finalidade de garantir a salubridade dos povos autóctones, ribeirinhos e silvícolas, frente a ações nefandas das organizações não governamentais que atuam destruindo o patrimônio genético das populações tradicionais.
c) Os zoneamentos a serem estabelecidos nas esferas federal, estadual ou municipal deverão cumprir os objetivos do plano nacional. A contrariedade às finalidades mencionadas vicia o conteúdo do zoneamento e pode ser arguida judicialmente.
d) O zoneamento agro-hídrico das regiões costeiras deve ser feito pela Marinha do Brasil em consonância com o que dispõe o Conselho de Defesa Nacional. A este cabe dar assentimento prévio a todo planejamento territorial de áreas estratégicas para a política de segurança nacional.
e) O zoneamento ambiental é de competência exclusiva do presidente da República, não podendo o Congresso Nacional legislar irrestritamente sobre a matéria.

Acerca do direito ambiental, julgue os itens seguintes.

(PROCURADOR DO ESTADO DE 1ª CATEGORIA – PGE/ES – CESPE – 2008)

121. Caso determinado município necessite implementar obras de infraestrutura destinadas aos serviços públicos de transporte em área considerada de preservação permanente, mesmo que não haja alternativas plausíveis senão a utilização do espaço ambientalmente protegido, o município não poderá lançar mão da área considerada de preservação permanente, uma vez que tais áreas são, de forma absoluta, insuscetíveis de exploração.

( ) **Certo** ( ) **Errado**

(PROCURADOR DO ESTADO DE 1ª CATEGORIA – PGE/ES – CESPE – 2008)

122. São considerados norteadores do direito ambiental, entre outros, os princípios: do direito à sadia qualidade de vida, do desenvolvimento sustentável, do acesso equitativo aos recursos naturais, da precaução e da informação.

( ) **Certo** ( ) **Errado**

(PROCURADOR DO ESTADO DE 1ª CATEGORIA – PGE/ES – CESPE – 2008)

123. A Constituição Federal dispôs sobre a proteção do meio ambiente, exigindo, em um de seus dispositivos, na forma da lei, estudo prévio de impacto ambiental para a instalação de obra ou atividade potencialmente causadora de significativa degradação ao meio ambiente. A lei em questão é a Lei da Política Nacional do Meio Ambiente, que prevê o chamado estudo de impacto ambiental e o consequente relatório de impacto ao meio ambiente (EIA/RIMA).

( ) **Certo** ( ) **Errado**

(PROCURADOR DO ESTADO DE 1ª CATEGORIA – PGE/ES – CESPE – 2008)

124. A Constituição Federal, ao consagrar a mata atlântica como patrimônio nacional, indiretamente converteu em bens públicos os imóveis particulares nela abrangidos, impedindo, por consequência, a utilização dos recursos naturais existentes naquelas áreas, em prol da restauração dos processos ecológicos essenciais e da preservação da diversidade do ecossistema.

( ) **Certo** ( ) **Errado**

(PROCURADOR DO ESTADO DE 1ª CATEGORIA – PGE/ES – CESPE – 2008)

125. Com a finalidade de resguardar o meio ambiente, a legislação prevê controles prévios por parte de autoridades públicas, materializados mediante licenças, autorizações, permissões, estudos e relatórios de impactos ambientais destinados a verificar a observância das normas de direito ambiental pelos respectivos destinatários. Assim, a aprovação da atividade e a outorga de licença pela autoridade competente liberam o empreendedor da responsabilidade pelo eventual dano que vier a causar ao meio ambiente e a terceiro.

( ) **Certo** ( ) **Errado**

15.3 Outros

15.3.1 Direitos difusos e coletivos

Em um estado democrático de direito, no instante em que o legislador edita a lei, e o administrador ou o juiz a aplicam, colima-se alcançar o interesse da sociedade. Assim, como as atividades legislativas, administrativas ou jurisdicionais são exercidas sob a invocação do interesse da coletividade, é o próprio Estado que, por seus órgãos, chama a si a tarefa de dizer, em um dado momento, em que consiste o interesse de todos.

Hugo Nigro Mazzilli. A defesa dos interesses difusos em juízo. 20ª ed. São Paulo: Saraiva, 2008, p. 45 (com adaptações).

Tendo o texto acima como referência inicial, julgue os itens a seguir.

(DEFENSOR PÚBLICO – DPE/AL – CESPE – 2009)

126. O interesse público primário pode ser identificado como o interesse social ou da coletividade, e o interesse público secundário, como o modo pelo qual os órgãos da administração veem o interesse público.

( ) **Certo** ( ) **Errado**

(DEFENSOR PÚBLICO – DPE/AL – CESPE – 2009)

127. O objeto dos interesses difusos é transindividual e tem natureza divisível.

( ) **Certo** ( ) **Errado**

(DEFENSOR PÚBLICO – DPE/AL – CESPE – 2009)

128. Interesses individuais homogêneos são aqueles de classe de pessoas determinadas ou determináveis, que compartilham prejuízos decorrentes de origem comum.

( ) **Certo** ( ) **Errado**

Julgue os itens que se seguem, referentes à defesa dos idosos.

(DEFENSOR PÚBLICO – DPE/AL – CESPE – 2009)

129. Compete ao MP referendar transações envolvendo interesses e direitos dos idosos dispostos no Estatuto do Idoso.

( ) **Certo** ( ) **Errado**

(DEFENSOR PÚBLICO – DPE/AL – CESPE – 2009)

130. Nos processos e procedimentos em que não for parte, o MP deve atuar obrigatoriamente na defesa dos direitos e interesses previstos no Estatuto do Idoso, hipótese em que terá vista dos autos antes das partes e não poderá juntar documentos.

( ) **Certo** ( ) **Errado**

(DEFENSOR PÚBLICO – DPE/AL – CESPE – 2009)

131. O MP pode atuar como substituto processual do idoso em situação de risco, quando os direitos reconhecidos no Estatuto do Idoso forem ameaçados em razão de sua condição pessoal.

( ) **Certo** ( ) **Errado**

15.3.2 Direitos humanos

(DEFENSOR PÚBLICO SUBSTITUTO – DPE/MT – FCC – 2009)

132. A violação à dignidade dos presos é um grave problema nacional. A exemplo disso, a superpopulação carcerária no Estado do Mato Grosso era de 91,4% em 2008 (DEPEN, 2008). Em face do que dispõem os tratados internacionais de direitos humanos referidos no Edital do presente Concurso, considere as afirmações abaixo:

I – É direito do condenado criminalmente dispor de cela individual, com área mínima de seis metros quadrados.
II – O condenado criminalmente não pode ser obrigado à realização de trabalhos na prisão.
III – As penas privativas de liberdade devem ter por finalidade essencial a reabilitação social e moral dos condenados.
IV – O isolamento celular máximo, como medida punitiva, não pode ultrapassar trinta dias.

Diante dessas afirmações é correto afirmar que:

a) apenas II e III são verdadeiras;
b) apenas I e III são verdadeiras;
c) apenas II e III são falsas;
d) I, II e IV são falsas;
e) I, II e III são verdadeiras.

(DEFENSOR PÚBLICO SUBSTITUTO – DPE/MT – FCC – 2009)

133. Tendo em vista o Protocolo Adicional à Convenção Americana sobre Direitos Humanos em Matéria de Direitos Econômicos, Sociais e Culturais, NÃO constitui direito nele reconhecido:
   a) À reserva de percentual de cargos públicos para as pessoas portadoras de deficiência.
   b) À licença-maternidade, antes e depois do parto.
   c) A uma remuneração equitativa e igual por trabalho igual.
   d) À total imunização contra as principais doenças infecciosas.
   e) À educação primária gratuita.

(DEFENSOR PÚBLICO SUBSTITUTO – DPE/MT – FCC – 2009)

134. As questões climáticas e o desmatamento das florestas são temas polêmicos e de preocupação mundial. Dos instrumentos internacionais de direitos humanos que figuram no Edital deste concurso, algum faz referência ao direito à preservação do meio ambiente?
   a) Apenas o Pacto Internacional de Direitos Econômicos, Sociais e Culturais.
   b) Apenas o Protocolo sobre Direitos Econômicos, Sociais e Culturais (Protocolo de São Salvador).
   c) Apenas o Pacto Internacional de Direitos Econômicos, Sociais e Culturais e o Protocolo sobre Direitos Econômicos, Sociais e Culturais (Protocolo de São Salvador).
   d) Apenas a Declaração Universal dos Direitos Humanos.
   e) Não, nenhum.

(DEFENSOR PÚBLICO SUBSTITUTO – DPE/MT – FCC – 2009)

135. A Emenda Constitucional no 45, trouxe modificações quanto à incorporação ao direito interno dos tratados internacionais de direitos humanos e sua aplicação no Brasil. Em face dessas alterações:
   a) apenas têm aplicabilidade imediata as normas definidoras dos direitos e garantias fundamentais, decorrentes de tratados e convenções internacionais sobre direitos humanos que forem aprovados no Congresso Nacional em dois turnos e por três quintos dos votos;
   b) as normas definidoras dos direitos e garantias fundamentais, decorrentes de tratados e convenções internacionais sobre direitos humanos ratificados anteriormente à promulgação da EC 45, foram expressamente equiparadas a normas de hierarquia constitucional;
   c) o Brasil passou a se submeter à jurisdição dos tribunais internacionais de direitos humanos, a cuja criação tenha manifestado adesão;
   d) a denúncia de tratados e convenções internacionais sobre direitos humanos, ratificados pela República Federativa do Brasil, fica sujeita à autorização do Congresso Nacional;
   e) somente as normas decorrentes de tratados e convenções internacionais sobre direitos humanos, aprovados no Congresso Nacional em dois turnos e por três quintos dos votos, são expressamente reconhecidas como equivalentes às emendas constitucionais.

(DEFENSOR PÚBLICO SUBSTITUTO – DPE/MT – FCC – 2009)

136. Em face do que dispõe a Convenção Americana de Direitos Humanos quanto ao direito de defesa da pessoa acusada da prática de um delito:
   a) o Estado deve dispor de um órgão de assistência jurídica encarregado da defesa dos acusados que demonstrarem insuficiência de recursos;
   b) a defesa pode ser realizada pessoalmente pelo acusado, caso o Estado não disponha de meios para lhe proporcionar um defensor;
   c) a defesa pode ser realizada pessoalmente pelo acusado, caso seja ele tecnicamente habilitado e renuncie ao defensor indicado pelo Estado;
   d) é obrigatória a existência de defesa técnica, fornecida pelo Estado, caso o acusado não indique advogado de sua confiança e nem se defenda por si mesmo;

e) é direito do acusado, sempre que o interesse da justiça assim o exija, ter um defensor designado *ex officio*, que atuará gratuitamente.

15.4 ECA

(PROCURADOR – ASSEMBLEIA LEGISLATIVA SP – FCC – 2010)

137. Considere as seguintes assertivas a respeito do Direito à Convivência Familiar e Comunitária, previsto no Estatuto da Criança e do Adolescente, Lei nº 8.069/90:

I – A colocação de maior de dez anos em família substituta depende do consentimento, colhido em audiência, da criança ou adolescente.

II – A colocação em família substituta admitirá transferência da criança ou adolescente a entidades governamentais, sem autorização judicial, vedada, em qualquer hipótese a transferência a terceiros.

III – A colocação em família substituta estrangeira constitui medida excepcional, somente admissível na modalidade de adoção.

IV – Ao assumir a guarda ou a tutela, o responsável prestará compromisso de bem e fielmente desempenhar o encargo, mediante termo nos autos.

Está correto o que se afirma APENAS em:

a) III e IV;
b) II, III e IV;
c) I, III e IV;
d) I, II e IV;
e) I, II e III.

(DEFENSOR PÚBLICO SUBSTITUTO – DPE/MT – FCC – 2009)

138. De acordo com o Direito da Infância e da Juventude:

a) Considera-se criança, para os efeitos desta Lei, a pessoa até doze anos de idade completos, e adolescente aquela entre treze e dezoito anos de idade.
b) O reconhecimento do estado de filiação é direito personalíssimo, indisponível e imprescritível, podendo ser exercitado contra os pais ou seus herdeiros, sem qualquer restrição, em procedimento dotado de ampla publicidade com vistas à preservação de interesses de terceiros.
c) A colocação em família substituta estrangeira constitui medida excepcional, somente admissível na modalidade de adoção ou de tutela.
d) É proibido qualquer trabalho a menores de dezesseis anos de idade, salvo na condição de aprendiz, a partir de doze anos de idade.
e) Sem prévia e expressa autorização judicial, nenhuma criança ou adolescente nascido em território nacional poderá sair do País em companhia de estrangeiro residente ou domiciliado no exterior.

(DEFENSOR PÚBLICO SUBSTITUTO – DPE/MT – FCC – 2009)

139. De acordo com o Estatuto do Idoso, é correto afirmar que aos idosos que não possuam meios para prover sua subsistência, nem de tê-la provida por sua família, é assegurado, a partir de:

a) 65 anos, o benefício mensal de meio salário-mínimo, nos termos da Lei Orgânica da Assistência Social, não sendo computado para os fins do cálculo da renda familiar *per capita* benefício similar já concedido a qualquer membro da família;
b) 65 anos, o benefício mensal de meio salário-mínimo, nos termos da Lei Orgânica da Assistência Social, sendo computado para os fins do cálculo da renda familiar per capita benefício similar já concedido a qualquer membro da família;

c) 65 anos, o benefício mensal de um salário-mínimo, nos termos da Lei Orgânica da Assistência Social, não sendo computado para os fins do cálculo da renda familiar per capita benefício similar já concedido a qualquer membro da família;
d) 70 anos, o benefício mensal de meio salário-mínimo, nos termos da Lei Orgânica da Assistência Social, sendo computado para os fins do cálculo da renda familiar per capita benefício similar já concedido a qualquer membro da família;
c) 70 anos, o benefício mensal de um salário-mínimo, nos termos da Lei Orgânica da Assistência Social, não sendo computado para os fins do cálculo da renda familiar per capita benefício similar já concedido a qualquer membro da família.

GABARITO

LEGENDA:

C = CERTO; E = ERRADO; a = letra "a"; b = letra "b"; c = letra "c"; d = letra "d"; e = letra "e"

1 Direito Administrativo

1e	2e	3c	4C	5d	6a	7e	8C	9b	10E
11E	12C	13E	14E	15C	16E	17E	18C	19C	20E
21E	22C	23c	24C	25E	26E	27C	28E	29d	30d
31a	32C	33E	34E	35b	36E	37C	38C	39C	40E
41E	42a	43b	44b	45a	46C	47E	48E	49C	50C
51C	52E	53E	54C	55E	56E	57C	58d	59C	60c
61a	62E	63E	64E	65C	66c	67e	68a	69a	70b
71E	72C	73E	74a	75d	76c	77C	78C	79E	80E
81E	82C	83E	84C	85C	86b	87d	88e	89b	89b
90e	91a	92C	93C	94E	95C	96C	97C	98C	99a
100E	101E	102E	103C	104E	105C	106E	107C	108d	109e
110E	111C	112C	113E	114C	115C	116C	117E	118C	119E
120b	121E	122E	123C	124c	125b	126e	127d	128c	129d
130b	131E	132E	133E	134E	135E	136c	137b	138e	139E
140b	141C	142C	143a	144d	145E	146E	147C	148E	149c
150C	151E	152E	153E	154E	155C	156E	157E	158d	159b
160c	161d	162a	163C	164E	165E	166E	167E	168C	169c
170d	171E	172E	173a	174C	175C	176C	177E	178C	179E
180E	181C	182C	183E	184E	185E	186E	187C	188E	189E
190E	191E	192C	193C	194C	195C	196C	197C	198E	199E
200b	201c	202C	203C	204E	205C	206E	207d	208b	209d
210C	211E	212C	213E	214C	215E	216E	217C	218C	219E
220c	221C	222C	223E	224E	225C	226C	227C	228b	229a
230C	231C	232b	233d	234e	235a	236C	237E	238C	239C
240a	241e	242e	243a						

2 Direito Civil

1C	2C	3E	4E	5C	6c	7C	8E	9C	10E
11E	12e	13c	14E	15E	16d	17b	18a	19E	20C
21E	22E	23E	24E	25C	26b	27C	28E	29e	30C
31C	32E	33C	34C	35E	36a	37C	38E	39b	40E
41E	42e	43E	44E	45C	46E	47E	48d	49c	50C
51c	52b	53c	54C	55E	56E	57E	58E	59C	60E
61B	62C	63C	64E	65E	66E	67E	68C	69E	70C
71e	72E	73b	74C	75C	76C	77d	78E	79E	80C
81E	82a	83b	84d	85a	86E	87E	88C	89C	90C
91C	92E	93C	94E	95E	96E	97b	98C	99E	100C
101c	102E	103E	104b	105C	106C	107e	108E	109C	110a
111a	112E	113C	114E	115C	116e	117a	118a	119a	120c
121E	122C	123E	124C	125E	126c	127c	128e	129E	130E
131E	132E	133E	134b	135d	136a	137E	138E	139E	140b
141C	142E	143E	144C	145C	146E	147b	148C	149C	150e
151C	152e	153b	154E	155E	156C	157E	158a	159C	160C
161c	162a	163C	164C	165C	166b	167C	168b	169C	170E
171C	172E	173C	174E	175e	176C	177E	178C	179E	180C
181C	182c	183E	184b	185a					

3 Direito Constitucional

1c	2b	3a	4c	5d	6c	7e	8e	9d	10c
11b	12b	13d	14a	15C	16E	17C	18C	19C	20E
21E	22C	23a	24a	25C	26e	27c	28d	29e	30c
31e	32a	33c	34C	35C	36C	37E	38E	39E	40C
41E	42C	43C	44E	45C	46c	47b	48E	49C	50E
51E	52C	53b	54b	55d	56a	57C	58C	59b	60E
61a	62E	63E	64E	65E	66E	67e	68E	69E	70C
71c	72a	73d	74b	75b	76c	77a	78b	79d	80e
81d	82d	83E	84E	85C	86C	87a	88C	89E	90E
91C	92b	93E	94C	95E	96C	97E	98E	99E	100C
101E	102E	103E	104C	105e	106a	107c	108b	109d	110a
111b	112e	113C	114E	115b	116a	117e	118e	119C	120C

121b	122E	123E	124c	125c	126b	127C	128C	129E	130C
131e	132d	133a	134E	135E	136C	137C	138E	139b	140e
141d	142C	143E	144E	145E	146E	147C	148e	149e	150e
151C	152d	153a	154c	155C	156E	157C	158d	159d	160C
161E	162d	163e	164b	165e	166e	167E	168C	169E	170E
171E	172d	173a	174b	175d	176C	177C	178C	179d	180b
181E	182C	183E	184C	185E	186C	187C	188C	189E	190d
191e	192a	193a	194d	195a	196c	197e	198a	199c	200c
201c									

4 Direito do Trabalho

1E	2E	3e	4a	5c	6d	7e	8e	9E	10c
11d	12a	13a	14C	15E	16C	17e	18c	19d	20e
21e	22C	23a	24d	25b	26c	27C	28E	29C	30c
31C	32b	33E	34C	35b	36c	37c	38C	39E	40d
41a	42C	43C	44E	45C	46C	47C	48b	49d	50C
51E	52e	53C	54E	55E	56d	57a			

5 Direito Eleitoral

1D	2C	3C							

6 Direito Econômico e Financeiro

1E	2C	3E	4E	5E	6C	7C	8C	9C	10E
11E	12C	13a	14c	15e					

7 Direito Empresarial

1C	2E	3e	4c	5C	6E	7E	8E	9e	10c
11b	12a	13c	14e	15b	16c	17C	18E	19E	20C
21C	22E	23C	24E	25C	26E	27C	28C	29E	30b
31d	32b	33c	34b	35C	36C	37E	38E	39d	40d
41C	42E	43E	44E	45d	46b	47a	48c	49d	50d
51b	52e	53C	54C	55C	56C	57b	58d	59c	60E

8 Direito Internacional

1c	2a	3b	4d	

9 Direito Penal

1d	2b	3E	4C	5e	6d	7E	8C	9E	10C
11E	12E	13E	14E	15C	16E	17C	18E	19C	20E
21C	22E	23E	24a	25e	26c	27b	28E	29E	30C
31a	32E	33E	34d	35C	36C	37E	38E	39C	40C
41C	42C	43a	44e	45b	46a	47C	48E	49b	50E
51C	52C	53C	54E	55C	56d	57b	58C	59C	60C
61d	62a	63C	64a	65d	66a	67E	68C	69C	70e
71e	72E	73E	74d	75a	76C	77C	78E	79E	80C
81C	82E	83C	84E	85E	86d	87a	88E	89C	90E
91C	92E	93C	94C	95C	96E	97E	98C	99C	100C
101E	102c	103d	104E	105E	106C	107E	108C	109a	110b
111e									

10 Direito Previdenciário

1e	2a	3E	4C	5C	6C	7E	8E	9E	10c
11d	12C	13E	14C	15C	16d	17b	18C	19C	20E
21C	22E	23C	24E	25C	26C	27E	28C	29E	30C
31E	32d	33c	34a	35d	36b	37c	38e	39a	40c
41b	42c	43d	44c	45a	46e	47b	48a	49E	50C
51C	52E	53E	54E	55C	56C	57E	58C	59C	60C
61C	62E	63E	64E	65C	66E	67C	68E	69C	70b
71b	72d	73c	74d	75C	76C	77E	78b	79C	80E
81a	82a	83d	84d						

11 Direito Processual Civil

1C	2E	3E	4a	5d	6b	7a	8C	9E	10E
11C	12b	13a	14C	15E	16e	17E	18C	19d	20b

21e	22a	23E	24E	25E	26a	27c	28a	29c	30e
31a	32E	33C	34C	35d	36b	37c	38b	39a	40C
41E	42C	43C	44E	45E	46E	47C	48E	49C	50c
51d	52C	53E	54C	55e	56E	57C	58C	59E	60C
61C	62E	63C	64c	65d	66d	67d	68c	69a	70C
71E	72E	73E	74C	75E	76C	77C	78E	79C	80C
81E	82E	83C	84E	85E	86E	87E	88c	89e	90e
91C	92e	93d	94c	95C	96E	97a	98E	99E	100E
101C	102E	103C	104b	105b	106b	107d	108d	109C	110E
111C	112E	113C	114C	115E	116e	117C	118E	119C	120c
121d	122c	123E	124C	125C	126E	127b	128e	129E	130C
131E	132E	133C	134E	135d	136E	137C	138E	139C	140E
141C	142e	143d	144d	145b	146C	147E	148d	149C	150C
151E	152C	153c	154a	155C	156E	157C	158d	159c	160b
161e	162a	163e	164c	165C	166C	167E	168E	169E	170C
171E	172E	173C	174C	175C	176b	177C	178E	179C	180e
181a	182c	183d	184C	185E	186C	187E	188C	189B	

12 Direito Processual do Trabalho

1e	2a	3E	4C	5E	6c	7C	8E	9C	10b
11a	12c	13b	14E	15E	16c	17e	18a	19c	20E
21E	22C	23E	24d	25e	26b	27E	28d	29E	30C
31E	32C	33C	34E	35E	36b	37b	38E	39C	40E
41c	42d	43b	44C	45C	46E	47b	48E	49E	50E
51C	52E	53C	54C	55E	56E	57E			

13 Direito Processual Penal

1c	2C	3C	4E	5E	6C	7E	8C	9E	10E
11C	12C	13C	14C	15d	16c	17a	18E	19C	20E
21E	22E	23E	24e	25c	26C	27C	28C	29C	30E
31E	32C	33E	34E	35C	36E	37E	38E	39C	40E
41C	42E	43C	44E	45E	46E	47C	48b	49C	50C
51E	52E	53C	54E	55b	56e	57E	58E	59c	60C

61C	62C	63E	64E	65E	66b	67C	68E	69C	70C
71E	72E	73C	74C	75E	76C	77C	78E	79E	80d
81d	82C	83E	84E	85E	86C	87E	88C	89b	90E
91C	92E	93E	94C	95c	96b	97e	98E	99C	100C

14 Direito Tributário

1C	2C	3e	4d	5c	6e	7E	8E	9C	10C
11E	12C	13C	14C	15d	16c	17a	18e	19E	20E
21E	22C	23e	24e	25d	26C	27E	28C	29E	30b
31a	32E	33E	34e	35a	36c	37c	38e	39d	40C
41e	42b	43E	44C	45E	46C	47C	48C	49E	50a
51c	52c	53b	54d	55d	56c	57E	58C	59C	60C
61C	62d	63d	64e	65E	66E	67E	68E	69a	70C
71c	72c	73d	74c	75b	76E	77E	78C	79C	80a
81d	82d	83a	84b	85d	86c	87C	88E	89C	90C
91a	92a	93d							

15 Direitos Difusos, Individuais, Coletivos, Heterogêneos e Homogêneos

1C	2E	3C	4C	5E	6C	7E	8E	9C	10E
11E	12E	13E	14E	15C	16C	17E	18C	19C	20C
21C	22E	23C	24C	25E	26C	27E	28E	29C	30E
31E	32E	33E	34E	35C	36C	37E	38C	39C	40C
41C	42E	43C	44E	45E	46C	47C	48C	49E	50E
51C	52C	53E	54E	55E	56e	57b	58d	59b	60a
61C	62C	63C	64E	65C	66C	67C	68E	69C	70E
71C	72E	73C	74E	75E	76E	77C	78E	79E	80E
81E	82C	83E	84E	85E	86c	87e	88b	89c	90d
91c	92b	93a	94C	95E	96C	97C	98E	99E	100C
101C	102E	103C	104E	105C	106E	107C	108c	109a	110d
111c	112c	113a	114d	115c	116d	117e	118b	119b	120c
121E	122C	123C	124E	125E	126C	127E	128C	129C	130E
131C	132d	133a	134b	135e	136d	137a	138e	139c	

Formato	17 x 24 cm
Tipologia	Charter 9/11
Papel	Primapress 63 g/m² (miolo)
	Supremo 250 g/m² (capa)
Número de páginas	360
Impressão	Editora Santuário

e aqui

Cole aqui

Sim. Quero fazer parte do banco de dados seletivo da Editora Atlas para receber informações sobre lançamentos na(s) área(s) de meu interesse.

Nome: ____________________

____________ CPF: ____________ Sexo: ○ Masc. ○ Fem.

Data de Nascimento: ____________ Est. Civil: ○ Solteiro ○ Casado

End. Residencial: ____________________

Cidade: ____________ CEP: ____________

Tel. Res.: ________ Fax: ________ E-mail: ________

End. Comercial: ____________________

Cidade: ____________ CEP: ____________

Tel. Com.: ________ Fax: ________ E-mail: ________

De que forma tomou conhecimento deste livro?

☐ Jornal ☐ Revista ☐ Internet ☐ Rádio ☐ TV ☐ Mala Direta

☐ Indicação de Professores ☐ Outros: ____________

Remeter correspondência para o endereço: ○ Residencial ○ Comercial

e aqui

Indique sua(s) área(s) de interesse:

- ○ Direito Civil / Processual Civil
- ○ Direito Penal / Processual Penal
- ○ Direito do Trabalho / Processual do Trabalho
- ○ Direito Financeiro Tributário / Processual Tributário
- ○ Direito Comercial
- ○ Direito Administrativo
- ○ Direito Constitucional
- ○ Direito Difusos e Coletivos
- ○ Outras Áreas ____________

Corte aqui

Advocacia Pública / Equipe Atlas

Comentários

____

____

____

ISR-40-2373/83

U.P.A.C Bom Retiro

DR / São Paulo

CARTA - RESPOSTA
Não é necessário selar

O selo será pago por:

editora atlas

01216-999 - São Paulo - SP

REMETENTE:
ENDEREÇO: